你不了解的辽朝史

冯玉玺 著

辽宁人民出版社

© 冯玉玺　2024

图书在版编目（CIP）数据

你不了解的辽朝史/冯玉玺著. —沈阳：辽宁人民出版社，2024.1
　ISBN 978-7-205-10781-9

　Ⅰ.①你… Ⅱ.①冯… Ⅲ.①中国历史—辽代—通俗读物 Ⅳ.① K246.109

中国国家版本馆 CIP 数据核字（2023）第 101506 号

出版发行：	辽宁人民出版社
地　址：	沈阳市和平区十一纬路 25 号　邮编：110003
电　话：	024-23284191（发行部）　024-23284304（办公室）
http :	//www.lnpph.eom.cn
印　　　刷：	北京长宁印刷有限公司天津分公司
幅面尺寸：	170mm×240mm
印　　张：	19.25
字　　数：	294 千字
出版时间：	2024 年 1 月第 1 版
印刷时间：	2024 年 1 月第 1 次印刷
责任编辑：	赵维宁
助理编辑：	姚　远
封面设计：	乐　翁
版式设计：	一诺设计
责任校对：	郑　佳
书　　号：	ISBN 978-7-205-10781-9
定　　价：	59.80 元

目录 Contents

第一篇

一、天下为家 …………………………………………… 001

二、大漠争雄 …………………………………………… 003

三、契丹崛起 …………………………………………… 007

四、称霸北方 …………………………………………… 011

第二篇

一、阿保机次子耶律德光继承大统 …………………… 019

二、辽太宗试水中原事 ………………………………… 023

三、契丹与党项 ………………………………………… 025

四、石敬瑭割让燕云十六州 …………………………… 028

五、契丹官制 …………………………………………… 032

六、契丹与后晋的战争 ………………………………… 035

第三篇

一、皇权更替　　041

二、辽、汉两国内乱　　046

三、耶律阮南伐　　049

第四篇

一、新帝耶律璟挫败谋逆　　055

二、后汉与后周的战争　　057

三、后周与辽国之战　　062

四、辽国与后周分别遭遇谋乱　　066

五、辽穆宗滥杀至殒命　　068

第五篇

一、东丹王家族重夺帝位　　073

二、辽景宗安内抚远　　075

三、皇后萧燕燕开始摄政　　080

四、宋朝灭亡北汉　　081

五、宋辽燕云争夺战　　086

第六篇

一、萧太后临朝称制　　095

二、萧太后征服诸部　　099

三、辽宋两国兵连祸结与"澶渊之盟"的达成　　103

四、西夏崛起　　119

五、萧太后诛杀亲姐妹　　126

第七篇

一、韩德让晋爵萧太后归天············ 131

二、高丽国············ 133

三、辽国与高丽国的战争············ 138

四、渤海遗族大延琳起义············ 150

五、阻卜与回鹘············ 153

六、辽圣宗危机四伏的后宫············ 157

第八篇

一、血腥后宫············ 160

二、萧耨斤母子争权············ 164

三、不断壮大的西夏············ 168

四、辽宋两国"重熙增币"············ 172

五、宋夏两国"庆历和议"············ 173

六、枭雄李元昊············ 175

七、辽夏战争············ 180

八、仁厚的辽兴宗············ 184

第九篇

一、道宗新风············ 188

二、重元之乱············ 191

三、耶律乙辛奸党得势············ 197

四、皇后萧观音被冷落············ 199

五、"十香词"大案············ 201

六、辽道宗纳新皇后············ 207

七、耶律乙辛奸党谋害太子 208

八、耶律乙辛失宠 214

九、皇太孙耶律延禧 217

十、阻卜叛乱 219

十一、阻卜叛乱被平定后的辽国情势 224

第十篇

一、耶律延禧登基之初 226

二、女真完颜部的崛起 229

三、西夏向辽国求援及其与辽国的和平斡旋 236

四、天祚帝坐视完颜部扩张势力范围 242

五、女真英雄完颜阿骨打继任女真部落联盟长 245

六、辽国边城受到女真军队攻击 246

七、女真人建国 252

八、宋国的谋略及天祚帝御驾亲征 254

九、辽国内乱不止 257

十、金军南下 259

十一、耶律淳受命抗金 262

十二、辽金两国再和议 264

十三、宋金两国"海上之盟" 266

十四、金军打下辽国上京 268

十五、辽国宫廷内乱 270

十六、阿骨打策动灭辽战争 272

十七、金军对耶律延禧的"斩首"行动 275

十八、耶律淳南京称帝 277

十九、阿骨打亲赴灭辽前线···279

二十、宋军按"海上之盟"出兵进攻辽南京·······························281

二十一、辽南京失陷后的情势··287

二十二、金军"斩首"行动抓到"大鱼"··································289

二十三、张觉叛金降宋···291

二十四、北辽彻底覆灭及阿骨打驾崩······································293

二十五、金太宗诏命再伐平州··294

二十六、天祚帝最后的时光··298

第一篇

一、天下为家

辽朝最初立国时叫"契丹国"。大多数人知道中国人在国外被称作"汉人"或"唐人",不过俄罗斯、白俄罗斯、乌克兰、罗马尼亚、英国、西班牙、葡萄牙、伊朗、伊拉克、土耳其等十几个国家当今也把中国人称作"契丹人"。我们不禁会问,为什么除了"汉人""唐人"之外,不叫我们为"宋人",而叫我们为"契丹人"呢?简单的回答就是,我们奉为中原正统的大宋国,其影响力远不及契丹国。那么契丹国究竟有怎样的历史?它与中原王朝和汉民族又存在怎样的关系呢?

前段时间电视台播放了由唐嫣和窦骁主演的电视剧《燕云台》,本以为是一部通俗的偶像剧,但认真看下来,却发现这是一部以真实的历史为主线的辽朝史。剧中唐嫣扮演的女主人公萧燕燕(萧绰)是跨越辽朝第四、第五、第六共3位皇帝统治时期对历史走向极具影响力的铁腕人物。后世对她的评价为:政治家、军事家和改革家。

很多人最初了解萧燕燕(萧绰)估计要追溯到评书表演艺术家田连元所

讲的《杨家将》，在《杨家将》中大宋与大辽交兵会经常提到辽朝的萧太后，那个萧太后就是《燕云台》电视剧中的女主角萧燕燕（萧绰）。她是辽朝第五位皇帝耶律贤的皇后，她所生的长子耶律隆绪后来成了辽朝的第六位皇帝。耶律隆绪于乾亨四年（982）登基继位，萧燕燕（萧绰）从那时起开始摄政，直至统和二十七年（1009）才将皇权交还给耶律隆绪，同年，57岁的萧太后驾鹤西去。

在以汉族历史为主体的中国历史中，萧太后摄政期间最常被提及的历史事件便是"澶渊之盟"。"澶渊之盟"是北宋王朝与辽朝在20多年的时间里经过了多次战争后，于统和二十三年（1005）在宋朝澶州缔结的和约。和约内容为：辽、宋两国为兄弟之国，宋国每年送给辽岁币银10万两、绢20万匹；宋辽以白沟河（河北省雄县以北涿州以南的一条小河）为边界。澶州为现在的河南濮阳，宋朝时濮阳名为澶州，即澶渊郡，故称"澶渊之盟"。

从宋人的角度定会认为"澶渊之盟"是丧权辱国的和约，泱泱大宋国竟会如此没有骨气，简直不可思议。但是，如果人们了解那段真实的历史，或许就会有不一样的理解与判断。

辽朝的第一位皇帝是辽太祖耶律阿保机，后梁开平元年（907）阿保机继位契丹部落联盟可汗。开平元年（907）在中国历史上可是不平凡的一年啊！因为在这一年唐朝的最后一位皇帝——16岁的唐哀帝李柷被迫把皇位"禅让"给了唐朝梁王朱全忠（朱温），盛极一时、国祚289年的大唐王朝就此灭亡。朱温于当年称帝建立梁国（史称"后梁"）。

由于朱温是篡唐夺权，因此多地实力派不奉后梁为正统，包括剑南王建（治今四川省成都市）、淮南杨行密（治今江苏省扬州市）、晋北李克用（治今山西省太原市）、陇西李茂贞（治今陕西省宝鸡市）和辽东刘仁恭（治今北京市）。所以朱温的梁国也只能算作地方割据的小朝廷。当然，向后梁称臣的也不少，如受封大彭郡王的岭南刘隐（治今广东省广州市）、受封楚王的湖南马殷（治今湖南省长沙市）、受封琅琊郡王的闽南王审知（治今福建省福州市）、受封吴越王的江南钱镠（治今浙江省杭州市）、受封赵王的河北王镕（治今河北省石家庄市）等。

后梁直接控制的国土面积：北部约以黄河为界，东至大海，南抵秦岭——

淮河，西至关中。包括今河南、山东两省，陕西、湖北大部，河北、宁夏、山西、江苏、安徽等地的一部分。

对于后梁割据势力中有服的也有不服的，其结果是中原内乱不止。没有了强有力的大一统王朝，也就无暇顾及中原北方漠南漠北游牧民族势力的发展壮大。那么塞外乃至漠南漠北的情况又是什么样呢？

且容笔者先简单介绍一下"野营万里无城郭，雨雪纷纷连大漠"的塞外所演绎的惊心动魄的历史变迁。

二、大漠争雄

在匈奴统一北方之前，塞外草原生存着众多大小不一、时散时聚的氏族部落。在秦朝以前的历史记载中，商朝时有混夷、獯鬻、土方和鬼方，周朝时有猃狁，春秋时有戎、狄，战国时有胡。他们所居住生活的区域不只在塞外草原，有些也与汉人相杂居。那么，这些名字怪异的部落后来怎么就消失了呢，是被汉人消灭了，还是被同化了？从历史进程来看，一部分杂居在华夏族人区域内的部落被同化掉了，而纯粹在草原上生活的部落则逐渐固定分布在几大区域：一是分布在内蒙古东南西拉木伦河、老哈河、额尔古纳河（古称"望见河"）流域的东胡部落群；二是分布在贝加尔湖（俄罗斯东西伯利亚南部）以西和以南色楞格河（位于蒙古国首都乌兰巴托西北）流域的丁零（敕勒人）部落群；三是分布在阴山南北包括河套平原以南鄂尔多斯草原一带的匈奴部落群。后来，匈奴实现了部落联盟，并在此基础上征服了匈奴以外的诸多部落，形成了更庞大的部落联盟进而建立起匈奴帝国。强大的匈奴帝国兴起于约公元前3世纪，全盛时期在公元前176年至公元前128年，这个时期为汉朝汉文帝至汉武帝统治时期。匈奴帝国后来分裂成南、北匈奴，北匈奴在东汉永元三年（91）被汉朝军队在金微山（今阿尔泰山）打败，其主力远走中亚，余者与羌族、羯族、鲜卑等少数民族融合。南匈奴逐步与汉民族融合，直到少数民族南下及南北朝时期才彻底从中国历史舞台消失。

匈奴帝国强大时，位于匈奴东部的是鲜卑族部落。鲜卑族本来也是草原上的游牧民族，在秦末汉初之际，被匈奴冒顿单于打败，分别退至乌桓山和鲜卑山，分裂成乌桓部落和鲜卑部落，此后受匈奴奴役。

永元三年（91），北匈奴被迫迁往中亚，鲜卑族趁机发展壮大起来。鲜卑部落首领檀石槐（137—181）统一鲜卑各部后，向南掠夺东汉，向北抗拒丁零部落，向东击退扶余国（濊貊族系的扶余人所建，位于今朝鲜半岛北部与中国东北吉林中部地区，国祚从公元前2世纪至494年，被高句丽灭国），向西进击乌孙（今巴尔喀什湖东南、伊犁河流域），到东汉延熹九年（166）东汉汉桓帝时，鲜卑人已占据了此前匈奴人强盛时期的故地，东西长达7000多公里，南北宽达3500多公里。

鲜卑人能够突然强大起来，第一个原因是其他各部落的鲜卑人已被檀石槐所征服；另一个原因是匈奴主力被打跑后，剩余的匈奴人中有约10万人融入鲜卑部落之中。北方少数民族部落能够强盛往往依靠的是突然降临的枭雄或者英雄，有了这样的人物才能把北方这些彪悍的游牧部落集合在一起，他就是大树，树在猢狲在，树倒猢狲散。为便于管控，檀石槐在世时将地域庞大的鲜卑分为西部鲜卑、中部鲜卑和东部鲜卑，在三个鲜卑部落中均选拔一位首领（称为"大人"）。三个部落的分布为：右北平（今内蒙古自治区赤峰市宁城县甸子镇）以东为东部，右北平到上谷（今河北省张家口市怀来县小南辛堡镇）为中部，上谷以西为西部。三部各置大人管理，直属檀石槐。西部鲜卑主要指河西鲜卑、陇西鲜卑，包括吐谷浑部和乞伏部等；中部鲜卑包括拓跋部和柔然等；东部鲜卑包括宇文部、段部和慕容部等三大族群。太过庞大的鲜卑部落在檀石槐死后发生了分裂，西部鲜卑率先各自独立，中、东部鲜卑虽然由实力最强的轲比能集团控制了几十年，但到235年（三国时期）轲比能被刺杀后，中、东鲜卑两大部落也随之解体，鲜卑各部开始独立发展并互相征伐。慕容部灭掉段部后于东晋建元二年（344）又打败了宇文部。宇文部一部分族众逃往老哈河与西拉木伦河流域，少部分人逃向中原。逃向中原的这部分人后来成为后周的皇族。与此同时，西晋统一了三国，国祚仅51年即亡国。

西晋建兴四年（316），西晋被匈奴建立的政权所灭，北方从此进入十六国时期。东晋建武元年（317）东晋建立，与北方的十六国并存，史称"东晋十六国"。东晋为西晋立国的司马家族的司马睿所建立，沿袭着西晋的正统地位。而北方十六国则进行了一系列的纷争，直到北魏太延五年（439）北魏灭北凉，才使北方的分裂割据局面复归统一。而此时南朝的东晋已经被刘裕建立的宋朝（史称刘宋）所更替。在南北朝期间，鲜卑诸部所在的北方，由鲜卑拓跋部统一了之前十六国所占据的区域建立了北魏，但北魏以北的区域内又新兴起了一个国家——柔然。柔然于北魏天兴五年（402）立国，面积很大，北魏太平真君十年（449）时，柔然国土面积373万平方公里，北魏国土面积232万平方公里，南朝宋国国土面积276万平方公里。

那么问题来了，柔然是从哪里来的呢？目前史学界有柔然祖先为塞外少数民族之说，也有柔然祖先为鲜卑别部之说等，更多的说法倾向于柔然与鲜卑拓跋部有共同祖源。同其他游牧民族一样，柔然人立国后也不是老老实实居于北方草原上。而是联合十六国时的后秦、北燕、北凉，共同对付北魏，不断对北魏北境进行骚扰和掠夺，柔然南扰和北魏北袭的战事均达数十余次。

南北朝于隋开皇九年（589）以隋朝灭陈朝而结束。柔然汗国则早已在北齐天保六年（555）被柔然人原来的炼铁奴突厥人灭国。留在我国东北地区的柔然人一部分与南部老哈河与西拉木伦河流域的鲜卑契丹人和库莫奚族人进行了融合，另一部分人融入了北部室韦。南迁的柔然人则融入了北魏鲜卑，最终被中原的汉族人同化。

突厥汗国更厉害，在前后不到10年的时间里，突厥人建立了东至鄂霍茨克海，西至里海（位于中亚西部的欧洲与亚洲交界处），北达贝加尔湖，南抵沙漠，西南跨越阿姆河（乌兹别克斯坦与土库曼斯坦的界河）的庞大游牧帝国，国土面积约450万平方公里，人口约2亿，这在当时简直就是超级大国了。突厥虽然是个庞然大国，但生不逢时。最初立国时，中原这边还未统一，突厥得以在北方迅速扩张。

突厥人立国后，忙于西征东扩，这便给由北魏分裂而来的后周国腾出了统一中国南北的宝贵时间。北周大定元年（577）北周灭亡北齐，分裂近300年的中国就剩下南陈和北周了。北周建德六年（581），杨坚取代北周，改国号为隋。突厥汗国并未意识到暂时与其联盟的隋朝对它构成的威胁。在隋开皇三年（583）发生内讧，进而分裂为东突厥和西突厥，两个汗国开始内战。

东突厥在隋开皇十九年（599）再次分裂，自此隋朝在其和突厥的对抗中处于上风。唐贞观三年（629），强大的唐朝灭亡了东突厥。

大唐能够灭亡东突厥，得益于草原上另一个部落的襄助。这个部落就是薛延陀部。薛延陀为铁勒诸部之一，由薛和延陀两个氏族联合而成。铁勒人就是丁零、敕勒或高车人。在不同的朝代、不同的民族中，因语言不同、记载不同，在对铁勒人的称谓上有些音变。东突厥灭亡后，薛延陀的真珠毗伽可汗夷男接管了东突厥的故土。疆域东起大兴安岭，西抵阿尔泰山，南界河套，北至色楞格河（流经蒙古国和俄罗斯中东部的河流）。境内包括袁纥、仆固、同罗、拔野古、阿跌、霫等部落。特别需要指出的是：东突厥破亡后，回纥势力壮大，立牙帐（相当于游牧民族的都城）于土拉河（今蒙古国中北部）上，但仍附属于薛延陀。薛延陀与唐朝时有摩擦、时附时叛，唐贞观十九年至二十年（645—646）被唐朝灭掉。贞观二十一年（647），唐于其地共置六府七州，但均以铁勒部酋长为都督、刺史，以土官管理塞北诸地。

东西突厥的分界线差不多就是今内蒙古自治区额济纳到新疆维吾尔自治区阿勒泰这条斜线。东突厥灭亡后，西突厥与唐朝的边境摩擦增多、战事不断。唐显庆二年（657）唐朝与回鹘军队联合灭亡了西突厥。在西突厥故地同样设置了一批都护府或都督府加强统治。但突厥人总是不够安分，唐永淳元年（682）又反叛唐朝，建立了后突厥政权，并入侵河北和山西中北部，斩杀唐朝州府官员。此后也重演叛附不定、战乱频仍的一幕，直至唐天宝四年（745），存在了半个多世纪的后突厥，在唐朝和回鹘的联合攻击下才亡国。在东突厥至西突厥先后灭亡的80余年时间里，北方草原置于唐朝的控制之下，不过随后，一直作为唐朝盟友的回鹘人成了北方草原的新主人。

回鹘人为敕勒（铁勒）人一部。隋朝称韦纥（袁纥），隋大业元年（605），袁纥部因反抗突厥的压迫，与仆固、同罗、拔野古部等成立联盟，总称"回纥"。唐天宝三年（744），回鹘（由回纥改名而来）首领骨力裴罗自立为可汗，建立了回鹘政权，王庭（又称"牙帐"）设于鄂尔浑河（今属蒙古国境内）流域。敕勒人（丁零）原本生活在贝加尔湖一带，在东汉王朝战胜北匈奴之后，敕勒人才南移并开始与中原汉族交往。魏晋南北朝时期，南下的一部分敕勒人散居在今内蒙古自治区阴山南北。因此漠南被称作"敕勒川"。人们所熟知的《敕勒歌》"敕勒川，阴山下。天似穹庐，笼盖四野。天苍苍，野茫茫，风吹草低见牛羊"，正是反映了那个时期敕勒人生活下的草原风貌。回鹘控制的地区，东起今额尔古纳河，西至伊犁河流域，南跨大漠。

大漠南北的历史如果照这样延续下去，也就没有后面契丹人成为历史主角的事儿了。到了唐开成五年（840），回鹘汗国又被黠戛斯灭了国，以回鹘为代表的突厥语系部族开始西迁或南迁。而黠戛斯人并没有大规模南迁至北方草原而是很快返回了故地——叶尼塞河上游一带。随着被灭国的回鹘人相继南迁和西迁以及黠戛斯人返回故地，阻卜（鞑靼）得以散居在北方草原，并控制了克鲁伦河及斡难河（位于今蒙古国和俄罗斯境内）流域。但因当时未形成统一的部落联盟，所以大漠南北出现了短暂的统治力真空。中原的唐朝在"安史之乱"后虽有短暂中兴，但总体上唐帝国江河日下，对各地的掌控能力严重缩水，特别是唐乾符五年到中和四年（878—884）间的黄巢之乱，几乎就是压倒唐朝统治的最后一根稻草，导致唐朝国力大衰再无复兴的可能，这便给位于唐朝东北部一带的少数民族提供了难得的发展时机。

三、契丹崛起

唐朝的东北部也是中国现在版图中的东北。这一带的少数民族与大漠南北的纯游牧民族的生活方式有所不同，他们属于半狩猎、游牧与半农耕的民族。笔者曾经到过那一带考察。从锡林郭勒盟驱车前往赤峰地区时，沿途就能发现农田的种植越来越多。自然环境决定着人们的生存方式。赤峰一带属于大兴安岭的西南末端，土壤既有黑钙土、栗褐土也有风沙土等类型的土壤，这样的自然条件决定了该地区既可狩猎放牧也可农耕种田。

室韦、契丹等部落由于此前在我国东北地区一直不够强大，所以只能依附于大漠南北先后称霸的游牧民族，但因匈奴、鲜卑、突厥和回鹘政权均在纷争中受到了重创，一直弱小的契丹却在夹缝中逃过了战争的劫难，自身实力未降反升。

契丹人的生活区域位于今内蒙古自治区赤峰市及通辽市一带，在这一带的西拉木伦河与老哈河便是契丹族人的母亲河。印象中，契丹人似乎是在唐末才突然进入了人们的视野，在此前的历史纷争中，好像这个民族根本就不存在。但其实由朝鲜人金富轼于南宋绍兴十五年（1145）写成的记述朝鲜半岛三国新罗、百济、高句丽历史的《三国史记》中就记载，东晋太元三年（378）已有契丹人侵犯高句丽北边的历史。司马光在《资治通鉴》中也有记载，东晋义熙元年（405）初，"燕王熙袭契丹"。这也是汉人最早提到契丹的文献。契丹人后续再一次出现在历史记载中的时间是在我国南北朝时期北齐天保四年（553），文宣帝高洋亲率大军攻击日益兴盛的契丹部落并大获全胜。大战使契丹部族损失惨重，此后契丹人又受到突厥的侵扰不得不依附于隋朝与突厥。那么。契丹是怎样一个民族？它的祖先又在哪里呢？

契丹人的祖先东胡人始于商代，是比匈奴人更早出现在中国史书上的民族。东胡族在秦末汉初时期被匈奴的冒顿单于击败，东胡部落就此瓦解并东迁，迁至乌桓山和鲜卑山。迁至乌桓山的部落在三国时期被魏王曹操击败。而居于鲜卑山的东胡拓跋部落后来则建立了北魏。隋唐时期南下中原的鲜卑人与汉民族逐步融合。乌桓山与鲜卑山均位于内蒙古赤峰市阿鲁科尔沁旗。东汉建安十二年（207）乌桓被曹操击败后，其族人分崩离析，成为分散而居的群落。从辽太祖耶律阿保机部落所居区域看，辽朝时的契丹人应该是由被曹操击败后的乌桓人和后来南下的柔然人融合而成的部落群体，有部分史学界人士认为契丹人源于鲜卑宇文部落。

隋大业元年（605），契丹人南下攻扰营州（今辽宁省朝阳市）地区，隋将韦云起率领向突厥借来的20000名骑兵，用假道计策，趁契丹人不备，一举重创契丹。

隋末唐初，趁中原政局动荡之机，契丹人从部落时期进入了部落联盟时期，进而在原有的军事联盟基础之上由契丹八部（达稽部、纥便部、独活部、芬问部、突便部、芮奚部、坠斤部、伏部）形成了第一个永久性的部落联盟——大贺氏部落联盟。之后历任联盟长均由大贺氏贵族中选出并延续了

100余年。部落联盟的形成一般都是中国古代北方少数民族崛起的前奏，契丹人从发展壮大到强盛的历史也同样如此。

大贺氏部落联盟形成之初，因北方草原还处在突厥人控制之下，所以契丹人臣服于突厥人。唐高祖武德六年（623）契丹遣使到长安，给唐高祖进贡名马、丰貂，向刚刚建立的唐朝示好。唐太宗贞观二年（628），大贺氏联盟长大贺摩会再向唐朝贡，接受唐朝颁赐的旗鼓并将其作为权位的象征。到唐贞观四年（630），东突厥被唐朝灭亡后，大贺氏联盟才彻底归附于唐朝。贞观二十二年（648），唐太宗征伐高句丽路过营州（辽宁省朝阳市），契丹帅大贺窟哥率领所部内属唐朝，支持唐太宗征伐高句丽。为便于对契丹的管控，唐朝专门在松漠设置了都督府（相当于唐朝联邦成员国的最高政府），以大贺窟哥为第一任都督并赐"李"姓。

武周万岁通天元年（696），契丹发生饥荒，部落面临生存危机，唐朝营州官员不予赈济，于是大贺窟哥的孙子李尽忠率部反唐，自立为可汗，这也是契丹人首次称汗。李尽忠反唐后攻陷营州，杀营州都督赵文翙，与武则天派来围剿的唐军开战并大获全胜。李尽忠病逝后，其大舅哥孙万荣替代其位率众继续与唐朝对抗。《资治通鉴》记载：后突厥默啜可汗投降并归附武周，被封为"归国公"、被授予大周左卫大将军一职后，于万岁通天二年（697）与唐军协力击败孙万荣，孙的家奴斩孙万荣降唐。上述叛乱史称"营州之乱"。这次叛乱中其余未投唐的契丹人及库莫奚人、霫人皆降于突厥，而被契丹人裹挟一起造反的靺鞨人逃往辽东。武周久视元年（700），契丹人的反叛被唐军平定，但突厥人又反唐，并东征西拓，后突厥一度恢复了以前的强盛局面。依附于突厥人的契丹人直到唐开元二年（714），才由李尽忠堂弟李失活与奚族（与契丹为同族异部，位于契丹西、南面，今内蒙古自治区赤峰市克什克腾旗一带）首领李大酺到长安谒见唐玄宗，表示愿意重新归附。玄宗恢复松漠都督府，以李失活为都督，封松漠郡王，李失活还成了第一个迎娶唐朝公主的契丹首领，契丹人得以重新掌控故地。

唐开元八年（720），契丹饶州牙官、静析军经略副使遥辇氏可突于（辽国皇室先祖）被逼造反，一度击败唐朝围剿军队，还斩杀了大贺氏联盟首领李娑固（李失活堂弟）和奚族首领李大酺。此后可突于数次废立大贺氏部落首领。唐开元十八年（730），可突于杀掉李尽忠的弟弟李邵固（当时的大贺氏首领），拥立遥辇氏屈列为王，率部落并裹胁奚族再次投降后突厥。从此，契丹可汗人选转入遥辇氏家族。

可突于和屈列等投降位于北方草原的后突厥之后，又几次叛服唐朝，最终可突于和屈列等被契丹牙官李过折于唐开元二十二年（734）斩杀。可突于余党耶律涅里（或耶律雅里，耶律阿保机之始祖）于当年又弑杀已被唐朝任命为松漠都督、北平郡王的李过折及其家人，自任松漠都督、契丹主及夷离堇（掌管军队和刑法的高官），重建部落联盟，改契丹大贺氏八部为旦利皆部、乙室活部、实活部、纳尾部、频没部、纳会鸡部、集解部、奚嗢部，史称"遥辇氏前八部"。10年后再改为迭剌部、乙室部、品部、楮特部、乌隗部、突品不部、捏剌部、突举部，史称"遥辇氏后八部"，这便是电视剧《燕云台》里经常提到的契丹八部，耶律皇族属于契丹遥辇氏后八部中的迭剌部。

耶律涅里后来禅让可汗位给遥辇俎里，自己仍任夷离堇。自此耶律氏世袭夷离堇职位。契丹在这一时期依附后突厥。唐天宝四年（745）后突厥灭亡，契丹人再降唐朝。唐玄宗赐遥辇俎里汉名李怀秀，拜松漠都督，封崇顺王。半年后，契丹与当时唐幽州节度使安禄山反目，再次反唐并与安禄山部多次交战，直至安史之乱结束。频繁的战乱，使契丹人的实力严重折损，不得不依附于后突厥灭亡后在大漠南北崛起的回鹘（维吾尔族祖先）汗国，这种依附持续了百余年。唐会昌元年（841），回鹘被黠戛斯灭亡。两年后契丹人再归附唐朝。

痕德堇为遥辇氏第九任可汗，时值唐僖宗光启年间（885—888）。唐朝正经历黄巢之祸、盐池之争等内乱。痕德堇命阿保机专事征讨，趁机打败了奚族和原大兴安岭北部室韦（位于契丹北，与契丹同出一源。回鹘被灭后，室韦南徙、西迁，西迁室韦的一部分蒙兀室韦就是后来强大的蒙古，南徙的室韦统称为"阴山室韦"）的多个部落。此外，还率大军对代北（河北省蔚县以西、山西外长城以南）和怀远（辽河东南的渤海国怀远府）发动战争，攻略城池，大获全胜后在西拉木伦河南岸建龙化州城（今内蒙古自治区通辽市奈曼旗西孟家段村），以安置各民族俘虏。唐天复三年（903），阿保机又发动了对蓟北（今唐山、天津长城沿线以北）一带的战争，在这次战争中，俘获了大批汉人，包括后来萧燕燕（萧绰）摄政时期的权臣韩德让的祖父韩知古。契丹虽然也多次入侵幽州、蓟州腹地，但均被卢龙节度使刘仁恭父子打败。阿保机因屡立战功，升任契丹于越（位于百官之上，相当于宰相）。唐天祐三年（906）十二月痕德堇可汗死，夷离堇耶律阿保机不再从遥辇氏家族中选择可汗，而是把唐太宗赐给契丹可汗的旗鼓收归自己所有，且于唐天祐四年（907）正月，以"燔柴告天"仪式，宣告自己担任了契丹部的可汗。四月，唐梁王朱全忠（朱温）篡位弑主，大唐亡国。唐朝亡国后，各藩镇相继称王称帝。

四、称霸北方

阿保机登可汗位之后，迅疾开始征讨位于今锡林郭勒盟一带的黑车子室韦（为阴山室韦中和解那礼等部在南徙过程中的新称谓，位于今内蒙古自治区锡林郭勒盟至山西省大同市一带），降服其八部。之后又连续平定奚人（包括妫州、今河北省张家口市怀来县的西奚和仍游牧在西拉木伦河上游一带的东奚）和黑车子室韦等部落的反叛，征服了黑车子室韦大部。后梁开平二年（908）还参与了卢龙节度使刘仁恭两个儿子之间的对战，后梁开平三年（909），阿保机挑起与渤海国之间的局部战争，不断蚕食渤海国与契丹交界的州府。后梁开平五年（911），阿保机亲率大军对奚族进行征服战争，先攻克西奚地，接着分兵征讨东奚获得完胜，从此与契丹人同族异部的奚族（辱纥主、莫贺弗、简筒、木昆、室得等五部）举族臣服。后梁乾化二年（912）又征服了位于今内蒙古自治区锡林郭勒盟西南部、乌兰察布市西北部和巴彦淖尔市东部一带的术不姑部族。经过连续征战，契丹人已将东临渤海、南暨白檀（今北京市密云区东北）、西到松漠（内蒙古自治区锡林郭勒盟东南）、北抵潢水（内蒙古自治区西拉木伦河）的广大区域归入其版图。

本来按照契丹原始的军事民主制和选汗制（每3年一届），一旦可汗之位转入一个家族，那么这个家族的成年男子都有机会当可汗。但是阿保机在位时期，到了改选之年他仍拒绝让出汗位。这样做的后果便是契丹贵族内乱不断。首先是阿保机的4个同母弟弟（耶律剌葛、耶律迭剌、耶律寅底石、耶律安端）在后来开平五年到乾化三年（911—913）期间发动的3次"诸弟之乱"。由于契丹的其他部落也参与了这些叛乱，因此给契丹造成的损失相当惨重，人口、牲畜在战争中损失过半。在连任3届（9年）可汗之后，后梁贞明元年（915），阿保机在征讨黄头室韦部返回的途中，被其他7个部落联合劫持，无奈之下被迫退可汗位。当年，阿保机妻子述律平帮助他设计了一场"盐池鸿门宴"，将前来赴宴的其他7部的首领全部斩杀。至此，耶律阿保机用了近10年的时间，总算完全掌控了契丹各部，家族与各部的反对势力被清除之后，一个强大的契丹汗国就此走向崛起。916年，阿保机在龙化州称皇帝，建国号"大契丹国"，年号"神册"。册封述律平为皇后、长子耶律倍为太子。

当时唐王朝解体后，与契丹边界接壤的主要有两股势力，一是卢龙节度使刘仁恭的势力（势力范围为河北大部、辽西、辽中和辽东部分地区），另一部分便是河东节度使、晋王李克用的势力（势力范围大致相当于今山西全省与河北省西北部内外长城之间的地区）。唐天祐二年（905），李克用为讨伐刘仁恭，向契丹借兵，阿保机与李克用相聚于云州（今山西省大同市）畅饮，并结为兄弟，借兵给李克用，这也是阿保机首次参与中原事务，但由于种种原因没能成行。后梁开平二年（908）李克用去世，其子李存勖继位。李存勖被誉为中国历史上攻无不克的第一猛将，他继任河东节度使、袭封晋王后，辖云州、朔州和代州，实力强大，多次大败篡位唐朝登基称帝的梁太祖朱温所部，迫使梁不敢与其再战。随后，李存勖联合河北境内的其他藩镇于后梁乾化三年（913）灭亡了刘仁恭次子刘守光建立的燕国，夺取了燕国的顺州（治今北京市顺义区）、檀州（治今北京市密云区）、安远军（治今天津市蓟州区）、武州（治今河北省宣化区）、平州（治今河北省秦皇岛市卢龙县）、营州（治今辽宁省朝阳市）和幽州（治今天津市蓟州区）等地。述律平皇后很有谋略，她建议阿保机利用汉地混战的时机先剪灭周边小部落积攒实力，待强大之后再图南侵。阿保机遵其建议，先后亲征漠南至阴山北的黑车子室韦（包括乌素固部和西室韦）、突厥、吐谷浑（原辽西鲜卑慕容氏西迁独立出的一部）、党项、沙陀等诸小部落，大获全胜，掳掠人口、财富不计其数。神册元年（916），阿保机趁李存勖南征后梁之机，南下进攻黄河以东的山西中部和北部、河北张家口以及幽州、蓟州（今北京市以及天津市蓟州区）等汉地。8月侵入代北（雁门关以北、外长城以南），攻蔚州（今山西省大同市灵丘县），晋振武节度使李嗣本战死，振武军不得不退守朔州。11月，契丹军掳掠新州（今河北省张家口市涿鹿县）、武州（今河北省张家口市宣化区）、妫州（今北京市延庆区），并设置西南面招讨司。至此，契丹人已进逼中原汉地的北大门。在这一年，阿保机立长子耶律倍为皇太子。

神册二年（917），李存勖手下的叛将卢文进投靠契丹，引契丹军南侵。幽州节度使周德威在新州阻击南下契丹军失利，退守幽州。李存勖遂命符存审、李嗣源等领7万步骑，北上支援周德威，抵御阿保机率领的契丹30万大军。8月晋军与契丹军在幽州城外大战，晋军破契丹军，俘斩契丹军以万计。神册三年（918），李存勖调集各部兵力渡过黄河进攻后梁。阿保机则攻占原属燕国的辽东城（治今辽宁省辽阳市），次年改为东平郡，置防御使。神册四年（919），阿保机以皇太子耶律倍为先锋官，征伐位于契丹东北、大兴安岭以西的乌古部（室韦部落之一）。乌古部兵败后举部归降契丹。神册五年（920），因党项部落反叛，阿保机亲征。驻守于今内蒙古自治区巴彦淖尔市阴山山脉南麓的后唐天德军节度使宋瑶投降，契丹在丰州（今内蒙古自治区巴彦淖尔市五原县）设置治所，辖制契丹的西南地区。

阿保机率领契丹勇士在大漠南北开疆拓土不停，汉地这边军阀割据愈演愈烈。当时在汉地北方割据的主要势力除了后梁、晋、桀燕外，还有辖区为河北定州及易州的义武节度使王处直控制的北平郡国，辖区为镇州、冀州、赵州、深州的成德节度使王镕控制的赵国。

由于各方势力此消彼长，小军阀为了能生存，多半叛附不定。神册六年（921），长期依附于李存勖的成德节度使王镕被其养子张文礼（王德明）煽动兵变弑杀，其后，张文礼南附后梁、北结契丹。李存勖盛怒之下，发兵围剿张文礼。不承想引来了北平郡王王处直的反对。王处直所担心的是唇亡齿寒，所以意图阻止李存勖讨伐赵国。但李存勖拿出张文礼暗通后梁的蜡书，表示不可退兵。王处直见反对不成，便与时任新州防御使的儿子王郁引契丹进军入塞，意图以此牵制李存勖。

觊觎汉地已久的阿保机当然不会放过这个机会，率军入居庸关、下古北口，因晋军主力正在围困反叛的张文礼所在的镇州（赵国国都，今河北省石家庄市正定县），契丹军方得以连续攻下汉地多个城池，所到之处无不劫掠迁民。时王处直已被养子王都发动兵变囚禁，王郁引契丹军进攻幽州城不克，遂南下攻陷涿州，俘获刺史李嗣弼，再围困定州（治今河北省定州市），定州情势危急。天赞元年（922），李存勖亲率五千铁骑北上救援，在李嗣昭率三百骑兵的襄助之下，先后在新乐、望都、新城（治今河北省高碑店市）大败契丹军，解除了定州之围，并乘胜追击契丹军至幽州。代州刺史李嗣肱出兵收复了山北的妫州、儒州、武州等地，经此惨败的契丹军退回漠北。此时阿保机方彻底信服述律平皇后的远见卓识，自此不敢再直击汉地、挑战晋王李存勖，转而东征西讨继续征服叛附不定的党项、吐谷浑、阻卜等部，同时侵扰晋国控制的原燕国东部的平州。

中原汉地的混战仍然继续，天赞元年（922），李存勖所部攻陷赵国国都镇州，其版图并入晋国。天赞二年（923）四月，李存勖接受诸镇劝进，在魏州（今河北省邯郸市大名县）称帝，沿用"唐"为国号，史称后唐。同年十月，李存勖攻入后梁都城汴梁，后梁末代皇帝朱友贞自杀，篡唐窃国、国祚不到17年的后梁亡国。

后唐灭梁，定都洛阳，威震天下。岐国、楚国、吴越国、闽国、南平国等割据政权纷纷入贡称藩，天赞三年（924），后唐吞并岐国，但前蜀始终不肯臣服。天赞四年（925）十一月李存勖大军压境，前蜀主王衍率众向后唐投降，后唐兼并前蜀所辖10个节镇、64个州、249个县，李存勖威震大江南北。

那时的后唐已收复将近晚唐一半国土面积，按此下去，被南方诸国（除南吴、南汉外）奉为正朔的李存勖极有可能一统天下。但是，李存勖命里注定当不了大一统的皇帝。由于内政混乱、疏忌功臣，最终于天显元年（926）惨死于频出的兵变。呜呼！盛衰之理，虽曰天命，岂非人事哉？

李存勖之死对于契丹来说是莫大的喜讯，这从阿保机皇后述律平对他的评价就可以看出。述律平曰："吾闻晋王用兵，天下莫敌。"

当天赞二年（923）李存勖与后梁鏖战之际，阿保机命次子耶律德光为兵马大元帅，率军南下，攻占了在原燕国东部设置的平州并在平州设节度使、领卢龙军，辖营州（此非治所在辽宁省朝阳市的营州，该治所在河北省昌黎县）、滦州和卢龙县。至此，契丹人已将平州以东至辽东半岛原燕国的国土全部纳入自己的版图，中原汉地失去了东部防御的关键屏障。

天赞三年（924），渤海杀死了契丹辽州（今辽宁省新民市东北）刺史并掠夺州民，耶律阿保机借此开始了向西征服和向东开拓的战争。

阿保机留皇太子耶律倍监国，次子耶律德光随行。阿保机西征的主要对手为散居在大漠南北的阻卜各部落。西征大军先向东北打败了叛服无常的乌古部（原来的称谓为"移塞没部"，属于室韦众多部落之一。在今内蒙古自治区呼伦贝尔市新巴尔虎左旗境内）、敌烈诸部（亦为室韦部落之一，位于今内蒙古自治区贝尔湖到呼伦湖一带）。七月，又战胜了室韦在素昆那山东部的部落，然后从今内蒙古自治区呼伦贝尔市新巴尔虎旗沿着克鲁伦河溯流西进。八月，翻过位于今蒙古国首都乌兰巴托东北呈西南走向的肯特山，鄂尔浑河附近的乌孤山和阿里典压得斯山，分别以鹅和鹿祭天，祈求上苍保佑西征成功。九月，到达今蒙古国鄂尔浑河上游东岸的唐代回鹘国都城——窝鲁朵城（又名卜古罕城，今蒙古国北杭爱省鄂尔浑河上游西岸哈刺巴刺哈孙），取得了对阻卜诸部、黠戛斯部和嗢娘改（居今外兴安岭以西、贝加尔湖东西森林地区）诸部的胜利。十月，征服位于今蒙古国鄂尔浑河以北的胡母思山蕃诸部，连续翻越蒙古国境内的杭爱山（今燕然山）和金山（今阿尔泰山），向南再穿越准噶尔沙漠，攻占浮图城（今新疆维吾尔自治区乌鲁木齐市吉木萨尔县北破城子，唐朝曾在此地置庭州及北庭都护府治所），迫使西州回鹘（亦称高昌回鹘，都城在今新疆维吾尔自治区吐鲁番市）等部落臣服。位于甘肃以东、乌鞘岭以西、祁连山以北、合黎山以南的甘州回鹘并未像西州回鹘那么顺利地归降，而是经过了一番苦战，契丹人擒获了甘州回鹘都督毕离遏，再由毕离遏劝说甘州回鹘的首任可汗乌母主举国投降。此次西征，阿保机采取攻伐与劝降刚柔并济的军事和外交手段，使契丹帝国的疆域北到蒙古国色楞格河流域，南接长城沿线，西至金山（今阿尔泰山），东接渤海国。天赞四年（925）九月，收获满满的契丹人在阿保机的率领下返回故地。

凯旋回到故地后,后唐使者前来向契丹通报灭亡后梁的事宜,同时阿保机还接受了日本国和朝鲜半岛上高丽国及新罗国的朝贡。925年十二月,仅仅休整了3个月的阿保机又要出征了。这一次他的征服对象是位于契丹以东的渤海国。

渤海国由粟末靺鞨人大祚荣建于武周圣历元年(698)。提及渤海国立国,原因相对复杂。前面我们提到过武周万岁通天元年(696)的"营州之乱",说的是契丹人造反唐朝但被唐军剿灭。参与契丹造反的部落中有一部分为靺鞨人(隋唐时的称谓),靺鞨部落之一的粟末靺鞨当时的首领是大祚荣的父亲震国公乞乞仲象和许国公(未受命)乞四比羽。在唐军平叛中乞四比羽被杀,乞乞仲象病故。继位首领大祚荣率领靺鞨人余部及部分高句丽人逃往辽东,靺鞨族人原本就生活于黑龙江中下游和长白山以东、以北的地区。靺鞨诸部的分布区域,在隋朝时大致是东至于海,西接室韦,南界高丽。

这里要插上几句关于东北地区的民族史。

春秋战国时期,东北共有4个古族系:东北南部为古商族(汉族)系;东北西部为东胡族系(其中蒙兀室韦为今蒙古族的族源);东北东部为肃慎族系(包括粟末靺鞨人和黑水靺鞨人,其中黑水靺鞨为今满族人的族源);东北中部为濊貊族系(为高句丽人的族源)。"靺鞨"之名,初见于《北齐书》,为貊族与貉族融合而成。南北朝时期被称为勿吉,汉至晋称作挹娄,汉朝以前名曰肃慎。北魏至唐初,东北东南部为高句丽疆域,唐朝在总章元年(668)攻灭高句丽后在该地置渤海都督府。为了有效控制这一地区,唐朝将大批高句丽遗民和一部分靺鞨人强行迁往营州一带,大祚荣的父亲乞乞仲象及其部众便在其中。

大祚荣在逃往辽东途中,被唐朝大将李楷固(原契丹大将,时已归顺唐朝)等追杀,大祚荣在天门岭(今辽宁省北镇市境内)设伏,李楷固大败,仅以身免。获胜的大祚荣部东渡辽河返回故地。由于"营州之乱"后契丹人归附于后突厥,阻断了唐朝东进的道路,使唐朝在这一地区的统治力丧失,大祚荣得以在靺鞨故地发展壮大,并于武周圣历元年(698)在东牟山（今吉林省延边朝鲜族自治州敦化市）筑城定都，建立"震国"。唐开元元年（713），唐王朝遣使到震国，册封大祚荣为"渤海郡王"，从此震国改称"渤海国"。9世纪初，渤海国势逐渐步入全盛时期。大破今朝鲜境内的新罗，迫使新罗退至浿江（今朝鲜境内大同江，位于朝鲜半岛西北部）以南；向北征服其他靺鞨部落，并打败了靺鞨部落中强悍的黑水靺鞨，将兴凯湖、乌苏里江流域直至三江平原置于渤海国的控制之下。唐天宝十四年（755），渤海国将都城迁至忽汗城（今黑龙江省宁安市渤海镇）。渤海国全盛时期疆域北至黑龙江中下游两岸、鞑靼海峡（今间宫海峡）沿岸，南至朝鲜国咸镜南道的咸兴市，东至库页岛和日本海，西至吉林省西北与内蒙古交界的白城市。

阿保机决定向东讨伐渤海国时对幕僚们说："我要做两件大事，一是西征，时下已完成，还有一个未了心愿，就是讨伐渤海国，以报当年靺鞨人叛离我契丹人并大败契丹名将之世仇。"阿保机以此为由，率领大军浩浩荡荡东进，皇后述律平、太子耶律倍、次子大元帅耶律德光均随行。天显元年（926）正月，攻破扶余府（今吉林省四平市西）。之后，阿保机命大元帅耶律德光等率万余骑兵为先锋，长驱直入包围渤海国都城忽汗城，渤海国主大諲撰惧契丹攻城请降。当契丹人进城收缴武器时，大諲撰在部众鼓动之下又聚兵反叛。然待阿保机率契丹大军赶来后，大諲撰再次乞降。随后，渤海国安边府、南海府、鄚颉府、定理府等府及诸道节度、刺史前来朝拜表示降服，至此，传国15世、历时凡229年的渤海国亡。

天赞五年（926）二月，阿保机将忽汗城改名"天福"，改渤海国为"东丹国"，册封太子耶律倍为东丹国国王（因阿保机和述律平的尊号分别为"天皇帝""地皇后"，天地之间最尊者称"人皇王"），并重赏从征有功的三军及文臣武将。此后，又有在渤海国北方的铁骊（离）国、刚刚在朝鲜半岛立国不久的高丽国等前来纳贡。渤海国虽灭，但仍有州府不肯臣服。天赞五年（926）三月，阿保机派兵进攻拒不归附的长岭府，其间，又有安边府、鄚颉府、定理府三府反叛，契丹军又分兵平息。天赞五年（926）四月，"人皇王"耶律倍率众僚属辞别阿保机赴东丹国就任，履行管理职责。阿保机则忙于平定各地归附不定的反叛。表面上看，阿保机以武力结束了唐末以来我国东北地区和北方草原的分裂局面，重新实现了统一，但实际上，膨胀过快的契丹国内外均危机四伏。完成了历史使命的耶律阿保机，于天赞五年（926）七月在出征渤海还都途中突染疾病，发病仅7天便驾崩于扶余府，终年55岁。由于阿保机突然离世，谁将继承大统？新的可汗将如何管理疆域辽阔的庞大帝国，大契丹国的命运将何去何从？敬请期待下篇。

第二篇

上一篇说到辽太祖耶律阿保机于天赞五年（926）七月在出征渤海还都途中病逝于扶余。由于阿保机是突然归天，那么对于大契丹国来说，最紧迫最重要的问题就是由谁来继承大统。耶律阿保机膝下有4个儿子：耶律倍、耶律德光、耶律李胡、耶律牙里果。其中前三位为阿保机的皇后述律平所生。

一、阿保机次子耶律德光继承大统

述律平皇后为辽朝历史上大名鼎鼎的皇后，在《燕云台》剧中，萧燕燕不止一次带着崇敬之情提及的述律太后，就是这位述律平。阿保机驾崩时，述律皇后才47岁。她所生的3个儿子分别为：耶律倍27岁、耶律德光24岁、耶律李胡15岁。《辽史》第七十一卷后妃列传中记载："太祖崩，后称制，摄军国事。"按照汉族皇权传统，一般在皇帝驾崩时因太子年幼不能亲自处理政事时，才轮到皇太后等他人摄政。那么述律平太后是如何能够亲政的呢？

在汉民族的皇位继承体系中，按照《周礼》有最为传统的长子继承制，此外也有兄终弟及制。除了成年的耶律倍可以直接继位外，耶律阿保机为家族中的长兄，驾崩时才55岁，他的4个皇弟同样也有继承大统的可能，他们也觊觎汗位已久，即使阿保机在世时也曾爆发过3次为争夺汗位而起的"诸弟之乱"，因此在长兄阿保机归天之后，这4位皇弟一定很难安分。

让我们来看看"诸弟之乱"后阿保机4个皇弟的情况：

大皇弟耶律剌葛。神册二年（917）六月，耶律剌葛与其子耶律赛保里背叛契丹投靠晋王李存勖。李存勖封耶律剌葛为刺史，并收为假子。神册三年（918）十二月，耶律剌葛又叛晋，率领妻子和儿子投奔后梁。天赞二年（923），李存勖灭后梁，将擒获的耶律剌葛及全族诛杀。

二皇弟耶律迭剌。阿保机驾崩时任东丹国左大丞相。耶律迭剌史料对其记载不多，但他是契丹文字"小字"（借鉴汉字、回鹘文，读以契丹语而成）的发明者。史料记载他死于天赞五年（926）。

三皇弟耶律寅底石。受阿保机遗诏封为太师、政事令，赴东丹国辅佐耶律倍。天赞五年（926），辽太祖去世后，述律后担心耶律寅底石有威胁，派司徒划沙暗杀其于赴任的路上。

四皇弟耶律安端。官拜惕隐，职责为管理皇族迭剌部贵族的政教，即调节贵族集团的内部事务。

从上述4位皇弟的情况看，即便当时契丹国需要摄政，那么几位皇弟也都有参与争夺的可能和实力。述律太后想要摄政，首先要过了3位皇弟这一关才行。三弟寅底石固有阿保机遗诏命其远赴东丹国而不得不从命，二皇弟和四皇弟可是虎视眈眈呢。但述律不再给他们机会了，在摄政的道路上，她决心已定，人挡杀人，佛挡杀佛。听起来似乎不太敢相信吧？可述律太后就是这样的狠人。她不但对别人狠，对自己也一样狠！

阿保机驾崩后，自行临朝摄政的述律平为能按照自己的意愿从4个皇子中选择继承大统之人，开始以陪先帝殉葬的方式铲除那些异己。归降契丹的原平州刺史汉臣赵思温当着满朝文武大臣的面向述律平发问："先帝亲近之人莫过于太后，太后为何不以身殉？我等臣子前去侍奉，哪能如先帝之意？"赵思温这话也是够狠，反正要死大家一块死吧，豁出去了！《辽史》这样记载:"及葬,欲以身殉,亲戚百官力谏,因断右腕纳于柩。"意思很明确,述律平自断右手代替自己殉葬。这种凶狠的"大招",在封建王朝几千年历史上可能也是唯一的一次。也正是这种对自己的狠劲,才震慑住了皇亲国戚和满朝文武。

二皇弟耶律迭剌《辽史》上面没有提及他的死因,其他史料亦是如此。但从他死于天赞五年(926)的时间看,基本可以推定是给阿保机殉葬了。因为述律平想要二儿子耶律德光登基,所以就利用殉葬的机会干掉众多长子耶律倍的幕僚。耶律迭剌为东丹国的左大丞相,当然难逃殉葬的噩运。更何况当年"诸弟之乱"时他为积极参与者之一,有不臣之心,早就当诛。

四皇弟耶律安端负责皇族内部事务,述律平自行称制能够成功,想必四皇弟一定是帮了忙的,所以他才能活很久(956年薨)。

除了几位皇弟,贵族中还有南院夷离堇耶律迭里(耶律德光的族兄)带头反对德光继位。述律平以"谋逆"的罪名先将其下狱,后又以无悔过之罪将其杀掉,同时还株连了近百名反对德光的大臣,甚至包括述律太后的弟弟萧敌鲁的妻子。

摆平了4位皇弟和贵族,剩下的就是几个皇子了。阿保机有一后一妃,妃子萧氏生一子耶律牙里果,当时16岁。像述律平这种狠人,亲生的儿子又很优秀,自然不会考虑年纪尚小、又非亲生的牙里果继位。那么剩下亲生的3个儿子中,三儿子李胡是她最喜欢的,不过当时李胡只有15岁,又没有什么出色的战功,即便喜欢,也难以在危机四伏的复杂局面下服众,或许还可能引发更多的麻烦,所以述律后就只能忍痛割爱了。然后就是要在耶律倍和耶律德光中选出一人登基。耶律倍虽贵为契丹太子,但他汉化程度很深,尊孔尚儒,主张契丹全盘汉化,以儒家思想为治国之术,这与奉行"草原本位主义"的述律平在治国理念上冲突甚大。对于刚刚立国不久的契丹国和契丹贵族来说,实在不敢委其以大任。另外就尚在开疆拓土时期的契丹国来说,他们更需要一位军功显赫、能征惯战的"马上"皇帝。况且即便是同为父母所生,父母施爱也不尽相同,相比耶律倍,述律平更喜欢耶律德光。所以,综合起来,身为天下兵马大元帅的耶律德光优势更加明显。

述律平不仅是个狠人，还是能文能武的女中豪杰。上一篇里，我曾经提到过她帮阿保机设计了"鸿门宴"，一举干掉了契丹其他部落反对阿保机称帝的酋长。除了谋略，述律平还善于发现人才。当初晋王李存勖想与辽结盟互为支援，以叔母侍奉述律平皇后（阿保机和李存勖的父亲为拜把兄弟）。幽州节度使刘守光派遣韩延徽前来求援。韩有气节，不跪拜。阿保机大怒，将其扣留，命其牧马。述律平劝说阿保机："他守节不屈，是个有贤德的人啊，应该以礼起用他。"阿保机遂礼待韩延徽，后来韩延徽成为辽开国功臣，拜左仆射。此外，述律平还能披挂上阵，以武安邦。天赞三年（924）阿保机率军攻击党项时，述律平奉命留守。室韦部落（黄头、臭泊）趁机偷袭契丹，述律皇后亲率大军阵前杀敌、大破室韦军。这一仗的胜利不仅保住了契丹汗帐，也威震了契丹朝野。耶律德光有这样一位母亲护佑，再加上自身的优势，想不继位登基都难啊！

然而述律平并未直接决定长子和次子谁继承大统，而是导演了一出历史戏剧里经常出现的场面。在大臣齐聚的帐内，她对文武百官说："我的两个儿子都很优秀，也都适合做皇帝，我不能决定由谁做皇帝，现在把选皇帝的权利交给你们，你们认为谁适合做皇帝就执谁的鞍辔。"文武百官都知道述律平的意思，且部分将领本来就一直跟着耶律德光大元帅征战，所以争先恐后抢着执耶律德光的马缰，并欢呼"愿侍德光皇帝"。耶律倍见大势已去，无可奈何地向母后表示愿意退出汗位之争，让位于弟弟耶律德光，并带着自己的幕僚辅臣前往东丹国赴任。天显二年（927）十一月壬申日，25 岁的耶律德光在拜谒完祖庙并行燔柴礼后，于宣政殿正式登基继位，是为辽太宗。

辽太宗耶律德光 20 岁拜为天下兵马大元帅，功勋显赫。《辽史》载曰："及从太祖破于厥里诸部，定河壖党项，下山西诸镇，取回鹘单于城，东平渤海，破达卢古部，东西万里，所向皆有功。"不过如此能征惯战的辽太宗，在他登基后的前几次战役中打得却不怎么样。

二、辽太宗试水中原事

辽太宗登基后，大赦天下，尊述律后为"应天皇太后"，立萧氏为皇后。之后，对外遣使晓谕诸国，接见罗涅河（拉林河）以东女直（女真）和罗涅河（拉林河）达卢古部的纳贡使者。对内查阅兵籍，视察皮室、拽剌、墨离三军，并在多地开展狩猎（实为视察，为契丹国皇帝管控广袤疆域的手段之一）。

辽太宗提拔王郁（原北平郡王王处直之子，921 年李存勖伐王处直时降辽）为中京道龙化州（治今内蒙古自治区通辽市奈曼旗西孟家段村）兴国军节度使司，加授中书令（即政事令）。王郁得此高官厚禄，一是因为战功；二是因为他是李克用的女婿，可直接称呼述律太后为婶母。其妻在述律太后面前哭诉请求回归故国时，述律太后本已答应。但王郁上奏说："臣本来是唐帝的女婿，主上已被弑逆，这次去夫妻两人怎么能相保无事？愿意终身侍奉太后。"王郁这个忠心没有白表，赢得了述律太后的赞誉："汉人中，惟王郎最忠孝。"于是得以升官晋职。相比之下，王郁父亲王处直的义子王都就没那么幸运了。

在上一篇中，我们说到神册六年（921），北平郡王王处直被其养子王都发动兵变囚禁，天赞元年（922）李存勖乘胜追击契丹经过定州（今河北省定州市）时，王都亲自奉迎李存勖于马前。李存勖亲临王都府，并与王都约为儿女姻亲，许诺将来皇子李继岌娶王都之女为妻。一时间，王都在李存勖关照下春风得意，所上奏疏均获李存勖批准。

天赞五年（926），李存勖死于兵变，李克用的养子李嗣源继位，因王都曾经夺取其父之位，所以对其既厌恶又忌惮。王都渐有反心，并开始劝说其他节度使一起谋反，其中包括兵驻满城（今河北省保定市满城区）的北面行营副招讨使王晏球。李嗣源得王晏球等节度使密报后，解除王都所有本兼各职，命王晏球为北面行营招讨使，知定州行军州事，发兵征讨。王都知道凭一己之力抵挡不过，干脆举州降契丹以求自保。天显三年（928）三月，辽太宗遣奚秃里铁刺率五千铁骑前往援救。

首仗，奚秃里铁刺与王都先是大败留驻河北新乐县的后唐兵，随后乘胜追击至河北省保定市曲阳县。王晏球率主力与其战于曲阳西之嘉山。后唐军三路出击奋勇争先，斩杀王都所部与契丹兵数千人，一路反攻至定州城下。王都与逃入城内的契丹两千骑死守定州。

由于王都早有反心，所以城中粮草及军备物资准备充足，后唐军无法破城。奚秃里铁刺急忙向辽太宗请求增援。四月二十六日，太宗再派惕隐涅里衮、都统查剌率七千铁骑前往增援。

或许是王都自作孽不可活，因此天不助契丹援军。当时天降大雨，契丹骑兵机动性大大减低。七月十九日王晏球亲自率军迎击，在今保定市唐县唐河以北大破契丹军，并乘胜追至满城，再败契丹军。二十一日，后唐军再北追至易州（今河北省保定市易县）。惕隐涅里衮所部受阻于暴涨的易河水，再遭后唐军大砍大杀，损失惨重。惕隐率残部北遁，却又遭到卢龙节度使赵德钧派兵截击，惕隐涅里衮、查剌等百余人被生擒，押至京师，最终逃回契丹境内的，仅剩数十人。辽太宗因刚刚君临天下，深感出兵不合时机，懊悔不已，厚赏战死将士的家属。

而王都这边，王晏球先切断易、祁（今河北省安国市）两州对定州城内粮草的供给，再铁桶般围困住定州城。天显四年（929）二月三日，定州城破。王都且战且退，回到府中与妻妾家人燃一把大火自焚而死。奚秃里铁刺及契丹部众2000余人被擒，被押往京师。

这次援助王都，辽太宗可谓败得一塌糊涂。借此，辽太宗总算消停下来。一边到各处"狩猎"，一边接受女真、敌烈德（分布于今克鲁伦河及呼伦贝尔湖一带，东邻乌古部）等部落的纳贡，还派林牙耶律突吕不（掌管制诰，撰决狱法的官员，曾参与创制契丹大字）讨伐复叛的乌古部。这一年的十月二十九日，辽太宗诏令三皇弟耶律李胡率军侵扰云中（山西省雁门关以北、赵长城以南一带）郡县。耶律李胡就是《燕云台》电视剧中萧燕燕二姐乌骨里那个一脸大胡子的老公公。耶律李胡在云中攻城略地，还算顺利，天显五年（930）正月，已攻打并夺取了山西境内的寰州（今山西省朔州市东），二月初九日，耶律李胡从云中劫掠得胜而回。三月十一日，辽太宗册封皇弟李胡为"寿昌皇太弟",兼任天下兵马大元帅(因李胡得述律太后喜爱,此举被认为是为了讨好太后)。辽太宗表面看起来对兄弟还不错,但对人皇王耶律倍却提防有加。不仅多次驾幸耶律倍府邸察言观色,还诏令耶律羽之迁徙东丹民户以充实原渤海国最北的东平府。不仅如此,还将先前俘获的渤海民户赐给李胡,这一系列举措都是为了削弱耶律倍的实力。辽太宗对兄长和小弟的一冷一热,令耶律倍心灰意冷。恰好此时后唐皇帝李嗣源派人持密诏邀约耶律倍前往后唐。对未来无可眷恋的耶律倍决意受邀。天显五年(930)十一月十九日,耶律倍带着自己的妾室40余人及珍藏的图书从金州(今辽宁省大连市金州区)渡海投奔后唐,但耶律倍王后柔贞和长子耶律阮未同行(这也为契丹国后来的皇位之争埋下了伏笔)。耶律倍的到来,无疑是两个邻邦大国中后唐在外表层面上对契丹国取得压倒性的胜利。李嗣源以天子仪卫迎接耶律倍,拜其为怀化军节度使、瑞慎等州观察使,并赐姓名为"李赞华"。

耶律倍投后唐,与其说是契丹一件很丢脸的大事,倒不如说是辽太宗完全统一契丹的一个大好契机。天显六年(931)三月二十九日,留在东丹国的柔贞皇后萧氏率东丹国僚属前来朝见。辽太宗遂裁撤东丹国体制,将东丹国并入契丹。耶律倍14岁的长子耶律阮壮实魁梧,骑射俱佳。当时辽太宗已近30岁、长子耶律璟还未出生,因此辽太宗格外喜爱耶律阮(后来的辽世宗),不然耶律阮能否活到后来都很难说。辽太宗喜爱耶律阮也没白喜欢,民间传说:若是自己没孩子,你就自己抱养一个或是喜欢一个。你喜欢或抱养的是男孩,你就可能生个男孩。天显六年(931)八月初五,辽太宗的长子耶律璟(后来的辽穆宗,又名耶律速律)降生。太宗大喜,急忙到太庙陈告先祖。

三、契丹与党项

《辽史》记载,天显八年(933)正月,辽太宗命皇太弟李胡率兵讨伐党项,三月,皇太弟讨伐党项得胜还朝。从笔者所掌握的资料来看,这次应该不是对夏州党项的战争，大概率是对胜州（故城在今内蒙古自治区鄂尔多斯市达拉特旗黄河西岸，916年被契丹攻占）、丰州（治今内蒙古自治区巴彦淖尔市五原县南）或河套鄂尔多斯北部一带其他党项的征战。

党项人居住的地界与契丹国界相交，且在辽朝的整个国祚期间双方的矛盾一直都存在，有战争、有纳贡、有联合也有对立。由党项人建立的西夏国从重熙七年（1038）兴起，直到金正大四年（1227）才亡于蒙古。比契丹国亡国（1125）还要晚100年之久。所以我们不得不用点笔墨来介绍这个国土面积不大却能够在强国林立的夹缝中顽强生存的国度。

党项属于生活在我国西北的古羌族的一支。羌族在中国西北分布很广、分支众多。隋唐时期，活动在甘青和青藏高原东南部的羌人部落就有党项、东女、白兰、西山八国等。《隋书·党项传》属于较早记载党项人历史的书籍，党项是汉人对其的称谓，其含义附有多种解释。党项的活动范围大致相当于今青海、甘肃南部和四川西北一带。

因党项人后来建立的西夏国都城在今宁夏银川，所以往往会给人造成错觉，以为党项人就是今天宁夏回族的古时称谓，其实党项人跟今天的回族完全不是一回事。

以古羌族为主体的党项人，也有比较著名的八部，即细封氏、费听氏、往利氏、颇超氏、野利氏、房当氏、米擒氏、拓跋氏，其中以拓跋氏最为强盛。党项族群中竟然也出现了拓跋部，有点儿意思吧？笔者上篇文章里曾经说到在鲜卑诸部里中部鲜卑包含拓跋和柔然，一部分拓跋后来建立了北魏，还有一部分拓跋鲜卑因反对北魏汉化而迁徙并融入古羌族，成为党项族群其中的一个部落，且党项族群中的拓跋部成为后来建立的西夏国皇室。

说到党项政权，要先从李氏夏州讲起。隋开皇四年（584），党项羌千余家归化隋朝。次年，隋朝准许党项大首领拓跋宁丛（西夏先祖）率领部落定居宁州（今甘肃省庆阳市庆城县马岭镇）。唐龙朔三年（663），吐蕃灭吐谷浑后，党项人一部分内迁，散居陇右地区北部和庆州（今甘肃省庆阳市，因朝代不同，称谓有变）、灵州（今宁夏回族自治区灵武市）、银州（今陕西省榆林市米脂县、佳县地区）、夏州（今陕西省靖边县红墩界镇一带）、胜州（今内蒙古自治区鄂尔多斯市准格尔旗十二连城一带）、延州金明县（治今陕西省延安市安塞区南）西境等地。安史之乱后，党项再次迁徙至陕北、河套和晋北一带。

唐朝末年，党项族群中迁居于银州、夏州一带的族群的首领拓跋思恭自称刺史、占据宥州（今陕西省榆林市靖边县）。黄巢起义军攻入京师长安后，应唐僖宗"剿贼"诏书，拓跋思恭率兵与鄜延节度使李孝昌会合于鄜州（今陕西省延安市富县），同盟起兵勤王。因勤王有功，唐僖宗任命拓跋思恭为左武卫将军，行使夏、绥、银节度使的权力，后又正式任命他为夏州节度使。不久，唐僖宗颁布诏书，为夏州节度赐名"定难军节度"。唐中和四年（884），黄巢起义被镇压后，拓跋思恭被唐僖宗封为"夏国公"，赐姓"李"，成为藩镇统领，统辖夏州、绥州（今陕西省榆林市绥德县）、银州、宥州等四州，世代领有定难军。定难军的骨干即为这部分党项羌族人武装，其势力范围以夏州为中心，包括夏、绥、宥、银四州（今内蒙古自治区鄂尔多斯市南部地区）等。

唐乾宁二年（895）李思恭去世，他的弟弟李思谏继任定难军节度使。由于唐天祐二年（905）李克用与契丹阿保机结盟，夏州单独面对可能来自契丹的进攻，所以党项人只能联合后梁及一切可能支持他们的力量，以抵御来自契丹和李克用的两面威胁。后梁开平二年（908）李思谏去世，定难军落入了李思恭的孙子李彝昌的手中。第二年，李彝昌被弑杀于部将高宗益发动的兵变，高宗益及其党羽被诛，李彝昌的叔叔李仁福（注：不知其与李思谏的确切亲疏关系）被推举为节度使留后（代理），同年被后梁封为节度使。后梁开平四年（910），后梁援军帮助李仁福击败了凤翔和河西节度使李茂贞、李存勖联军长达一个月的围攻。后梁乾化二年（912），李仁福被后梁加检校太尉，乾化三年（913）加检校太师、兼中书令，封陇西郡王（此李氏封王之始）。天赞元年（922）晋兵围攻后梁，李仁福援助后梁，进献500匹马助战。天赞二年（923）后梁被后唐所灭，李仁福不得不向后唐称臣。天赞三年（924），后唐皇帝李存勖封李仁福累官至检校太师兼中书令，封朔方王（唐安史之乱后，朔方节度使仅领有灵州及附近地区）。后唐与党项人的这种看似和睦的关系一直维持到李仁福去世的天显八年（933）三月。

李仁福次子李彝超继位定难军节度使留后。因后唐明宗李嗣源怀疑夏州党项人与契丹人暗中勾结，遂调彰武军（治延州，今陕西省延安市）节度使安从进为夏州定难军留后，而调李彝超为彰武军节度使留后。其意图很明显，就是清除党项人在定难军的世袭割据地位。为保证对调顺利完成，特派遣邠州（治今陕西省咸阳市彬州市）刺史药彦稠以5万士兵送安从进到夏州。不过当安从进抵达夏州城时，李彝超紧闭城门，拒不交接。为此，双方在夏州城展开攻防大战，战斗从五月打到七月仍拿不下夏州。后唐明宗无奈，只得命安从进撤回原地，进而授李彝超检校司徒，充任定难军节度使。经此一战，夏州独立于后唐的野心更加增强，这也从客观上为后来西夏国的建立奠定了基础。而天显八年（933）后唐与党项人的这次战争，显然与契丹人无关，皇太弟李胡于天显八年（933）春讨伐的是其他部落党项人无疑。

四、石敬瑭割让燕云十六州

天显九年（934）八月，辽太宗首次亲率契丹军南征晋北。辽太宗征伐晋北，源于后唐发生了内乱。天显八年（933）十一月，后唐明宗李嗣源驾崩，其年仅20岁的第三子李从厚继位。因其实施"换镇"之策（藩镇军阀互调），诏令后唐明宗养子潞王、当年追随李嗣源功劳最大的二人之一、凤翔节度使李从珂离开凤翔，改任河东节度使，引致李从珂猜忌而起兵造反。又因其昏庸乱政，致使众叛亲离，即位仅几个月便在天显九年（934）四月于卫州（今河南省卫辉市）遇弑身亡。就在后唐内乱新平，朝廷内外人心涣散、矛盾重重之际，辽太宗选择了这个难得的时机南下攻城略地。九月，契丹大军到达云州（今山西省大同市），攻陷大同南的河阴。十月，又攻打灵丘（今山西省忻州市灵丘县），十一月，进围武州（今山西省大同市繁峙县）的阳城。阳城及浑只城先后请降。辽太宗首次南下得胜还朝。

辽太宗经此一战声名远播，女真、吐谷浑、党项、生女真鼻骨德部等前来进贡表示继续臣服。天显十一年（936）八月，辽太宗出兵汉地的机会又来了。

这个机会源于后唐河东节度使石敬瑭被后唐皇帝李从珂讨伐，不得已向辽太宗求援。上面说到追随李嗣源建功立业功劳最大的两个人之一是李从珂，那么另一个就是石敬瑭。石敬瑭是李嗣源的女婿，按长幼排序，他是李从珂的姐夫。当年李从厚"换镇"的几个节度使中也包括石敬瑭。石敬瑭那时官居河东节度使，李从厚调石敬瑭任镇州（今河北省石家庄市正定县）成德军节度使，让在陕西的李从珂任河东节度使。李从珂造反杀向洛阳并让石敬瑭去洛阳会面，石敬瑭在路上遇到从洛阳逃出来的李从厚，因李从厚的随将嫌石敬瑭不保李从厚，双方发生冲突。石敬瑭就将李从厚的随从全都杀死，再将李从厚幽禁起来。李从珂因此得以派人将李从厚弑杀。石敬瑭也算是帮了李从珂的大忙。李从珂登基后，任石敬瑭为河东节度使、北京（山西省太原市）留守，充大同、振武、彰国、威塞等军蕃汉马步总管。这些官职与当年李从珂被授予的一模一样。表面看对石敬瑭很器重，其实一直对他猜忌不断。石敬瑭因此不得不小心谨慎，同时暗中屯粮以备不测。天显十一年（936）五月，李嗣源下诏改任石敬瑭为郓州（今山东省菏泽市郓城县）节度使，晋封赵国公，还降诏催石敬瑭前去赴任。对像石敬瑭这样功高震主的藩镇节度使来说，对于"换镇"比李从珂更加敏感。于是，石敬瑭一面装病赖着不去赴任，一边暗中向辽太宗求援。

《辽史》这样记载：秋七月初五，乌古前来进贡。初六，蒲割颉公主率领三河乌古前来朝见。初十，唐河东节度使石敬瑭被其国主讨伐，派赵莹通过西南路招讨卢不姑向我国求救，皇上告知太后说："李从珂弑君自立，神人共愤，我们应该替天行道加以讨伐。"当时赵德钧也派使者前来，河东又派桑维翰前来告急，于是皇太后便答应出兵。（注：赵德钧为后唐卢龙节度使，派使者前来与契丹洽商叛离后唐事宜）

《辽史》这段记载了石敬瑭求援的时间和路径，但是求援的条件并未提及。其实，石敬瑭乞求契丹援助的条件对于辽太宗来说实在是太有诱惑力了。石敬瑭承诺：以儿国自称，同时割让燕云十六州给契丹，外加每年进贡大批财物。辽太宗本来就觊觎汉地疆土，即便没有这么多承诺，他也一定会南下劫掠，何况石敬瑭开出了如此令人垂涎的优厚条件呢。后唐这边，石敬瑭已经与李从珂公开决裂，李从珂下令罢免石敬瑭的所有官职，派多路大军讨伐，围攻太原城。后唐军虽然兵多势大，但没有急攻而是采取了筑长围以围困太原的战术，但石敬瑭早已加固了围墙，太原城池坚固，后唐军久攻不下，错失了在契丹发兵之前消灭石敬瑭的战机。

八月初，正值石敬瑭因城内储粮不足而与后唐军交战处于下风之时，石敬瑭从辽使臣萧辖里口中获知辽太宗亲率援军出师的确切日期，致使所部士气大振。八月中旬辽太宗率5万大军南下。九月二十一日攻克后唐守军不多的重要关隘雁门关，二十三日抵达太原外围。后唐围攻太原的部队虽然在交战中杀掉了契丹夷离堇的鲁，但因误中契丹军伏击而大败，被斩杀1万多步兵后狼狈退守晋安寨（今山西太原市晋源区晋祠镇南）。后唐军在北面兵马副总管、太原四面排陈使、太原四面都招讨使、知太原行府事张敬达的指挥下，一面死守晋安寨，一面向李从珂求援。李从珂亲自率军到河阳（今河南省孟州市西）督战，但后唐军彼此调度协调不力，李从珂整日饮酒悲歌。十一月初九，被契丹军包围了80多天、宁死不降的张敬达，被部将杨光远杀死，这支围攻太原的5万余人的主力部队向契丹军投降。辽太宗和石敬瑭将这些降兵编入石敬瑭所部，太原危机遂解。

而后唐前来增援张敬达部的援军正屯兵于团柏古（今山西省晋中市祁县东南），其中就有企图叛离后唐的赵德钧所部。由于赵德钧早有叛逆之心，所以坐视张敬达所部被干掉而不救。当时前来救援张敬达的部队除了赵德钧部万余人外，还有赵德钧的养子、宣武忠武两镇节度使赵延寿（李从珂女婿）所部2万人马。另有天雄军节度使范延光率2万兵屯于辽州（山西省晋中市昔阳县西南）。这两股援兵也如赵德钧一样畏缩不前，而赵延寿更是积极鼓动赵德钧投敌叛国。辽太宗在灭掉张敬达部之后，于天显十一年（936）十一月，在太原市东南柳林（今山西省太原市小店区刘家堡乡西）设坛，册封石敬瑭为晋王，俨然将自己凌驾于中原政权之上。石敬瑭也知恩图报，将燕云十六州，即今天的河北和山西北部的大片领土割让给了契丹。十六州自西南向东北为：朔（今山西省朔州市）、寰（今山西省朔州市朔城区马邑县）、云（今山西省大同市）、应（今山西省朔州市应县）、蔚（今河北省张家口市蔚县）、新（今河北省张家口市涿鹿县）、武（今河北省张家口市宣化区）、瀛（今河北省沧州市河间市）、莫（今河北省任丘市）、涿（今河北省保定市涿州市）、幽（今北京市）、儒（今北京市延庆区）、顺（今北京市顺义区）、妫（原属北京市怀来县，今已被官厅水库所淹）、檀（今北京市密云区）、蓟（今天津市蓟州区）。此外，石敬瑭还认比他小10岁的耶律德光为父皇帝，每年还要进奉帛30万匹，泱泱大中原的耻辱自此开始！

契丹军与石敬瑭军合围在团柏谷的赵氏父子所部，由于赵氏父子是打是降举棋不定，致使所部溃败。逃跑时士兵争先恐后、自相践踏，就连左翼慈州（今山西省临汾市吉县）的潘环和右翼辽州的范延光所部都没来得及出兵救援，落在后面的步兵就悉数投降了。赵氏父子更一路向东溃逃至潞州（今山西省长治市）。之后不久，赵氏父子也率众归降了契丹。契丹和后晋夺了潞州就占据了居高临下的地势。出潞州翻越太行山南下都是平原，除了黄河就无险可守。后晋大军士气旺盛，一路攻占了河阳、云州、应州、幽州、镇州等地，途中后唐先锋指挥使安审信、振武守将安重荣、彰圣指挥使张万迪等将纷纷归降石敬瑭，后晋军又以"斩首"行动进逼京师洛阳。此时，后唐兵力仍很强，仍有几十个镇的军队和"东际于海，南至淮、汉，西逾秦、陇"的大片国土。但李从珂士气消沉，再无崛起之心，昼夜只知饮酒哀歌，坐等灭亡。天显十一年（936）闰十一月二十六日，李从珂杀掉居于洛阳不肯与他同死的耶律倍，带着传国玉玺与曹太后、刘皇后以及次子李重美等人登上玄武楼，举家自焚而死，石敬瑭得以攻入洛阳，国祚仅14年的后唐政权灭亡。辽太宗得到消息，就以河阳为首府，册封石敬瑭为大晋皇帝，后晋取代后唐成为中原正朔王朝，只不过这是个儿皇帝王朝。辽朝皇帝辽太宗是为后晋皇帝石敬瑭的爹，石敬瑭的皇位来自于辽太宗对他的册封。

契丹军从太原北撤，一路之上收服燕云十六州，天显十二年（937）正月，辽太宗返回契丹上京临潢府告功于太祖行宫并面见述律皇太后报告此行大功，这才算是完成了这趟南下助石敬瑭灭后唐立后晋的大事。辽太宗仅以契丹5万兵马便完成了中原的改朝换代，就其对契丹国的功劳，完全可以与他的父亲耶律阿保机相提并论。而他在治理内政方面的功绩则远胜辽太祖耶律阿保机。

五、契丹官制

首先看辽太宗建立的三京制。由于辽朝疆域面积的庞大，为能更有效地控制东丹国和新得到的燕云十六州，会同元年（938）十一月，辽太宗做出了一系列改革。升幽州为南京，改原南京（辽阳府，今辽宁省辽阳市）为东京。上京主要负责管理包括漠北在内的众多突厥部族和其他游牧民族，东京则用于掌控东北亚的渤海旧地，南京则是管理燕云十六州汉地并处理南方汉族政权事宜等。此外，建立南、北两院施行历史上从来没有过的"一国两制"。《辽史》百官志这样表述："契丹旧俗，事简职专，官制朴实，不以名乱之，其兴也勃焉。太祖神册六年（921），诏正班爵。至于太宗，兼制中国，官分南、北，以国制治契丹，以汉制待汉人。"意思是阿保机时期，官制很简单，由于有阿保机的英明，所以兴旺也快。到神册六年（921），辽朝中央设朝官、宫卫（斡鲁朵）、腹心部和族帐。地方机构则有部落以及州、县、城等基层组织。及至辽太宗时，因为要监管大片汉人居住地，所以将官制始分为南、北两院。即以北面官体系治宫帐、部族，管理契丹和其他游牧民族的事务，属国之政，掌管朝廷军事大政及契丹本部事；以南面官体系掌管民政及管理汉人、渤海人和州县、租赋、军马等事。

这里需要强调一点，就是在阿保机时期，其官制也分南、北两院，但实际上它们均属于辽太宗时期的北面官体系。

官制在中国古代变化无穷，即使在同一个朝代也是变来变去，即便是如今体制下的官制也是很难了解透彻，但辽太宗的官制改革开创了"一国两制"的先河，使辽朝逐日中兴，这种官制显示出契丹人的智慧和博采众长，所以我们不得不说，借此，我们分别表述北、南两面官体系的设置。

辽太宗时期，形成完整的北面官体系，具体设置见下图：

北面朝官（部分）

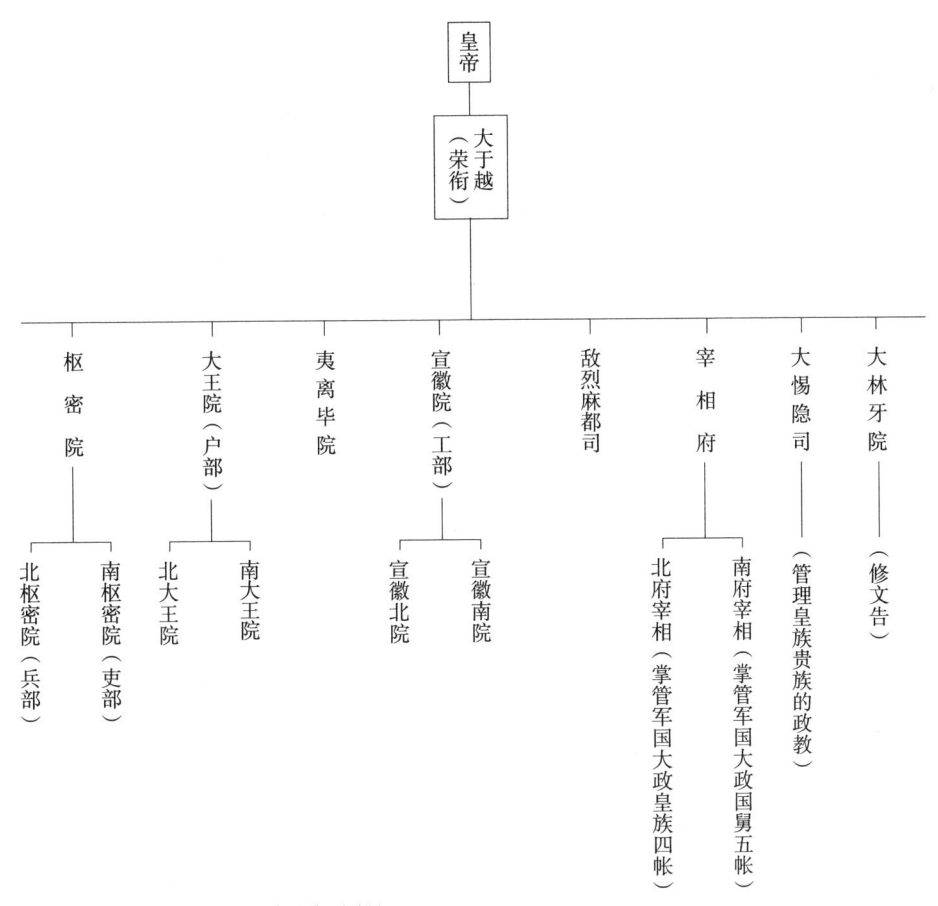

```
                        皇帝
                         │
                      大于越
                      （荣衔）
   ┌────┬────┬────┬────┼────┬────┬────┬────┐
  枢密院 大王院 夷离毕院 宣徽院 敌烈麻都司 宰相府 大惕隐司 大林牙院
        （户部）         （工部）                    （管理皇族贵族的政教）（修文告）
   ┌─┴─┐  ┌─┴─┐        ┌─┴─┐            ┌──┴──┐
  北枢 南枢 北大 南大    宣徽 宣徽         北府宰相 南府宰相
  密院 密院 王院 王院    北院 南院         （掌管军国大政皇族四帐）（掌管军国大政国舅五帐）
  （兵部）（吏部）
```

（根据《辽史·百官志》绘制）

北面官体系在皇帝之下设大于越，属于一人之下万人之上的地位，相当于公（师）这类的角色。在北面官体系中，北枢密院视兵部、南枢密院视吏部，其中的北、南二王视户部，北、南府宰相总之。夷离毕视刑部；宣徽视工部；敌烈麻都视礼部；惕隐治宗族，专司皇族事宜。决狱官，专司刑狱，林牙专修文告。阿保机时代的南、北面官制其实类似于汉族王朝中出现过的左、右丞相，左、右将军等官僚体系，它不同于阿保机后期（922—926）形成的南、北面官体系雏形。阿保机时期所称的南、北面官，是因为他们的办公机关分别设在皇帝帐殿的北面和南面而已。

南面朝官（部分）

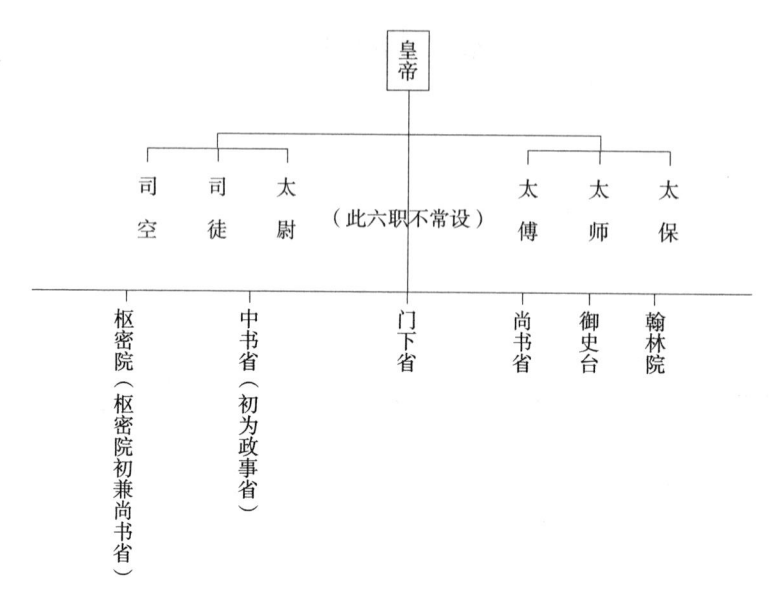

```
                        皇帝
     ┌────┬────┬────┼────┬────┬────┐
     司    司    太  (此六职不常设)  太    太    太
     空    徒    尉                  傅    师    保
     │    │    │    │    │    │
     枢    中    门    尚    御    翰
     密    书    下    书    史    林
     院    省    省    省    台    院
    （    （
     枢    初
     密    为
     院    政
     初    事
     兼    省
     尚    ）
     书
     省
     ）
```

（根据《辽史·百官志》绘制）

在阿保机王朝后期出现了像政事令（韩延徽。中书省初为政事省，所以中书令也称作"政事令"）、中书令（韩知古。为电视剧《燕云台》中韩德让祖父）、左右仆射这样的官职，后来又初设了汉儿司这样的机构。及至辽太宗时，因收受燕云十六州，方沿用汉制设置官制，后来南面官体系基本得到完善。南面官体系类似东汉王朝的官制体系，皇帝之下设"三公""三师"，这之下再设类似唐朝的枢密院及三省六部，具体设置见上图。

南面官不全是汉人，契丹人做南面官的也不少，北面官也不全是契丹人，汉人做北面官的也大有人在。两套官制互通有无，由中央朝廷统一。在地方体制中，北面官通过部落控制北方，南面官通过州府县及城邑管理南方，加上当时的"两京"制，不得不说辽太宗建立的这套实用的治国体系还真是了不起！

六、契丹与后晋的战争

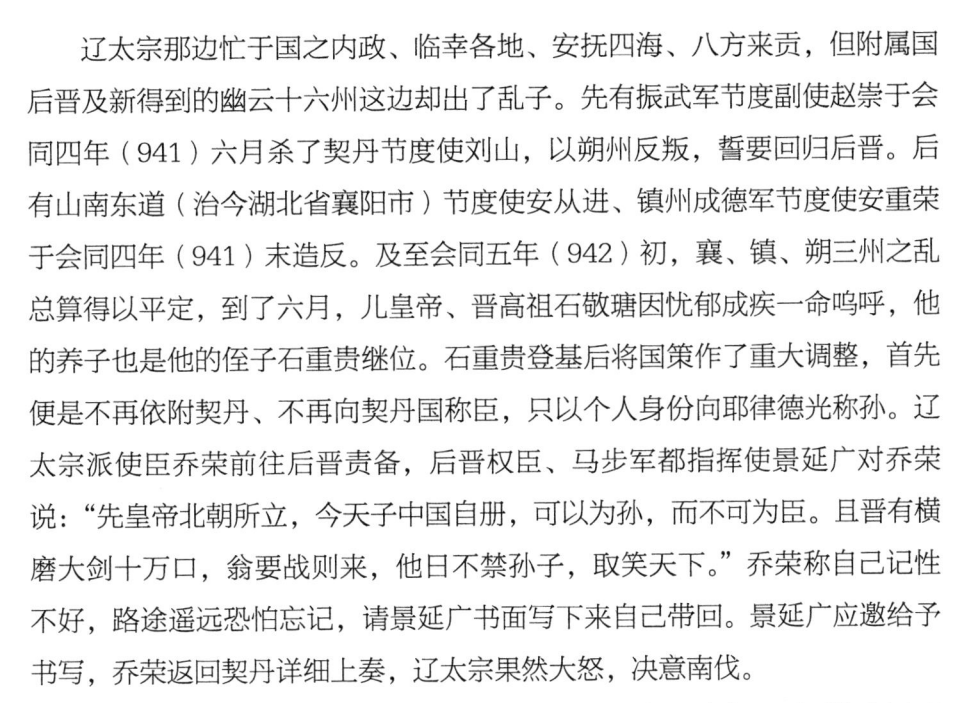

辽太宗那边忙于国之内政、临幸各地、安抚四海、八方来贡,但附属国后晋及新得到的幽云十六州这边却出了乱子。先有振武军节度副使赵崇于会同四年(941)六月杀了契丹节度使刘山,以朔州反叛,誓要回归后晋。后有山南东道(治今湖北省襄阳市)节度使安从进、镇州成德军节度使安重荣于会同四年(941)末造反。及至会同五年(942)初,襄、镇、朔三州之乱总算得以平定,到了六月,儿皇帝、晋高祖石敬瑭因忧郁成疾一命呜呼,他的养子也是他的侄子石重贵继位。石重贵登基后将国策作了重大调整,首先便是不再依附契丹、不再向契丹国称臣,只以个人身份向耶律德光称孙。辽太宗派使臣乔荣前往后晋责备,后晋权臣、马步军都指挥使景延广对乔荣说:"先皇帝北朝所立,今天子中国自册,可以为孙,而不可为臣。且晋有横磨大剑十万口,翁要战则来,他日不禁孙子,取笑天下。"乔荣称自己记性不好,路途遥远恐怕忘记,请景延广书面写下来自己带回。景延广应邀给予书写,乔荣返回契丹详细上奏,辽太宗果然大怒,决意南伐。

会同七年(944)正月,契丹国以晋廷负恩为由,分东、西两路大军南下。命赵延寿(注:潞州时的降将,已被封为契丹国燕王、幽州节度使)、赵延昭为东路军前锋,率5万骑进驻莫州(今河北省任丘市),太宗自率十余万大军殿后。命皇叔明王耶律安端率西路军进入雁门关,包围忻州(今山西省忻州市)、代州(今山西省忻州市代县),目标直指太原,以策应东路军作战。

正月初六,东路前锋军攻陷后晋粮储重镇贝州(治清河,今河北省邢台市清河县西北),贝州太守吴峦投井而死,其属下打开城门向契丹投降。赵延寿军继续南下攻占南乐(今河南省濮阳市南乐县),辽太宗跟进,将牙帐设于元城(今河北省邯郸市大名县东北)。西路军攻破代州,逼近忻州。

石重贵闻知震惊,遣使致书辽太宗欲修旧好遭拒。石重贵只得以黄河为屏障应战。正月二十三日,辽太宗派兵攻打黎阳(今河南省鹤壁市浚县东北），石重贵派张彦泽据守黎阳，同时命归德节度使（镇宋州）高行周为北面行营都部署，率符彦卿、皇甫遇、王周、潘环等将领北上进驻戚城（今河南省濮阳市北），迎战契丹辽太宗率领的主力部队。石重贵亲率禁军抵澶州（今河南省濮阳市）坐镇指挥。另以刘知远为幽州道行营招讨使，抵御契丹西路军。刘知远首战便击败契丹西路军，明王耶律安端率部逃至鸦鸣谷（今山西省晋中市寿阳县东南），向契丹东路军主力靠近。

石重贵令沿黄河诸镇加强守备。会同七年（944）二月，辽太宗正面进攻戚城，遣堂弟麻答东进博州（今山东省聊城市）。博州刺史周儒投降后引契丹麻答部欲从黄河马家口渡河南侵。晋侍卫马军都指挥使李守贞率军万余人驰援马家口，乘麻答军半渡时出击，契丹兵数千人溺死或被斩杀，数百人被俘，河对岸数万契丹兵见后晋军已有防备，不敢再过河，急忙北撤。辽太宗这边也不顺利。先是赵延寿、赵延昭率数万骑兵攻击高行周部右侧，辽太宗率精兵攻击左侧。高行周之子高怀德在铁丘（今河南省濮阳市高新区王助乡铁丘村东）拼死抵抗数万契丹骑兵，尽管侍卫亲军都指挥使（禁军统帅）景延广因胆怯不肯出兵，却得到了骑军左排阵使符彦卿所率数百骑兵的及时救援而脱险。景延广不肯出兵，但晋出帝石重贵御驾亲征开到前线。后晋军与契丹军的决战厮杀激烈，石重贵将马家口俘获的契丹数百骑兵，在两军阵前当着耶律德光的面全部斩杀以激励将士、震慑契丹兵。契丹以骑兵优势驰骋于战场，后晋则以强弩回击周旋，两军从早杀到晚，皆杀红了眼，契丹兵所过之处见汉人便杀，后晋军对契丹军则能杀死就绝不要活的。战役的结局是契丹军退去，扎营于30里之外。之后不久，辽太宗率南侵大军北撤至契丹境内，第一次后晋与契丹的战争以后晋胜而结束。

契丹撤兵之后，后晋赶紧收复失地。各路大军在定州（今属河北省保定市）集结，然后开始北伐并很快就收复了泰州（今河北省保定市清苑区）、满城（今河北省保定市满城区）、遂城（今河北省保定市徐水区西北）等地。晋出帝还命李守贞讨伐与契丹眉来眼去的青州（属山东省潍坊市所辖）节度使、东平王杨光远。杨光远乞降，作恶多端的杨光远被李守贞诛杀。那个拒不增援的景延广也被罢去朝官远赴洛阳做了地方官。随后，晋出帝以刘知远为北面行营都统，统领山西防务。以杜重威（晋出帝石重贵的姑父）为都招讨使，统领河北、山东、河南诸地防务。至此，后晋整个新的防御体系基本完善。

逃回契丹的辽太宗咽不下被后晋军击败的这口恶气，会同七年（944）十二月，在幽州以北的温榆河集结兵马再次南侵。十二月十一日，契丹大军攻占了恒州（今河北省石家庄市正定县）及所辖9个县。会同八年（945）正月初三，分兵攻打邢州（今河北省邢台市）、洺州（今河北省邯郸市永年区）、磁州（河北省邯郸市磁县），杀戮劫掠、无恶不作。然后杀入邺都地界，与后晋北面行营都监张从恩、邺都留守马全节、忠武节度使安审琦于相州（位于今河南省北部安阳市与河北省邯郸市临漳县一带）漳河以南对峙。后晋军滑州节度使皇甫遇与濮州刺史慕容彦超率骑兵千骑前往刺探契丹军动向。在邺都与数万契丹军遭遇，且战且退至榆林店（今河北省邯郸市临漳县西南）。幸得安审琦相救方才脱险。之后，双方开战甚猛，州城争夺互有胜负。会同八年（945）三月，契丹赵延寿军大败后晋都招讨使杜重威、兵马都监李守贞于阳城（今河北省保定市清苑区阳城镇）。三月二十七日，将后晋军围困于白团卫村（位于阳城镇南），并出奇兵断其寨后粮道与水源。晋军打井不成只得取泥水而饮。辽太宗认为后晋军大势已去，可直取晋都大梁。然而后晋气数未尽，天起大风，飞沙走石，昏天黑地，白昼如夜。契丹兵借机纵火扬尘以助气势，因天气不宜骑兵作战，辽太宗命契丹骑兵中最精锐的铁鹞军下马步战，猛攻后晋军营垒。由于后晋军营寨以"鹿角"等障碍物阻隔，契丹铁鹞军不得不一边拆除"鹿角"等障碍物一边作战。一直不敢出战的后晋军突然以精骑兵出击，更有万余骑兵横击契丹兵，风助兵威，兵借风势，以一当十，奋勇争先。契丹兵被这突如其来的冲杀打得溃不成军。铁鹞军来不及上马就丢盔弃甲狼狈北遁。辽太宗乘奚车逃了十余里，又嫌太慢，换上骆驼再逃，才总算逃回了南京（幽州城）。后晋军得胜返回定州，辽太宗则在南京（幽州城）对作战不力者各杖数百下。第二次后晋与契丹的战争再次以后晋的胜利而结束。

凡成大事者都有着百折不回的坚毅性格，辽太宗绝对算是其中的一位。两次南侵两次惨败，就连一向强硬的述律平皇太后都劝他罢兵息战，但咽不下这口气的辽太宗则坚持发动第三次南侵。

会同九年（946）八月初八契丹军秘密集结，辽太宗再次御驾亲征。这一次辽太宗不再执念于契丹兵勇猛无敌，而是智勇结合再战后晋。七月，辽太宗让地理位置最南面的瀛州（河北省河间市，之前随燕云十六州已被石敬瑭割让）刺史刘延祚给后晋乐寿监军王峦写信，诈称愿意降后晋，并希望晋军接应。王峦告知朝廷，石重贵等因打了两次胜仗有点飘飘然，便不辨真伪，认为机不可失。于是在十月，石重贵再次任命杜重威为北面行营招讨使，任命李守贞为兵马都监，大军会兵广晋（今河北省邯郸市大名县东北），以10万精兵北伐，意在"先取瀛莫（注：今河北省保定市雄县鄚州镇），安定关南；次复幽燕，荡平塞北"。后晋军雄赳赳气昂昂开始北伐，怎奈这次天公不作美，大雨瓢泼，举步维艰。大军好不容易赶到瀛洲，却发现刘延祚早已弃城逃跑，留下一座空城。辽太宗见后晋已经中计，便于十一月初一，命契丹兵迅速包围镇州、定州，两国第三次战争正式开打。

杜重威率30万大军抵达瀛洲。契丹南院大王迪辇、大将高模翰分兵自瀛州抄小路进发，杜重威派贝州节度使、偏将梁汉璋率兵两千骑迎击。高模翰率麾下三百精兵迎战，大败后晋军并斩杀了梁汉璋。马军都排阵使张彦泽在泰州击败契丹，斩首两千。但杜重威见梁汉璋败亡，急退兵至武强（今河北省衡水市武强县西南）。辽太宗乘势率大军沿易州、定州攻向恒州（今河北省石家庄市正定县）。杜重威与张彦泽合兵进至滹沱河，欲返恒州。辽太宗派大将高模翰带兵去守中渡桥（滹沱河上的桥，在今河北省石家庄市正定县东南）。后晋军则派张彦泽率骑兵来争夺中渡桥，双方胜负难分，契丹军焚桥，后晋军建中渡寨，两军列阵河两岸。后晋军中有人建议杜重威修复桥梁，迅速渡河与契丹军决战，但未被采纳。而契丹军则没闲着。一方面分兵围困后晋军营寨剽劫给后晋军的补给，另一方面由辽太宗遣别将萧翰夜渡滹沱河攻取栾城（今河北省石家庄市东南），彻底斩断后晋军的后勤补给线和后路。后晋军内外隔绝，粮食渐被吃光，石重贵找不到救兵可派，后晋将领王清请命率兵两千突围。怎奈杜重威不发后续援军，王清所部力战不克，全军覆灭，突围失败。后晋军主力再度陷入重围。杜重威见突围无望，遂生异志，欲效仿石敬瑭再做契丹的儿皇帝。于是暗中与契丹密谋全军投降。聪明的耶律德光佯许立其为帝，还送去了专属皇帝穿的龙袍，杜重威因此下定决心投降。现在所顾虑的是官兵是否接受向契丹投降。而偏偏石重贵对他的后晋兵也很吝啬，两次击败契丹，官兵本该受重赏，但石重贵将从百姓身上搜刮来的钱财都用去挥霍了。以致杜重威等高级将领在降书上签字后，告知军士因粮食已尽，不得不降契丹时，全军军士虽痛哭失声，但无人反对。十二月初十，辽太宗在万军列阵中受降20万后晋大军，授杜重威为守太傅、邺都留守，李守贞为天平军节度使，其余诸将各领旧职。分降附人马之半数给杜重威，半数隶属于赵延寿。与此同时，辽太宗派刚刚投降契丹的马军都排阵使张彦泽引军2000人直击后晋都城汴梁（今河南省开封市）。出帝石重贵因将举国之兵交与杜重威，已无兵可战。张彦泽自宽仁门进入后宫，传耶律德光与述律皇太后诏书，出帝石重贵只得宣布退位并身着素服，奉表投降，后晋灭亡。

大同元年（947）正月初一，辽太宗以中原皇帝的仪仗在百官朝贺声中进入汴梁，十五日，颁诏降石重贵为崇禄大夫、检校太尉，封为"负义侯"。二十七日，派太子太保赵莹、太子少保冯玉、充侍卫马军都指挥使李彦韬率300骑送负义侯及其母李氏、太妃安氏、妻冯氏、弟石重睿及子石延煦、石延宝等人到黄龙府（今吉林省长春市农安县）安置。二月初一（947年1月25日），耶律德光登上崇元殿接受朝拜，建国号为"大辽"，大赦天下，改元"大同"，升镇州为中京。辽太宗此时一定以为自己真的成了"天可汗"，不过不出半月，河东节度使、北平王刘知远在太原自立为帝，国号"汉"，中原大地又诞生了新的正朔王朝。

要说后晋刚被灭，怎么这么快汉人又能建立新的王朝呢？这皆因在后晋被灭亡的过程中，还有那些手握重兵的藩王节度使静观契丹和后晋大军厮杀而不出手相救，后晋北京（今山西省太原市）留守、河东节度使刘知远就是其中一个。

后晋与契丹两次大战时，刘知远于所在的西线战场曾两次击败契丹军，但在第三次后晋军与辽太宗战场胶着之时，刘知远则保存实力、作壁上观，未发一兵一卒驰援。后晋被灭后，刘知远还派牙将王峻向契丹奉表投降。王峻算是有头脑的部将，他出使汴梁回来后，将自己所看到的契丹政治混乱的实情告知刘知远，他认为契丹人不可能长久统治中原，劝谏刘知远起兵逐鹿中原。此后又有刘知远属下河东行军司马张彦威与他的文武将吏等进一步上书劝刘知远称帝，刘知远效仿前代帝王装模作样地3次推辞后，于大同元年（947）二月十五日在太原称帝，沿用石敬瑭的年号，称"天福十二年"。此时的辽太宗还在给各路功臣及降兵降将晋爵封赏、纵兵劫掠呢，岂知中原大地又崛起了契丹人新的对手？契丹兵疯狂劫掠激起了中原民众风起云涌的抗争，刘知远在太原诏令禁止为契丹括取钱帛；在诸道的契丹人一律处死，同时慰劳保卫地方和武装抗辽的民众，收服后晋朝旧臣。而辽太宗这边，虽然占领了中原之都汴梁，但降服的百官尸位素餐，官属尽管依旧保存，但是官吏都怠惰不视事。心力交瘁的辽太宗，以汴梁气候炎热、水土不服为借口，于当年四月初一日羞羞答答地宣布撤离中原北归。北归途中，辽太宗总结自己入侵中原期间的"三失"：纵兵掠刍粟，一也；括民私财，二也；不遽遣诸节度还镇，三也。真是人之将死其言也善，辽太宗在位21年，灭唐亡晋，改立官制，发展农耕，重用汉人，进一步推动契丹从奴隶制向封建制的转化，从契丹人的角度评价，辽太宗实在是一位了不起的伟大皇帝。正如所有的杰出人物一样，辽太宗带着壮志未酬的遗憾，于大同元年（947）四月二十二日驾崩于栾城（今河北省石家庄市栾城区）杀胡林，时年46岁。而在他的身后，契丹贵族们又将上演怎样的汗位争夺战，敬请期待下篇。

第三篇

大同元年（947）四月二十二日，辽太宗在今河北栾城北杀胡林突然驾崩，梓宫停驻于镇阳（今河北省石家庄市正定县），辽朝又再次面临谁将继承大统的选择难题。上一篇中笔者说到，述律太后最喜欢的儿子是时任天下兵马大元帅的三子耶律李胡，时下二儿子崩了，她一定会选择耶律李胡继位了。除了耶律李胡，当时有资格继位的还有辽太宗的长子、17岁的耶律璟以及耶律倍的长子耶律阮，但此时唯有耶律阮在灭后晋北归的大军当中。而耶律李胡、述律太后和耶律璟都远在1000多公里之外的上京，与他们相比，率先得知辽太宗驾崩的自然就是随其南征后晋的兵将们，那么这些兵将将会做出怎样的选择呢？

一、皇权更替

先来看看都有哪些人在南征大军当中吧。他们中有南院大王耶律吼、北院大王耶律洼等契丹贵族，还有契丹诸部之长萧翰（述律太后兄弟萧敌鲁之子，其母在耶律阿保机驾崩后的地位争夺战中被述律太后所杀）、直宿卫耶律安抟（耶律迭里之子，耶律迭里在耶律阿保机驾崩后的地位争夺战中被述律太后以谋逆罪处死）、大详稳耶律刘哥（耶律阿保机三皇弟耶律寅底石之子，寅底石在耶律阿保机驾崩后的地位争夺战中被述律太后暗杀于赴东丹国的路上）等被述律太后残杀的契丹贵族勋戚之后以及大批能征惯战的汉族文武重臣。这些人可以分成几类，一是契丹高官中比较耿直且肩担社稷重任的忠臣，如耶律吼、耶律洼等，他们既看不惯述律太后的强势霸道，又同情本该在契丹继承大统却客死异乡的耶律倍及其家人；二是当初因支持耶律倍、反对耶律德光即帝位而亲人被杀、对述律后怀有深仇大恨者，如耶律安抟、萧翰、耶律刘哥等；三是因耶律倍父子推崇汉民族文化而觉得他们更可亲近的汉人重臣，如四方馆使高勋等人；四是那些无欲无求但又担心述律太后会再次为让三儿子耶律李胡继位而大开杀戒殃及池鱼的臣子。这些各怀心志者暂时做出了同一个选择，坚定拥立乐善好施、孝友宽慈的耶律阮登基称帝，但耶律阮本人则因为耶律李胡和耶律璟均在朝中而犹豫不决。

耶律阮密召直宿卫耶律安抟问计，安抟曰："大王聪安宽恕，人皇王之嫡长；先帝虽有寿安（注：指寿安王耶律璟），天下属意多在大王。今若不断，后悔无及。"话虽如此，耶律阮还是不能下定决心。恰此时京师有人来到军中，安抟心生一计，借机在军中讹传耶律李胡已死，将士们信以为真。而此时在另一边，耶律吼与耶律洼也正商议此事。《辽史》这样记载："及帝崩于栾城，无遗诏，军中忧惧不知所为。吼诣北院大王耶律洼议曰：'天位不可一日旷。若请于太后，则必属李胡。李胡暴戾残忍，讵能子民。必欲厌人望。则当立永康王。'洼然之。"

两人刚刚议定，耶律安抟入帐。说明欲拥立耶律阮的来意后，两位大王会意相视，将两人商议结果告知安抟，三人遂决定立永康王耶律阮为帝。第二天，耶律阮召集全军将士在辽太宗灵柩前继位登基，是为辽朝的第三位皇帝辽世宗。

辽世宗在电视剧《燕云台》一开始便出现了，只不过没几分钟，他和皇后甄氏等便被叛军弑杀。这段史实发生在祥古山火神淀的叛乱，就是在《燕云台》中一直被提及的"祥古山之变"。甄氏也是辽朝皇后中唯一的汉人皇后。

耶律阮虽然在众臣拥推之下登基继位，但因为辽太宗是突然驾崩，并没有留下由谁继承大统的遗诏。前面提到，耶律璟及耶律李胡也都有继位的理由，所以耶律阮灵前继位还需要皇太后述律平的认可才更具合法性。

辽太宗的梓宫先于南征大军被送到了上京，耶律阮即皇帝位的消息也随之传遍了上京。一心想让耶律李胡当皇帝的述律太后闻知后大怒，并立即派耶律李胡率军"讨逆"。不过耶律李胡率领部队的战斗力比起南征的辽军主力可差远了，耶律李胡不久就大败逃回上京向母后求援。述律太后盛怒，亲自率军列阵于上京城外的潢河（今西拉木伦河）横渡口岸边，准备和耶律阮决战。想想都好笑，述律太后此时已经是68岁的老太太了，都说人上了年纪后再刚烈的性格也会变得温和，可这述律太后竟还豪横如初。不过这一次事态的发展却出乎她的意料了。

耶律阮和述律太后率领的军队在潢河两岸对峙，光从阵势上看，耶律阮这边就要强大很多，因为述律太后这边只有属于她的不足2万骑的亲兵"属珊军"听从调遣，就连京城里的百官，也不全部站在她这一边。而耶律阮这边可是得胜班师的近20万大军啊！

述律太后似乎开战的底气也不太足，阵前质问萧翰为何背叛她时，萧翰竟理直气壮回应："当初太后为了立威易储，无辜杀掉臣的母亲，臣怨恨太后已经很久了！"除了萧翰，耶律阮的大军里还不知道有多少这样对述律太后怀着仇恨或怨愤的文臣武将。当初也是没办法，为了让耶律德光继位，杀人实在太多了，仇恨自然也少不了。如果此时双方开战，那么后面辽朝的历史走向或许又是另外的版本了，但当时辽朝国运正兴，终究会有人出来破局的。这个人就是《燕云台》里由邵兵饰演的文武双全的屋质大王，此时他的官职是惕隐（皇族事务大臣，宗人府宗正）。

《燕云台》里因为要将剧情集中，并没有写屋质惕隐是如何破局这一段往事，但这段旧事的精彩程度丝毫不亚于《三国演义》中诸葛亮出使东吴、联吴抗曹那一段。

屋质惕隐要做的首先是争取到作为述律太后议和代表的资格。耶律屋质对述律太后说："李胡和兀欲（耶律阮的契丹名字）都是太祖与太后您的子孙，国家并没有落入外人之手，立兀欲为帝有什么不可以呢？太后应该考虑国家的长远利益，与兀欲讲和。我愿意代表太后前往议和。"国家不落入外姓之手，这是述律太后的底线，屋质惕隐正是利用这一点，才成功地拿到了述律太后议和代表的资格。

随后，屋质惕隐亲赴耶律阮大营，当着文武大臣的面劝说耶律阮："一旦兴兵，即使大王您打赢了，却也难免骨肉相残。何况如今胜负还未定，就算大王您胜了，被太后和李胡扣押的人质岂不是先要送命！还是请您和太后讲和吧。"屋质惕隐利用这个时机将述律太后以及耶律李胡将拥护耶律阮的臣僚们的家属全部抓起来一事告知大家。接着他又说："如果真的打起来，那就是父子兄弟互相残杀了！"这几句话击中了耶律阮和拥戴他的臣僚们的软肋，耶律阮及其所部剑拔弩张的开战决心也缓和下来。于是才有了述律太后与耶律阮的当面议和。作为议和代表，屋质惕隐不辱使命。

不过见面未必就能议和。述律太后依然强势，耶律阮也是坚决不肯退让。双方只好让屋质惕隐主持公道。屋质问述律太后："当初人皇王突欲（耶律倍的契丹名）封为太子，太后为何却要改立嗣圣皇帝（辽太宗）呢？"述律太后一时语塞，然后妄语说："改立嗣圣皇帝为皇储，这是太祖皇帝的遗旨。"屋质再问耶律阮："大王你为何擅自即位，不先征得尊长的同意呢？"辽世宗也语塞，随后抱怨道："我父亲人皇王当初本应立为国主，却因为这个尊长而不得立，所以我如今不愿禀报。"

屋质随即面向耶律阮正色道："人皇王舍父母之邦投奔他国，世上有这样做儿子的吗？大王见到太后，对此却没有一些愧意，反倒满怀怨气！"接着转向述律道："至于太后，你为了自己的私心偏爱，就假托先帝遗命，妄授神器，至今还不肯承认。你们这样还想讲和？还是赶紧开战吧！"屋质言毕拂袖而起。

屋质惕隐的言行厉色震撼了祖孙二人。述律太后愧泣曰："当初太祖遭诸弟之乱，天下荼毒，疮痍未复，我怎敢因为自家争夺帝位而使国家再遭兵乱？"述律太后所言极是，毕竟当初"诸弟之乱"使人口、牲畜在战争中损失过半，这些她都目睹了。所以从契丹大局着想，识大体的述律太后终于表态做出退让。耶律阮也动容表示："我父亲以太子身份而失去国主地位，尚且不曾兴兵征战，如今我怎么能做他都不肯做的事情呢！"

双方的兵戎相见算是暂时避免了，但回到上京皇宫述律太后似乎又有点后悔了。述律太后回宫后与屋质惕隐的对话记载于《辽史·耶律屋质传》中，记载如是：

"太后复谓屋质曰：'议既定，神器竟谁归？'屋质曰：'太后若授永康王（注：即耶律阮），顺天合人，复何疑？'李胡厉声曰：'我在，兀欲安得立！'屋质曰：'礼有世嫡，不传诸弟。昔嗣圣之立，尚以为非，况公暴戾残忍，人多怨讟。万口一辞，愿立永康王，不可夺也。'太后顾李胡曰：'汝亦闻此言乎？汝实自为之！'乃许立永康。"从该段记载中可以看到，述律太后不得不承认耶律李胡属于烂泥扶不上墙之人，理屈词穷之下只得心不甘情不愿地同意立永康王耶律阮为帝了。时值大同元年（947）七月。

耶律阮在辽太宗灵前继位，又获得了皇太后的认可，他便是真正合法的皇帝了。按照新皇继位的程序，他还要尽快完成登基大典，大典尚在着手期间，皇族内部就又出事了。《辽史·世宗本纪》记载："既而闻太后、李胡复有异谋，迁于祖州。诛司徒划设及楚补里。"而《辽史》后妃列传中关于述律太后这件事的记载为："赖耶律屋质谏，罢兵。迁太后于祖州（注：今内蒙古自治区巴林左旗西南）。"这两段记载的共同之处就是辽世宗登基不久（八月初一之前）就已将述律太后及耶律李胡幽禁于祖州。《辽史》后妃列传中虽无"异谋"之事的记载，但世宗本纪的记载表明因此事还杀了后族的两位重臣划设及楚补里，再加上述律太后的刚猛性格，那么她与耶律李胡有"异谋"应该确有其事。述律太后在这次皇位争夺战中可谓完败，不仅被长孙耶律阮长期幽禁，也从此彻底地退出了大辽朝廷的权力圈，直到六年后（953）崩于祖州。

耶律阮清除掉了对他帝位威胁最大的耶律李胡和述律太后集团后，连登基大典还未举行，便开始对拥立有功人员进行奖赏。首功之人无疑是耶律安抟，耶律阮加赐其民户百户。降诏由耶律安抟担任北院最高机构枢密院长官，掌管全国军政。北院大王耶律洼、南院大王耶律吼加赐民户50户。耶律的鲁、耶律铁刺子孙先前因莫须有之罪被籍没的家产全部给予归还。新皇登基还必须举行登基大典按惯例对父母追封。九月十六日，行柴册礼，完成登基大典仪式。追谥皇考（注：皇帝对已故父亲的尊称）为"让国皇帝"，尊母萧氏（柔贞）为皇太后，以太后族人剌只撒古鲁为国舅帐，成为广义上的契丹后族三大支系之一，设立详稳以总揽其事。改年号为"天禄"。任命耶律阿保机四皇弟耶律安端为东丹国主，封明王。封耶律安端之子耶律察割为泰宁王、封三皇弟耶律寅底石之子耶律刘哥为惕隐，封后晋北平王高信韬之子、原后晋阁门使高勋为南院枢密使，总理汉军事务。这一切忙完之后，按说辽世宗的皇帝宝座应该坐得稳了，但事实是按下葫芦浮起瓢，耶律阮的帝位再次受到来自契丹贵族们的威胁。

天禄二年（948）正月，也就是辽世宗登基后仅仅半年，那些曾经拥戴他做皇帝的皇亲国戚又谋反了（看来契丹人"皇帝轮流做"的思想根深蒂固），这一次带头的是在望都曾率领五千骑兵切断后晋粮道、迫使10万后晋军因缺粮而降的辽太宗的第三子耶律天德，跟随他谋反的是脑后有反骨的萧翰、耶律刘哥及其弟耶律盆都等人。屋质惕隐得到情报后，紧急入奏辽世宗。世宗诏命屋质惕隐查办，谋反阴谋很快被查明。耶律阮诛杀了带头的耶律天德，发配耶律刘哥到远离京城的乌古部（后因生千顶疽而死），责罚耶律盆都出使到更北、更冷的黠戛斯国，而对主要参与者萧翰，因念其拥立之功，仅以杖击了事。或许是因为契丹当初3年一选汗王的旧俗仍在人心，所以各位皇帝对皇亲国戚的谋反行为处罚都下手较软，以致契丹一朝为争帝位的谋反此起彼伏。

二、辽、汉两国内乱

萧翰在辽朝廷这边胡乱折腾，当初辽太宗北归，他作为辽朝汴京留守最后撤离时假传圣旨任命李从益（后唐明宗李嗣源的幼子）为知南朝军国事、中原皇帝，李从益因为手中无兵，又没了大辽的鼎力支持，便早早地向攻占了洛阳的刘知远乞降。刘知远笑纳了汴梁，却擒杀了李从益。天禄元年（947）六月，刘知远定都汴梁，改国号"晋"为"汉"，史称"后汉"。然后再从汴梁北伐，十一月二十七日，随着奉辽世宗之命死守魏州的杜重威投降，刘知远基本平定了中原，成为新的中原正朔皇帝。天禄二年（948）正月，就在耶律天德、萧翰等人叛乱的当月，命里无法福寿双全的刘知远因其钟爱的长子刘承训突然病薨而悲伤过度撒手人寰，由其次子刘承祐嗣位。

辽世宗平定了两次来自契丹贵族的内乱之后，总算得到了短暂的喘息时间。天禄二年（948）秋七月二十五日，辽世宗的萧撒葛只妃（注：辽世宗此时只有一个皇后——汉人甄氏，比他大10岁。因契丹贵族们非议不断，辽世宗后来才又册封了萧撒葛只为皇后。两个皇后并存为历史上少见。萧撒葛只为述律平的侄女）诞下皇次子耶律贤（注：长子早年夭折）。耶律贤就是电视剧《燕云台》中的辽景宗。

俗话说："人善被人欺，马善被人骑。"耶律阮可不是一般的"孝友宽慈"，所以才不断被他的皇亲国戚们欺负、反叛。耶律天德和萧翰等人的谋反平息刚刚1年，萧翰又企图谋反了。天禄三年（949）正月，驸马萧翰与其妻公主阿不里（耶律倍长女）写信给东丹国主明王耶律安端，试图勾结耶律安端造反，巧的是这一次书信又被屋质惕隐所得。屋质惕隐将书信呈给辽世宗，世宗盛怒，这回他终于下了狠心，诛杀萧翰并将阿不里公主下狱，阿不里因饥寒交迫死于狱中。估计耶律安端是因为还未收到这封密信事情就败露了，所以安端本人并未受到太严厉的处罚。对于他的儿子耶律察割，尽管屋质惕隐提醒辽世宗要多加提防，但世宗并未重视，使得耶律察割得以继续留在朝中奉旨。耶律阮为了巩固自己对朝臣的控制，又一次对朝廷官员进行了洗牌。对于屡立奇功的屋质惕隐，耶律阮担心他会居功膨胀，免其惕隐之职，派他出任右皮室详稳（皇帝卫戍部队右翼总指挥），将惕隐一职转授漆水郡王耶律颓昱。因原北、南院大王耶律洼、耶律吼相继过世，耶律阮选定了耶律胡离轸出任北院大王、耶律郎五出任南院大王，并做出最错误的任命降诏令耶律察割统率女石烈部宿卫宫廷，这也为后来的"祥古山之变"埋下了伏笔。

天禄三年（949）秋九月初，辽世宗召集众臣商议南伐。之所以选择这个时间动议南伐，一是辽世宗觉得自己的帝位已经稳定，二是后汉赶走契丹人重夺中原，使契丹人丢尽脸面，三是后汉自己内乱不断。

后汉内乱始于时任河中节度使的赵匡赞。这位赵匡赞与宋太祖赵匡胤一点关系都没有。他是投降契丹并被辽朝重用的大丞相、燕王赵延寿之子。当初赵德钧、赵延寿父子在潞州投降后，赵延寿被耶律德光带到了北方，而赵匡赞与母亲兴平公主则留在了洛阳。之后，赵延寿随耶律德光南伐中原，战功赫赫。天禄二年（948）冬十月初七，南京留守、大丞相、魏王赵延寿挂了。后汉皇帝刘知远闻知，采纳重臣郭威的建议，一面遣使吊祭赵匡赞，并示以起复之意，一面于七月移授他为京兆尹、晋昌军（治今陕西省西安市）节度使。这一新的任命就意味着"换镇"。"换镇"时为各节度使大忌，加上刘知远一死，杜重威父子立即被斩首，赵匡赞心怀忧惧所以他先是私通后蜀出兵反汉，后又改变主意入京请罪。赵匡赞虽然得到了宽恕，但刘知远之前秘密派去准备收拾他的右卫大将军王景崇却率数千禁军反了。

王景崇造反其实源于对后汉朝廷的误解，因为王景崇是奉后汉皇帝刘知远密诏以迎回纥为名西行的。行至陕西时，受赵匡赞邀约的后蜀兵已出秦岭进至蜀地至陕西关中的子午谷，王景崇命赵匡赞手下的牙将赵思绾率兵将蜀兵击退。刘知远因此任命王景崇为凤翔巡检使。但事有意外，任命刚一结束，刘知远于天禄二年（948）正月二十七日驾崩了。因为王景崇离开汴梁时受的是密诏，朝中其他人都不知他西去的真实目的，他请求朝廷授其为凤翔节度使，但朝廷不从，反而调其为陕西邠州留后，又任命校检太尉、保义军节度使赵晖为凤翔节度使。王景崇盛怒之下在凤翔起兵造反。王景崇一反，跟着又有两个人也反了，一个是赵思绾，还有一个就是后晋时期大名鼎鼎、时任河中节度使的李守贞。王景崇与赵思绾深知自己实力不够，便奉李守贞为秦王，李守贞任命赵思绾为晋昌军节度使。继任皇帝后汉隐帝刘承祐闻知，急派西南面招讨使白文珂、行营都部署郭从义等人讨伐叛乱。战斗从春天一直持续到夏天，李守贞仍据城不降。不得已，后汉隐帝刘承祐只好派自己不敢授予兵权的先帝托孤的顾命大臣之一郭威领兵平叛。

面对李守贞、王景崇和赵思绾呈鼎立之势的反叛联盟，郭威听从部下的建议，选择重兵围剿李守贞。在战术上立栅筑垒，逐步蚕食李守贞的守城部队，消耗河中节度使治所蒲州（今山西省永济市蒲州镇）城中的粮食。双方相持至天禄三年（949）七月底，郭威最终攻占蒲州城（今山西省永济市），李守贞全家自焚而亡。蒲州城破的消息传至永兴节度使治所西安和凤翔（今陕西省宝鸡市凤翔区）后，赵思绾和王景崇自知不是郭威的对手，相继归降。就这样，后汉隐帝刘承祐借助郭威之手终于摆平了秦晋一带的叛乱，不过他的好日子还没开始，辽世宗的南伐大军就于当年十月杀到了河北境内。

三、耶律阮南伐

对于辽世宗的第一次南伐，《辽史》只有如下不足 40 个字的记载："冬十月，遣诸将率兵攻下贝州高老镇，徇地邺都、南宫、堂阳，杀深州刺史史万山，俘获甚众。"这里所说的贝州，其治所在今河北省邢台市清河县东高庄一带，邺都即今河北省邯郸市临漳县西，南宫就是河北省邢台市南宫市，堂阳县为今河北省邢台市新河县，深州属于河北省衡水市。契丹军入侵南至邺都北境，西北至南宫、堂阳。契丹军所到之处，杀掠不断，后汉各州城紧闭城门，鲜有开城迎战者，唯有史万山知难而上。《旧五代史》大致记录了深州刺史史万山战死的过程："契丹入边，万山城守，郭威遣索万进率骑七百屯深州。一日，契丹数千骑迫州东门，万山父子率兵百余人袭之。契丹伪退十余里，而伏兵发，万山血战，急请救于万进，万进勒兵不出，万山死之，契丹亦解去。"

从该段文字可以看出，史万山父子虽然英勇，但以少击多，又无后援，且追击十余里，这样孤军深入，势必遭遇灭顶之灾。而契丹军数千骑仍采取诱敌深入之战法，说明那时的契丹人已不只是勇猛，而是战法成熟了。契丹人这次南侵，并未捞到什么实质性的收获。契丹得知郭威平定河中叛乱后，被后汉隐帝调往河北前线且已至魏州（今河北省邯郸市大名县城东北），所以"解去"。待天禄四年（950）二月郭威从河北前线班师回朝，契丹军又来骚扰。为保后汉北部边境平安，后汉隐帝不得不任命郭威为枢密副使兼邺都留守、节制河北诸州。

时间转眼到了天禄四年（950）十月，辽世宗消停了一整年，辽国内部也相安无事，只是面对契丹贵族对册封汉人做皇后一事的质疑，辽世宗做了妥协，绝无仅有地又将皇妃萧撒葛只妃（述律太后的侄女）册封为他的第二位皇后。到了冬十月，天气一凉，辽世宗就又带着辽人南下劫掠了。这一次他们攻下了河北的安平（今河北省衡水市所属县）、内丘（今属河北省邢台市内丘县）和束鹿（今河北省辛集市），一番劫掠后再次北还。

辽世宗继位后，契丹对汉地只有两次小规模的劫掠，并无大的战争。或许是契丹贵族们的不断叛乱使得辽世宗心有忌惮，或是后汉军逐渐增强的战斗力让他感觉到双方军力已今非昔比。总之，辽世宗的屡次劫掠都没有与后汉军主力接战就北撤了。尽管辽国人对于后汉的压力并没有增加，但是后汉内部却爆发了导致后汉亡国的君臣之乱。

就在契丹军北归不久的天禄四年（950）十一月，后汉隐帝因无法忍受顾命大臣对他的无视，在国舅李业的挑拨之下，将5位顾命大臣中在朝的史弘肇（中书门下平章事兼侍卫亲军马步军都指挥使）、杨邠（枢密使、中书侍郎兼吏部尚书、同平章事）、王章（三司使）3人及其全族诛杀。后汉隐帝这算是夺回了军权和财权，在朝的另一位顾命大臣、宰相苏逢吉仍被后汉隐帝信任，在史弘肇等被诛杀后，苏逢吉还得以加官权知枢密院。如果说史弘肇3人是因威制人主被杀，那么在年仅20岁的后汉隐帝眼里，驻于河北前线领兵防御契丹入侵的另一位顾命大臣郭威则是因功高震主而必须被除掉。于是，后汉隐帝派遣供奉官孟业送密诏给镇宁军节度使李弘义，命其杀掉在澶州（今河南省濮阳市南）的侍卫步军都指挥使王殷。再下密诏给侍卫马军指挥使郭崇，命其杀掉在魏州（今河北省邯郸市大名县城东北）的郭威和宣徽使王峻。诏令先送到了澶州李弘义那里，李弘义没敢、也不愿依诏令动手，因为他与王殷私交笃深，于是他带着孟业去见王殷。王殷关押了孟业，又与李弘义带着密诏如实报告郭威。郭威迅速找来枢密使院吏魏仁浦商议，决定伪作诏书，宣称刘承祐令郭威诛杀诸将，然后以"清君侧"之名起兵造反。

天禄四年（950）十一月十四日，郭威率大军进逼汴梁"清君侧"。刘承祐派开封府尹侯益（先前暗通后蜀的凤翔节度使）、慕容彦超（后汉太祖刘知远同母异父弟弟）等率兵抗拒郭威。双方在留子陂交战，后汉军大败。侯益见后汉军军无斗志，乃与焦继勋等当夜归降郭威，而慕容彦超等败逃山东兖州。后汉隐帝刘承祐听信李业之言，将郭威在京的家属全部诛杀，包括郭威尚在襁褓中的儿子。这客观上为后来郭威传位给养子柴荣铺平了道路，从而改变了中国的历史轨迹，或许这也是天意吧。

在留子陂战败的后汉隐帝刘承祐本想逃回汴梁城，但守城军士已反，紧闭城门，刘承祐只好落荒再逃。十一月二十二日（951年1月1日），在一个叫赵村的地方，刘承祐被他的亲信翰林茶酒使兼鞍辔库使郭允明弑杀。后汉隐帝崩，应历元年（951）一月二十日，郭威又导演了一出在澶州被将士"逼迫"黄袍加身的"著名历史剧"。之后，郭威于应历元年（951）春正月初五接受后汉皇帝禅位，在崇元殿即皇帝位，立国不足4年的最短命王朝后汉灭亡。因郭威自称为周朝虢叔（周文王弟弟）的后裔，所以国号为"大周"，仍旧定都汴梁（今河南省开封市），史称"后周"。

郭威与后晋的石敬瑭和后汉的刘知远不同的是，他成为皇帝并没有借助契丹的支持，所以后周与契丹的邦交就比较微妙，毕竟刚刚建国的后周还不够强大，不过好在此时的契丹国内乱不止，所以暂时无暇顾及中原之事。郭威登基后，军政国事百废待兴，稳定契丹成为后周外交的重要手段。适逢安国节度使护送辽国使节（出使后汉的使者，途中后周代后汉）到汴梁，后周太祖郭威派左千牛卫将军朱宪与使节晤面，热情款待，并护送该使节返回辽国，向辽世宗说明改朝换代的缘由，还表示后周愿与辽结为兄弟之国，并向耶律阮呈上后周太祖赠予辽国皇帝的金器和玉带。礼尚往来，应历元年（951）正月，辽世宗遣使袅骨支与朱宪一起到汴梁正式祝贺郭威即皇帝位，并回赠良马4匹。如此一来，貌似辽国与后周能够相安无事，岂料原后汉河东节度使、太原尹刘崇据河东12州称帝，史称"北汉"。北汉的建立，逐渐使原本能暂时友好相处的大辽与后周两国的关系生变，并由此改变了辽世宗的命运。

北汉疆域包括山西中部及北部。北汉的建立者刘崇是后汉开国皇帝刘知远的胞弟。郭威起兵造反"清君侧"，刘承祐被弑杀后，郭威入京骗得李太后恩准，声称迎刘崇之子、武宁节度使（治所在今徐州）刘赟为汉帝。待刘赟抵达宋州（今河南省商丘市）后，郭威以李太后名义，废刘赟为湘阴公，之后不久郭威派王峻到宋州将其杀掉。刘崇闻知儿子已死，遂在晋阳（今山西省太原市南晋源区）称帝。北汉的建立，自然是以恢复后汉天下为己任。

北汉虽仅有12州（并、汾、忻、代、岚、宪、隆、蔚、沁、辽、麟、石）含两个盆地（忻州盆地、太原盆地）的狭小疆域，但之前刘崇就以防御契丹的名义，扩充兵力，充实府库，还是有一定的实力积蓄的，所以才敢自立称帝。即位不久，欲复家国之仇的刘崇，意识到仅靠北汉难以与后周抗衡，所以遣使恳请辽世宗共同讨伐后周。辽世宗召集辽朝重臣一番商议之后决定暂时选择观望。因为大辽要先看看北汉伐周的实力和决心如何，同时也想借此机会渔翁得利。刘崇及北汉重臣也猜到了辽世宗的想法，但自己怀揣国仇家恨已是箭在弦上不得不发。于是命次子、侍卫亲军都指挥使、太原尹刘承钧率军攻打后周的晋州（今山西省临汾市）。后周晋州守将、侍中（为少府属下宫官群中直接供皇帝指派的散职）王晏闭关不出，在城上设伏。刘承钧命北汉军攀墙攻城。待北汉军刚攀上城头，王晏一声令下，伏兵杀声四起，北汉军猝不及防，或战死、或摔死，仓皇撤退。后周守城军乘势一路追杀，北汉军大败。刘承钧转攻隰州（今山西省临汾市隰县），仍遇顽强抵抗，无功而返。由此，刘崇更加清楚北汉与后周（有近100个州）相比无论在军事、经济及民心哪一方面都存在着明显差距，刘崇能够选择的就是与后晋高祖石敬瑭同样的策略——死心塌地投靠契丹。应历元年（951）四月刘崇遣使前往辽朝，自称"侄皇帝致书于叔天授皇帝"，请求册封。应历元年（951）六月初一，北汉使节到达大辽国都，辽世宗派燕王耶律述轧（即耶律察割弑君后欲拥立的耶律牒蜡）、南枢密使高勋册封刘崇为"大汉神武皇帝"。

刘崇对辽国厚颜无耻的投靠，终于换来了辽国对他的支持。是年九月，刘崇向辽国借兵五千，率兵出阴地关（今山西省晋中市灵石县西南50里）进攻晋州。同时，辽世宗不听甄皇后的劝阻和主将们的反对，于九月初一亲自统兵南伐，但他万万没想到这一去竟是有去无回。

九月初三，辽国大军驻扎于归化州祥古山火神淀（今河北省张家口市宣化区西）。九月初四，辽世宗与柔贞皇太后带着家眷和群臣在行宫祭拜父亲让国皇帝耶律倍，祭祀完成后大宴群臣，众人皆大醉。傍晚时分，泰宁王耶律察割（耶律阿保机四弟耶律安端之子）、耶律盆都（耶律阿保机三弟寅底石之子）还有醉得一塌糊涂被妻子扶着加入叛军阵营的燕王耶律述轧等率领私家兵将叛乱，冲入行宫弑杀了辽世宗、柔贞皇太后及甄皇后，唯有萧撒葛只皇后因不在现场得以幸免，但也只是躲过了一时而已。

其实这场叛乱也有避免的可能，因为耶律察割在叛乱之前，曾经邀请寿安王耶律璟（后来的辽穆宗）一起叛乱，但不知是否因为耶律璟自己也喝醉还是别的什么原因，反正他既没加入叛乱也没向辽世宗报告，而是选择了回去睡大觉。如果他选择报告，那么叛乱就将胎死腹中。正是由于他选择沉默，才使耶律察割等人发动的叛乱得逞。

耶律察割弑杀了辽世宗等人之后马上做了三件事：一是立燕王耶律述轧（耶律牒蜡）为帝；二是抢夺内务府财宝；三是抓人。都抓了哪些人呢？群牧都林牙耶律敌猎、耶律璟的弟弟耶律罨撒葛等，此外还有不顾危险去找耶律察割请求给辽世宗等收尸的萧撒葛只皇后。貌似耶律察割的叛乱已经成功，但从叛乱者屠刀下逃出去的一个人为平定这场叛乱起到了决定性作用，这个人就是智勇双全、促成述律太后与耶律阮达成"横渡之约"的耶律屋质。

右皮室耶律屋质得以逃出也很有戏剧性。耶律察割派人去杀屋质，但这些叛军没人认识屋质，只知道屋质是穿紫衣者。围困住屋质所在的右皮室营帐时嚷嚷着"衣紫者不可失"。屋质在帐内闻听，"乃易衣而出"。逃脱后，"亟遣人召诸王，及喻禁卫长皮室等同力讨贼"。

前面我们介绍过，耶律屋质被辽世宗任命为右皮室详稳。皮室是契丹语，意为"金刚"。皮室军是皮室详稳所掌管的部队，组建于耶律阿保机时期的后梁开平元年（907），专事保卫皇帝的人身安全，相当于皇帝禁军。屋质掌握着这样一支部队，才有平定叛乱的底气。平定叛乱就要拥立新君，那么选定谁呢？第一人选自然是辽世宗的长子，世宗长子因早夭，当选次子，但其次子耶律贤才4岁，如此乱局之下，当不足以拥立，于是屋质选择了辽太宗的长子耶律璟！

耶律璟在干吗呢？当然还在大帐里睡大觉。当屋质的胞弟耶律冲过去叫醒他，再一同来到屋质及各部大臣们所待的大帐时，他还处在半梦半醒之间呢。当听说要拥立他做皇帝，竟犹豫不决（估计还没搞清是梦境还是现实呢）。这个时候，屋质大王的说服能力再一次发挥了作用。《辽史》记载"屋质曰：'大王嗣圣子，贼若得之，必不容。群臣将谁事，社稷将谁赖？万一落贼手，悔将何及？'"听屋质大王这么一说，耶律璟即便没有承帝位之念，也怕真的就这么被耶律察割杀掉，于是决心与屋质等众臣起兵平叛。"诸将闻屋质出，相继而至。迟明整兵，出贼不意，围之"。

平叛大军杀到时，耶律察割又在干吗呢？耶律察割并未派兵去控制其他诸王的大帐和手下，他没有那么完整的叛乱谋划，而是在和老婆显摆从辽世宗那里抢来的玛瑙碗等宝贝呢。及至手下报告耶律璟已经带着大军前来围剿时才惊慌失措准备迎敌。他先杀了前来给辽世宗等收尸的皇后萧撒葛只，接着拘禁众官员的家属，手持弓箭向围剿大军叫嚣着自己死之前，先把这些人都杀了。危机时，群牧都林牙耶律敌猎劝谏说："杀掉这些人于事无补。你应该这么想，如果没有你杀了辽世宗，耶律璟如何能够继位呢，如果以这个理由去说服他，或许会赦免你的罪。"耶律察割开始犹豫，但见"诸党以次引去，度事不成"，这才派耶律敌猎与耶律罨撒葛一同前往劝说耶律璟。

耶律察割没想到耶律敌猎也是个诡计多端的家伙。耶律敌猎见到耶律璟后为其献计要如此这般、这般。然后又回去见耶律察割说，耶律璟果真同意免去你的罪过，他请你出帐相见。很傻很天真的察割信以为真，出帐面见耶律璟。耶律察割被诱出后，耶律璟密令辽世宗胞弟耶律娄国冲上前去手刃察割。察割一死，叛乱得以迅速平定。

纵观辽世宗在位这5年，共发动了3次南征，但均无所得，内政方面也更多地忙于平定贵族叛乱并无像样的作为，因此以"中才之人"对其盖棺论定当属恰如其分。

951年九月丁卯（初八）耶律璟登基称帝，是为辽穆宗，群臣上尊号曰"天顺皇帝"，改元"应历"。那么，辽穆宗将如何处置参与弑君的耶律盆都、耶律述轧等一干乱臣贼子？处于征战途中的他还会继续配合北汉南伐后周吗？面对从太祖阿保机以来就难以摆平的因契丹大汗传统世选制留下的隐患，刚刚20岁的他会不会重蹈辽世宗的覆辙呢？敬请期待下篇。

第四篇

上一篇中说到弑杀辽世宗的叛乱首领泰宁王耶律察割被耶律娄国斩杀后，叛乱迅速被平息。从耶律察割九月初三发动叛乱到九月初八耶律璟登基继位也只有5天时间。可以说，叛乱造成的后果影响很大，它使皇位再次回到了辽太宗一族，但叛乱造成的损失较小。整个平叛过程中，除了耶律察割以及不肯投降的燕王耶律牒蜡和其妻被处死外，余者皆缴械投降。

一、新帝耶律璟挫败谋逆

951年九月丁卯日这一天，耶律璟正式继位，是为辽穆宗，改年号为"应历"。九月初九，随辽世宗南征的宗室大臣们簇拥耶律璟从火神淀南下进入辽国南京（今北京市西南），"火神淀之变"结束。

辽穆宗继位时的情形要比耶律阮继位时简单得多，有资格竞争皇位的辽世宗长子耶律贤只有4岁，"太祖系三支"的另一支耶律李胡，在之前与述律太后一起被辽世宗耶律阮长期幽禁在祖州，所以这两系均对耶律璟的皇位构不成威胁。按说在这样的情形之下，觊觎耶律璟帝位的皇亲贵族应该很少，毕竟没人质疑他帝位的合法性，但事实上，耶律璟登基伊始，想要把他干掉的人就没少过。转过年（952）的正月初五，太尉忽古质谋反。辽朝的太尉与中原官制中最顶层的三公之一不同，从辽朝的官制图来看，太尉属于南面官体系中顶层的三公、三师级高官，但并无实权，也非皇族中核心成员。为何忽古质会谋反，《辽史》中并未说明，我甚至有点怀疑这次谋逆的真实性。但《辽史》卷六清晰记载着："壬戌，太尉忽古质谋逆，伏诛。"这是《辽史》中记载的耶律璟登基后的第一次臣子谋逆，从寥寥十几个字的表述可见，此次谋逆未产生太大的动荡及影响，但它却拉开了辽穆宗在位前10年宗族谋逆的序幕。应历二年（952）七月二十一日，在平定耶律察割叛乱中，手刃察割的耶律娄国（时任政事令）、林牙敌烈、侍中神都、郎君海里等密谋叛乱，辽穆宗事先得到消息，将一干人等拘捕。这一次谋逆事出有因。耶律娄国以辽穆宗懒政之名欲取而代之，而林牙耶律敌烈则是因为当初是他献计骗察割出帐面晤耶律璟，才使耶律璟和耶律娄国有机会出手杀掉察割。但叛乱平定之后，敌烈未得到辽穆宗任何奖赏，官职也还是主管文书之事的林牙，难免心中不满，所以"结群不逞，阴怀不轨"。其实娄国不满的主要原因也是辽穆宗未对其重用。至于其他参与者也无非是贪欲使然。八月初，辽穆宗将耶律娄国缢杀、将耶律敌烈凌迟。一并被杀的还有当年六月密谋南奔后周的国舅（世宗皇帝妻弟）政事令萧眉古得，余者按罪论处。

萧眉古得欲弃大辽南奔后周似乎有点怪异，按说，贵为国舅政事令、幽州节度使地位显赫的他最不应该叛离大辽。政事令是政事省的长官，等同于后来辽朝官制中南院的中书令。如此高官又是国舅，欲逃离大辽的原因首先是萧眉古得对辽穆宗行事不满，其次是因勤政殿学士李澣。李澣与萧眉古得关系很好，而李澣的弟弟当时为后周太子柴荣的宾客。李澣多次劝说萧眉古得一同南下归附后周，终于将萧眉古得说服，但不承想东窗事发。事发后，萧眉古得伏诛，但辽穆宗对李澣仅以杖责便释放。

二、后汉与后周的战争

一口气讲完了辽穆宗登基伊始挫败的两次谋逆，似乎辽穆宗这位大辽皇帝除此之外就没干别的事了，事实上，辽穆宗在这期间做出了一个重要的人事任命，即诏命耶律挞烈为南院大王。挞烈有"富民大王"之称，他上任以后，均衡劳役赋税，鼓励刺激农业生产，归化部族民众，使契丹南部户口数量得以增长。边境地区的稳固，也为辽穆宗集中精力解决不断爆发的内部谋逆提供了保障。另一方面，因北汉"复以叔父国事大辽"，辽穆宗也借此实施援助北汉进攻后周的外交策略。这个策略的第一步便是力挺北汉进攻后周的晋州（今山西省临汾市），毕竟当初辽世宗是因为欲与北汉联合攻伐后周之事丧命，辽穆宗愿意继续承担世宗的未尽事宜。尽管之前辽世宗所率领的辽国大军已随辽穆宗北归，但穆宗还是派了中台省右相、渤海名将高模翰率兵5000援助北汉。辽汉联军兵力共计2.5万人（另一种说法，契丹派兵5万人），浩浩荡荡远征晋州（今山西省临汾市）。

应历元年（951）十月十九日，辽汉联军及至晋州便于城北三面置寨。时值原击败北汉皇子刘承钧的晋州守将王晏已调去徐州赴任武宁军节度使，新任节度使王彦超刚刚平定了刘崇之子刘赟旧部巩廷美的叛乱尚未到任。留守晋州的后周权知州王万敢与龙捷都指挥使史彦超、虎捷都指挥使何徽3人议定，一面领兵奋力抗击，一面遣使报至后周朝廷，请求援助。晋州这边，汉辽联军日夜攻城持续了月余，均告失败。应历元年（951）十一月，后周太祖郭威以枢密使王峻为行营都部署、加授王彦超晋绛行营马军都虞候辅之，节度诸军前往增援。王峻就是当初在魏州与郭威一起反叛后汉的宣抚使，郭威登基之后提拔其做了枢密使。王峻大军走到陕州（今河南省三门峡市陕州区）滞留十多日。十二月，待攻城的北汉军成强弩之末的时候，王峻援军迅疾渡过因天寒封冻的黄河悄然穿过天堑重隘蒙坑（今山西省临汾市曲沃县北35里蒙城村、襄汾县南15里蒙亨村附近，东西长30里、宽约1公里，相对深度100米的深沟），然后直冲北汉军阵。因攻城已近两个月而疲惫不堪的北汉军慌忙烧毁自家营寨撤军。王峻命行营马军都指挥使仇弘超、都排阵使药元福、左厢排阵使陈思让、康延沼等率军冒着漫天大雪一路追杀，汉辽联军落荒而逃，相互踩踏、跌落悬崖者死伤无数。后周军追至山西霍邑（今山西省霍州市）两山夹持的险要之处，诸将中除药元福外均不愿冒险追击，恰巧此时王峻遣使命令收兵，汉辽联军方得以逃命。汉辽联军饥寒交迫地逃回晋阳（今山西省太原市）清点军马，方知折损近四成。此乃辽穆宗登基以来辽国军队与后周军队的首仗，以契丹和北汉联军大败而告结束。

是年十二月，辽太祖耶律阿保机那一辈的最后一位皇太弟明王耶律安端去世。耶律安端曾追随他的三位哥哥发动3次"诸弟之乱"，试图干掉耶律阿保机。虽然屡屡谋逆失败，但耶律安端总能无恙。甚至他的儿子耶律察割弑杀了辽世宗耶律阮，几近篡位成功，但最终失败被诛后，耶律安端还能被辽穆宗赦免其同谋罪，仅以没收其私城白川州（辖地在今辽宁省朝阳市北票市境内），放归田里而再次脱罪，不得不说还真是令人费解。安端去世半年有余，应历十三年（963）六月十九日，一生传奇的述律平太后以75岁高龄薨逝。《辽史·后妃传》称其"后简重果断，有雄略"。至此，太祖阿保机一辈为大辽打下锦绣江山的开国元勋们彻底退出了历史舞台。

老一辈的契丹开国元勋们相继离世，对于当朝皇帝来说未必是坏事，但为了表达悲伤之情，辽穆宗借故于七月一整月不临朝视事，之后又命太师唐骨德为归天的祖母述律平大办后事、修筑皇太后陵园。当初与辽世宗耶律阮争夺皇位的耶律李胡虽然尚未完全恢复自由身、无法再次争夺皇位，但他这一支觊觎帝位的执念从未断过。是年冬十月，耶律李胡的次子耶律宛、郎君嵇干、林牙敌烈趁着国丧期间谋反，事情败露被辽穆宗悉数逮捕入狱。令人意想不到的是，耶律宛一伙谋逆的供词竟然牵扯到了辽穆宗的胞弟罨撒葛！

罨撒葛在电视剧《燕云台》中属于第三号男主角，由谭凯扮演。剧中的罨撒葛既足智多谋、执着果敢又忠心耿耿、铁血柔情，是辅佐辽穆宗的第一大臣，不过这与历史上的罨撒葛实在是天壤之别。罨撒葛与其他皇亲国戚一样不惜铤而走险争夺皇位。说来也蛮有意思，辽世宗被弑时有那么多冒死争夺帝位的宗亲可供耶律屋质遴选，但他都不选，却偏偏看中了不恋皇位的耶律璟当皇上，实在不可思议。

辽穆宗亲身经历了"火神淀之乱",所以对任何谋逆都果断出手,抓捕谋逆者,但对发动者及参与者的处罚与之前的几位帝王一样手软。经过几个月的审讯和深挖,这才揪出了仅仅在暗中蠢蠢欲动并未参与耶律宛一伙谋逆的罨撒葛团伙。在此期间,辽穆宗将述律平太后安葬于祖陵,因南京地区的瀛州、莫州、幽州发生水灾,数十万流民到处乞讨,辽穆宗还下诏开仓赈济、免去租税,安置流民返乡。直到隔年(954)正月,才在证据确凿的情况下,降诏处死华割、嵇干等。而对于主谋耶律宛及罨撒葛都手下留情予以释放。但或许因辽穆宗对罨撒葛一伙通过占卜判断谋逆吉凶的方式感到更加愤怒的缘故,索性将罨撒葛流放到遥远的西北戍边,直到后来辽穆宗被弑杀后才被辽景宗诏令返回上京。因此,电视剧《燕云台》中辽穆宗驾崩后,罨撒葛率兵赶奔乌兰坝与耶律贤刀兵相见争夺帝位的桥段,当纯属子虚乌有的戏说而已,勿信。

辽穆宗刚刚处理完这两帮谋逆的皇亲国戚,北汉伪皇帝刘崇又遣使前来借兵南征后周。小小的北汉之所以屡屡对后周用兵,一是因为国仇家恨;二是源于仍在北汉的后汉老臣们一直不奉后周为正朔,总想循石敬瑭借助大辽之力灭亡后唐之老路再灭亡后周;三是因为仅仅做了3年皇帝的后周太祖郭威于应历四年(954)正月十七驾崩了,其养子检校太尉兼侍中、判内外兵马事柴荣在4天后登基继位。值后周新君刚立、国丧之际,刘崇视其为南伐后周的难得机会,于是急忙向辽穆宗借兵。但时过境迁,后周远非后唐能比。且辽穆宗和刘崇与辽太宗和石敬瑭也不可相提并论。所以尽管大辽再次出兵相助,北汉仍难求一胜。

二月初一,刘崇起兵南伐。为支持北汉,辽穆宗派政事令、武定节度使耶律敌禄率兵万骑与刘崇的3万人马合兵一处。刘崇以义成节度使白从晖为行军都部署,武宁节度使张元徽为前锋都指挥使,汉辽联军出团柏谷(位于山西省祁县与武乡县之间)南伐潞州(今山西省长治市)。

北汉兵屯梁侯驿(今山西省长治市沁县西北),后周昭义节度使(辖区在河北南部、河南北部一带)、检校太傅、同平章事李筠派遣穆令均指挥两千步骑兵迎战,李筠自率大军驻屯于南面的太平驿(今山西省长治市襄垣县)。张元徽与穆令均开战时,佯装不胜败北,穆令均紧追不放,中张元徽伏兵之计。穆令均战死，后周军折损兵将千余人，北汉军初战告捷，士气大振。李筠不敢再战，率军退回上党县（今山西省长治市下辖区）环城坚守。

北汉军首战获胜后乘胜追击攻至上党，消息传报至后周京城汴梁，周世宗柴荣力排众议，决定御驾亲征迎击汉辽联军。柴荣调动各路兵马，诏令天雄节度使（河北三镇之一）符彦卿引兵自磁州固镇（今河北省邯郸市磁县）攻击北汉军，以镇宁节度使（辖河南省濮阳市一带）郭崇为其后援；诏令河中节度使（辖山西省运城市等地区）王彦超引兵自晋州（今山西省临汾市）东出攻击北汉军左侧翼；以保义节度使（辖陕西、河南之间陕州、华州一带）韩通为其后援；又命马军都指挥使、宁江节度使（辖重庆市奉节一带）樊爱能，步军都指挥使、清淮节度使（辖河南省中南部及南部一带）何徽，义成节度使（辖河南省北部一带）白重赞，郑州防御使（辖河南省中部）史彦超，耀州团练使（辖陕西省铜川市一带）符彦能等率军赶赴泽州（今山西省晋城市），再以宣徽使向训为监军。诏命一出，后周大军昼夜兼程赶至泽州（今山西省晋城市）东北。汉辽联军不攻潞州，绕过该城南下，在高平城（治今山西省高平市）城南的巴公原（今山西省晋城市巴公镇）与后周军相遇并展开决战。

汉辽联军以张元徽为东翼军、耶律敌禄为西翼军，刘崇自己为中军。后周这边，以义成节度使（辖河南省北部一带）白重赞与侍卫马步都虞候李重进军居西，以樊爱能、何徽军居东，向训、史彦超引精骑居中前军，后周世宗柴荣由殿前都指挥使张永德领禁军护卫居中。

两军相遇时刘崇尚不知柴荣在阵中。汉辽联军以击败穆令均所部的猛将张元徽率千骑发动进攻。后周这边因河阳节度使（辖河南省孟州市一带）、检校太尉刘词率领的后军还未至，所以军心不稳。双方接战不久，后周军樊爱能、何徽怯战先自顾逃命，导致所部右路军溃败，士卒纷纷向汉军投降，并向北汉军高呼万岁，刘崇甚是得意。耶律敌禄提醒刘崇此时应当慎进，刘崇不听，对其曰："时不可失，请公勿言，试观我战。"言毕，命张元徽部乘胜前进。后周军这边并未因东路溃败而后撤，柴荣率部奋勇向前，各路军见周世宗冒着矢石与后汉军拼死搏击，军心大振。宿卫将军赵匡胤与驸马、殿前都指挥使张永德各率精兵两千左右出击。护卫柴荣的将军马仁瑀、马全义各引数百骑由中路杀入阵中。两军士气逆转，北汉猛将张元徽马失前蹄被后周军所杀。主将一亡，北汉军大乱，后周军乘胜掩杀，北汉军溃败。耶律敌禄所部未及出击便与北汉军一路向北退至山谷险要处与后周军再战，双方一时僵持。日暮时分，检校太尉、河阳节度使刘词率后军赶至战场，后周军合兵一处再战，北汉军再败。后周军阵前斩杀北汉大将张晖、枢密使王延嗣，并乘胜一路追杀至高平方才停止。

得胜的后周军进入潞州，周世宗柴荣为整顿军纪、树天子之威，斩杀樊爱能、何徽及所部兵将70余人，同时奖赏张永德、赵匡胤、史彦超等各路功臣。

高平之战取得大捷，周世宗时年34岁，正值血气方刚大有作为之时，于是欲乘胜灭掉北汉，建立不世之功。是年五月，周世宗柴荣乘胜北进，连夺北汉数州，兵至晋阳（今山西省太原市）城下，战旗环城40余里，重兵围困晋阳城。狼狈逃窜回到晋阳的刘崇只得凭借深沟高垒闭关死守。

晋阳以北的忻州城（今山西省忻州市）是防御辽国驰援北汉的战略重地。周世宗命符彦卿与天平军节度使郭从义、义成军节度使向训等率步、骑兵1万余人奔赴忻州，阻止辽朝南下救援北汉。当时北汉代州防御使郑处谦已擒杀耶律敌禄所派来的契丹兵将举城归顺后周。周世宗在代州设置静塞军，以郑处谦为节度使。而耶律敌禄攻代州城失败，只得退回大辽向辽穆宗请罪。辽穆宗咽不下这口气，增派南院大王耶律挞烈协助耶律敌禄再次讨伐代州。后周军与数千辽军激战于忻州与忻口之间。符彦卿不知辽军兵力虚实，请求周世宗向忻州增兵。周世宗遣李筠、张永德率三千兵将前往增援。五月二十四日，符彦卿所部与耶律挞烈部战于忻州城下，辽军不敌败退，但后周军大将史彦超孤军追击战死沙场，兵将亦死伤甚多。符彦卿畏惧辽朝大军将至，遂弃忻州返回晋阳与周世宗会合。

大将史彦超阵亡，周世宗忧愤数日不食，其时连日天降大雨，兵将疲惫，厌战之声日盛一日。其时后周军起兵抗击汉辽联军的时间已近百日，军粮补给出现困难。六月，周世宗决定以匡国节度使药元福断后，大军班师回朝，诸将各回本镇。只可惜刚刚归附后周的代州无法自立，虽拼死守城，终因孤悬敌后难敌汉辽大军，代州城破再度归于北汉。

高平之战北汉军大伤元气，几近被灭国。北汉世祖刘崇忧愤成疾，是年十一月初一，驾崩于晋阳。辽穆宗派使者前往吊唁并册封刘崇次子刘承钧为帝。刘承钧向辽朝上表时自称"男"，辽穆宗下诏时称其为"儿皇帝"。北汉新帝登基，对大辽的依附较之前更甚。

三、后周与辽国之战

史学家们评价辽穆宗荒于政事，《辽史·穆宗本纪》对此笔墨不多，辽穆宗于应历元年（951）九月继位，关于他处理朝政事宜有以下记载：

952年"五月初一，上朝视事"。

952年"十一月初一，上朝视事"。

953年"秋七月，未临朝视事"。

956年"秋七月，未临朝视事"。

957年"这年秋天，未理朝政"。

……

从以上记载可见其端倪，看来辽穆宗不喜临朝处理政务是"实锤"的。

在《燕云台》中，曾以多个镜头渲染女巫肖古做法事驱病魔的场面，《辽史》中确有其记载。辽穆宗登基后不久，因身体不适求医。女巫肖古献上延年药方，声称每服药必须与男子苦胆一起服用才能有效。至应历七年（957），辽穆宗虽已服用肖古开具的药方多年，且每吃一服药就要杀一男子取胆，因此杀掉了几百人，但他的身体反而更加虚弱了，辽穆宗方觉察到被骗，于是命人射杀肖古。电视剧《燕云台》将此事戏剧化为韩德让与萧思温智救萧燕燕脱身的桥段了。

萧思温是萧燕燕的父亲，也是辽太宗长女燕国大长公主的驸马，《辽史·穆宗本纪》有这样的记载：应历八年（958）"夏四月申寅，南京留守萧思温攻下沿边诸州县，遣人劳之。五月，周陷束城县。六月辛未，萧思温请益兵，乞驾幸燕。"这段历史的背景比较复杂，容我慢慢道来。

后周世宗柴荣在高平之战后，锐意改革、修订刑律、澄清吏治、整顿禁军，励志"十年开拓天下，十年养百姓，十年致太平"，其统一天下的雄心抱负和各种雷霆手段使之前混乱的国家面貌焕然一新。经二十几位近臣详论国政之后，柴荣制定了"先易后难，先南后北"的国家战略，即先南伐剿灭唐朝灭亡后分裂出来的各个割据势力，当时在南方尚存的有南唐、后蜀、南平（荆南）、吴越、南汉。

与后周接壤的割据势力主要为后蜀和南唐。后周世宗柴荣贯彻先南后北战略的第一步便是西征后蜀的秦（今甘肃省天水市秦安县北）、阶（今甘肃省陇南市武都区东南）、成（今甘肃省陇南市成县）、凤（今陕西省宝鸡市凤县东北）4个州。后蜀由孟知祥于天显九年（934）建立。秦、阶、成三州在后晋灭亡时降于后蜀，凤州是后来被后蜀攻陷抢夺的。经后周宰相王溥举荐，柴荣命镇安节度使向训与凤翔节度使王景、客省使昝居润率大军征讨。

应历五年（955）五月，向训等率军从宝鸡大散关出发攻击后蜀。到当年十一月，后周军收复了秦、凤、成、阶四州。西征成功之后，后周世宗柴荣信心大增，从应历五年（955）十一月开始着手向南进攻南唐的淮南和长江以北地区。南唐于天显十二年（937）由徐知诰（称帝后改为李昪）建国，当时拥有35个州，地域范围包括今江西、安徽、江苏、福建、湖北和湖南等省。应历六年（956）柴荣诏命李重进为淮南道行营指挥使，亲率李重进、赵匡胤等主力军大举南进，攻占了正阳（今安徽省阜阳市颍上县西南）、滁（今安徽省滁州市）、扬（今江苏省扬州市）、泰（今江苏省泰州市）、光（今河南省信阳市潢川县）、舒（今安徽省安庆市潜山市）等州。应历七年（957）三月又亲率大军夺取寿州（今安徽省淮南市寿县），十一月，攻克濠州（今安徽省滁州市凤阳县西北），十二月，占领泗州（今安徽省宿州市泗县东南）、涟水（今江苏省淮安市）、亳州（今安徽省亳州市）等地。

应历八年（958）正月，柴荣第三次征伐南唐。当月攻克楚州（今江苏省淮安市），二月，再次夺取扬州，三月，后周大军杀至泰州、迎銮镇（今江苏省仪征市）。柴荣屡至江口视察，终以后周水军击败南唐水军主力，南唐抵抗的意志被摧毁大半。南唐元宗李璟遣兵部侍郎陈觉为使向后周求和。柴荣同意双方划江为界，李璟去帝号，改称"江南国主"，使用后周年号。

柴荣3次南征，抢占了南唐淮南江北之地，得扬、泰、滁、寿、濠、泗、舒、楚、光、海（今江苏省连云港市）、和（今安徽省马鞍山市和县）、庐（安徽省合肥市）、蕲（今湖北省黄冈市蕲春县）、黄（今湖北省黄冈市）共计十四州六十县。

柴荣率后周军主力进攻南唐期间，辽穆宗觉得机会难得，命萧思温偷袭后周。萧思温不敢深入后周国境内，仅攻下了后周边境的几座小州县便匆忙报捷。至四月，柴荣从扬州凯旋，派镇宁节度使张永德领兵北上御辽，辽国南侵的机会已丧失，萧思温以此为借口收兵。辽穆宗倒是要求不高，对于萧思温取得的小胜也予以犒赏。五月，成德军节度使郭崇受命攻占契丹东城（今河北省河间市束城镇），以报复萧思温入寇后周边城。萧思温胆怯，奏请辽穆宗增兵，并请求辽穆宗驾临燕地鼓舞官兵士气。辽穆宗可没心情搭理萧思温，因为七月到了，依惯例辽穆宗要给自己放暑假，不再临朝，专心出猎，只不过这次暑假放得有点久，直到九月才回朝理政。

萧思温打仗虽然不行，但在官场周旋、为人处世却是八面玲珑、满腹谋略。他是辽穆宗的姑父，但还觉得关系不够牢靠，又将3个女儿分别嫁给了太祖系三支。长女萧胡辇嫁给了辽穆宗胞弟太平王耶律罨撒葛，次女萧夷懒（电视剧《燕云台》中叫乌骨里）嫁给了耶律阿保机的三子耶律李胡之子赵王耶律喜隐，后来又将三女萧燕燕嫁给了辽景宗耶律贤。这样无论太祖系三支谁做皇帝，萧思温一家都是堂堂正正的后族名门。

自耶律璟登基以来，除援助北汉抗击后周外，辽周之间绝少有直接的死磕。辽穆宗乐得享受生活，豪饮、打猎、不上朝成了他的生活常态。可是好景不长，应历九年（959），后周世宗柴荣在取得了对后蜀、南唐和北汉一系列战争的胜利后，后周的内政日趋完善，藩镇更加臣服，经济文化逐步恢复，周边小国势力更加削弱，后周军力大增，甚至连从前弱小的水军都变得无比强大，因此柴荣决心开始北伐，目标直指幽云（燕云）十六州，期望通过战争重新夺回属于汉地的十六州。三月二十九日，柴荣亲率大军自汴梁沿水路悄然北上，四月直抵沧州（今河北省沧州市，当时为辽周两国边境）。

因后周军的行动首先是以水路悄然北上开始的，所以连河北当地百姓对此也浑然不知。后周世宗柴荣率步骑数万于四月十六日突然杀到宁州（河北省沧州市青县），打了契丹人一个措手不及，契丹宁州刺史王洪举只好举城投降。大辽得知后周军北伐的消息后，辽穆宗诏命萧思温为兵马都总管阻击后周军。后周军这边，柴荣命诸将分水陆俱下，以归德军节度使韩通为陆军都部署、以忠武军节度使赵匡胤为水路都部署。舟船绵延数十里，先至天津独流口，再于二十六日西进到益津关（今河北省霸州市），契丹守将终廷晖为后周军的阵势所震慑，不战投降。此后因水路变窄，大船难行，柴荣命军队弃船登陆急进。二十八日，赵匡胤率军先至瓦桥关（今河北省保定市雄县西南），契丹守将姚内斌守城无力投降，柴荣率军进入瓦桥关。后周在瓦桥关置雄州、在益津关置霸州，又在益津关东北设置淤口寨（关），此三关后来成为宋朝与辽朝的边界关口。

由于被后周军占领的瓦桥关、益津关位于大辽莫州和瀛州以北，这实际上切断了瀛、莫两州与契丹的联系，所以在五月，大辽莫州（今河北省任丘市北）刺史刘楚信和瀛州（今河北省河间市）刺史高彦晖均举城归顺。而后，校检太傅孙行友攻克易州（今河北省保定市易县），擒杀辽易州刺史李在钦。先锋都指挥使张藏英在瓦桥关北破辽骑兵数百人，攻下今河北省廊坊市固安县，后周大军已逼近大辽南京（幽州，今北京市西南）城。五月十九日，辽穆宗率大辽援军进驻辽南京，准备与后周军决战。柴荣此次北伐收获颇多，自是信心爆棚，大宴诸将，商议继续北伐攻取幽州一事。诸将皆言："陛下离京四十二日，兵不血刃取燕南之地，此不世之功，今虏骑皆聚幽州之北，未宜深入。"柴荣虽然心有不甘，但又闻北汉按辽穆宗诏命发兵袭扰后周边境，后周军多无心再战，无奈之下，于五月二十五日罢兵还朝。

柴荣率后周军撤兵后，辽穆宗并未兴兵再夺被后周刚刚抢去的州城与关隘，而是自己也迅速返回了上京，而且还于六月初一临朝视事。这说明他的心情并未受到被后周复夺几座州城和关隘的影响，从一个侧面也能看得出，他对先皇辽太宗掠夺的州县并不珍惜，或者可以说，他对疆域版图没那么在乎，所以他也懒得去为开疆拓土发动战争，这对于契丹和汉民族来讲算是一大幸事。除了息兵罢战，他还时不时对于发生灾情的州县减免税赋，六月初四，他免除河北容城的赋役。从这一点上来说，他也是能体察民间疾苦的不错的皇帝。相比辽穆宗，后周世宗柴荣则是历史评价颇高的一代英主。史家评价其"不爱其身而爱民；若周世宗，可谓明矣！不以无益废有益""陛下神武之功，近代无比""世宗区区五六年间，取秦陇，平淮右，复三关，威武之声震慑夷夏"，等等。可惜天不予寿，柴荣从辽周边境雄县还朝后身染重疾，于应历九年（959）六月十九日在开封万岁殿驾崩，终年仅39岁，一代雄才伟略的后周世宗皇帝遗诏由其第四子、年仅七岁的梁王柴宗训继位。柴荣病危时，做了一项改变历史轨迹的人事调整。事情缘于柴荣率大军北伐得胜班师回军途中发现一个袋子，里面有一块木板上写着"点检做天子"5个字，而当时掌管禁军的殿前都点检是功勋卓著的张永德，柴荣忌惮张永德，于是革去他殿前都点检的职务，解除其兵权，诏命赵匡胤为殿前都点检，正是这一任命后来才导致了后周王朝的覆灭，这是后话。

四、辽国与后周分别遭遇谋乱

柴荣驾崩，来自汉地的危机暂时告一段落，辽穆宗刚可以松口气，但内部的叛乱又来了。叛乱发生在冬十二月初九，这一次谋逆的主角是辽穆宗的四皇弟耶律敌烈，同伙则有前宣徽使耶律海思及萧达干等人，结果依然是因被人告发而失败。辽穆宗对被抓捕的谋逆人员讯问并祭祀天地、祖先，告知逆党谋反失败。然后将萧达干等处死，将耶律海思羁押狱中，而对四皇弟耶律敌烈则网开一面释放了之。

或许是契丹贵族们依然不愿放弃的大汗世选制旧俗作怪，或许是由于从太祖耶律阿保机开始就对领头造反的宗族们处罚过于手软，所以契丹从立国以来贵族们前仆后继地谋逆反叛，甚至连史官都懒得提及每次造反因何而起了。耶律敌烈谋逆的事情还未处理完（耶律海思仍在狱中不服），又接连发生了两起谋反。一次是秋七月二十三日，政事令耶律寿远、太保楚阿不等谋反，叛乱者被辽穆宗诛杀。此外太祖系的另一支耶律李胡（耶律阿保机第三子）又反了。这一次谋逆在电视剧《燕云台》中有所表现，其情节是辽穆宗在外出狩猎返回途中，大批蒙面刺客冲到銮驾前企图杀掉耶律璟。幸亏耶律贤（后来的辽景宗）替辽穆宗挡了一刀，才使得耶律璟逃过一劫。而《辽史》中仅以寥寥数字记述了事："冬十月丙子，李胡子喜隐谋反，辞连李胡，下狱死。"既没有说明起因，也没有说明过程，只交代了结果。电视剧情节是耶律喜隐谋反，耶律李胡为爱子顶包被罨撒葛奉旨带人在狱中杀死，耶律喜隐和乌骨里（萧燕燕二姐）目睹了李胡之死。

在两次平叛期间，汉地这边也出现了大动荡。

应历十年（960）春正月初二日，来自镇州（今河北省石家庄市正定县）和定州（今河北省定州市）的情报称北汉和辽国的军队联合南下攻打后周，边镇请求朝廷派兵援助。初三，归德军节度使、检校太尉赵匡胤奉旨率军向北增援边关，傍晚时，军队刚一过黄河行至陈桥驿（今河南省新乡市封丘县东南陈桥镇），士兵哗变，这就是史上著名的"陈桥兵变、黄袍加身"的历史事件。初四，赵匡胤率军回师京城汴梁（今河南省开封市），逼迫周恭帝禅位后，君临天下、登基为帝。初五，改国号为"宋"（史称北宋），就这样，享国仅10年、由两代英主缔造的后周朝灭亡了，其两代皇帝造就的辉煌功绩如此迅速地灰飞烟灭，着实令人唏嘘啊！

赵匡胤篡周令后世不齿，当时协助其篡周之人不在少数，但也有忠于后周的猛将奋起反抗，在山西领兵抗击北汉的后周大将、昭义军节度使（管辖泽、潞、邢、洺、磁五州，治所在潞州）李筠便是其中之一。应历十年（960）四月，李筠逮捕赵匡胤派来的监军周光逊，派遣牙将刘继冲等人把周光逊送到北汉，并联络北汉共同打击北宋。李筠派遣军队袭击泽州，擒杀刺史张福，占领了泽州（今山西省晋城市）。北汉方面虽然愿意与李筠联手进攻北宋，也向辽穆宗报告了潞州联汉一事，但当时辽穆宗正被此起彼伏的谋逆所羁绊，所以无法派兵共同讨伐北宋。而北汉方面与李筠也存在原则性的分歧。李筠反宋是想要恢复后周，而北汉与后周有世仇，双方目的难以统一到一起共同进攻北宋，所以实际出兵击宋的就只有李筠一支军队。赵匡胤御驾亲征，在泽州打败李筠，李筠自焚而死，潞州也举城投降，叛乱很快被平息。辽穆宗和北汉错过了一次重挫北宋的大好时机。赵匡胤随后于当年十一月攻破扬州城，平定了归德节度使、同平章事李重进拥周反宋的叛乱。打赢了上述两仗，赵匡胤才算是坐稳了天下。他依然继续奉行"先南后北、先易后难"的战略，志在重新统一汉地天下。

纵观辽穆宗登基以来所经历的谋逆，均胎死腹中，没有一次暴乱能兴兵危害到国家与平民，在平定谋乱这一点上，辽穆宗甚至比屡受"诸弟之乱"困扰的太祖阿保机还要强，说明辽穆宗对内部的控制还是有相当成熟的手段的。虽然他几个月不上朝处理政务，要么狩猎、要么酗酒，不作为，但他屡屡成功解决各种谋逆作乱，其高明之处，即道家所说的"无为而治"。虽然辽穆宗经常醉酒，但没因醉酒错误处理过任何国家大事，这也体现了他在处理大事时的谨慎和明智。

五、辽穆宗滥杀至殒命

由于辽穆宗荒于政务，又屡受谋逆困扰，除了受到汉地后周朝和宋朝的袭扰、北伐之外，连原来已被征服的北方草原部落也都不再安分。这些部落包括位于嫩江上游和黑龙江北的室韦部落、位于呼伦贝尔草原克鲁伦河中游一带的敌烈部以及位于室韦和敌烈部之间的乌古部等。室韦和乌古部于应历十四年（964）九月和十二月先后发动叛乱。乌古部抢掠契丹人的财物牲畜，杀死大辽委派的官吏。应历十五年（965）正月辽穆宗命枢密使雅里斯率诸部联军，另外还充实了300人的突吕不部（属于黄头室韦部族，居住于今齐齐哈尔市至泰来县一带）军队共同讨伐乌古部。至应历十五年（965）二月，在强大的辽军的打击下，乌古部发生内乱，头领离底被杀，叛乱一时得以平息。不久，归降的余部再次叛乱。

三月初六，分布在克鲁伦河中游以东、以大兴安岭为活动中心的黄头室韦部落中的大黄室韦部落酋长寅尼吉发动叛乱。四月初五，小黄室韦也反叛。枢密使雅里斯再次领兵出征，这一次室韦人击败了契丹大军，辽穆宗只得换将。四月十五日，以秃里代替雅里斯为统帅继续平叛，之后又派挞马（契丹官名）寻吉里持御诏前去招抚室韦叛军，但叛军不受。辽穆宗盛怒之下再度调兵遣将，增加围剿兵力，持续追击室韦、乌古部的叛军，双方交战互有胜负，直到应历十七年（967）正月，对各地叛乱的讨伐才算告一段落，而后辽穆宗在各部族设立节度使及详稳司加强对该地区的控制。

辽穆宗在位后期，虽然极少与新立国的北宋直接发生大规模的战争，但是屡屡为援助北汉小朝廷与北宋发生过局部战争，胜负参半。诸如：

960年六月庚申日，北汉因宋兵围攻石州，派使者前来报告，派大同军节度使阿刺率领四部兵前往增援，诏令萧思温率三部兵前往助战。

963年二月初七，北汉派使者前来告知汉主想要巡行边关，请辽助其声威。冬十月十八日，北汉因宋侵略其国，派使者前来奏告。

964年二月初五，诏令西南面招讨使挞烈进兵援助北汉国。二十五日，汉因在石州击败宋兵前来奏告。

我们不妨说说应历十四年（964）的辽州之战。赵匡胤命昭义军节度使李继勋与内染院副使康延泽等率步骑万余人进攻北汉的辽州（治今山西省晋中市左权县），北汉皇帝刘承钧派大将郝贵超领兵来援，被北宋军队击败。辽州刺史杜延韬、都指挥使冀进等见大势已去，领所部3000余人举城归降，北汉遂向辽国求援。辽穆宗命西南面招讨使、南院大王耶律挞烈领兵6万救援北汉并欲夺回辽州。宋太祖赵匡胤又命李继勋、武信军节度使罗彦瑰、洺州防御使郭进、引进使曹彬等人带领6万军迎敌。汉辽军队不敌宋军撤往石州（今山西省吕梁市区）。在石州汉辽联军战胜了追击的北宋军，这也就是上面说的"汉因在石州击败宋兵前来奏告"。不过原属北汉的辽州已被宋军占据。

从辽太宗驾崩、辽世宗被弑再到辽穆宗，时间跨度只有5年多，而在辽穆宗一朝辽军似乎失去了往日踏破山河的锐气，究其根本原因在于当朝皇帝耶律璟胸无大志、不思进取，全然没有遗传其父辽太宗开疆拓土、不屈不挠的基因。他热衷于不分季节地狩猎，有时一次狩猎长达一个多月，每每射获猎物，免不了昼夜酣饮，有时甚至多达数日烂醉如泥。此外，他还临幸近臣家中豪饮，如到五房使家里畅饮达旦，到殿前都点检耶律夷腊葛府邸宴饮数日，等等。应历十四年（964）因北方草原叛乱迭起，辽穆宗或许是心烦意乱无处排解，因为他的四个皇弟中，大皇弟太平王罨撒葛已被他流放，二皇弟耶律天德因在辽世宗时谋乱被杀，三皇弟冀王耶律敌烈谋逆虽被他释放但心生厌恶，四皇弟耶律必摄经常劝他少饮酒也自然不受他待见。另外，耶律璟不近女色，一生中只娶了皇后萧氏一个女人。所以，无处排解孤单郁闷的辽穆宗更愿意白天睡大觉，夜间"举杯邀明月，对影成三人"。由此，大臣们给他起了一个非常贴切的雅号叫"睡王"。

除了嗜酒如命，辽穆宗对近侍仆从滥杀无辜，视他们的生命如草芥，有时不以任何理由，以极其残忍的手段肆意杀人。《辽史》记载如下：

公元960年八月初三，用镇茵石狻猊打死近侍古哥。

公元963年春正月二十日，杀兽人海里。三月初一，杀鹿人弥里吉，枭首以警示掌管鹿苑者。六月初三，近侍伤獐，被杖杀。初四，杀獐人霞马。十二月十二日，杀麂人曷主。

公元964年二月二十一日，在荒野上肢解鹿人没答、海里。十一月初十，在禁中杀近侍小六。

公元965年三月初二，近侍东儿没有按时呈进勺、筷，皇上用刀刺他。二十二日，虞人沙剌迭探伺鹅的行踪超过了期限，被施以炮烙、铁梳之刑而死。十二月初八，因近侍喜哥私自回家，杀死他的妻子。十一日，杀近侍随鲁。

公元966年正月，杀近侍白海及家仆衫福、押剌葛、枢密使门吏老古及挞马失鲁。

公元967年夏四月初十，杀死鹰人敌鲁。五月初三，杀掉鹿人札葛。六月初二，肢解雉人寿哥、念古，杀鹿人44人。冬十月初十，杀酒人粹你。十一月初七，杀近侍廷寿。初八，杀豕人阿不札、曷鲁、术里者、涅里括。十八日，杀鹿人唐果、直哥、撒剌。十二月十七日，亲手杀死饔人海里，又碎割之。

公元968年三月二十七日，杀死鹘人胡特鲁、近侍化葛，并囚禁海里，又锉碎海里的尸体。夏四月初一，杀麂人抄里只。五月十七日，杀鹿人颇德、腊哥、陶瑰、札不哥、苏古涅、雏保、弥古特、敌答等。六月初四，杀麂人屯奴。十二月二十九日，杀酒人搭烈葛。

公元969年二月十六日，杀前导末以及益剌，锉碎他们的尸体弃于荒野。

以上是《辽史》中清晰记载的辽穆宗杀掉的有名有姓的奴仆，我还是第一次看到在帝王本纪中以如此大的篇幅清晰记录如何杀人，看来辽穆宗"为人暴虐、滥刑滥杀"是"实锤"了。但在这句评价之后，还要加上一句"上不及大臣，下不及百姓"。对于一个经常酗酒且不上朝视事的帝王来说，能做到这一点，客观上我们就无法说他昏聩透顶。如果从辽穆宗虐杀近侍的时间来看，这是在他的三皇弟耶律敌烈谋逆之后。这是否可以说明接连两位皇弟企图将自己取而代之，对他心理上的打击实在过大，甚至因此患上了"迫害狂想症"，才导致他肆意虐杀身边的仆从呢？

排除滥杀，辽穆宗也有为人君的一面。相比前面三位帝王，辽穆宗更加重视农业发展和经济恢复。《辽史》记载：

公元952年九月初一，云州进献嘉禾四棵，均有二穗。

公元959年六月初四，免除容城县赋役。

公元962年夏五月十四日，因天旱，命令左右用水浇地，不一会儿，果然下了雨。六月初八，祭祀木叶山及潢河。

公元966年五月二十日，因为天旱，泛舟于池中祈雨，未求到雨；于是下船立于水中而求雨，不一会儿便降下雨水。

公元967年四月十八日，射柳以祈雨，又用水浇群臣。

公元969年春正月十一日，立春，命殿前都点检夷腊葛代行击土牛礼。

以上种种，说明辽穆宗在非醉酒状态下，还是能够关注国计民生和经济发展的。辽穆宗深知自己纵酒误事，所以他才下诏给太尉耶律化哥说："朕醉中处理事务有误，尔等不应曲意听从。待朕酒醒之后，重新向朕奏明。"即便深知会误事，但他还是纵酒过度酒瘾成疾，再加上"迫害狂想症"如梦魇般纠缠，辽穆宗终因酗酒烂醉而蒙难。

应历十九年（969）二月二十二日，辽穆宗将当年的春捺钵（春季行宫）地点选在了怀州乌兰坝（今内蒙古自治区赤峰市巴林左旗西北），辽穆宗狩猎时射中了一头黑熊，心情大好，在行帐中欢饮沉醉。当天夜里，近侍小哥、盥人花哥、庖人辛古等6人担心侍奉不周，第二天耶律璟酒醒后会杀人。6人想着横竖都是一死，于是趁其酣睡时将其弑杀，辽穆宗与后周世宗同样死时都是39岁。

电视剧《燕云台》将辽穆宗被弑杀戏剧化为辽景宗耶律贤导演的一场阴谋，史实则是耶律璟为自己对仆从们的滥杀滥罚行为送了命。这是一个看似偶然实为必然的结果，因为哪里有压迫哪里就有反抗。

历史往往惊人的相似，辽朝历史更是如此。太祖耶律阿保机和太宗耶律德光都是在战后凯旋途中驾崩，而辽世宗和辽穆宗又都是远离京城时被弑杀。那么这一次大辽的命运又该向何处去？谁将成为继任皇帝？是否还会伴随一场血雨腥风？敬请期待下篇。

第五篇

一、东丹王家族重夺帝位

应历十九年（969）二月二十二日，辽穆宗被近侍小哥、盥人花哥、庖人辛古等6人弑杀。事件起因是辽穆宗豪饮之后临睡前忽然想要喝粥，近侍小哥等6人虽左右侍奉，但担心当晚侍奉不周，第二天会被辽穆宗严厉责罚甚至杀头，因此临时起了弑君之心。辽穆宗突然驾崩，辽朝又面临着由谁来继承大统的难题。不过这一次的选择答案相比之前要容易得多。因为太祖系三支中，辽太宗耶律德光这一系最有可能继承帝位的太平王罨撒葛远在辽国西部边陲戍边，耶律李胡这支的赵王耶律喜隐仍被辽穆宗关在狱中。所以最佳的候选人就是人皇王耶律倍这一支，辽国贵族们选择了耶律贤。

人皇王耶律倍的长孙早已夭亡，耶律贤是耶律倍的第二个孙子。祥古山察割之乱时，年方4岁的耶律贤痛失双亲，辽穆宗耶律璟收养了辽世宗留下的一对孤儿——耶律贤（皇后萧撒葛只所生）和耶律只没（甄皇后所生）。辽穆宗膝下无子，所以一直把耶律贤放在永兴宫抚养。电视剧《燕云台》中展现的情节是辽穆宗耶律璟在罨撒葛的怂恿下一直提防耶律贤，但在《辽史》中并未有过这样的描述。耶律贤因为祥古山之变受到惊吓的缘故一直体弱多病。要说辽穆宗提防耶律贤应该也是有的，因为从耶律璟多次成功平定谋逆这一点上看，他对辽国上层人物一直保有戒备之心。不过对于耶律贤，辽穆宗不会像《燕云台》剧中那样时刻察言观色，毕竟耶律贤是个货真价实的病秧子，而且历史事实是罨撒葛在辽穆宗登基的第二年就被流放西北了，根本不可能对辽穆宗时时提醒，所以，表面不关心朝政的耶律贤才能在身边笼络不少朝中重臣，这其中就包括侍中萧思温。在辽穆宗被弑杀后，萧思温对外封锁消息，却在第一时间就将该消息暗自通报给了耶律贤。一直隐忍等待机会的耶律贤当机立断，连夜快马加鞭赶到辽穆宗行宫。在与侍中萧思温、飞龙使女里、南院枢密使高勋等人商议后，于黎明时分在穆宗灵柩前即皇帝位。耶律贤能如此迅速做出决断，说明他平时早做好了各种准备。而另一个可能继承帝位的太平王罨撒葛（辽穆宗胞弟）在得到辽穆宗驾崩的消息后，也立刻昼夜兼程往回赶路抢帝位，怎奈路途太远，半路上得知耶律贤已经继位，只好掉转马头逃往沙陀不敢再去京城。这在《燕云台》电视剧里被编剧改造成了血脉偾张的另一种版本。电视剧中的罨撒葛从上京率领夷离毕粘木衮等人马公然进攻辽穆宗春捺钵的行宫，企图以武力抢夺已登基的耶律贤的皇位。武力行动失败后，又与其王妃萧胡辇上演了一出情意缠绵生离死别的桥段。耶律贤登基后，百官上尊号为"天赞皇帝"，是为辽景宗，年号"保宁"，此时辽景宗耶律贤21岁。

三月初九，耶律贤回到上京。辽景宗登基后第一件事就是封赏定策及拥立之功臣，任命萧思温为北院枢密使兼任北府宰相（后来又加封魏王），封南院枢密使高勋为秦王，对女里加政事令（后来又加封为行宫都部署），加封德高望重的耶律屋质为大于越（大臣中的最高荣衔，辽朝218年中仅授几个人）。此外，对契丹贵族也加以安抚，晋封太平王罨撒葛为齐王，改封赵王耶律喜隐为宋王，封叔叔耶律隆先（辽世宗耶律阮异母弟）为平王、叔叔耶律稍（辽世宗耶律阮同母弟）为吴王、叔叔耶律道隐（辽世宗耶律阮异母弟）为蜀王，封辽穆宗的异母弟弟耶律敌烈（辽太宗第四子）为冀王、耶律必摄（辽太宗第五子）为越王、耶律宛（耶律李胡的次子）为卫王。从辽景宗对契丹贵族们不吝封爵一事可以看出其高明之处。如果按照兄终弟及的另一种继承惯例，罨撒葛最有理由继承大统，也就是说，罨撒葛的存在对耶律贤的帝位最具威胁。而耶律贤登基伊始就能善待罨撒葛，说明他自信且宽仁。耶律贤对罨撒葛的大度收到了非常好的效果，契丹贵族们从心理上开始接受他为辽国皇帝。奖赏是为笼络人心，杀伐是为建立威严。所以辽景宗在奖赏的同时，斩杀了守护辽穆宗不力的殿前都点检耶律夷腊葛和右皮室详稳萧乌里只，另外还诛杀了暗中投附罨撒葛的夷离毕粘木衮。

二、辽景宗安内抚远

在奖赏的众人中，除给萧思温本人加官晋爵外，辽景宗还于三月征召萧思温之女萧燕燕（萧绰）为贵妃，五月初二（5月20日），更进一步立萧燕燕为皇后，当年萧燕燕17岁。不知辽景宗当时是否意识到，未来大辽的命运将完全掌握在他的这位皇后手中。一时间萧思温一家可谓喜事盈门。可惜月满则亏，萧思温在第二年陪辽景宗西幸途中，在盘道岭（今河北省承德市承德县与兴隆县交界处）被强贼所杀。事后查明幕后指使者竟然是国舅萧海只、萧海里和萧神睹三兄弟。萧思温之死，不仅使辽景宗失去了值得信赖的国丈，还为日后汉人重臣韩德让摄政埋下了伏笔。

《辽史》上没有解释萧思温因何被杀，《燕云台》电视剧中展现的是有人向萧思温举报飞龙使女里和秦王高勋的不法行为，两人因害怕被辽景宗责罚遂起杀机。而海只、海里和神睹三兄弟是因为萧思温薄待他们，自认为被萧思温压制而出头无望，并且萧海只对当初在萧思温手下把守益津关时，被后周军围困，而萧思温不去施救，以致他险些丧命一事耿耿于怀。阴险的女里和高勋两人乘机借刀杀人，忽悠三兄弟对萧思温下杀手。或许辽景宗因为此事意识到，要想控制王公大臣们尊王法、守底线，就必须畅通信息和情报渠道，才可能将一切不轨邪念消灭在萌芽之中。为此，他于登基后第三年设置登闻鼓院。凡建议朝政、申冤诉求等，如不能依规上达皇帝，可到登闻鼓院呈递事状。辽景宗这样的举措比汉族王朝最初设置登闻鼓院还要早30年。由此可见，辽景宗在纳谏求策、治理国政方面是有自己独到之处的。

萧思温死后，辽景宗任命耶律贤适为北院枢密使这一要职，次年又任命他为西北路招讨使。耶律贤适素有大志，才能过人。大于越耶律屋质对此人特别器重，常对左右言："是人当国，天下幸甚。"辽穆宗时期，耶律贤能不被穆宗怀疑有异志并得以保全自己，就多亏了耶律贤适的提醒。那时耶律贤在藩邸与韩匡嗣、女里等闲聊，常会言及时弊，多亏了时任右皮室详稳的耶律贤适从中提醒，方使辽穆宗终不见疑，耶律贤才可避过凶险。耶律贤不仅对在自己登基过程中立下定策和拥立之功的人加以提携，甚至还对已经去世的曾经拥立自己父亲辽世宗继大位的前南院大王耶律吼加以追封，封其为皇太子、谥号"庄圣"。耶律吼为六院部夷离堇蒲古只之后，并非皇族，之所以辽景宗在其死后大加追封，还有一个原因就是耶律吼此人不仅在大事上以社稷为重，还能舍弃重赏，为族人请求皇上宽恕，被世人称为贤臣。辽景宗之意是想在辽朝官场中树立一个好官楷模，以此整顿官吏贪腐成性和庸碌无为的行为。辽景宗在整顿官场方面的作为还不止于此，大力任用和提拔汉官也是他的重大举措之一。保宁三年（971）正月，封南京统军使魏国公韩匡美为邺王。汉人在契丹被封王，是辽景宗开了先河，就连韩匡美之父、契丹开国元勋韩知古也未得到过王位。汉官开始进入辽朝政权的中枢机构始于高勋，兴于韩匡美。汉官的勤奋和智慧源源不断地融入大辽统治阶层，大大提升了辽朝权力机构的工作效率。辽景宗还在登基后的第三年，赐予宫中年迈的傅父达里迭、太保婆儿、太保楚补和保母回室、押雅等人户口和牛羊。赐予户口意味着他们从此脱离了奴隶身份。汉官的任用和给予奴隶户籍推动了辽朝从奴隶制向封建制的迈进，在中原的宋朝忙于统一期间，大辽在辽景宗的领导下又开始悄悄地进入了一个新的中兴时期。

辽景宗初期，宋辽两国之间并没有直接战争，这期间，宋朝忙于"先南后北"的统一战争。自从应历十年（960）宋朝立国以来，已于应历十三年（963）平定了荆南（南平）、应历十五年（965）灭亡了后蜀、保宁二年（970）消灭了南汉。这段时间辽国之所以没有南侵，一是新帝登基要急于处理的内部事务太多，二是辽景宗还要平定来自敌烈、党项和女真的叛乱。应历十五年（965），在辽穆宗时期被平定的位于呼伦贝尔草原克鲁伦河中游一带的敌烈部又反了。这些敌烈部落源于丁零、铁勒（或高车）之一部，一向叛附不定。保宁三年（971）正月，辽景宗派右夷离毕奚底前去镇压敌烈部的叛乱。保宁五年（973）正月，惕隐耶律休哥受命征伐党项，大获全胜。耶律休哥在《燕云台》电视剧中被塑造成一个英俊儒雅的宗亲形象，其实他是辽国战神级的人物。关于他击败的党项人，这里需要说明的是，这些党项部落并非归属于依附中原王朝的夏州党项，而是居于契丹境内的梅古悉部、颉的部、鹤剌唐古部、匿讫唐古部、北唐古部和南唐古部等6部。这些党项部落分布在辽国上京、西京辖区内。《辽史》中并未说明惕隐耶律休哥征伐的是哪个区域的党项人。保宁五年（973）五月，女真部落中的鸭绿江女真造反，杀死辽朝官员，驱掠辽民牛马。鸭绿江女真所在区域位于辽国直接管理辖区与朝鲜南部的高丽国之间。那么，位于原渤海国以北的女真人又是如何迁徙至此的呢？要想说明这一点，就要再说说东丹国及其东北地区人口流动的情况。

天显元年（926）二月，太祖阿保机灭亡渤海国后，辽朝并未直接管理这个区域，而是设立了东丹国作为过渡管理机构。天显三年（928），辽太宗升东丹的东平郡为辽国南京（今辽宁省辽阳市北）。之后又将渤海国60余个京、府、州、县的数十万渤海人皆南迁到辽河流域。为继续对东丹国东、北部地区进行控制，辽朝建立了南北防御区。北区保留了原渤海国扶余府（今辽宁省开原市）未进行迁徙，在原地设立黄龙府，管理原渤海国控制下的铁骊（其先人为唐初黑水靺鞨铁利部民，位于今黑龙江中部地区）、兀惹（渤海遗族，在黑龙江省哈尔滨市宾县到佳木斯一带）及女真诸部。南部防御区则在鸭绿江流域。天显五年（930）东丹国王耶律倍渡海投奔后唐后，辽太宗裁撤东丹国，将东丹国并入契丹，在辽国南京设立中书台，由辽朝直接管理。但因那时契丹的主要精力已转至中原汉地，辽国无暇顾及刚被征服不久的东北，这便导致两股势力得到了发展：

一是原渤海国国王大諲撰的世子大光显以原渤海国西京鸭渌府（今吉林省白山市）为中心，建立了新政权，被称为"后渤海国"。天显九年（934），"后渤海国"内讧，大光显不得已率数万部民越过鸭绿江，逃往高丽国。会同元年（938），"后渤海国"政权的权臣列周道和乌济显篡权成功，改国号为定安国。其属地包括今吉林省通化市、白山市等地。统治中心在鸭渌府。

二是迁徙到鸭绿江流域的原渤海国遗民，他们与从黑龙江下游南迁来的黑水靺鞨各部融合，在鸭绿江一带形成部落并开始向辽朝进贡，因其地域的关系被称作"鸭绿江女真"。而后，他们趁辽廷在此地防御空虚之际，也不断发展壮大。

天禄元年（947），辽世宗开始加强对东北地区的统治，复建东丹国，封耶律安端为明王管理东丹国。但短命的辽世宗在应历元年（951）被弑杀了，应历二年（952）耶律安端也死了，东丹国实际上彻底亡国（东丹国国号一直到982年才被废除），其属地又由辽廷直接管辖。在辽穆宗统治期间，由于穆宗懒政，这就又给了"后渤海国"及鸭绿江女真以难得的发展机会。

经过断断续续的发展壮大，鸭绿江女真变得不再安分，保宁五年（973）开始公然入侵辽国边境地区实施抢掠。除了上述的鸭绿江女真、定安国外，神册三年（918）在朝鲜半岛南部建立起来的高丽国也时不时袭扰辽国边境。这些侵扰虽然不会对辽国造成太大威胁，但为安抚和平定这些叛乱与袭扰，耗费了辽景宗大量的精力。

除去边疆民族问题的烦心事，还有几件事情令辽景宗悲喜交加。伤悲的是拥立了辽世宗和辽穆宗两代君王、能谋善断的大于越耶律屋质仙逝了。失去这位贤臣，想必辽景宗的心情一定不会好。可喜的是皇后萧燕燕于保宁三年（971）十二月二十一日生下了皇子耶律隆绪（辽圣宗）。皇上有无后嗣向来都是朝廷动乱之源，何况辽景宗一直体弱多病，因此，对于辽景宗来说这无疑是天大的喜事。此外还有一喜就是齐王罨撒葛死了。在电视剧《燕云台》中，罨撒葛是因为勾结高勋、女里以及辽世宗的妃子萧啜里及蒲哥等策动宫廷政变失败被杀。史实是这样：罨撒葛回到上京之后就什么都没干，根本不像电视剧里那样设计出层层连环诡计企图谋逆篡位，他也没长那个脑子。保宁四年（972）二月罨撒葛疽发病死，萧啜里及蒲哥两人因装神弄鬼害人，于保宁三年（971）四月被赐死（想害的人是谁史书中未提，电视剧里想害的是耶律贤和萧燕燕），而高勋、女里之死更是多年之后的事情了。辽穆宗被弑的情节，也不像电视剧中那样，6个杀手被辽穆宗杀掉了5个，只因被其中一个偷袭才丧命。辽穆宗被弑杀后，凶手们逃之夭夭，直到保宁五年（973）十一月，6个凶手才被抓获，辽景宗将他们全部诛杀。

辽景宗虽是中兴之主，但在任初期并未耀武扬威穷兵黩武，除去平定叛乱，他未主动挑起战争。保宁六年（974）三月以及十一月，他先后批准了前后两任涿州刺史耶律昌术、耶律合住与宋朝和议的奏折，并升任耶律昌术为侍中，与宋和议，使宋辽边境得以安宁。而宋朝则利用两国这段和平时期发兵南征。保宁六年（974）九月，宋太祖赵匡胤命宣徽南院使曹彬为主帅，偕都监潘美，统领10万大军出荆南东进。同时调遣已归附的吴越国军队出杭州北上策应，且又以一路军在江西牵制南唐军，发动了对南唐的统一战争。战争持续到保宁七年（975），宋军攻克江宁（今江苏省南京市），南唐国主、大诗人李煜奉表投降，国祚38年、曾经吞并了多个割据政权的南唐灭亡。

在宋朝与南唐开战期间，宋与辽仍然保持着友好往来。保宁七年（975）正月初一，宋派使节到辽朝贺春，并且遥祭契丹先世居住地木叶山（大致位于今内蒙古自治区通辽市奈曼旗白音他拉苏木东南西拉木伦河与老哈河合流处）。四月，辽景宗派郎君矧思携国书访问，受到宋太祖赵匡胤的接见及厚赏。这是辽景宗登基以来宋辽双方首次正式派使节互访。七月，赵匡胤派遣西上阁门使郝崇信等出使辽朝，辽景宗又于同月派左卫大将军耶律霸德等回访。保宁八年（976），辽景宗还派太仆卿耶律延宁等到宋国祝贺长春节（二月二十六日，庆祝宋太祖赵匡胤诞辰的节日，赵匡胤去世后，该节日废止），访问期间双方互赠礼物。从此，宋辽双方派使节互相往来不断，虽然只是礼节性的访问，并无实际合作，但至少做到了宋辽两国无战事，这种温馨的和平一直持续了6年。

宋辽两国存在燕云十六州地域之争，既然这样的敌对双方都能友好相处了，那么辽景宗与其他邻国的关系自然也不会差，尤其是与回鹘的关系较之前更加亲密。保宁三年（971）二月，辽景宗派铎遏出使远在新疆吐鲁番、阿克苏及北疆地区的高昌回鹘。当年六月和保宁五年（973）五月，回鹘也派使节前往辽国进贡。此后差不多每3年双方都会派使节往来，增进亲密关系。辽景宗在处理与依附国北汉的关系上依然延续了以往的政策——军事同盟。这个同盟最大的用处就是以北汉牵制中原王朝，无论是之前的后周，还是当下的大宋。只要中原王朝对北汉用兵，大辽必然派兵并肩作战。有了大辽的庇佑，北汉小朝廷得以苟延残喘，继续频繁向辽国纳贡，在国力濒临枯竭的情势下坚持与中原王朝抗衡。

保宁七年（975）七月，辽朝黄龙府卫将渤海人燕颇造反，举兵杀死辽廷委派的黄龙府都监张琚，然后率领当地的渤海人起义抗拒辽朝并组建了渤海琰王府，燕颇自称渤海琰王。燕颇与前面提到的定安国以及兀惹（首府在今黑龙江省同江市）相互应援，反抗辽朝统治。辽景宗派敞史耶律曷里必前去平定叛乱。耶律曷里必在黄龙府击败燕颇，迫使他携千余户官兵家属向南退却。耶律曷里必本有机会全歼燕颇所部，但他未敢穷追猛打，让燕颇逃过灭顶之灾。待耶律曷里必派他的弟弟安溥再追时，已错过时机。安溥在鸭绿江上游再败燕颇，抢回被燕颇裹挟走的千余户官兵家属，燕颇只得向兀惹城逃窜。经此一劫，黄龙府变成废墟。辽廷将抢回的千余户官兵家属迁移至黄龙府北面不远的今辽宁省铁岭市昌图县四面城镇，在那里筑建起通州城。而黄龙府后来经过多次迁徙，金朝时的黄龙府才是在今天的吉林省长春市农安县。

三、皇后萧燕燕开始摄政

耶律贤一直身体欠佳，加之国事日益繁重，确实难以应付。《燕云台》电视剧中，耶律贤将摄政大权交予萧燕燕手中是在第 26 集。《辽史》中没有明确记载萧燕燕何时开始摄政，但在燕颇造反后的第二年，也就是保宁八年（976）有这样的记载："二月壬寅，谕史馆学士，书皇后言亦称'朕'暨'予'，著为定式。"从那时开始辽景宗将萧燕燕的地位升到与自己等同的程度。所以有理由相信，萧燕燕开始对辽国的一切日常政务独立裁决、行使摄政大权的时间不会晚于保宁八年（976）。萧燕燕开始摄政之后，辽景宗退居"二线"，朝堂事宜最多只听听通报。这说明两点，一是对萧燕燕的领导能力认可，二是国家内外政治、经济、军事环境已相对可控。

萧燕燕摄政后没几个月，辽廷内部又出事了。一是秦王高勋试图毒杀辽景宗同胞姐姐耶律和古典的驸马萧啜里被人告发，辽景宗念其当年拥立之功将其革职，留其性命流放至铜州（今辽宁省海城市析木镇析木城）。另外一件事，比高勋要毒杀驸马更离奇。《辽史》记载："秋七月丙寅朔，宁王只没妻安只伏诛，只没、高勋等除名。"只没是辽世宗甄皇后所生，与辽景宗是同父异母的兄弟。无论在辽史资料中，还是电视剧《燕云台》中，都有这样的桥段，只没与辽穆宗宫内的一名宫女私通，被穆宗知道后，弄瞎了只没一只眼睛并处以宫刑。想想这只没也真是色胆包天，偷欢竟然偷到皇帝身边了，活该受这个罪。只没之妻安只被诛杀一事没有史料说明其原因。《燕云台》电视剧中表现的是因为罨撒葛答应安只，若是她帮助罨撒葛成功登基，就让只没做宰相，显然这是胡扯。罨撒葛在保宁四年（972）就死了，只没和安只坐罪肯定与其无关。最可能的情况就是只没之妻安只要毒杀耶律贤，以搏耶律贤死后只没可继大位。虽然这是脑洞大开，但也不是一点道理没有。不过最终倒是安只搭了性命，只没被夺爵除名，流放至乌古部。

刚处理完辽廷内部事务，外部的麻烦也接踵而至。保宁八年（976）八月和九月，鸭绿江女真又先后袭击了辽朝东境贵德州（今辽宁省抚顺市）和归州（今辽宁省盖州市与大连瓦房店市之间）五寨，剽掠而去。九月十九日，北汉因宋朝入侵向辽国求援。辽景宗派南府宰相耶律沙和冀王耶律敌烈（辽穆宗四弟）前去救援。

四、宋朝灭亡北汉

当时辽、宋和北汉的关系比较特殊，所以需要补充说明一下辽景宗登基前后，宋国与北汉和辽国之间的战争。

宋朝自立国以来，基本上坚持"先南后北"的统一战略，但只要认为有机可乘，就会随时发动对北汉的统一战争，毕竟它的存在是中原正朔皇帝的一块心病。

应历十三年（963）七月，赵匡胤命安国节度使王全斌等入侵北汉与宋朝边界，夺占北汉乐平（今山西省晋中市昔阳县）并攻打辽（今山西省晋中市左权县)、石(今山西省吕梁市离石区)二州。次年正月,宋军再次进攻辽、石等州,不断挑起对北汉的战争。这在《辽史》中也有所记载:

公元963年"秋七月初一,汉来奏告宋侵其国"。

公元963年"冬十月十八,汉因宋侵略其国,派使者前来奏告"。

公元964年正月"二十一,汉因宋前来侵袭,驰告我国。二月初五,诏令西南面招讨使挞烈(注:南院大王耶律挞烈,多次援助北汉抵抗中原王朝的进攻)进兵援助汉国……二十五日,汉因在石州击败宋兵前来奏告。夏四月十一日,汉因击退宋军,派使者前来致谢"。可见,在宋朝建立初期,宋对北汉的策略以边境骚扰为主,战争规模有限。

应历十八年(968)七月,北汉主刘承钧驾崩,北汉发生内乱,宋朝对北汉发动第一次战争。八月,宋太祖赵匡胤任命同平章事、昭义军节度使李继勋为行营前军都部署,侍卫步军都指挥使党进为副都部署,宣徽南院使曹彬为前军都监,率宋朝大军从山西潞州出发兵伐北汉,败北汉兵于铜锅河(源出山西省平定县陡泉山,西流至太原入汾水),渡过汾河桥逼近太原。怀州防御使康延昭、建武节度使赵赞从晋州(今山西省临汾市)进攻太原。北汉新主刘继元派兵与宋军在晋阳(今山西省太原市)城外交战落败,退守晋阳城并向辽国求救。《辽史》记载:"冬十月辛亥朔,宋围太原,诏挞烈为兵马总管,发诸道兵救之。"但当时宋军并未做好与辽军作战的准备,在得知辽军已出雁门关南下后,宋军撤兵。

保宁元年(969)三月,辽国耶律贤刚刚登基。宋太祖乘机亲自统兵北伐晋阳。宋太祖这一次吸取了未防备辽军增援北汉的教训,事先派兵抢占了石岭关(山西省太原市阳曲县大盂镇上原村北2里处),以阻击从北面来援的辽兵。对晋阳城,宋军筑长围立寨四面围攻。北汉战将刘继业(即杨继业,《杨家将》中的杨令公,被北汉世祖刘崇赐名刘继业)出城夜战宋军被击退。北汉军便再次凭借坚固的晋阳城墙进行抵抗,等待辽军来援。宋太祖命宋军以汾河水灌晋阳城,北汉军依旧顽强死守不降。这一次辽国是否派兵援助了北汉,《辽史》未见有记载,只提到保宁元年(969)五月"二十六日,汉派李匡弼、刘继文、李元素等前来朝贺"。不过在一些史料中提到了辽军的援助,辽军一路试图从石岭关南下,另一路试图从河北定州包抄宋军,但两路军均为宋军所败。宋军最终没能攻下晋阳城的原因，一是北汉军的顽强死守，二是当时的宋军并不擅长打攻坚战，攻城器具准备不足，三是当时已至盛夏，暴雨和疾病成了宋军无法抗拒的敌人。赵匡胤本意是在辽国出兵之前拿下北汉，但当时战事已进行了3个月，他担心辽国大军已集结完毕随时可能杀到，宋朝还没有做好与辽军大战的准备，所以不得不下令撤兵。

宋太祖赵匡胤御驾亲征对北汉的第二次用兵是在保宁八年（976）八月。当时宋朝已经将南方除吴越、漳泉两个已经臣服的小割据势力之外的所有大小政权消灭，所以可以全力以赴对付北汉了。宋太祖命侍卫步军都指挥使党进为帅、宣徽北院使潘美为督监，率兵分多路进攻晋阳。九月十九日，北汉派使者向契丹求援，辽景宗再次命南府宰相耶律沙、冀王耶律敌烈前往增援，宋辽双方在战场上僵持。想不到，这是宋太祖赵匡胤最后一次北伐，壮志未酬尚未完成统一大业的宋太祖于十月十九日夜，召其大弟弟晋王赵光义饮酒后，于第二天清晨，离奇驾崩，享年50岁。十一月二十一日，晋王赵光义（本名赵匡义，后因避其兄太祖讳改名赵光义）继位，是为宋太宗。宋朝派使节告知辽国。二十九日，辽景宗派郎君王六、挞马涅木古等出使宋国吊唁，参加国葬并遣使祝贺赵光义登基。十二月，宋太宗命宋军大肆抢掠北汉储藏物资后班师，宋朝第二次北伐无疾而终。

宋朝新君登基这段时间，辽景宗诏令南京恢复礼部贡院公开选拔人才。同时抚慰女真及党项各部，授予他们官职。还诏令援助缺粮的北汉国粟米20万斛，并且送给北汉战马，以期提升北汉军的战斗力。保宁九年（977）对于辽景宗来说，他缔造了辽国内外无战事的和平年，甚至在当年十一月，吐谷浑400余户居民叛逃入晋阳，辽景宗也帮助前来索要的吐谷浑人达成了心愿。

保宁十年（978），国丈萧思温被刺杀一案的幕后主使女里和高勋终于暴露，辽廷在女里家中搜查出了密谋暗杀枢密使萧思温的贼书。女里和被流放的高勋不一样，他一直在辽景宗身边倍受宠信，暴露前官居政事令、行宫都部署、太尉，可谓春风得意。就连北汉国主刘继元在逢其生日时都必致礼。只是不知，萧思温已死多年，女里还留着那份贼书干吗，莫非是皇帝欲加之罪何患无辞？当时已是萧燕燕摄政，高勋、女里自然难逃死罪。辽景宗念女里当年立下了定策之功，恩赐其自尽。已被流放铜州的高勋则两罪并罚，在诏狱被诛杀，其财产全部被赐予萧思温家。保宁十年（978）这一年，虽然也发生了平王耶律隆先之子耶律陈哥勾结渤海人企图谋杀其父、举兵作乱的忤逆事件，但并未造成多大破坏，叛乱很快被平息，辽景宗下令将陈哥辗裂（车裂）于市。总之，辽国内部在保宁九年、保宁十年（977、978）基本还是平静的。与这种平静既相似又不同的是，中原皇帝宋太宗却在和平中迈出了国家重新统一的可喜的一大步。保宁十年（978）五月，吴越国开国之君钱镠的孙子、当时的吴越王钱俶遵从祖训，以天下苍生安危为念，入宋朝东京开封，纳土归宋，将所部十三州悉数献给宋朝。保宁十年（978）七月，南方仅存的割据势力平海军节度使兼泉（州）漳（州）观察使陈洪进迫于压力，将所掌控的福建泉、漳两郡及所辖十四县，奉表献出，纳入宋朝版图。宋太宗虽然被怀疑是弑兄夺位的小人，但在他手上终究平定了南方，也为自己的皇帝履历添上了光彩的一笔。不过志存高远的宋太宗可不满足于从兄长手里抢来的这些成就，他还有更大的抱负：消灭北汉，夺回燕云十六州，让自己的皇帝履历不仅有光彩，更要荣耀千秋。

宋太宗总结了宋太祖北伐失败的两条教训：一是没能有效阻止辽军的援助；二是攻城器械准备不足。针对这两个问题，宋太宗在兼并了吴越国和泉漳势力后，诏命邻近北汉的晋、潞、邢、镇、冀等州，修造攻城器具，疏通河道，转运粮草，积极备战。

除去作战装备和粮草准备外，宋太宗还于乾亨元年（979）正月初五告知辽国出使宋国的使节挞马长寿，"河东王违抗天命，理应问罪。如果辽朝不援助他，宋辽和约仍旧有效，否则将不惜兵戎相见"。估计当时宋太宗对消灭北汉已经成竹在胸，即便辽国出兵援助，大宋也有在两条战线上同时作战的实力，并且大辽也挽救不了北汉亡国的命运。

乾亨元年（979）二月十五日，宋太宗赵光义起驾亲征，以宣徽南院使潘美为北路都招讨使率各路人马围攻晋阳。其中以河阳节度使崔彦进、鄞州防御使尹勋攻城东，以彰德军节度使李汉琼、冀州刺史牛思进攻城南，以桂州观察使曹翰、翰林使杜彦圭攻城西，以彰信军节度使刘遇、光州刺史史珪攻城北。以云州观察使郭进率军进驻石岭关（阳曲县大盂镇上原村北2里处），命孟玄莆为兵马都钤辖率部驻守河北镇州，准备分别阻击辽国从北、东两面而来的援汉大军。以河北转运使侯陟、陕西北路转运使雷德骧、行在转运使刘保勋负责向晋阳战场的东、西、北三面输送辎重器械，保障后勤所需。二月十八日，北汉刘继元得知宋军要来，急忙派儿子刘让到辽国作人质，向辽景宗求援。辽景宗诏令总领南面边事的南府宰相耶律沙为都统、冀王耶律敌烈为监军前往援汉，又命南院大王耶律斜轸率部众随行，枢密副使耶律抹只督战。三月，宋军一部进至镇州。宋朝攻击北汉的进攻策略是先攻击晋阳周边的孟县（今山西省阳泉市孟县东北）、沁州（今山西省长治市沁源县）、汾州（今山西省汾阳市）、岚州（今山西省吕梁市岚县）四城，切断这四城可能对晋阳的支援，将晋阳变成一座孤城，再以挖壕迫近与器械攻城相结合的方式，强攻晋阳城。宋军北进，使辽景宗对辽国南面的边防产生担忧，遂诏令北院大王奚底、乙室王撒合、南京统军使萧讨古等率兵卒戍守燕地。

三月十六日，耶律沙率军日夜兼程由间道进至白马岭（位于石岭关南，即今山西省太原市阳曲县东北关城）与郭进阻援部队相遇。辽军在是等待后面大军到达后再渡大涧还是立即行动一事上意见不一，最终做出了立即进攻的错误决定。敌烈率领先锋部队半渡时受到宋军突然袭击，辽军猝不及防，军阵大乱。冀王敌烈和儿子耶律哇哥、耶律沙之子德里及突吕不部节度使都敏、黄皮室详稳唐䓖均战死，士卒死伤过万。宋军一路追杀仓皇逃走的辽军，直到南院大王耶律斜轸所率领的辽国后军赶到，对宋军万箭齐发，才阻止了宋军的追击。北汉再次派人向辽求援，但使者被郭进军捉住，并被宋军在晋阳城下杀掉，北汉军出城与宋军交战失败，只得退守待援。

北面宋军重挫了援汉辽军，其他攻击晋阳周边四城的战斗也获得了成功。四月初三，远在代州（今山西省忻州市代县）的驸马都尉卢（贞）俊向辽景宗送去告急文书。而经白马岭大败后，辽景宗再未发救兵。四月中旬，宋军攻下孟县、岚州、隆州（今山西省晋中市祁县）等地区后，宋太宗所率数十万大军抵达晋阳并开始围城。四月二十三日，宋朝致书招降北汉主刘继元被拒。二十四日夜开始，宋太宗至城西督桂州观察使曹翰、翰林使杜彦圭等诸将攻城，又命数十万将士以弓弩轮番向城内发射矢石。至五月初，攻陷城西南一隅。北汉宣徽使范超、马步军都指挥使郭万超先后出降。宋太宗一边命宋军继续攻城，一边再次向北汉招降。同时，宋军再次将北汉派出向辽国求援的使者抓获，然后拉到晋阳城下，在北汉守城官兵眼皮子底下斩杀，以绝北汉军固守待援的决心。为减少宋军攻城伤亡，也为避免夜长梦多辽军再发兵援汉，五月四日，宋太宗亲自起草诏书，劝喻刘继元投降，承诺"当保富贵"。刘继元虽然是个狠角色，但辽兵不能来救，算是压倒他的最后一根稻草。加上已致仕居家仍被刘继元宠信的老臣马峰进宫劝其接受宋太宗的善意，以避免拥戴北汉皇帝多年的晋阳百姓遭屠城浩劫，刘继元万般无奈，终于放弃抵抗，于五月初六出城投降。宋太宗封刘继元右卫上将军、彭城郡公等荣衔。至此，国祚 28 年的北汉灭亡。宋太宗结束了自唐末黄巢之乱以来近百年的藩镇割据混战局面，终于完成了汉民族祖居之地的统一。无论历史如何评价赵光义的为人，作为皇帝的他所建立的丰功伟业都是令人肃然起敬的。所谓时势造英雄，他称得上是那个时代的英雄。

北汉灭亡，晋阳城被宋军所占。不知读者有没有注意到，五代十国中，后唐、后晋、后汉、北汉都发迹于晋阳。从公元前 497 年起，晋阳先后作为赵国都城、前秦都城、武周北都、唐朝北都、前晋都城、后唐西京和北京、后晋北京、后汉北京、北汉都城。用句现在的流行语表达就是"细思极恐"，所以宋太宗称此地"盛则后服，衰则先叛"。对于任何帝王来说，这都是一块不祥之地。于是宋太宗以与开封晋阳星宿不合为借口焚毁晋阳城。先是火烧，然后以汾水、晋水将晋阳城冲灌成废墟，再征用民工削平晋阳北部的山头，视此举为"拔龙角"，将晋阳的风水隐患彻底铲除。

五、宋辽燕云争夺战

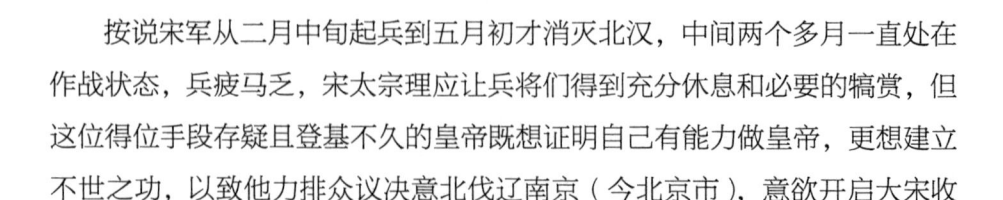

按说宋军从二月中旬起兵到五月初才消灭北汉，中间两个多月一直处在作战状态，兵疲马乏，宋太宗理应让兵将们得到充分休息和必要的犒赏，但这位得位手段存疑且登基不久的皇帝既想证明自己有能力做皇帝，更想建立不世之功，以致他力排众议决意北伐辽南京（今北京市），意欲开启大宋收

复燕云十六州的大门。只是时过境迁,当下的大辽君主不是那个"睡王"辽穆宗了,而是中兴之主辽景宗。那么,宋太宗的收复之战又将如何呢?

乾亨元年(979)五月二十日,也就是刚刚消灭北汉还不到半个月,宋军从晋阳翻越太行山出娘子关,于二十九日抵达镇州(今河北省石家庄市正定县),然后宋太宗调发京东、河北诸州的武器装备和粮秣运往幽州前线。经过短暂的准备后,于六月十三日,宋太宗率大军自镇州出发,十九日,宋军经过今河北省保定市易县东南易水北岸的金台驿,杀向涿州西南面的宋辽边界岐沟关。辽国易州守军孤立无援,不战而降,宋军过岐沟关。二十日再渡过拒马河,全军疾速向幽州(辽南京)逼近。此前奉诏援防幽州的北院大王奚底、乙室王撒合、南京统军使萧讨古等急忙率部阻击。《辽史》作如下记载:"丁卯,北院大王奚底、统军使萧讨古、乙室王撒合击之。战于沙河(注:北京市昌平区境内),失利。"随即,涿州守城官员亦献城归顺。六月二十三日,数十万宋军进抵幽州城南,将幽州包围。时幽州守将为权知南京留守事韩德让(南京留守为其父韩匡嗣)、知三司事刘弘以及后来从城外入城增援的权知南京马步军都指挥使耶律学古。首仗失败的北院大王奚底、乙室王撒合、南京统军使萧讨古等退守沙河北,另外还有一路悄然从白马岭那边过来增援的南院大王耶律斜轸率领的少部分辽军驻扎在得胜口(今北京市昌平区天寿山西北),这一路辽军是宋军未知的。耶律斜轸用刚刚被打败的耶律奚底所部的旗帜插于得胜口。宋太宗得到探报,在得胜口耶律奚底所部正在收容辽国溃军。这其实是误报,宋军探子中了耶律斜轸的疑兵之计。宋太宗信以为真,命宋军乘势追击,消灭那里的辽军,抢占得胜口。耶律斜轸待宋军至,指挥本部兵马突然袭击宋军后方,宋军措手不及被杀得败退回沙河南。辽国三支部队遂成掎角之势,从防守阵势看已经非常完整,但因耶律斜轸部兵力不足,辽军只能虚张声势稳定幽州守城军军心,等待辽景宗再增派援军。

宋太宗见辽军只龟缩防守未再进攻,猜到辽军可能兵力不足,于是分出一部分兵力用于抵御幽州城北面的辽军,从六月二十五日开始以主力四面围攻幽州城。在宋军声势浩大的上面攻城、下挖隧道的压迫和劝降之下,幽州城内军心民心不稳。韩德让与耶律学古亲自登城守御,日夜不敢松懈。六月三十日夜，宋军 300 人乘夜登城，被耶律学古率军舍命击退。同日，辽景宗命惕隐耶律休哥率精选五部院精骑军 3 万人及南府宰相耶律沙所部从不同方向增援幽州。

围攻幽州的宋军因连续作战且攻城不下，以致"将士多怠"。恰在宋军气势衰竭的当口，七月初六，辽国增援大军赶来了。首先与宋军开战的是南府宰相耶律沙的部队，可能是在白马岭的惨败使耶律沙部心有余悸，所以在宋军勇猛冲杀面前，耶律沙部又败。不过宋军也已是强弩之末，强打精神追打败军十余里，此时天色已是傍晚，却不料从间道突然杀出耶律休哥所部。辽军 3 万精骑人人手持火把杀将过来，宋军见辽军势大，不敢恋战，慌忙向高梁河（今北京市西直门外）撤退。耶律沙所部败军也掉头回来随耶律休哥部与宋军再战。原在幽州城外的耶律斜轸也趁火打劫攻击宋军。追杀宋军的辽军，其中路为耶律沙部，两翼包抄的是耶律休哥与耶律斜轸部。不仅如此，就连幽州城内的韩德让、耶律学古趁宋军撤围之际，也开门列阵，鼓声震天截杀宋军。宋军拼死搏击，辽军也是越战越勇，就连主帅耶律休哥自身都三处受伤，但依然在战场上拼杀。当宋军觉得已被辽军包围的时候，便开始且战且退，到后来就变成了溃退，相互践踏和被杀伤者甚多，丢弃在战场上被辽军抢夺的兵器、粮草、货币、符印数不胜数。宋军溃败如水银泻地一般，就连宋太宗也是乘坐着一辆驴车才得以逃命。这场面跟当年辽太宗骑着骆驼败逃极其相似，只不过宋太宗更惨点，因为他还受了箭伤。虽然有伤在身，但宋太宗跑得一点也不慢，七月初七天明时，他已逃到涿州城外。他见败退的宋军还没到，就没敢进涿州城，而是继续南逃到金台驿才停住"车驾"观望，却仍不见退下来的宋军。初九，赵光义派人往涿州打探才知道宋军已退守涿州。因为宋军在撤退途中没有找到宋太宗，所以东京城里已准备册立太祖赵匡胤之子武功郡王赵德昭登基，宋太宗闻知此事，无心与辽军再战，急命时任定州知州的崔翰去传诏命班师。

在回东京之前，为防备契丹乘胜南侵，宋太宗命河阳节度使崔彦进屯兵关南（瓦桥、益津、淤口三关以南，约今河北省白洋淀以东的大清河流域以南至河间市一带），崔翰与定武节度使孟玄喆、右羽林军将军赵延进、军器库使药可琼等屯兵定州，云州观察使刘廷翰为都钤辖（率禁军出师征战或戍守时临时委任的统军大帅），与彰德节度使李汉琼屯兵镇州，以上诸军都由刘廷翰指挥并得便宜行事。一切布置妥当之后，宋太宗于七月二十八日返回东京开封。辽军这边，因耶律休哥等伤重也难以再战，所以追至涿州后也收兵返回。辽景宗闻之大喜，对辽军官兵大加封赏，当然，对白马岭之战惨败犯有过失的兵将也进行了责罚。

在受褒奖的功臣名册中引人注目的是权知南京留守事韩德让。在电视剧《燕云台》中，韩德让是辽景宗耶律贤从小的玩伴。实际上韩德让比耶律贤长7岁，成为玩伴的可能性极小。真正与耶律贤关系特殊的是韩德让的父亲韩匡嗣，因为韩匡嗣擅长医术，常年为身体虚弱的耶律贤诊治，两人遂成了相差29岁的忘年之交。韩德让入朝为官始于保宁二年（970），他凭"门荫入仕"，更主要的是得益于其父韩匡嗣与耶律贤的特殊关系。韩德让最初的官职是东头供奉官，属于内侍省的官员，之后累迁官职。特别是其父出任上京留守期间，他常常扈从御驾出行，被辽景宗任命为知军府事并代父治理上京，给他自己积累了良好声誉。在代父守南京之前已拜为右金吾卫上将，食邑4000户。这次因守卫南京及参与击败宋军之功，被辽景宗拜为辽兴军节度使（今冀东及宽城大部的最高军政长官）、冀东平滦营等三州观察处置使，加太师、同政事门下平章事。也就是从这个时候开始，韩德让才算进入了辽廷权力中枢，当时他38岁，辽景宗31岁，皇后萧燕燕26岁。

高梁河之战大败宋军之后，辽军对宋军作战的底气变得更足了。毕竟从辽世宗被弑后，辽军还没有和中原王朝的军队正面交过手，都是以援助北汉的方式与其非主力部队交战，这一次是与宋太宗率领的绝对主力交战且取得大胜，这使辽军对宋军的心理优势明显提升。九月初三，辽景宗想趁宋军新败，再深入宋朝境内进行劫掠，报复宋军前次围攻南京，顺便也对宋军再积累些压迫性优势。他诏命燕王韩匡嗣为都统，南府宰相耶律沙为监军，大军自幽州起兵。东路为韩匡嗣、耶律休哥、耶律斜轸、耶律沙、耶律抹只等部，西路为大同军节度使耶律善补率领的山西兵马，两路大军自山后（在今河北省太行山北端）出发浩浩荡荡南伐。九月三十日，辽军进抵满城西集结。

辽军此番来得虽突然，但宋军也早有准备。这还要说高梁河惨败后宋太宗还是清醒的，他那时就预料到辽军不会就此罢休，定会来犯宋国边境，所以临回开封之前所做的军事部署发挥了作用。

辽军南侵，早有探马报知驻守镇州的都钤辖刘廷翰，刘廷翰一面通知其他各路人马向自己靠拢，一面率军将辽军阻击于徐河（今河北省保定市满城区北徐水南之间）北岸。不久，崔翰与彰德节度使李汉琼率军赶到，宋军列阵于徐河以逸待劳。河阳节度使崔彦进从关南北上黑芦堤（今河北省保定市容城县西南）后西进，悄悄潜至辽军后侧。宋军至前线后，最初按宋太宗回开封前的布阵图列开八阵。但右羽林军将军赵延进观察辽军阵型，提出宋军应改变阵型为二阵，以利集中兵力对敌。镇州监军李继隆、定州知州崔翰等响应认可。都钤辖刘廷翰仍是不敢违诏，狐疑不决。李继隆和赵延进均表示，如果皇上怪罪，愿意个人承担罪责。都钤辖刘廷翰见此情景，又想起宋太宗临走时赐予他可便宜行事的自主权，所以下定决心变阵迎敌。军力部署调整为：崔翰、李汉琼在西南，刘廷翰在东，崔彦进在北。

阵法变了，战法也随之改变。宋军首先遣使赴辽营示弱，呈上言辞恳切的诈降信。在辽军主帅韩匡嗣心里，他要比契丹将领们更瞧不起宋军，唯他对宋军的"投降"深信不疑。耶律休哥提醒韩匡嗣宋军队伍锐气整齐，必不是真降，但韩匡嗣不听。十月十九日，当韩匡嗣率大军进入宋军布好的"口袋阵"准备受降时，宋军抓住时机突然发起攻击，辽军猝不及防，被宋军一路追杀，斩杀过万。韩匡嗣引兵向西逃往易州山地，再遭潜伏在北面的河阳节度使崔彦进所部伏击，韩匡嗣所部抛弃旗鼓辎重狼狈北逃。若不是耶律休哥整兵备战使宋军不敢深入追击，辽军的折损会更惨。西路的耶律善补闻韩匡嗣败逃，亦率西路军北撤。宋军见好就收，临撤还掳掠走了3万多户遂州附近的百姓。此一战痛击辽军，虽然战果与辽军高梁河大胜不可同日而语，但在双方心理上算是扳平了一战。

十月二十九日，震怒的辽景宗对逃回辽国的满城战败的主帅韩匡嗣下诏，数韩匡嗣五大罪状曰："尔违众谋，深入敌境，尔罪一也；号令不肃，行伍不整，尔罪二也；弃我师旅，挺身鼠窜，尔罪三也；侦候失机，守御弗备，尔罪四也；捐弃旗鼓，损威辱国，尔罪五也。"五罪并罚，辽景宗本欲挥泪斩韩匡嗣，但韩匡嗣命不该绝，皇后萧燕燕保了他的命。待辽景宗情绪稳定下来后，改为杖责，爵位降为秦王，免其先前各职，遥授为晋昌军节度使。因辽宋关系日渐紧张，南京的地理位置尤其重要，辽景宗任命叔叔耶律道隐为南京留守。

保宁十一年（979）是辽景宗登基以来战事最大、最为集中的年份，辽国取得了一胜两负的战绩，或许在他的内心，"保宁"这个年号无法再给辽国带来安宁吧，他决定改元"乾亨"，期望新的年号会给辽国带来好运。此外，他还于乾亨二年（980）正月初一，封皇后萧燕燕所生的皇子耶律隆绪（当时8岁）为梁王、隆庆（当时7岁）为恒王。十二日，以战功赫赫的耶律休哥为北院大王。或许对于一向身体羸弱的他来说，这是在为其身后事做铺垫吧。

辽景宗为了报复满城之战辽军大败的耻辱，也为了以武力震慑日益做大的宋朝，先后从东京（今辽宁省辽阳市境内）、上京（今内蒙古自治区巴林左旗境内）、中京（今内蒙古自治区赤峰市境内）等地调集了20万大军聚集幽州。乾亨二年（980）十月初一，辽景宗祭祀天地兵神后，御驾亲征率军南下到达宋辽边界的固安（今属河北省廊坊市），二十九日兵围瓦桥关（今河北省保定市雄县）。瓦桥关虽然是宋王朝拱卫中原的边防要地，不过守关宋军也不足万人。面对几十万辽国大军，主帅张师决定固守待援。

宋太宗得知辽军来侵，十月中旬急调5个州的军队增援瓦桥关。诏命如下：龙卫军都校兼领莱州刺史杨重进、沂州刺史毛继美率部驻守关南，亳州刺史蔡玉济、单州刺史卢汉赟率部驻守镇州，济州刺史陈廷山率部驻守定州，各部随时准备迎击辽军南侵。十月下旬，宋太宗又增调马军都指挥使米信、东上閤门使郭守赟、弓箭库使李斌、仪鸾副使江钧等部驻防定州。

十月三十日，围困瓦桥关的辽军连续激烈攻城，守军拼死力保关城不失。十一月一日，宋太宗派来增援的宋军趁夜色渡过南易水（今大清河）突袭辽营，被辽国突吕不部（契丹二十部之一）令稳萧干及四捷军（辽朝与宋朝交战中所获归降者组建的两支军队中的一支）详稳耶律痕德等率部击退。十一月初三，宋军援军一部抵达瓦桥关东侧，守将张师率部突围，两股宋军共同夹击辽军，可惜张师不敌耶律休哥被杀，两股宋军只好各自退回。初九，宋兵列阵于南易水河南岸，试图先就此相持，等待已集结好兵力的宋太宗再次亲征到前线后再与辽军决战，但辽景宗和耶律休哥显然并不想等。辽景宗亲自督战，命休哥率精锐骑兵飞速渡河直冲宋军大营，宋军急忙招架。这些五州增援来的宋军虽然也很勇猛，但毕竟不是宋军的精锐禁军，在大平原上作战还是拼不过辽军铁骑，死伤甚多并开始溃败南逃，辽军一路追打至莫州（今河北省任丘市）方才止步。初十，顽强的宋军重振旗鼓自莫州再度反击辽军，双方再战，宋军再败，《辽史》记载辽军："使之伤亡殆尽。"宋军屡败仍敢屡战，因为他们知道宋太宗已经调动宋军主力北上了，因此宋军的目的主要是以不间断的战斗拖住辽军，以待主力到达前线后进行决战。那么宋太宗率领的宋军主力到哪里了呢？

宋军主力于十一月初十在宋太宗率领下从开封起兵，十一月十四日，大军刚刚过了黄河抵达长垣市。辽景宗得知宋太宗大军将至，他认为此番羞辱宋军、报复满城之耻的目的已经达到，所以决定十一月十七日撤军。而宋太宗也给足了辽军撤军的时间，十一月十九日宋朝大军才抵达大名府（今河北省邯郸市大名县），距离莫州前线尚有600多里。这表明了宋辽双方此时都没有准备进行国家级别的决战。辽景宗撤回的速度也很快，十一月二十六日已经回到辽南京。

瓦桥关之战是辽景宗御驾亲征对宋朝作战的第一仗，从此开始，宋辽进入连续的战争状态，或许这有助于理解辽景宗为啥把年号从"保宁"改为"乾亨"了，其中一个原因应该是辽景宗对辽国在他为帝前10年积累的经济、军事实力自信满满，另一个原因就是北汉被宋朝兼并之后，辽景宗认为辽宋之间的直接战争已经不可避免，与其坐等挨打，还不如主动出击，以此积累对宋军作战的信心。此番瓦桥关之战令辽景宗非常满意，除了犒赏全军将士，对于战功卓著的耶律休哥，辽景宗实在没什么能再封赏给他的了。十二月初一，辽景宗封耶律休哥为一人之下万人之上的大于越，成为辽朝开国以来拥此荣衔的第三人。

辽景宗打了胜仗开心之余又想起之前被他降为秦王的韩匡嗣了，既然报了满城之耻的仇，那么对韩匡嗣的惨败也就没那么生气了，所以又任命韩匡嗣为西南面招讨使，接任耶律喜隐原来的职位。耶律喜隐在《燕云台》电视剧中是个烦人的角色，他是辽景宗的连襟（萧燕燕的二姐夫）。就因为他自己是太祖阿保机三支中的一支，所以尽管能耐不大却总想君临天下。虽然多次企图谋逆，但辽景宗都没有杀他，只是在保宁六年（974）四月革除了他的宋王爵位，但保宁九年（977）六月又任命他为西南面招讨使。虽然被重新起用，可喜隐并不满足。乾亨二年（980）六月，耶律喜隐又因诱导众小人谋反，被辽景宗下令囚禁于祖州（辖境约当今内蒙古自治区巴林左旗、巴林右旗的一部分）修造的狱城中。喜隐身份特殊，但他也绝没想到自己会成为大宋降兵们利用的对象。乾亨三年（981）五月初十，宋朝降卒200多人在上京发动叛乱，他们的目的就是要把辽景宗赶下台，扶立耶律喜隐登大位。叛乱的宋军试图冲进监狱劫出喜隐，但因狱城坚固不得进入，于是转而拥立其子耶律留礼寿为帝。这位留礼寿是喜隐与其王妃萧夷懒（萧燕燕二姐）唯一的孩子。因为萧夷懒与喜隐是辽景宗登基后赐婚，所以正常推测留礼寿最多也就12岁。这200多宋朝降兵若能突然杀掉辽景宗再拥立留礼寿还可能成事，这么来回瞎折腾自然无法成功。辽上京留守除室率领部下轻易就平定了这次作乱，将留礼寿生擒。当年七月二十九日，辽景宗下诏将留礼寿处死。第二年秋七月，辽景宗派使者赐死喜隐。至此，太祖系三支中能够对辽景宗长子耶律隆绪将来继位构成威胁的皇族血脉基本被清除干净。为确保未来皇位顺利交接，辽景宗还做了重要的人事调整，乾亨三年（981）十一月，升任在平定留礼寿叛乱中立功的除室为同政事门下平章事，调南院枢密使郭袭为武定军节度使。十二月，诏命亲信、辽兴军节度使（今冀东及宽城大部的最高军政长官）韩德让为南院枢密使。

乾亨四年（982）四月，距上次伐宋不到半年，辽景宗又亲率大军南下了。估计是上次的胜利来得太容易，以致他有点飘飘然了。不过这一次辽军就没那么幸运了。辽军南下的线路与上次几乎相同，在满城辽军受到了宋军极为猛烈的围攻。战斗中，辽军守太尉奚瓦里中流箭身亡。上次辽军南伐时，西路军主帅统军使耶律善补此次随辽景宗出征。耶律善补所部陷入宋军重围拼到力竭，危急时刻还是耶律斜轸及时赶到将其救出。出师不利的辽军，干脆也不再纠缠，直接撤兵北还。这一次，也是辽景宗最后一次伐宋，因为他一向羸弱的身体终于经不住如此频繁的远征。此番南伐的失败令辽景宗心情非常郁闷，到了九月，他便出外狩猎想借此散心，却没承想游猎到祥古山时一病不起。临终前，辽景宗委任耶律斜轸及南院枢密使韩德让两人为顾命大臣、皇后萧燕燕临朝摄政，军政大事由萧燕燕决断，帝位传于皇长子、梁王耶律隆绪，交代完后事，年仅34岁的辽景宗于九月二十四日驾崩于焦山（今山西省大同市左云县东北）行宫。

《辽史》作者评价辽景宗："保宁而来，人人望治。"这是对景宗的积极评价，他也基本上实现了国民对他的期望。对他的负面评价为："竭国之力以助河东，破军杀将，无救灭亡。"这是说他倾尽国力援助北汉，却没能拯救北汉被宋灭亡的国运，以致徒劳无功得不偿失。在用人上面，他多数情况下能做到"任人不疑，信赏必罚"。但对于像韩匡嗣这样的旧友宠臣却网开一面，重责轻罚。而乾亨年间多次伐宋，则被认为是好大喜功、劳民伤财。在人们的意识里，自古帝王的贤明英武被认为是应有的品德和能力，因为君临天下时稍有任性便会酿成严重的恶果，所以后人在评价帝王时，往往会放大他的不足或者过失，但是纵观中国历史上的400多位皇帝，又有几人能够达到贤明英武这个标准呢？

乾亨四年（982）九月二十五日，年仅12岁的耶律隆绪在耶律贤的灵柩前登基继位，年号统和，是为辽圣宗。那么，母寡子弱危局下的耶律隆绪能否坐得住江山，太后萧燕燕将如何面对重新强大起来的汉地王朝的挑战，耶律斜轸及韩德让能否担起顾命大臣的重担，战事不断的燕云十六州能否被大宋朝并入其疆域，敬请期待下篇。

第六篇

一、萧太后临朝称制

乾亨四年（982）九月二十四日，辽景宗驾崩。景宗年仅12岁的长子耶律隆绪于次日嗣位，是为辽圣宗。不到30岁的圣宗之母萧燕燕被尊为皇太后，从此开始临朝称制并决断辽国军政大事。辽景宗弥留之际委任耶律斜轸及南院枢密使韩德让两人为顾命大臣，以期护佑辽圣宗坐稳天下，确保大辽国江山安定。那么，辽景宗为何在众多的皇亲国戚和文武百官当中选择了他们二人呢？韩德让和耶律斜轸堪此大任吗？

首先说说韩德让。

在《燕云台》电视剧中，围绕剧中情节，韩家男人只出现了韩德让和其父韩匡嗣两人。韩德让对辽景宗忠心耿耿、对萧燕燕一片痴情，为官干练果敢，但面对契丹贵族时显得软弱可欺。韩匡嗣略通医术且为人老实厚道，甚至根本看不出他是辽廷高官，还以为只是一名御医。韩氏父子的这种性格和史实记载所展现出来的人物个性却是大相径庭。如果不能全面真实地了解韩德让以及韩氏家族，就无法理解辽景宗为何委其以顾命重任，萧太后为何如此倚重这位汉人臣子了。

韩德让被如此器重，除了因他自身超乎异常的睿智和忠诚之外，还因他极其显赫的家族势力，因为当时的韩氏家族已经成为除皇族耶律氏和后族萧氏之外第三大家族。下面让我们来看一看韩氏家族势力到底有多强大吧。

韩德让的曾祖父韩融为唐朝末期蓟州司马，契丹攻击蓟州时述律太后的哥哥俘获了当时只有6岁的韩知古。述律平嫁给太祖耶律阿保机时，韩知古作为陪嫁跟着到了阿保机身边。后来韩知古为阿保机赏识被起用，官至中书令。韩知古是契丹因俗而治国策及礼仪制度的创造者，可以说他是"一国两制"甚至"一国多制"的总设计师。从韩知古开始，韩氏族人官运亨通、飞黄腾达。韩知古娶了契丹境内奚王族的萧氏为妻，共生育了11个儿子，其中第四子韩匡嗣、第五子韩匡美两位得以封王；此外，还有官授节度使的儿子4位，官授将军的儿子3位，另两位也被授予了辽廷高官。韩匡嗣共有9个儿子，韩德让排行老四。辽景宗时，韩德让的大哥韩德源官拜政事门下平章事、遥摄保宁军节度使；二哥韩德庆，官至左监门卫将军、上将军、司徒；三哥韩德彰官至毡毯使、左散骑常侍，还有大弟弟韩德威，官拜上京皇城使、宣徽北院使，等等。韩氏家族在当时已经是响当当的名门望族，家族势力非常了得，就连韩德让自己也是"凭门荫入仕"。所以，辽景宗选择韩德让看重的绝对不只是他的孜孜奉国和智勇双全，必定还含有以不觊觎皇位的汉人豪族来制衡契丹贵族不臣之心的目的。仅仅从为保住耶律倍这一支坐稳皇位来说，辽景宗是选对人了。

再说说耶律斜轸。

辽景宗末期，其手下最著名的两员战将要数耶律休哥与耶律斜轸。在景宗生命垂危时，耶律休哥官拜大于越、北院大王、南面统军使。耶律斜轸任北院枢密副使、西南面招讨使。在辽国的官制中，北、南院枢密使地位最高，其次是北、南院宰相，再次是北、南院大王。韩德让为南院枢密使，加上其家族的强大背景，他被选为顾命大臣不出意外。但在耶律休哥与耶律斜轸中，按战功论，耶律休哥官拜大于越，功劳肯定大过耶律斜轸。按照血缘关系论，耶律休哥的祖父是太祖阿保机的伯父，耶律斜轸的祖父是太祖阿保机的同族兄弟，血缘上还是休哥更近。按官位论，休哥级别也要高于斜轸。

所以，无论从哪方面看，休哥都应该是顾命大臣的第一人选。那么，辽景宗舍弃休哥选择斜轸，那就只能有一个理由——对休哥不放心。大臣功高震主一向都被皇帝所忌惮，何况母寡子弱的萧燕燕和辽圣宗呢？身边若是放着这么一位战神级的顾命大臣，辽景宗如何才能闭得上眼？

辽景宗选好了心仪的顾命大臣闭眼后，临朝称制的皇太后萧燕燕就开始调整调度辽廷重臣与封疆大吏了。此时辽朝最重要的职官任免如下：

一、北院枢密使室昉，同时兼任北府宰相。虽然身兼要职，但已六十有二，如此高龄，也难怪辽景宗在遴选顾命大臣时只将他排在了第三位。室昉是进士出身，对名利不争不抢，与韩德让、耶律斜轸关系友善，同心辅政。有这样一位位高权重的老臣坐镇，萧太后自然放心，所以，当室昉于统和元年（983）一月底提出致仕退休时，萧太后未予批准。

二、南院枢密使是韩德让，为萧太后所倚重。南府宰相萧谐理。

三、北院大王耶律休哥，南院大王耶律勃古哲。

萧太后所做出的第一批调整在辽圣宗登基后的第一次临朝就开始了，即乾亨四年（982）十月初三，也就是辽景宗驾崩后第十天。首先将不太听话的耶律勃古哲调任总领山西诸州事务一职；其次委任北院大王、大于越休哥为南面行军都统的同时，加派奚王和朔奴为其副都统，加派同政事门下平章事萧道宁（萧隗因，萧燕燕亲弟弟、辽圣宗的岳丈）率本部军马与休哥同赴南京（幽州）。可以看出，这一次调整的目的在于清除身边的潜在风险。统和元年（983）一月十七日，南京留守、荆王道隐逝世。道隐在《燕云台》电视剧中，被塑造成与萧太后二姐乌骨里（萧夷懒）及翼王妃合谋企图鸩杀萧太后的幕后主使，这其实完全是无中生有。道隐死后，空出的南京留守职位被萧太后授给了耶律休哥。这样就把休哥牢牢地按在了南京，彻底将其排除在了辽廷决策核心之外。这一点跟当年辽世宗登基后对待大于越耶律屋质差不多。但耶律休哥的处境似乎更难，因为前有死敌宋国随时可能偷袭，身边有萧太后的近臣掣肘监视。好在休哥并无政治野心，对于朝廷授予的职责兢兢业业，使得辽国南部边境达到大治。从这一点上看，萧太后的用人还真是够高明，既清除了身边可能的风险，又充分利用了休哥的军事才能镇守辽宋边境，保卫大辽安宁，且能使边民安居乐业。

外放了耶律休哥，紧接着萧太后就进行了第二次官员调整。二月二十一日，免去耶律休哥北院大王之职，以惕隐耶律化哥为北院大王，同时委任解领为南府宰相。此外，为了使韩德让在南枢密院说一不二，又将南枢密院副使耶律末只明升暗降，任命其为侍中，但远放为东京（今辽宁省辽阳市）留守。韩德让还加了重要一职，任总管宿卫事（负责皇室警卫）。另外，赐剑给西南路招讨使、韩德让的弟弟韩德威，对不听调遣者可行先斩后奏大权。惕隐耶律化哥升职后，其空出的重要的惕隐之位由后族大父帐太尉耶律曷鲁宁出任。六月二十三日，给耶律斜轸再添一职，任命其为守司徒。如此一来，萧太后用了仅仅不到半年的时间，已将朝廷内外和宗族部落的重要职位基本调整到位，这一番运作着实令人佩服，其娴熟的政治手段已初见端倪。

萧太后能够迅速稳定大局，既有辽景宗在死前除掉了野心勃勃且谋逆成瘾的宋王喜隐的未雨绸缪与防患于未然，更有韩德让、耶律斜轸及室昉、耶律休哥等恪尽职守与尽忠报国的大臣的贡献。不太了解那段历史的人会不理解，韩德让作为汉人，为何不帮宋朝振兴，却帮助辽朝中兴？这实在是个非常复杂的问题。简单地说，韩德让生于辽地、长于辽地，又当差发迹于辽朝，他对辽朝有着深厚的感情，他也根本就不认为自己是宋人。士为知己者死，就冲辽景宗对他提携厚爱有加这一点，他也当为太祖系三支中辽景宗这一脉鞠躬尽瘁。况且，他与萧燕燕还有着剪不断理还乱的情感交织呢。

萧太后与韩德让的感情太过复杂，以至于史料记载混乱不堪、莫衷一是。比较令人津津乐道的传说，就是萧燕燕在入宫之前与韩德让有过婚约。这个说法出自统和二十六年（1008）出使辽国的宋国进士、福建巡抚路振所撰写的《乘轺录》。该书描述："萧后幼时，尝许嫁韩氏，即韩德让也，行有日矣。而耶律氏求妇于萧氏，萧夺韩氏之妇以纳之，生隆绪，即今虏主也。"这段描述与电视剧《燕云台》相同，即萧燕燕与韩德让有婚约且感情笃深，但耶律贤（辽景宗）也看上了萧燕燕，待耶律贤登基后，强娶了萧燕燕并生下当朝辽国皇帝耶律隆绪。韩德让与萧燕燕到底有没有婚约？从韩家有多人娶了后族的女人为妻来看，韩德让与后族姑娘联姻并非不可能。但韩德让与萧燕燕有婚约的可能性不大，毕竟两个人相差了12岁。萧燕燕的父亲萧思温虽然很势利，但如果萧思温当时看中了韩氏家族背景的话，那么他想嫁给韩家的女儿也应该是长女萧胡辇。这一点在《燕云台》萧胡辇与韩德让的对话里是有所体现的。那么何时开始两个人才有了复杂情感的呢？笔者以为应该是在辽景宗驾崩之后不久。

《辽史·圣宗本纪》记载，乾亨四年（982）十二月初七，挞剌干乃万十醉后言及宫廷秘事，论罪当处死，但杖责后就赦免了他。这段话没有解释醉后言及的宫廷秘事是什么，但泄露论罪当死的宫廷秘事无非是皇上或太后不可言传的私事。圣宗年纪尚小，还不会存在那样的秘密，所以只能是关于萧太后的八卦。从众多关于辽史的资料上看，辽圣宗即位后，萧太后召见韩德让和耶律斜轸时垂泪道："母寡子弱，族属雄壮，边防未靖，奈何？"从这句话里看出即便是萧太后这样的铁腕政治家，也会向臣下示弱寻求支持。韩德让和耶律斜轸当即表示："但信任臣等，何虑之有！"相信萧太后有了顾命大臣的这个表态，一定增加了底气，心里也会倍感温暖，孤儿寡母终于有了可以依靠的男人，毕竟萧太后父亲早年被谋杀，使自己缺少足智多谋的至亲外戚可以作为支撑。韩德让被任命为总管宿卫事后，出入宫廷畅通无阻，这也给两人独自接触及商谈国事创造了条件。耳鬓厮磨、日久天长的男女产生感情也再正常不过了，何况是一对高处不胜寒，且抱负相同政见一致的孤男寡女呢。韩德让虽然有妻子李氏，但已年过不惑的他膝下却没有一男半女，不可谓不孤独。

在内忧排除之后，韩德让仿后汉太后临朝称制的做法，提议为萧太后和皇上拟定尊号。乾亨五年（983）六月初十，尊奉萧太后为"承天皇太后"、皇上为"天辅皇帝"，改年号为"统和"，辽国从此进入了萧太后临朝称制27年的新纪元。

二、萧太后征服诸部

新纪元伊始就有好消息传来，当年七月二十三日，西南路招讨使韩德威就奏报对辽境内再次叛乱的党项部落的讨伐取得了胜利，党项酋长请求内附并执送夷离堇之子作为人质。当年十月十一日又有敌烈部及其他叛蕃前来归附，辽国因此得以收复失地。统和二年（984）二月十五日，耶律蒲宁讨伐女真获胜，二十四日，五国乌隈于厥节度使耶律隗洼为便于治理该地区请求尚方宝剑，获得萧太后批准。二十六日，韩德威再次讨伐辽境内党项部落凯旋。一时间，萧太后临朝称制的大辽国对周边附属部落攻无不克战无不胜，但辽境内大大小小的叛乱此起彼伏，辽廷该如何统治才能国泰民安，这是萧太后和圣宗无法回避的难题。

上面所说的女真就是分布在我国东北地区东部的少数民族部落之一。女真部落又分熟女真和生女真，被辽朝迁至辽宁大部以及吉林南部并编入契丹国籍的为"熟女真"。另一部分留居粟末水（松花江上游段）之北、宁江州（今吉林省扶余市）以东，直至黑龙江中下游，现为吉林省榆树市以东的大片地区的这些人就是"生女真"。另外还有居于乌苏里江以东现今俄罗斯境内临近现日本海的"濒海女真（东海女真）"也属于"生女真"。所以女真居住在南起鸭绿江、长白山一带，北至黑龙江中游、东抵日本海、西接铁骊、南临高丽国的广大区域。由于女真人的分布范围太广，所以聚集为不同的部落，这些部落的名字在《辽史》中经常出现，女真各部落名称、分部状况及管理机构设置如下：

女真各部部族部别分布地区及设置

部族	部别	分布地区	设置
女真	曷苏馆女真	今辽宁省盖州市九寨镇浮渡河北岸	曷苏馆路女真国大王府
	南女真	今辽东半岛熊岳镇以南地区	南女真国大王府汤河详稳司
	北女真	今辽宁省新民市、铁岭市、开原市、昌图县一带	北女真国大王府北女真兵马司
	鸭绿江女真	鸭绿江流域至朝鲜清川江一带	鸭绿江女真国大王府
	黄龙府女真	今吉林省农安县一带	黄龙府女真大王府
	回跋女真	松花江支流辉发河流域一带	回跋部大王府、详稳司
	濒海女真（东海女真）	今俄罗斯滨海州地区	濒海女真国大王府
	长白山女真	今长白山中部至朝鲜咸镜道地区	长白山女真大王府、详稳司
	蒲卢毛朵部	今延边地区海兰江一带	蒲卢毛朵部大王府
	生女真	松花江中下游、黑龙江下游地区	生女真节度使

上述所提及的五国即五国部，五国部源于黑水靺鞨，严格来说也属于生女真，分布在今黑龙江省哈尔滨市依兰县、佳木斯市汤原县、桦川县、鹤岗市绥滨县等沿着松花江流域的区域及俄罗斯远东第二大城市哈巴罗夫斯克（位于抚远市黑瞎子岛乌苏里江对面）一带，该名称为辽国对剖阿里、盆奴里、奥里米、越里笃、越里吉等五部的统称。既然五国部节度使都向辽廷请求管控的尚方宝剑了，说明从那时开始，这一地区已经归属辽廷统治了。辽廷对于边疆臣服的少数民族的管理最初沿用了唐朝的羁縻制度，并从这些地区获得经济和军事资源。随着辽朝国力的逐渐强大，辽朝对于周边少数民族的控制方式也发生了悄然的变化。

辽朝按地理区域分为 4 个道，即东京道、上京道、中京道和南京道 4 个最高行政区。东京道包括了辽国东部即今我国东北（东北三省加内蒙古自治区东五盟）及朝鲜咸镜道地区（位于吉林省长白山东南），军事机构分为东北路统军司、黄龙府都部署司、东京都部署司等。上京道包括北部蒙古高原及西部与我国接壤的邻国的部分地区，军事上隶属于西北路招讨司。对于在上京道和东京道内分布的少数民族，辽朝采取了因俗而治的管理方式，建立了6种类型的行政建制。

对于熟女真区域，采取设立若干大王府的方式管理，以熟女真酋长为大王府长官。对应诸多大王府，辽廷在北枢密院之下设置了诸多详稳司对大王府进行管理。北枢密院还针对女真各区域设置了兵马司掌管该地区的军事防务。对于生女真地区，则以女真部落联盟长为生女真部落节度使。生女真节度使归属辽咸州详稳司（治所在辽宁省开原市东北）管理。相比对熟女真的管理，对生女真的管理机构给予了自治权，但也有在生女真部落设置大王府的情况，比如在女真鼻古部和濒海女真（东海女真）所在区域就设置了大王府进行管理。统和元年（983）时，辽国对于五国部的管理类似于对生女真的管理方式，即节度使也由五国部酋长担任。

除了对东部地区有特殊的管理方式，辽廷对北部和西部的管理，也有其特点。不了解这些，就看不懂《辽史》中辽国针对西部、北部地区的所作所为。

位于近邻契丹族传统居住区以北的乌古部，因为地理位置太过重要，所以辽国在这里设置部族节度使司，由契丹人担任节度使、详稳、督监等职。授予乌古部酋长夷离堇之职，与契丹人共同管理部内军事事务。契丹官员对乌古部的内部管理是通过夷离堇来实现的。辽廷在东邻乌古部的敌烈部先设置了详稳，后升格为节度使。辽圣宗时期，敌烈八部设置的还只是由敌烈八部酋长担任的详稳。阻卜是辽廷对上京道西北地区众多游牧民族的总称。在辽圣宗前期，也就是萧太后临朝称制期间，阻卜地区实行属国、属部制度。对他们的管理方式类似于当年对北汉的管理。

《辽史·圣宗本纪》记载，统和三年（985）七月初一，诏令诸道修缮甲胄兵器，为东征高丽做准备。当时的高丽国君是高丽成宗王治，这个高丽国位于今天的朝鲜半岛，国土面积大致相当于今天朝鲜半岛中南部。当时在高丽国与辽国之间还存在着叛附不定的鸭绿江女真和与辽国为敌、占据今吉林通化、集安等地的渤海人建立的定安国。所以,《辽史》这段记载应该有误,其实辽国那时征讨的是鸭绿江女真和定安国。这也为《辽史·圣宗本纪》记载所佐证。《圣宗本纪》记载,统和三年(985)八月一日,任命枢密使耶律斜轸为都统、驸马都尉萧恩德为监军,率军讨伐女真。986年一月五日,林牙耶律谋鲁姑、彰德军节度使萧闼览献上东征所获的俘虏及缴获物。七日,枢密使耶律斜轸、林牙勤德等献上征讨女真俘获的牲口十余万、马二十余万匹和各种物品。十三日,枢密使斜轸、林牙勤德、谋鲁姑、节度使闼览、统军使室罗、侍中抹只、奚王府监军迪烈与安吉等攻克女真回师。从这段记载中,可以获得的信息是:一是耶律斜轸已经成为北院枢密使;二是东征军大获全胜,且从其他史料佐证,这次东征剿灭了定安国并彻底打败了鸭绿江女真;三是从这时开始辽国就又增加了一个周边国家高丽国,由此产生各种矛盾冲突,这是后话。

刚刚取得东征胜利的辽廷正欲休养生息,但安静了几年的南部大国宋国却有了新的举动。

三、辽宋两国兵连祸结与"澶渊之盟"的达成

统和四年(986)正月二十一至二十三日,宋太宗采纳臣下建议,决心趁景宗新崩、圣宗年幼之机,兵分三路大军出击,意欲抢回幽云地区:

宋军东路军以枢密使曹彬任幽州道行营前军马步水陆都部署,崔彦进为副,率兵十余万,由河北平原上的雄州(今河北省保定市雄县)、霸州(今河北省廊坊市)经固安(今河北省廊坊市)杀向涿州。另以彰化军节度使米信为幽州西北道行营马步军都部署,杜彦圭辅之,率一部兵力经新城(今河北省高碑店市新城镇东南)策应曹彬率领的主力大军北攻涿州。

中路军自定州(今河北省保定市)北趋飞狐(今河北省保定市涞源县),攻取蔚州(今河北省张家口市蔚县),由定州路都部署田重进为帅、谭延美为副帅率数万兵进击。

西路军取道代州（今山西省忻州市代县）翻越北岳恒山，出雁门关进攻寰（今山西省朔州市东北马邑村）、朔（今山西省朔州市）、应（今山西省朔州市应县）、云（今山西省大同市）诸州，该路大军以忠武军节度使、韩国公潘美为行营马步军都部署，云州观察使杨业为副。

宋军的作战部署是三路并发，以曹彬东路军佯动，大造攻取幽州之声势，目的是吸引辽军主力集结于幽州以南，以利宋军的中路和西路军攻取山后（注：针对燕云十六州而言。山前七州：幽、蓟、瀛、莫、涿、檀、顺；山后诸州：新、妫、儒、武、云、应、寰、朔、蔚）诸州。由于东路军进攻线路最短，为达到吸引辽军主力的目的，须持重缓行，待其他两路军成功后，三路大军再会攻南京（幽州）。除了宋国自己的兵力外，宋太宗还遣使太常少卿韩国华联络亲近宋国的高丽国从朝鲜半岛北部进攻辽国，以牵制辽国兵力。

统和四年（986）三月六日，南面行军都统、南京留守、大于越休哥向萧太后报告，幽州以南的岐沟、涿州、固安、新城均已陷落。萧太后获悉宋军三路北伐的情报，在与韩德让等重臣商议之后决定：先以主力在平坦开阔之地迎击宋军东路军，毕竟辽国骑兵在平原上胜算更大；击败东路军后，再反击另外两路宋军。战略确定之后，遂命宣徽使萧蒲领先赴南京协助休哥，后又派东京留守耶律抹只领军驰援休哥。七日，萧太后与年仅12岁的辽圣宗在皇家陵庙祭告亲征幽州以南战事后，率数万精骑南下幽州陀罗口（今北京市南口镇附近）增援休哥。就在萧太后和辽圣宗率领的大军南下途中，宋军已多初战告捷。九日、十三日，辽国寰州刺史赵彦章、朔州顺义军节度副使赵希赞先后反叛，分别向宋西路军投降。为预防宋军通过海路进攻辽国，十四日，萧太后命令林牙勤德加强平州（今河北省秦皇岛市卢龙县）海岸防御兵力，谨防宋军登陆作战。

十五日，自定州沿滱水（今河北省唐河与易水汇合后的河流）河谷北上的田重进中路军，采取围城打援的战术，在飞狐北痛击辽冀州、康州援军。辽国冀州防御使大鹏翼、康州刺史马赟、马军指挥使何万通均被生擒。面对宋军咄咄逼人的攻势，十九日，萧太后又下达了新的任命：诏命北院枢密使耶律斜轸为山西兵马都统，急驰赶赴蔚州东部部署防线，以阻击宋中、西两路大军包抄幽州。同时任命已经前往南京的北院宣徽使蒲领为南征都统，继续协助大于越休哥。二十五日，又加派林牙谋鲁姑率领禁军精锐南助休哥。这期间，宋西路军、中路军又取得了胜利，辽彰国军节度使艾正、观察判官宋雄在应州献城降宋。武定军马步军都指挥使、鄄州防御使吕行德，副都指挥使张继从，马军都指挥使刘知进等见大鹏翼被宋军押着喊话劝降，知援军已败，孤城难守，于是打开城门降宋。二十八日，守卫灵丘的辽步军都指挥使穆超在被围困数天后亦举城降宋。由于宋国率先不宣而战，打了辽国一个措手不及，因此，整个战场的形势对辽国来说俨然不利。但这并不是坏消息的终点，后面对辽国不利的坏消息依然不断地传来。

四月十三日，宋西路军攻陷云州。十七日，宋中路军进攻蔚州。契丹守将左右都押衙李存璋、许彦钦等杀掉辽蔚州节度使萧啜里、执监城使耿绍忠，举城向宋军投降。

宋东路军这边的进攻最初也比较顺利。曹彬率东路军主力于三月五日攻克固安，十三日攻占涿州。而东路军米信部自雄州出发，渡过拒马河（今河北境内的拒马河，为白沟河上游）后，于四月初四夺取新城。至此，宋国又夺取了云、应、寰、朔、蔚、涿六州，加上辽穆宗时期被后周国抢回的瀛州和莫州，宋已收复了8个州，对宋朝来说，似乎形势一派大好。虽然局势看上去对宋军非常有利，但是东路军方面出现了问题。

辽国镇守幽州的是战神耶律休哥，面对浩浩荡荡的宋国东路大军，自知手中的兵力难以抗拒，他一边派人向萧太后报告宋军入侵的军情，一边部署幽州防御待援，一边派出部队袭扰东路军及其粮道。《辽史·圣宗本纪》记载："（三月）初八，统军使耶律颇德在固安击败宋军，休哥截断宋兵粮饷供应，生擒其将吏，俘获牛马、器械辎重甚多。"说明从那时起，辽国在宋军东路的阻击战已打响。

宋东路军尽管在三月十三日占领了涿州，但因粮道被截断，处于进退两难的境地。十余天后，主帅曹彬此时做出了第一个错误决定——退回雄州补充粮草。宋太宗闻知惊呼："哪有敌人在前，反退兵补充粮草之理。"随即派信使向曹彬传旨强调"持重缓行"，令其沿着拒马河、白沟河与米信部会师，以保持对幽州的压力，待西路军攻占山后的全部9个州之后，再与中路军会师向东,按既定计划在幽州与辽军决战。

按说,宋太宗的这个计划还是可行的,但是此时一向沉稳持重的曹彬又做出了第二个错误决定——抗旨再次匆忙进攻涿州!这便是《孙子兵法·九变篇》说的"将在外,君命有所不受"。曹彬之所以做出这个决定,是因为当时中路军、西路军已经势如破竹攻城略地,而东路军虽然兵多将广却无所成就,所以众多将士要求攻向涿州杀敌立功。曹彬受此鼓舞,便率军带着粮草再次杀向涿州。

曹彬所部是三月二十三日后返回雄州补给的粮草,补齐粮草之后再决定抗旨反攻涿州时,正是其他两路军高歌猛进的时间段。东路军本想尽快杀到涿州,怎奈多次被耶律休哥派出的骑兵袭扰,为免受袭扰和粮道被断,只得在道路两端挖壕沟结阵前行,待再次占领涿州时,已是四月初。东路军经过这番折腾,士卒困乏不堪。而此时辽援军已陆续抵达,宋辽战场上的实力对比发生了逆转。《辽史·圣宗本纪》记载,初四,派抹只、谋鲁姑、勤德等率领偏师增援休哥,并赐给旗鼓、杓窊印抚谕将士。辽援军一到,即开始对宋西路军展开反击。《辽史·圣宗本纪》记载,初五,休哥又奏捷报,皇上用酒脯祭祀天地,率领群臣向皇太后祝贺胜利。……初八,颇德献上俘获的铠甲器仗。初十,监军、宣徽使蒲领奏报敌军已经撤退,奚王筹宁、北大王蒲奴宁、统军使颇德等率兵跟踪其后,均获胜。在多数汉族人所写的这段历史中,都是含含糊糊地表述为曹彬怕被耶律休哥和萧太后率领的援军钳制包围,选择了主动撤退,但在撤退途中遭到辽军追杀而溃败。辽朝对这段历史却是另一番描述,可以看出,从初五到初十这段时间,宋东路军与辽军进行了激烈作战,而且这些战斗发生在涿州以北幽州以南区域内。选择撤退应该是交战失败所致,这个观点不但从《辽史》中可以得到证实,也可以由宋军兵败回到开封后,曹彬由从一品枢密使贬降至从二品右骁卫上将军一事佐证。如果是不战即撤且又抗旨致惨败,那绝不会如此轻罚。

由上面的《辽史》记载可以确定,曹彬率东路军于四月初十开始撤退,但辽军立刻尾随追杀,各路辽军均获胜,足以说明撤退时的惨状。曹彬率领的宋军虽然败象惨烈,但也不是一路望风而逃,而是在拒马河(注:史书所说的这个拒马河,应该是北拒马河)南岸继续与辽军对垒。

《辽史·圣宗本纪》记载，十五日，宋将曹彬、米信北渡拒马河，与大于越休哥对垒，宋兵挑战，从南到北列营六七里。此时皇上驻扎在涿州以东50里处。十六日，诏令大于越休哥、奚王筹宁、宣徽使蒲领、南北二王严密监视水道，不要让敌军得以借水道潜至涿州。从这段记载中可以看出，在四月十七日之前宋东路军一直是有组织地与辽军在战斗，其作战阵型依然有序，而且是"北渡拒马河"与辽军对垒（注：看来曹彬等在撤退过程中，确如很多史料记载的那样一度退到拒马河以南）。可见宋东路军的战斗意志仍然顽强且仍未放弃宋太宗的部署吸引辽军主力，以利中、西两路大军夺取山后诸州的战略要求。甚至萧太后还担心宋军会沿着水路偷袭涿州。这说明当时宋东路军战斗力依然强悍，如果宋军是一泻千里地溃败，那么辽军不需两日就可追到岐沟关。

　　后续宋辽两军的战斗仍可从《辽史》中看出端倪。《辽史·圣宗本纪》记载，十七日，休哥等击败宋军，献上所获器仗铠甲及财物，皇上赐诏褒奖称美。十八日，辽军克复涿州，皇上祭告天地。二十三日，大军驻扎于固安。二十四日，包围固安城，统军使颇德率先登城，固安城被一举攻破，城破后放纵士兵大肆俘虏抢掠。从这段描述中可以看出，宋辽两军不但在拒马河北岸发生了大规模的战斗，而且在涿州和固安两城的攻守战也非常激烈。说明宋东路军并不是拱手让出涿州的，当然也包括一度占领的固安。随着涿州和固安被辽军复夺，宋东路军就只能退到岐沟关与辽军决战，因为岐沟关以南就是大宋的地界了。

　　连败退至岐沟关的宋军士气低落，因此在五月三日被士气高涨追杀而来的辽军再次击败，这一次才属于实实在在的溃败。因为被辽军一直追杀，宋军过南拒马河时渡河无序，人马相互践踏，死伤无数，就连被宋太宗诏命的涿州知州刘保勋及其子也死于渡河过程中，可见渡河逃命队伍的混乱不堪。宋东路军渡过南拒马河后仍未摆脱辽军的追杀，曹彬等只得一路南逃奔高阳（今河北省保定市高阳县）。多亏了高阳关行营都监李继宣（本名与明德皇后兄李继隆同名同姓，后为宋太宗改赐此名）引兵步骑万人截杀大辽追兵，方使辽军有所顾忌放弃了穷追不舍，溃败的宋东路军才免遭被全歼。五月六日，东线战场告一段落，辽军班师驻扎于新城。五月十九日，萧太后在幽州

（南京）对辽军论功行赏，封耶律休哥为宋国王，对其他诸将也各有封赏。二十日，萧太后、辽圣宗等北还，临行前部署耶律休哥做好秋季大举南征的准备。

宋军主力东路军遭到惨败，那么其他两路军又如何呢？

三月十九日，耶律斜轸受命任山西兵马都统后，匆忙赶赴山后前线，将所率兵马驻扎在安定（今河北省张家口市蔚县东北）。四月十日，在宋东路军开始大举撤退后，萧太后断定宋东路军的彻底失败只是时间问题了，所以调派刚刚在耶律休哥指挥下对宋军作战获胜的频不部节度使和卢睹、黄皮室详稳解里所率领的两部冲锋陷阵的精骑兵赶赴蔚州援助萧挞凛。诏命将军耶律化哥、横帐郎君奴哥、郎君谒里统率各部兵马赶赴蔚州援助斜轸。为此，于十二日调整西面作战机构，任命斜轸为诸路兵马都统，萧挞凛为兵马副部署，迪子为都监。尽管辽军源源不断向山后驰援而来，仍没能遏制宋中、西路军的摧城拔寨。借此看来，若是东路军真能扛得住辽军的反击，那么这场战争的胜负天平向哪边倾斜还真说不定了。可惜，四月下旬时宋东路军已败至宋辽边界岐沟关了。而宋中路军这边与耶律斜轸作战也遭受了进兵以来的首场败绩，耶律斜轸部与宋中路军雄州知州贺令图（注：宋发动此次战争主要源于他向宋太宗力谏）所部交战并大获全胜，贺令图率军南逃，辽军随后进兵围困蔚州。

再说宋西路军这边，攻占云州后，潘美命大军驻扎在云州附近的桑干河畔，当时宋东路军已经开始撤退，宋西路军由于东进路线受阻于辽军耶律斜轸和萧挞凛所部，也未能再取得突破，双方处于僵持状态。

五月十日辽军在东线作战完成后，十三日，萧太后又下诏命详稳排亚率领弘义宫（宫卫之首，辽太祖置，正丁1.6万，蕃汉转丁1.4万，骑军6000）兵及南北皮室、郎君拽剌共4支部队赴应、朔二州边界，与惕隐瑶升、西南面招讨使韩德威等率军驰援山西。宋朝这边，宋太宗得知东路军已经大败，急遣使诏命已深入辽境的中、西两路军撤退，以免遭受更大损失。诏命中路军退往定州，西路军撤驻代州（今山西省忻州市代县）。

田重进虽然是有勇无谋的猛将，但战场指挥还是有决断的。接到诏命后，全军在辽军未发觉时迅速悄然撤离，所部几乎完整退至定州，田重进也因攻城拔寨和全师而返之功,升任定州驻泊兵马都部署。在宋中路军撤走之后,十六日,斜轸派判官蒲姑奏称已克复蔚州,并乘胜追击,又复夺了灵丘和飞狐。

宋西路军这边虽然大军撤到了代州,但之前占领的云、朔、寰、应四州也仍为宋西路军占据着。六月七日,萧太后又命耶律休哥派炮手军(注:此时辽已能制炮,炮手助战已成为辽军的一种战法)增援耶律斜轸。兵力大增后,耶律斜轸率兵直进,六月十七日收服寰州。从地理位置上,寰州在云州、应州以南。占据寰州后再稍稍东进,就可以切断云州和应州与宋国内的联系通道,那样就会令云、应两州孤悬前沿,辽军再发兵攻打,就可以轻而易举地将两城中的宋军歼灭。宋太宗意识到了这种危险,于是下诏,令西路军派兵掩护云、朔、寰、应四州居民南迁,西路大军全部撤回宋境。这本是万全之策,却因宋西路军内部高层之间的意见分歧闹出了大问题。

为完成四州居民内迁,西路军副帅杨业主张秘密通报云、应两州,在宋军主力离开代州与辽军战斗开始后立即撤退。为使辽军与宋军主力开战,杨业认为可先派兵接应云、应两州居民南下,辽军必向东前来阻击,宋军再以强弩手千人扼守辽军东向的必经之路石竭谷口(今山西省朔州市南),再命骑兵支援中路拖住辽军,然后宋军再护送朔州百姓出城南下,如此可实现目的。但主帅潘美则主张杨业向北主动出击辽军,以此为云、应两州居民南迁争取时间。杨业认为宋辽两军兵力悬殊,不可主动出击。争执之下,监军王侁和刘文裕均表示支持潘美并以言语刺激杨业。激愤之下,杨业做出了妥协,同意按潘美的方案向北进击辽军以保百姓安全南撤。但他提出要潘美率军埋伏在陈家谷口(今山西省朔州市朔城区南)派兵接应,潘美答应后,杨业便率少部分兵力趁夜杀向辽军。

潘美、王侁等在陈家谷口从凌晨等到上午巳时(9—11时)仍不见杨业等的踪影,王侁猜测杨业可能打了胜仗,便出陈家谷口准备到战场上再抢点功劳。没走多远就听探报说杨业等战败了,这时本该选择前去施救或者按与杨业的约定继续埋伏在陈家谷口,但王侁却决定马上撤走,而主帅潘美也没有制止,反倒随着王侁一起率领部队向西南退去。杨业和他所率的将士确实英勇善战,杨业的绰号"杨无敌"也不是白叫的,面对辽军副帅萧挞凛所设的伏兵，他们与之从白天杀到夜晚，还真的突出辽军重围杀回到了陈家谷口，不过杨业及将士们也都已伤痕累累。本以为到了陈家谷口后，潘美的伏兵可以一展身手突击辽军，却发现此处已无一兵一卒。杨业本是北汉被灭国时的降将，却长享宋太宗的厚恩，先后被封为左领军卫大将军、郑州防御使、代州知州兼任三交驻泊兵马部署和云州观察使，所以这时他选择以死报效宋太宗和大宋国。杨业率领的将士们也如主帅一样以死相搏。淄州刺史王贵、杨业的二儿子杨延玉先后战死，杨业则因战马受伤难以杀出重围，藏匿于林中，被辽将耶律奚低瞄准袍影射中，负伤落马被俘。杨业被俘后誓死不降，后因箭伤和绝食，于被擒三日后殉国（注：杨业就是小说《杨家将》中的杨令公人物原型）。七月九日，耶律斜轸向萧太后奏报收复朔州。至此，历经4个多月的第二次幽州之战，以宋国三路大军皆败，所取州县全部复失而结束。

此战辽国不仅在战争中获得了完胜，几乎将过半宋军精锐打残，打得宋军从此再没有能力主动发起大规模北伐，使宋军在战略上从进攻转向防御，而且更主要的是提振了辽国的士气。谁还敢再说"母寡子弱"？谁还敢再说辽国政局不稳？这一仗，让辽军上下充分认识到了萧太后处乱不惊的强大心理素质和运筹帷幄的杰出军事才能；这一仗，还打出了辽军的强大自信和对宋军的心理优势。如不是辽人不习夏季作战，战争是否能这么快就结束还真难说。

在上一篇讲述辽景宗时期的历史时，我们说到第一次幽州之战后，辽景宗为宋国主动侵犯幽州一事一直耿耿于怀，进而多次对宋国发起报复性入侵和劫掠。那么在第二次幽州之战中打败宋国的萧太后真的会像她说的那样在冬季再南征吗？回答是肯定的。

当年十月九日，萧太后与辽圣宗经居庸关南下并诏命各京镇出兵向幽州云集，十五日派多路密探潜入宋境刺探军情。十七日向耶律休哥下诏书准备南征。由此正式开启南征的步伐。看来契丹人无论男女，有仇必报的秉性已经深入到骨髓。十一月七日，部分被征服的女真部落也请求出兵随辽军南征，萧太后欣然应允。这可是女真人第一次踏上中原的土地，谁会想到，多年以后这个一直处于边缘化的民族竟然能够改变强大的辽国乃至宋国的命运呢！

十一月八日，萧太后和辽圣宗大宴南征将校，十二日任命耶律休哥为南征先锋。为牵制宋国在山西一带的兵力，诏令北院大王耶律蒲奴宁赴奉圣州（今河北省张家口市涿鹿县）坐镇指挥。二十六日，诏令驸马都尉萧继远、林牙谋鲁姑、太尉林八等固守辽宋边境，谨防宋国间谍漏网。辽军的进攻分为东西两路军，西路军由耶律休哥率领进攻岐沟关和满城方向，以楮特部节度使卢补古和都监耶律目兮为先锋；东路军由萧太后和辽圣宗率领，以彰德军节度使萧挞凛、将军迪子为东路军先锋，攻向固安和雄州方向。一切准备就绪后，二十八日辽军进攻泰州（今河北省保定市清苑区），正式打响南征战役。

宋朝这边，宋太宗在第二次幽州之战失败后，预料到辽军会南侵，对边塞官员做出了调整：左卫上将军张永德知沧州，田重进为定州都部署，右卫上将军宋偓知霸州，李继隆为沧州都部署，杨重进为高阳关部署，刘廷让为瀛州兵马都部署，张齐贤知代州。此外，宋国还派出多名间谍深入辽境刺探情报，以应对可能来自辽国的突然袭击。

辽军在大举进攻前抓获了宋国两名间谍但又将其释放，让他们去招抚晓谕泰州。或许是因为辽军过于自信，以为泰州经两名被释放的间谍劝说会无心恋战，却不料当西路军先锋楮特部节度使卢补古和都监耶律目兮到泰州交战时，竟然首战失利。萧太后立即改命御盏郎君化哥暂时代理楮特部节度使之职，横帐郎君佛留任都监以代替耶律目兮。二十九日，向望都进攻的辽郎君拽剌双骨里与宋边防部队发生了小规模的交战。这场战斗给宋军造成了一个错觉，以为辽军南伐的兵力并不多且没有想象的那么强大，于是宋太宗命令定州都部署田重进主动出击。

十二月四日，田重进率兵出定州，十二月五日重新夺回了岐沟关。瀛州兵马都部署刘廷让也按照诏命做好了北上寻找辽军主力决战的准备。殊不知，耶律休哥的主力这时已经连克岐沟关、满城、唐州、秦州一路急进，杀到了今保定市定州与满城之间的望都县。在进军过程中，只有在泰州的宋军获得小胜，《宋史》和《辽史》对辽军夺取其他几地的过程均未记载。《辽史·圣宗本纪》仅记载了这么一句："十二月初五，休哥在望都击败宋军，派人献上俘虏。"从寥寥 20 个字的表述中可以猜测，耶律休哥在这一带就没有受到值得一提的抵抗。八日，萧太后、辽圣宗率领的东路军也攻下固安，而后在滹沱河北面安营扎寨，并诏令休哥带领骑兵隔断宋兵南退的路线。耶律休哥按指令率军火速赶往滹沱河北面的君子馆（今河北省河间市西北 14 公里），并在防守要地埋伏扼守，以待刘廷让所部与萧太后率领的东路军交战后，阻断宋军可能的退路。

刘廷让大军尚不知辽军已布好口袋阵等着他去钻，所部已经进至莫州。十二月九日，萧太后命小校曷主攻击宋军辎重队，辽军获胜并将宋军的粮草全部烧毁。而宋军先锋、雄州知州贺令图则因轻信耶律休哥诈降之计被辽军活捉。十二月十日，南院大王与耶律休哥奉命联兵围攻刘廷让所部，战场上血雨纷飞。相比于宋军，辽军更习惯和擅长冬季作战。而宋军以步兵为主，与辽军骑兵交战时更多的是靠弓箭。但是当时天气极寒，宋军步兵想要拉开弓箭已相当困难，因此在客观上影响了战力。再有就是萧太后部署得当，在命令南院大王与耶律休哥联兵进攻的同时，还命宰相安宁率领迪离部及三克军殿后。在双方杀得难解难分时，辽军殿后部队陆续投入战场，大大提振了辽军士气。刘廷让部拼命死战，期盼李继隆部的后援。在刘廷让率军出征前，虽然命沧州都部署李继隆殿后，但李继隆畏战不前，反倒退保乐寿（今河北省沧州市献县）。双方惨烈的战斗从早上持续到下午，辽军一方国舅详稳挞烈哥、宫使萧打里战死。宋军一方益津（今河北省廊坊市霸州市）守将李敬源被耶律休哥斩杀，杨重进战死。刘廷让与御前忠佐神勇指挥使桑赞杀出重围率残部南逃。这场君子馆之战宋军大败，损失数以万计。获胜的辽军乘势长驱直入，辽军采取的策略是，防守坚固严密的城池，暂时放弃攻城，凡举城投降者相安无事，坚守抗拒者，夺城后抢掠杀戮俘虏和妇女老幼。十五日，辽南京禁军进攻杨团城，此处屯集了宋军大批军器、粮秣，杨团城守将献城投降。十九日，辽军攻克冯母镇。二十二日，邢州（今河北省邢台市）投降。二十三日，攻克深州（今河北省衡水市安平县）。公元 987 年一月二日，攻克束城县（属宋朝河间府，位于今河北省河间市东北），四日在北还途中，又攻破文安城（今属河北省廊坊市）。十五日返回南京（幽州），这才算完成此次报复性的南伐。

此后，从统和六年（988）至统和二十二年（1004），辽宋两国几乎每年都发生大大小小的战事，没有任何一次源于宋朝北伐，绝大多数因辽国南伐而起，这也充分说明辽宋的军事优势对比已经完全逆转，被打掉自信的宋国君臣彻底失去了夺回燕云十六州的理想抱负，从战略进攻转为战略防御，并多次主动向辽国求和。《辽史·圣宗本纪》有如下记载：

公元994年八月六日，宋派使者前来求和，皇上不同意。

公元994年九月十二日，宋再次求和，皇上仍不准。

公元1004年十一月二十七日，宋派崇仪副使曹利用请求讲和。

公元1004年十二月四日，宋再次派曹利用来求和。

公元1004年十二月九日，宋派李继昌前来请和，皇上答应了宋求和的要求……

上面记载的最后一次求和得到辽国皇帝同意，此次求和双方达成的和约就是被称为"影响了中国思想界及中国整个历史"的"澶渊之盟"。这是辽宋两国经过25年断断续续的战争后缔结的和平条约，和约内容为："辽宋约为兄弟之国，宋君愿称辽太后为叔母；宋每年送给辽岁币银10万两、绢20万匹；宋辽以白沟河为边界；辽宋两国在边界设置榷场（自由贸易区）。"那么为什么辽宋两国会在这个时间段签署这样的和平协议，其背景和过程又是怎样的呢？这就要从君子馆之战后的统和六年（988）说起，看看此时辽宋两国及周边国家都发生了什么。

统和六年（988）九月至统和七年（989）初，萧太后、辽圣宗率军南伐。战争在涿州、易州、长城口、狼山、益津关、满城、定州、新乐、莫州、祁州、泰州这一带进行。辽国参加的将领有驸马萧勤德、太师萧挞凛、北院枢密使耶律斜轸、北府宰相驸马都尉萧排亚、大于越耶律休哥、皮室详稳乞得和秃骨里、横帐郎君达打里、北府宰相萧继远、宣徽使蒲领等。

统和七年（989）六月，耶律休哥、萧排亚在泰州击败宋军。

统和八年（990）冬十月，党项李继迁打败宋军，十二月，党项李继迁攻下宋麟州等地，均派使者到辽国报捷。

统和九年（991）二月，夏国党项李继迁再派使者奏告伐宋取得大捷。七月，党项李继迁因收复宋国绥、银二州，派使者前来奏告。十二月，辽国得知党项李继迁暗中归附宋国。

公元995年七月，兀惹乌昭庆（渤海国遗族）与渤海燕颇（975年被契丹人打败逃到兀惹）等侵犯铁骊，萧太后派奚王和朔奴等前去讨伐。虽然和朔奴等因未能平定叛乱被撤职，但不久乌昭庆等又向辽臣服。不过此后，终辽一朝兀惹都叛附不定。十二月，党项李继迁在与宋的战争中获胜并前来奏告。

统和十五年（997）三月五日，党项李继迁再次奏告击败了宋军。三月二十九日，宋太宗赵光义驾崩，皇太子赵恒登基为帝，是为宋真宗。

统和十六年（998）十二月，耶律休哥病死。

统和十七年（999）九月，北院枢密使、顾命大臣耶律斜轸逝世。十月，辽军南伐。进攻遂城（今河北省保定市徐水区）未克。派萧继远攻狼山镇石砦得手。在瀛州与宋军交战获胜。接着攻克乐寿县（今河北省沧州市献县）后，回师遂城攻克之。

统和十九年（1001）六月，夏国奏称已攻下宋恒、环、庆等三州。十月辽军南伐，在遂城击败宋军进至满城后撤军。十一月九日，宋兵出淤口关（今河北省廊坊市霸州市东信安镇）、益津关（今河北廊坊市霸州市）袭扰辽军。

统和二十年（1002）三月十八日，派北府宰相萧继远（萧太后长女观音女的驸马）等南伐。夏四月一日，文班太保达里底在梁门（今河北省保定市徐水区）击败宋军。九日，南京统军使萧挞凛在泰州击败宋军。六月，夏国派重臣刘仁勖前来报告攻下了宋的灵州（今宁夏回族自治区吴忠市）。

统和二十一年（1003）四月，耶律奴瓜、萧挞凛在望都擒获宋将王继忠。五月二十八日，西平王李继迁因箭伤不治而死。十一月六日，已故的耶律休哥之子道士奴、高九等谋反，被诛杀。

统和二十二年（1004）二月十二日，南院枢密使邢抱朴逝世。

此外，辽国河西党项几乎每年都在发生叛乱，辽不得不在西南面留置大量的军队予以应对。西北面的阻卜也是辽国所要面临的麻烦，所以萧太后的大姐皇太妃萧胡辇才率兵前往平乱。辽国东面的渤海人、女真人以及新兴起的高丽国一直以来都是叛附不定。辽国东西跨度实在过大，要想安定这样的边境确实很难。而与宋国连年的战争尽管胜多负少，但也没占到什么便宜，战争始终在辽宋两国边界线靠宋国一侧反复发生。

再看看宋国的状况。

宋太宗于统和十五年（997）三月二十九日驾崩，皇太子赵恒继位，是为宋真宗。其执政之初即开创了"咸平之治"，宋朝可耕作面积比原来的3亿多亩增加了近2亿亩，因引进泰国良种水稻粮食产量倍增，贸易繁荣达到了空前的程度，历史评价亦称其为贤君。其在治国理政方面虽于登基之初就超过了太祖和太宗，但他并不尚武、性格较为文弱，所以在对辽国的军事战略上延续了宋太宗后期防御为主的策略。针对辽国骑兵的优势，为使边境防御行之有效，其沿用了太宗时的办法：广开沟渠、广种水田。此外，在经济高速发展的同时，选拔精兵强将组建和扩充作战部队，使军队扩充至原来的1.5倍。这些军队的实战能力或许不如太祖、太宗时能征惯战的禁军，但由于火兵器受到重视并投入使用，防御能力还是有了一定的提升。统和二十二年（1004）是宋真宗第二个年号的起始之年，这一年的九月十五日，辽宋两军战于唐兴，揭开了辽宋最后一战的序幕。

九月八日，辽国将马上对宋国征伐的消息告知高丽国。

闰九月八日，辽国分东西两路大军开始南伐。一路由萧太后、辽圣宗率领，一路由萧挞凛率领。

辽军即将入侵的情报传到宋国东京后，宋真宗立即部署：宋军北面都部署王超率军驻于唐河（流经今河北省保定市唐县），魏能、白守素、张锐率领六千骑兵屯驻于威虏军（今河北省保定市徐水区西）所在地；杨延朗、张延禧、李怀岊率领五千骑兵屯驻于保州（今河北省保定市）；田敏、张凝、石延福率领五千骑兵屯驻于北平寨（今河北省保定市顺平县东北），另外加固望都城并继续修建"方田"（即在田地内开挖方格式的水渠网，据说有的水渠达5尺宽、7尺深）以阻滞辽军兵锋。

辽军于十二日到达固安。萧太后以名将萧挞凛和奚人六部大王萧观音奴为先锋，率先领军杀入宋国境内。十五日，辽军与宋顺安军在唐兴葛城（今河北省保定市安新县安州镇）交战，辽军大败。十六日，萧挞凛在遂城（河北省保定市徐水区）击败宋威虏军，进攻北平寨（河北省保定市顺平县北）

时，被宋守将田敏等率部击退，再取保州，亦不克。十九日攻望都得手，驻军于望都。萧太后率军击败宋顺安军与萧挞凛会聚望都。由于宋国集结重兵防守定州及唐河，辽军攻定州不克。于是辽军改变进攻路线，选择从高阳关和定州之间的宋唐河守军的薄弱处突破南进。萧太后、辽圣宗率主力军进攻瀛洲，萧挞凛率西路军攻祁州、深州。

辽军的作战方式与大宋当初北伐时一样，在河北主线进攻的同时，也在辽宋边界山西地区发动了牵制性进攻。闰九月下旬，辽军从朔州南下拟进攻岢岚。宋洛苑使兼并、代两州钤辖高继勋率部前往迎敌。高继勋命部下贾宗率军埋伏在寒光岭，待自己诈败引诱辽军至此时，骤起伏兵合力反击。5万辽军南下进攻遇高继勋率部抗击，高部边战边退。辽军见宋军人少便不太在意，大胆追击。待追至寒光岭时中高继勋之计，被高继勋和贾宗合兵杀得大败，折损了万余兵士及牲畜。辽军站稳脚跟本欲整顿人马进行反击，但收到线报，宋军麟府路（治所在陕西省神木市北40里）所部正向朔州进攻，为免遭后路被抄又丢失朔州，只得迅速撤兵。

十月六日，辽军主力由萧太后及辽圣宗率领抵达瀛洲城下。宋瀛洲知州李延渥坚守城池，辽军昼夜鼓噪四面攻城，李延渥以滚木礌石和弓弩杀伤辽军甚众。次日，辽军先以密集箭雨射向瀛洲城内，之后奋勇攀城，但仍为宋军打退且死伤逾万。萧太后、辽圣宗无奈，撤围南下。先后攻占了北宋的武强（今河北省衡水市）、冀州（今河北省衡水市冀州区）、贝州（今河北省邢台市清河县）等地。辽西路军这边，十四日，萧挞凛攻下祁州（今河北省保定市安国市）。

十一月十三日，辽西路军萧挞凛手下马军都指挥使耶律课里率军攻打洺州，洺州守将奋力坚守，辽军无法攻克洺州，转而绕过该城南下，与已攻克冀州和贝州的萧太后、辽圣宗主力军会攻天雄军所在的魏州（今河北省邯郸市大名县城东北）。从魏州到宋国都城开封仅400里多一点，而且都是平原，对于辽骑兵来说也就是几天的行程。辽军的战术是遇城攻城，能占则占，不能占则绕过继续南下，这样的战术与当今的"斩首"行动相似。面对辽国如此战术，宋国为之震动，宋廷火速调集前线和后方兵力向魏州和澶州（今河南省濮阳市）增援。天雄军将士非常清楚，魏州城退无可退必须死守，因此全军上下拼死抵抗，使得该城成为辽军无法攻破的一座堡垒。

十一月二十日，辽北府宰相萧排押、西路先锋官萧观音奴率渤海兵攻陷了德清军总部所在地（今河南省濮阳市清丰县西北）。两日后，萧太后、辽圣宗率主力进抵南距清丰县100多里的澶州北城（当时黄河流经澶州，将澶州分为南北两城）。同一天，宋真宗在宰相寇准的劝说下，终于决定御驾亲征从开封赴澶州督战。

辽军兵围澶州北城，给予宋国强大的压力，战场胜利的天平似乎又向辽军一方倾斜，但战场上形势瞬息万变，不到最后一刻谁也不敢轻言胜利，否则骄兵必败。二十二日，辽西路军统帅萧挞凛恃勇狂妄，亲自与少数轻骑到澶州城外观察地形。此时在澶州城北已经驻扎了由驾前东西排阵使李继隆、石保吉率领的从开封赶来的宋国援军。李继隆的部将威虎军军头张环远见辽军前来，急用床子弩射杀辽军。张环肯定没有想到，他这次的射杀竟然改变了宋辽两个大国的命运，甚至可以说改变了后来整个中国的历史进程。他射出去的弩箭竟然正中萧挞凛的面门，辽兵立即将其抬回营寨。萧挞凛因伤势过重当晚不治身死。萧挞凛之死，对长驱直入的辽军是个意外的沉重打击，不过辽军并未因此就停止南侵。二十五日，辽军又攻克了通利军（今河南省鹤壁市浚县东北），从西侧围向澶州。从澶州到开封仅300里，辽军大有不拿下开封誓不收兵的阵势。

二十五日这一天，辽军虽然攻克了通利军治所，但他们的进攻势头也到此为止了，因为宋真宗率领的宋国后援大军抵达了澶州。一路之上各路宋军看到黄龙大旗便知皇上御驾前线了。宋真宗本不想过黄河进入澶州北城，但寇准和殿前都指挥使高琼为提振宋军前线将士士气，好说歹说愣是把宋真宗推过了黄河进入澶州北城。宋真宗登上澶州北城门楼向全军喊话鼓舞士气，城北宋军高呼"万岁"，军心大振。

辽军这一方进攻遇阻难再突破，战场出现僵持局面，方知是宋真宗御驾亲征的缘故。而此时辽军也因长驱直入，空虚的后方不断遭到宋军袭扰，辽朝担心天长日久粮草补给出现困难，便有退军之意。战场上的僵持也让宋真宗这个本来就惧怕辽军的皇帝看到了和谈的希望，于是在十一月二十七日，宋真宗派崇仪副使曹利用前去辽营乞和。萧太后当即派飞龙使韩杞带着国书回访。

《辽史·圣宗本纪》并没有说明辽国国书的内容，但从其他史料可知，主要为两项内容：一是索要关南地区，即应历九年（959）后周从辽国夺回的瓦桥、益津、淤口三关及其以南的瀛、莫二州（约今河北省白洋淀以东的大清河流域以南至河间市一带）；另一个要求自然就是要银两了，毕竟打仗花了那么多钱不能白花。宋真宗给曹利用的原则是，土地不能给，但钱可以给。曹利用问给多少钱合适，宋真宗答复百万以下。曹利用告别宋真宗出来时正好在殿外碰见寇准，寇准闻知宋真宗的口谕后警告曹利用，不可允诺给辽国百万，否则杀头。曹利用和辽飞龙使韩杞再回辽营谒见萧太后和辽圣宗，呈上大宋写好的国书。萧太后见宋国不愿归还土地，就向曹利用说起后周从大辽夺地之事，坚持应当归还。曹利用倒还真是诡辩之才，他称之前后晋石敬瑭割地、周世宗夺地都跟宋国无关，宋国一立国，这土地就已经是大宋的了。这一番话也不无道理。为此，双方反复争辩仍无法达成一致。这时，萧太后想起了上一年被俘投降的王继忠，就退一步，命王继忠代表辽国与曹利用商谈。王、曹两人初步达成了"澶渊之盟"的条件后呈报萧太后和辽圣宗核准，这个条件经萧太后和辽圣宗批准即写成辽国国书。十二月四日，辽国派监门卫大将军姚柬之带着国书随曹利用再入澶州。十二月六日，宋真宗接见了姚柬之，姚柬之正式递交了国书。十二月九日，宋真宗派近臣李继昌以国书回复辽国。至此，辽宋两国"澶渊之盟"终于达成，从而结束了大宋立国以来与辽国断断续续25年的战争，辽宋两国变为友好邻邦并在雄州、霸州等边境之地设置榷场，开放边境贸易，互通有无。

"澶渊之盟"签订以来评价褒贬不一，协议本来就是签订双方妥协的产物。不了解当时的历史背景，而站在发生了巨变后的当下去枉论过去的协议，必定不能客观。军事实力不能以军队数量、经济实力和人口总数进行简单比较后得出结论，不然就无法理解经济大国北宋为什么会被金国灭亡，也无法理解大明王朝为何会被清亡国。从当时辽宋的军事实力看，辽国还是具有比较大的优势的。所以，不以历史唯物主义的观点去分析和看待"澶渊之盟"，就永远得不出客观公正的评价。宋辽两国协议签订的第二天，双方各自撤军，对于当时的两个大国来说，新的和平时代到来了！

四、西夏崛起

一口气说完了辽国与宋国的战争，其实在这段时间，辽宋两国都没有忽视且皆极力拉拢逐步崛起的西夏李继迁所部。

《燕云台》电视剧第43集有这样的情节，萧太后封王子帐节度使耶律襄之女耶律汀为义成公主，将她嫁与银夏党项部头领李继迁。李继迁还由此得到义成公主陪嫁的3000匹马。此事记载于《辽史·圣宗本纪》统和四年（986）。那么这个李继迁到底是什么来头？缘何受到大辽如此厚待呢？

前面讲过，党项人的头领叫拓跋思恭，因有功于唐朝，被唐僖宗任命为左武卫将军，行使夏、绥、银节度使的权力，后又被正式任命为夏州节度使。那之后不久，唐僖宗颁布诏书，为夏州节度赐名为"定难军节度"。唐中和四年（884），拓跋思恭被唐僖宗封为"夏国公"，赐姓"李"，成为藩镇统领，于是拓跋思恭更名为"李思恭"，统辖夏州（今陕西省榆林市横山区西）、绥州（今陕西省榆林市绥德县）、银州（今陕西省榆林市米脂县、佳县一带）、宥州（今内蒙古自治区鄂尔多斯市南部地区）等四州，世代领有定难军。

唐乾宁二年（895）李思恭死，其弟李思谏承袭节度使之位。后梁开平二年（908）李思谏死，由李思恭孙子李彝昌嗣位。李彝昌后梁开平三年（909）死，由其族叔李仁福嗣位。天显八年（933）李仁福死，由其子李彝超嗣位。李彝超天显十年（935）死，由李彝超哥哥李彝兴（李彝殷）嗣位。应历十七年（967）李彝兴死，由其子李光睿（避宋太宗赵光义讳改名李克睿）嗣位。保宁十年（978）李克睿死，由其子李继筠嗣位。乾亨二年（980）李继筠死，由其弟李继捧嗣位，到此已是第九位定难军节度使。如果这样正常发展下去，那么就不会有西夏后来的历史了。

李继捧的哥哥在位仅两年便撒手人寰，李继捧嗣位自立为留后时才18岁，所以手下人对他并不服气。李继捧为人软弱，他在没有任何前兆的情况下，竟于乾亨三年（981）主动到宋廷朝见宋太宗，表示愿意放弃世袭割据之地，留居京城。宋太宗没想到竟然有这种好事，于是收下这份大礼，将李继捧改任彰德军节度使，另派其他官员赴任定难军节度使。而当时20岁的李继捧族弟李继迁不愿就此将夏、银、绥、宥、静（今宁夏回族自治区银川市永宁县）等五州之地献于大宋，遂率弟弟李继冲和亲信张浦等人从夏州逃往北距夏州300多里的地斤泽，并在那里联络党项豪族及部众，走上了与中原王朝大宋对抗自立的道路，这也是自李思恭受唐朝封官以来，夏州党项人力图脱离与中原朝廷臣属关系的开始。

从李继迁自立伊始，他便率党项部族与宋朝军队辗转厮杀于夏、银、绥、宥、静等五州之地，负多胜少。统和三年（985）四月，宋朝大将王侁率军由绥州（今陕西省榆林市绥德县）到达浊轮川。李继迁与宋军激战后大败，丧失军队兵将5000余人，李继迁不得不率领蕃部放弃银州逃走。随后，王侁率军继续北上扩大战果，降服党项55族。李继迁经此惨败，其抗宋自立陷入危局，在此窘境之下，不得已寻找靠山向大辽表示臣服。前面已经说过，辽朝当时面临的困难也不少，一是辽廷母寡子弱，政局需要进一步稳定；二是外部叛乱不断，东有女真造反，东南高丽国坐大，西有阻卜不愿臣服叛乱，南有宋朝意欲北伐。李继迁此时远来表示愿意归顺，对大辽来说实在是大好消息，所以辽廷对其封官加爵。《辽史》记载，（统和四年）二月初四，西夏李继迁叛宋前来降附，辽朝封他为定难军节度使，银、夏、绥、宥等州观察处置等使及特进、检校太师、都督夏州诸军事。当年（986）年末，辽国在幽州以南与宋国的战斗中获胜，辽廷上下心情大好，恰在此时，李继迁又带领五百骑兵来通好，并表示愿意与辽国结为姻亲，永做辽国的辅佐藩国。

李继迁的正妻在统和二年（984）与宋朝夏州知事尹宪与都巡检曹光实的战斗中，被抓获并安置在延州（今陕西省延安市）。之后李继迁又娶了羌人豪族野利部族之女，也就是顺成懿孝皇后（李元昊称帝之后封）。联姻一向是政治及军事结盟的重要手段，李继迁此次能求娶到辽国义成公主，一是由于大辽西南面招讨使、大丞相韩德让的大弟弟韩德威向萧太后请求接纳李继迁并赐婚，二是萧太后本人看中了与他联姻将有助于牵制中原大宋国，从而为辽国腾出精力去处理女真、渤海及高丽带来的麻烦。事实证明，萧太后此举还有意外收获,河湟地区(黄河上游一带)的少数民族有样学样也都先后归附了大辽。

因为当时辽军正在南伐宋国,萧太后和辽圣宗等都在伐宋的前线河北,所以虽然萧太后下诏同意将义成公主下嫁李继迁,但也只是双方订婚成功。因为萧太后深知党项人叛附不定、难以驾驭,所以她还要再考察考察李继迁的诚意。李继迁真正将义成公主娶到手已是统和七年(989)三月。那么这段时间李继迁也没闲着,而是一直坚持与宋军作战。

统和五年(987),李继迁攻夏州不成,又与宋将石保兴开战不胜,还被宥州党项咩兀等族首领、都指挥遇乜布等以暗箭所伤,不得不长时间养伤。统和六年(988)二月,宋太宗得知李继迁附辽,为有力控制夏州一带,依宰相赵普之计,重新起用李继捧牵制李继迁。授予李继捧夏州刺史、定难军节度使及夏、银、绥、宥、静五州观察处置押蕃落使等官职,命其回夏州,并赐名"赵保忠"。宋朝的这一举动,确实给李继迁造成了不小的压力。但即使这样,李继迁仍不肯臣服,甚至还拒绝接受宋朝授予他的银州刺史和洛苑使职务。从这一点可以看出李继迁反宋还真不是为了荣华富贵,确实是为了建立独立的银夏党项政权,不然不会在重重困难与屡屡受挫之下仍不接受高官之位,其成就一番大事业的雄心壮志天日可见。为了成就他的大目标,他在实力弱小时拒绝了宋朝,就只能依附辽朝了。于是他一边派遣牙校李知白前往大辽朝贡,一边请求进一步通好大辽。萧太后知李继迁是迫于李继捧回夏州后给他造成的压力才再次请求通好,因此拒绝其请求。但李继迁没有放弃,时隔两个月后的统和七年(989)三月,李继迁再派使者赴辽纳贡求好,这一次他成功了。三月十七日,萧太后诏命义成公主下嫁李继迁,并赐3000匹战马。精诚所至啊,李继迁终于抱得美人归。这段姻缘故事在电视剧《燕云台》第43集有所展现。当萧太后问义成公主是否真的愿意远嫁党项时,义成公主表示"阿汀虽为女儿家,却也是耶律家血脉,愿为太后节制银夏党项部",听起来让人心潮难平,如此话语着实令人敬佩!

有了大辽国的支持,李继迁所部果然士气高涨。统和八年(990),李继迁在夏州以诈降之计打败李继捧并向辽廷报捷。为激励李继迁继续在银夏一带攻城略地,十二月九日,萧太后派使者封李继迁为夏国王。按说李继迁娶了大辽的公主，又受大辽封王，该一心一意附顺大辽才是，但他却在两国之间玩起了多面外交。

统和九年（991）李继迁又接受宋廷授予的"银州观察使"封号及宋太宗的赐名"赵保吉"。作为势力弱小的李继迁所部，本难在辽宋两个大国的夹缝之间求生存，他却玩得如鱼得水，还真是不得不佩服。李继迁得到宋朝册封一事，他不敢隐瞒，毕竟义成公主就在身边，辽国不会不知道。于是在当年十月，李继迁派使者向萧太后送上宋国授给他的敕令以表对辽的忠心，同时也展现自身的价值。

李继捧回到夏州后，在统和九年（991）年底与李继迁大战于夏州西北的王庭镇，李继迁中流矢，放弃所占据的银州（今陕西省榆林市横山区以西）逃回他的老巢地斤泽。

时间进入统和十年（992），李继迁引诱李继捧也如自己一样同时依辽附宋。李继捧虽然还没有表态回复，但辽圣宗获知李继迁与李继捧私下往来，因此怀疑李继迁对大辽怀有二心，于是派遣西南招讨使韩德威率兵持诏前去银州向李继迁询问。韩德威在辽景宗时就担任过羽林军将军，辽圣宗登基后，长年镇守西南边境，不但多次讨伐契丹境内的党项叛乱，还参加过对宋军的作战，是一个名副其实的武将，其性格非常刚猛。李继迁听说韩德威持诏前来就有点心虚，一是他素知韩德威的凶悍，二是自己能被大辽接纳并成功求娶义成公主，这都是托了韩德威的福。无论于公于私，见了面都比较尴尬，所以李继迁借口西征对韩德威避而不见。见面的事虽然躲过去了，可是韩德威的气就难平了。这位韩大将军的暴脾气上来了，你不是不见我嘛，那就别怪我了，反正我不能白来。统和十年（992）二月一日，干脆纵兵在李继迁的老巢灵州（今宁夏回族自治区银川市灵武市西南）疯狂抢掠后才回返，也算是给李继迁一点教训。李继迁拿韩德威没有办法，就派使者于二月二十六日到辽圣宗那里去告御状。韩德威先前已将纵兵抢掠一事奏报过辽圣宗，圣宗也只能赐诏安抚李继迁便算了事了。

统和十一年（993）四月，李继迁收复了绥、银二州，并开始向西南发展入侵庆州（今甘肃省庆阳市）。统和十二年（994）初又开始攻掠灵州、袭扰夏州，甚至还打跑了李继捧，占领了夏州。宋太宗赵光义闻知大怒，再命各路人马围攻夏州城,李继迁败逃。重新占领夏州后,或许是担心党项人如北汉人一样"居城自雄",或许是想"坚壁清野"困死党项人,抑或是因为宋朝兵将折损太多被气晕了头,宋太宗命先将夏州及附近的近20万居民迁往周边的绥州、银州各地,再命宋军彻底摧毁夏州城。这个夏州城就是当年南北朝时期大夏国的国都统万城,是匈奴族铁弗部赫连勃勃于东晋义熙九年(413)至义熙十四年(418)期间所建,城墙异常坚固,因此成为历代王朝控制鄂尔多斯地区的重要基地。宋太宗毁掉夏州城,其实损失更大的是自己。因为党项人如其他游牧民族一样,逐水草而生存,并不像汉民族那样以农耕为生、筑城而居。所以,毁掉夏州城,损失更大的是宋朝。

李继迁逃离夏州后,宋军追至灵州。但李继捧却向宋太宗报告自己已与李继迁解除了恩怨,李继迁愿意献马50匹再次归降大宋。宋太宗遂遣侍卫马军都指挥使李继隆攻击李继迁。李继捧以为若李继迁被灭,则唇亡齿寒,且双方毕竟为族亲,于是谋划与李继迁合二为一自立。宋太宗早有线报,立即诏命李继隆出征。李继隆趁夜突袭李继捧营地,将已经安寝的李继捧擒获并押回开封交宋太宗处置。宋太宗虽责其罪,但因党项尚未归附,也不便过于责罚,授其右千牛卫上将军,封"宥罪侯",赐第京师,从此杜绝其与银夏方面再有往来。

李继捧被调回开封,又给李继迁造成了压力,于是他派遣谋士张浦前往开封向大宋求和。宋太宗无心和谈,直接扣押了张浦,以此举进一步给李继迁施压,可李继迁依旧不服。他一面继续与宋军作战、截取宋军粮草,一面派使者向大辽报告与宋军作战的捷报,争取辽廷的继续支持。

统和十四年(996)九月,李继迁与前来围剿的宋朝五路大军(注:真正与李继迁接战的只有两路)激战于乌白池(今宁夏回族自治区吴忠市盐池县)。李继迁难以抵挡宋军攻势,就又向宋廷表示愿意臣服。宋太宗再授其为夏州刺史、定难军节度使。但这只是李继迁的缓兵之计。统和十五年(997)开始,李继迁又不断掳掠宋朝边境地区,并于三月初向辽廷禀报其与宋作战的捷报。辽廷为此对其加官晋爵,册封其为"西平王"。为鼓励顽强的李继迁所部抗击大宋,辽廷还于统和十八年(1000)十一月,任命李继迁之长子、有勇有谋的李德昭(李德明)为朔方军节度使。

统和十九年（1001），李继迁攻陷宋清远军治所（今宁夏回族自治区吴忠市同心县东），拔掉了环州、灵武之间的要冲，攻占了宋朝的恒州、环州和庆州。六月十八日，李继迁遣使向辽廷奏报战况，获得萧太后、辽圣宗嘉奖，接着又乘胜进围灵州。从统和十九年（1001）九月开始，灵州被党项军围困了半年多，守军陷入内无粮草外无救兵的困境，灵州知州裴济以血书向刚刚登基不久的宋真宗求救，但救兵不至，灵州为党项军所破，裴济殉国。统和二十年（1002）六月，李继迁派使者向辽国报告其已经攻占了灵州。统和二十一年（1003）正月，李继迁将治所迁至灵州并改名为"西平府"，成了实实在在的西平王，终于可以与他的祖先们比肩了。

西平府此后成为党项人政治、军事和文化中心长达18年之久，成为党项人的兴盛之地，夺取灵州是李继迁战略性的胜利。统和二十一年（1003），宋廷向李继迁做出妥协，李继迁被任命为夏州刺史、定难军节度使以及夏、绥、宥、银、静五州观察处置押蕃落等使。从乾亨四年（982）出走创业，经过20余年的奋斗，李继迁夺回了李继捧奉送给大宋朝的五州之地。宋朝的退让，使李继迁的信心爆棚，他的雄心壮志已不再只局限于银夏五州之地，五州以西的吐蕃六谷部和甘州回鹘均在其下一步的扩张版图之内。

六谷部是吐蕃部族在西凉地区的一支，北宋初年，凉州（今甘肃省武威市）吐蕃众多部落皆受六谷蕃部大首领潘罗支统率，潘罗支还主管宋朝凉州府的军事和民政。统和十九年（1001），宋廷封潘罗支为盐州防御使兼灵州西面都巡检使，寄希望于以潘罗支大首领统率的六谷蕃部牵制李继迁。统和二十一年（1003）又加封潘罗支为朔方军节度使。潘罗支虽集结兵力准备讨伐李继迁，但担心仅仅以一己之力难以取胜，遂请求与大宋共同伐党项。但大宋始终未能派兵共同行动，以致李继迁抢在大宋与潘罗支合兵攻击之前率大军攻陷了凉州。潘罗支不得已诈降李继迁，然后暗中再次集结六谷诸部反水打败李继迁所部。久经沙场的李继迁这一次没那么幸运了，战斗中身中流矢，于统和二十二年（1004）正月初二不治身亡。统和二十二年（1004）五月，嗣位夏王的李继迁长子李德昭（李德明）派使者向辽国禀告父亲去世的消息并献上其父李继迁的遗物。六月二十一日，辽圣宗追赠李继迁为尚书令，派遣西上阁门使丁振前往灵州吊唁慰问。李德昭（李德明）嗣位后，继续采用"依辽附宋"的既定策略，同时向辽、宋两个大国称臣且接受封号，而且还继承其父遗志伺机向西继续扩张。七月，李德昭（李德明）被辽圣宗封为"西平王"。

李德昭（李德明）刚刚继位，宋真宗也不甘落于辽朝之后，下诏对西夏示好。同时宋真宗还下诏招抚今甘肃一带的其他部族，赐官封赏。李德昭（李德明）因掌权伊始，自己才23岁，也怕众人不服，为免生内乱，他需要辽宋两大国为其撑腰，以增加其嗣位的合法性。因此与桀骜不驯的李继迁相比，辽宋两国尤其是宋廷对其是满意的。李德昭（李德明）以乖巧的姿态赢得了辽宋两个大国的支持且逐步稳固王位之后，便以反间计，暗中和与党项同源的迷般嘱、日逋吉罗丹二族串通，趁潘罗支赴其族地商议抗击党项事宜时，暗中埋伏杀手突然出手将潘罗支斩杀。宋廷为阻止凉州被西夏吞并，马上册立潘罗支的弟弟厮铎督为大统领、盐州防御使、灵州西面沿边都大巡检使，继续以吐蕃六谷部势力牵制和阻击党项人的扩张。李德昭（李德明）对外则继续在辽宋两大国那里表现得极尽乖巧，对内在维护牧业繁荣的同时重视和发展农业经济，以尽快提升国力。统和二十三年（1005）三月，李德昭（李德明）再度向西，进攻臣服于宋国的吐蕃六谷部和甘州回鹘，虽然没有取得大胜，但也攻占了青城（今甘肃省兰州市榆中县），阻断了吐蕃六谷部和甘州回鹘向宋朝纳贡往来的通道，并以此向辽国报捷。到统和二十七年（1009），李德昭（李德明）的大位已经坐稳，于是西进之心再起。但似乎老天誓要苦其心志，西夏竟然在4年中有3年遭遇饥荒。李德昭（李德明）一边向宋朝恳求救济，一边请求开通宋夏边贸，同时还出兵西攻甘州（今甘肃省张掖市）、河州（今甘肃省临夏回族自治州）及秦州（今甘肃省天水市），继续蚕食扩张。

五、萧太后诛杀亲姐妹

放下西夏暂且不表,回过头来再说说辽廷这边。

耶律斜轸和韩德让因对外作战和治国理政之功不断加官晋爵。统和三年(985)十一月二十一日,任命韩德让为兼政事令。统和四年(986)八月二十七日,加封斜轸为守太保。十一月初五,任命政事令韩德让为守司徒。统和七年(989)二月四日,封枢密使韩德让为楚国王。统和十二年(994)四月十一日,又任命韩德让任北府宰相一职。除了对这两位顾命大臣的不断加官,萧太后还重用自己的亲弟弟萧道宁。统和三年(985)五月二十九日,以国舅萧道宁为同平章事、知沈州军州事。七月二十四日,任命萧道宁为昭德军节度使。相比较这些亲眷近臣,萧太后的两位亲姐姐萧胡辇和萧夷懒就备受冷落和无视了。

野史中传言萧胡辇在罨撒葛去世后因临时住在宫中而与辽景宗耶律贤有染,所以才导致两姐妹关系不睦。那我们就来看看这事有没有可能吧。《辽史》记载,保宁"四年(972)闰二月十八日,齐王罨撒葛逝世。三月初一,追封齐王为皇太叔"。从这段记载中得知,从罨撒葛去世到被追封为皇太叔,中间只隔了两日,追封完罨撒葛,萧胡辇就离宫回到了王府居住。罨撒葛活着的时候,萧胡辇是不可能住到宫中的。因此在只有一两天居住在宫中的时间里,应该不会像某些史料中说的那样,由于萧燕燕没空侍奉辽景宗,让新寡的萧胡辇乘虚而入,讨得了辽景宗的欢心。另外,姐妹同嫁一人在汉王朝和契丹王朝屡见不鲜,若是萧胡辇与辽景宗真有一腿,那干脆嫁了也没什么不可,没必要偷偷摸摸。何况辽景宗也不是只有一个皇后,除了萧燕燕,他还有一个渤海妃某氏,且渤海妃还为他生了长女耶律淑哥。所以,萧胡辇不受待见的原因不会是因为萧燕燕对她存有怨恨,最大的可能是对她有所顾忌。

身为皇太妃的萧胡辇在《辽史·景宗本纪》和《辽史·圣宗本纪》中被提及不多,在统和四年(986)的记载中才被第一次提到:"九月初一,皇太妃因皇上纳皇后，进献衣物、驼马以资助会亲时颁发赏赐费用。"第二次再提到是公元994年的记载："八月初一，诏皇太妃领西北路乌古等部兵及永兴宫分军，抚定西边，以萧挞凛督其军事。"这段所说的是皇太妃萧胡辇统领西北路乌古等部军队和永兴宫军2.5万人马（正丁6000、蕃汉转丁1.4万、骑兵5000），再由萧挞凛辅助总督军中事务，西征阻卜，抚镇西北。所谓永兴宫分军，即辽太宗耶律德光的私家宫卫部队，也就是电视剧《燕云台》中屡次提及的斡鲁朵。在萧胡辇对阻卜的这场战争之前，辽廷对阻卜的管控仅限于向阻卜贵族授予官号，阻卜定期向辽廷朝贡这样松散型的管理形式。

《辽史·圣宗本纪》第三次提到皇太妃萧胡辇为统和十五年（997）三月三十日："皇太妃进献西边俘虏。"还有史料说萧胡辇抓到的俘虏中还包括阻卜酋长阿鲁敦。由此可见，萧胡辇经过3年多的征战，平定了辽国西部边陲的混乱。对阻卜战争的完胜，使辽廷可以对阻卜在属国属部管控的基础上，逐步开始设置直接管理机构。《辽史·圣宗本纪》记载：统和二十一年（1003）"六月二十七日，阻卜铁剌里率诸部前来降附。同月，修治可敦城（注：在今蒙古国布尔干省青托罗盖古城）"。次年，"六月初五，以可敦城为镇州，军曰建安"。由此可见，萧胡辇对辽廷有效控制西北阻卜各部起到了关键作用，这也难怪有些观点认为，她在领兵作战上面略胜于萧燕燕，但或许这也为她后来的命运转折埋下了伏笔。

可敦城在历史上很有名气，辽廷在那里置州后，辽圣宗调诸部族兵2万余骑前往可敦城屯垦镇守，但后续萧胡辇已不在镇州。《辽史·圣宗本纪》记载，统和二十四年（1006）五月，将皇太妃胡辇幽禁于怀州（注：今内蒙古自治区赤峰市巴林右旗西北50里），将夫人萧夷懒囚禁于南京，将她们的余党全部活埋。那么萧胡辇西征返回的这几年，究竟发生了什么，以至于皇太后萧燕燕会对两位亲姐姐如此绝情？

"我从来都顾全大局，燕燕她却任性妄为。我一生顾全大局，只有一次放纵自己，就万劫不复。燕燕一生任性，却有任性一生的权利。"这是电视剧《燕云台》中韩德让到怀州送别萧胡辇时她的由衷感慨。萧胡辇所说的"一次放纵自己"，就是她在镇州戍边时，偶然间看中了年轻俊美的小马奴挞览阿钵并焕发了"第二春"而不能自拔。萧燕燕考虑到皇太妃的身份以及皇家颜面，自然反对萧胡辇的这种所为。萧胡辇为情所困，断然不听萧燕燕的苦苦规劝，任性地继续与挞览阿钵相好下去，甚至愿意嫁给这位番奴为妻。萧胡辇的选择，在任何人看来，都是肆意妄为，可是她坚决不肯回头。萧燕燕为拆散两人，封挞览阿钵为将军，让他去西征叛附不定的鞑靼。但即使这样也没能将萧胡辇与挞览阿钵分开。已经失去理智的萧胡辇竟然去追赶已经出征的挞览阿钵，在骨力札国追上挞览阿钵，两人还在那里结为了夫妻。史书上虽未记载萧胡辇的出生年月，但按照萧燕燕出生于应历三年（953）推算，萧胡辇那时应该超过 50 岁了，一把年纪的老妇人死活要跟二十几岁的小伙子结为夫妇，无论啥时候看都是够荒唐的。若是在普通百姓家里，荒唐任性也就罢了，但是在皇族就不能任性妄为。试想，那时萧燕燕也已 50 岁，辽圣宗 30 岁出头。虽然契丹贵族中怀有谋逆之心的刺儿头都被剃得差不多了，但若是留着这个文武全能的萧胡辇和胆大妄为的挞览阿钵两人在，那对大辽的江山社稷和儿子的帝位，保不齐就是一种威胁。多种因素综合在一起，萧燕燕才先将萧胡辇及萧夷懒的手下全部活埋，再将萧胡辇囚禁。

萧燕燕的二姐萧夷懒本是不在契丹官场之人，按说可以置身事外，但因其儿子留礼寿和丈夫耶律喜隐于乾亨三年（981）和乾亨四年（982）先后被辽景宗处死，萧夷懒便将所有的仇恨都记在了萧燕燕身上。日积月累的仇恨也令她失去了理智，企图在姐妹三人聚会的家宴上将萧燕燕毒死。但做事不够周密，被身边的侍女密报给萧太后。盛怒之下的萧太后一不做二不休，直接赐毒酒要了二姐萧夷懒的命。

《辽史》上没有记载萧胡辇被赐死的时间，从家宴上下毒的时间推断，那时萧胡辇应该还活着。萧胡辇被萧燕燕赐死是在统和二十五年（1007）六月，由此推断萧夷懒应死于统和二十四年（1006）五月到统和二十五年（1007）六月之间。

从太祖阿保机的皇后述律平到辽景宗的皇后萧燕燕，一个为了稳定太祖打下的江山狠到连自己的右手都能砍掉，一个为了儿子坐稳天下可用雷霆手段诛杀两位亲姐姐，不得不感叹政治的残酷，不得不承认这两位辽代女性政治家的狠辣。

在萧太后之前，中国历史上最为出名的女性政治家有两位，一位是汉高祖刘邦的皇后吕雉，一位是唐高宗李治的皇后武则天。吕后临朝称制为后来的"文景之治"打下了坚实的基础，武则天临朝称制、登基为帝，也为她身后唐朝的极盛之世——开元盛世奠定了基础。与这两位相比，萧太后在军事、政治、治国理政乃至女性应具备的品性才貌等方面超过吕后应无可争议，或许也可以与武则天这位唯一的女性皇帝一争高下。虽然她在官修史书的记载中没那么耀眼，但事实上在她临朝称制的 27 年间，辽朝进入最为鼎盛的时期。为人妻，在朝堂上她可助夫君总理国家朝政、裁决军政大事，使辽国日趋强盛。为人母，在后宫中她为耶律皇族生养 3 子 3 女，尤其是培育出了像辽圣宗这样在历史上罕见的贤德明君。辽圣宗在位 49 年，前面 27 年由萧太后临朝称制，剩余 22 年圣宗才真正独立亲政，所以笔者不得不将圣宗在位期间分为前后两段，讲述这段辽国往事。那么，萧燕燕摄政期间除去上文所述，还发生了哪些故事？萧燕燕与韩德让的情感交织还会有进一步的发展吗？韩德让的命运最终如何？处于盛世的辽朝在圣宗独立亲政后将何去何从？敬请期待下篇。

第七篇

　　在汉民族建立的政权中，一般最多也就设立两都。如隋唐的长安和洛阳，明朝的北京和南京。但契丹其游牧的生活习惯在立国之后仍未改变，皇帝一年中要"四时捺钵"，即皇帝要经常出行狩猎。出行时契丹大小官员以及宣徽院所属汉人官员都必须随行。南枢密院、中书省等南面臣僚随行不多，仅一二人而已，宰相以下官员均在京都当值上班。所以辽国的都城并非汉民族政权那样有绝对的政治中心。"捺钵"为契丹语，意为辽帝的行营、行宫或行帐，在电视剧《燕云台》中经常被提及。捺钵过程中的牙帐即为"宫"，毡车为"营"，随行的武臣称为"宿卫"。因此，萧太后临朝摄政伊始即任命韩德让总管宿卫事以确保辽圣宗及她本人的安全。由于皇帝四时捺钵，所以辽朝的统治中心是移动的，如此一来各京留守的权力就很大，官衙拥有相对自成体系的官僚机构。不过因为皇帝捺钵没有固定线路，指不定什么时候捺钵到哪里，这种方式不仅对统治区域内藩属部落起到震慑作用，也使各京留守不敢妄自处理辖地政务。

一、韩德让晋爵萧太后归天

统和二十二年（1004）十二月，辽宋两国达成"澶渊之盟"，次年十月二十八日，宋国履行约定将岁币及绢匹如数送至辽上京，同时两国间以物换物等形式的贸易往来也日渐频繁。随着两国关系越来越稳定，各方面的交往日益增多，萧太后和辽圣宗于统和二十五年（1007）正月决定修建中京（位于今内蒙古自治区赤峰市宁城县大明镇）。统和二十六年（1008）三月，城墙周长15公里（现存西安城墙周长13.74千米），由外城、内城和皇城组成的辽中京初步建成。至此，辽国由"三京制"变为"四京制"。因辽国的大国地位，往来进贡和朝拜的藩属国、属部越来越多，在中京城内便开辟了专门接待属国、属部的使馆区。如大同馆接待宋使，朝天馆接待新罗使，来宾馆接待夏使，等等。皇城内的武功殿和文化殿，分别为辽圣宗及萧太后居住的宫殿。即便与中原王朝的皇城相比，中京皇城也算得上豪华大气，中京城鼎盛时期人口多达120余万。

中京城建好后，辽圣宗更多地居于中京处理国事，萧太后也移居至此，中京由此成为四京当中最为重要的政治中心。

统和二十五年（1007）六月，萧太后赐死大姐萧胡辇后，辽国宗族中能够对辽圣宗帝位构成威胁的猛人在当时就全部被清除掉了，而萧太后最为宠信的韩德让也已位极人臣。在统和十七年（999）九月二十四日耶律斜轸死后，萧太后让韩德让拜大丞相，又晋封为齐王（989年二月封为楚王），总理南北二枢密府事；在统和二十二年（1004）十二月征宋并缔结"澶渊之盟"后，萧太后又赐韩德让"耶律"国姓，改封为晋王，统和二十三年（1005）出宫籍，隶横帐季父房，从而使韩德让成为堂堂正正的契丹贵族。

从上面韩德让加官晋爵的过程可以看到，其连续三次被封王，那么楚王、齐王和晋王有何不同呢？这里笔者不得不简单说明一下辽国的封爵等级。

纵观辽代历史，在建功立业的名臣武将中被封为郡王的相对多一点，再往上一等级的才属于韩德让这种"一字王（亲王）"。不过这种王也有区别，所以韩德让才被三次封为王。在这种一字王中,封号梁王排在首位,以下依次是辽王、宋王、晋王、齐王、魏王、燕王、秦王、楚王、赵王、郑王、鲁王、吴王、蜀王、陈王、越王、许王、隋王、韩王、潞王、豳王、岐王、翼王、邓王、荆王等。由此可以看出,韩德让被三次封王,王位等级是越来越高的。乾亨元年(979)韩匡嗣伐宋失败由燕王降为秦王也可说明一字王王位的区别还是很大的。不过在一字王之上还有三字王和两字王:秦晋国王、秦魏国王、秦越国王、燕赵国王、宋魏国王、梁国王、宋国王、晋国王、齐国王、魏国王、燕国王、秦国王、楚国王、赵国王、吴国王、陈国王、许国王、隋国王、丰国王、宿国王等。统和四年(986)因伐宋之功,大于越耶律休哥被封为宋国王,萧太后死去的父亲萧思温先后被追封为魏王和楚王。三字王极为少见,在辽圣宗两个皇弟中,也只有大皇弟耶律隆庆在开泰元年(1012)被晋封为秦晋国王。

辽国的王爵只授予武将,文臣中如室昉官至枢密使兼宰相,爵位也只是获封郑国公("公"低于王位一等),这也从一个侧面说明韩德让确实是一位文武双全的人才。南宋人叶隆礼所著《契丹国志》中评价其为权重之臣,其权力虽大,但不危及其君,其权位之重,足可安邦定国。《辽史》评价其"位兼将相,其克敌制胜,进贤辅国,功业茂矣"。对于韩德让来说,这些评价名副其实。从最初辽圣宗即位时献易置大臣、羁制诸王之法,到任贤去邪、唯才是举之制,再到安抚流民、赈灾减赋之策,再加上其军事上攻无不克、守如磐石之能,几乎称得上是完美之人。由于他的忠心和完美,自然得到了萧太后和辽圣宗的恩宠。或许由于太过受到宠任,韩德让也有偶尔任性的时候。

电视剧《燕云台》里面有位一直瞧不上韩德让的贵族成员耶律虎古,他甚至还在第46集发动宫廷叛乱,但最终被韩德让所杀。这个人物的描写与史实是大相径庭的。《辽史·耶律虎古传》记载:"统和初,萧太后称制,诏赴京师。与韩德让以事相忤,德让怒,取护卫所执戎杖击其脑,卒。"这位耶律虎古官居涿州刺史,韩德让竟然在朝堂之上一言不合便动手杀人,可见韩德让有多霸道任性了。韩德让杀了朝中大臣后,自己竟然还没事。《辽史·圣宗本纪》还记载,四月十一日,胡里室从侧面冲撞韩德让使之跌落下马,皇太后发怒，杀掉胡里室。这段文字也足见称制的萧太后对韩德让宠任至极了。

除了这些，萧太后也在其他方面主动示好韩德让。《辽史·圣宗本纪》记载，统和六年（988）九月十三日，皇太后临幸韩德让军帐，对他厚加赏赐，命令侍从大臣分组玩双陆（注：一种游戏棋）以尽情戏乐。《辽史》中有关萧太后与韩德让朝堂之下的互动记载虽然不多，但宋人所撰的《乘轺录》《续资治通鉴长编》和《契丹国志》等有不少诸如同卧起、共案食这类的描述。甚至还说韩德让的夫人就是被萧太后派人下毒所杀。在电视剧《燕云台》里韩德让的夫人是病重而亡，韩德让因此重回单身。在第46集，萧太后终于与韩德让有情人终成眷属。为了成亲这一幕，电视剧专门安排了辽景宗在归天之前劝说萧太后"一切从心"的桥段，后来还更进一步造势，以辽圣宗劝萧太后"一切从心"作为铺垫，使萧太后改嫁韩德让顺理成章。但从已发现和记载的史料来看并非如此！不过双方恩爱如情侣大概率属实。

统和二十七年（1009），56岁的萧太后感到身体愈加不适，她以为是时候该把皇权交给儿子辽圣宗了。当年十一月初一，萧太后为耶律隆绪举行了契丹传统的"柴册礼"后，还政于耶律隆绪，然后在启程赴南京准备安享晚年的途中驾鹤西游。《辽史》评价其"后明达治道，闻善必从，故群臣咸竭其忠。习知军政，澶渊之役，亲御戎车，指麾三军，赏罚信明，将士用命。圣宗称辽盛主，后教训为多"。

萧太后归天后，茕茕孑立的韩德让依然忠心辅佐辽圣宗，甚至还以近70岁高龄随辽圣宗南伐高丽国。那么辽国与高丽国究竟发生了什么，以至于辽圣宗要御驾亲征呢？

二、高丽国

辽国在宋辽第二次幽州之战大获全胜后，已将宋国全面压制，迫使宋国由战略进攻转为战略防守，从而可以腾出手来解决与高丽的边界争端问题。辽丽两国疆界之争的背景相当复杂，但直接原因是当时的朝鲜半岛由高丽国完成统一后采取不断北拓的方针，从而侵占了原属于渤海国（东丹国）的领土。高丽太祖王建还将平壤定为高丽国西京，意欲将高丽国北部疆域从平壤附近的大同江流域逐渐拓展至清川江流域的野心已昭然若揭。辽国在统和四年（986）初发兵剿灭了由渤海人建立的安定国并打垮了叛附不定的鸭绿江女真，直接统辖的区域进一步南扩，从而使本来不直接接壤（此前该地区由女真人自治）的两国开始不断地产生出边界纠纷。

为清晰理解这场战争的背景，笔者必须要介绍一下这个既陌生又熟悉的高丽国。

说它陌生，是因为在历史记载中先后出现了两个高丽国。一个是由高朱蒙在西汉建昭二年（前37）建立的高句丽政权，之后于公元5世纪后期改名为高丽国；另一个则是神册三年（918）由王建建立的高丽国。史学家为区别这两个高丽国，将前者称作高氏高丽国，后者称作王氏高丽国。高朱蒙是居住在中国东北地区高句丽县的扶余人。西汉建昭二年（前37）高朱蒙在西汉玄菟郡高句丽（骊）县境内建国（县级侯国），故称高句丽（骊），初期都城在今辽宁省本溪市桓仁县。西汉绥和元年（前8）高朱蒙被立为高句丽侯，是为第一代高句丽侯。西汉元始三年（3），高句丽把都城迁到了今吉林省东部通化市的集安市境内。此后至刘宋元嘉四年（427），高句丽政权一直定都于此。为加强对朝鲜半岛南部百济和新罗两国的控制，刘宋元嘉四年（427），高句丽迁都至平壤。此时高句丽版图，东临日本海，南至牙山湾，西至辽河，东北至挹娄之地。6世纪中期时高句丽的疆域面积达到最大。

隋开皇元年（581）隋文帝统一中原建立隋朝后开始与高句丽发生战争，此后唐朝也多次征伐高句丽，直到唐高宗总章元年（668），高氏高丽（高句丽）被灭国。

高句丽之所以有灭国之灾，是因为高句丽联合百济进攻新罗并攻占了33座城池，而新罗属于唐王朝在朝鲜半岛的地方政权，作为对新罗的保护，唐朝派大将苏定方率军队水陆并进攻打高句丽和其盟友百济。

唐朝灭亡百济和高句丽后，在平壤设立了安东都护府，管辖辽东半岛全部、朝鲜半岛北部、吉林西北部地区和朝鲜半岛西南部的原百济故地，还在百济故地设立了熊津等5个都督府。唐朝在朝鲜半岛的统治引起了已一枝独秀的新罗的不满。于是新罗收拢原高句丽和百济的残余势力，先攻占了百济故地，然后遣使赴唐廷谢罪。那么，新罗为啥能从强大的唐朝军队手中夺取百济故地呢？原因在于唐朝此时的军事重点已不得不转移到西域，也就是今中国西部地区，在那里，唐朝军队正在抗击吐蕃的不断进攻和领土蚕食。经过权衡，唐廷默认了新罗对朝鲜半岛浿江（大同江）以南地区的实际控制，还将安东都护府于唐仪凤元年（676）二月撤至辽东故城（今辽宁省辽阳市）。至此，新罗统一了朝鲜半岛的中南部，这个时期也被称作"统一新罗时代"。

安东都护府迁往辽东之后，经历了武周万岁通天元年（696）契丹人牵头的"营州之乱"（注：见第9页）。叛乱被唐廷平定之后，契丹人、库莫奚人和霫人投奔了东突厥，粟末靺鞨人大祚荣则逃回了东北。武周圣历元年（698），大祚荣在吉林省延边敦化市建立了"震国"（大祚荣之前被唐廷封为震国公）。唐开元元年（713），唐廷册封大祚荣为"渤海郡王"，震国从此改名叫"渤海国"。虽然当时东突厥阻断了渤海国与唐廷的往来，但渤海国一直视唐朝为宗主国。大祚荣在位期间，先后6次派儿子或臣僚入唐朝拜纳贡。唐开元二十三年（735），唐廷与新罗签订了《开元乙亥界约文书》，双方以外交文书的形式约定了两国以大同江为国界。

从《开元乙亥界约文书》签订直到天祐四年（907）唐朝亡国，新罗与唐朝都遵守该文书并保持着友好往来。新罗在唐龙纪元年（889）之后陷入内乱并重新分裂成高句丽、新罗和百济三国，为区别之前与之同名的三国，史学家们称此时的三国为"后三国"，即弓裔建立的后高句丽（后改为摩震、泰封）、后百济及后新罗。与唐朝接壤的后高句丽也未和唐朝（含渤海国）有过边界争议及战争。

唐朝灭亡后，契丹和"后三国"都发生了变化。后梁开平元年（907）契丹开国后，关于辽国与朝鲜半岛国家的往来，《辽史·太祖本纪》有如下记载：后梁贞明元年（915）十月二十一日，皇上于鸭绿江钓鱼。新罗遣使者贡献土产，高丽遣使者进献宝剑。这是《辽史》中关于高丽的最早记载，不过那时还不叫高丽国，而是叫"泰封国"。"泰封国"当时的国王为弓裔。神册三年（918）二月二十日，契丹启用都城上京时，高丽、回鹘、阻卜等前来进贡。神册三年（918）六月十五日，泰封骑将洪儒等发动兵变推翻弓裔政权，推举王建为新国王。后高句丽与高句丽（高氏高丽）除了疆域有部分重叠之外，没有其他联系，但王建还是将国号改为了"高丽"。第二年正月，王建将都城迁到自己的家乡开州（后称开京，今朝鲜开城）。那之后，《辽史》关于朝鲜半岛国家的记载为：天赞四年（925）十月二十二日，高丽国前来进贡。十一月二十日，新罗前来进贡。天显元年（926）年初契丹灭亡渤海国并允许女真人（包括黑水靺鞨和长白山靺鞨）迁入渤海国故地。天显五年（930）十一月，辽太祖阿保机长子耶律倍因受皇帝耶律德光猜忌而逃奔后唐，东丹国名存实亡。渤海国末代国王大諲譔的王弟大某趁机占领忽汗城（龙泉府，今黑龙江省宁安市渤海镇），大諲譔嗣子大光显也在西京鸭绿府（今吉林省临江市一带）宣称即位，建立"后渤海"（国）。很快大光显又收复了前渤海国南京南海府（今朝鲜咸镜道北青郡东南）。

但随着黑水靺鞨和长白山靺鞨南下，大同江以北、浿江以北、鸭绿江中下游的大部分区域为女真人占据。辽朝为管理这些新迁移来的女真人和渤海遗民，专门设置了鸭绿江女真大王府并纳入地方管辖体系，从而将对女真的统治形式由羁縻朝贡统辖体制转向了一般的行政管理体制。在笔者所查阅的资料中，均未见到辽国是何时开始设置鸭绿江女真大王府的。但《辽史·太宗本纪》记载："会同三年（940）二月初五，女真前来进贡。二十七日，鸭绿江女真派使者前来觐见。"首先，这段话表述的是两个女真部落。第一部分用的词是"进贡"，这部分女真应该还属于羁縻朝贡管辖体制。而鸭绿江女真用的词是"觐见"。觐见在这里是指附属国向中央政权朝贡和拜谒的意思，因此可以推测，在会同三年（940）二月二十七日前，辽廷在鸭绿江女真地域已经设置了大王府。

高丽国王王建认为渤海国被契丹消灭，是契丹背弃了与渤海国曾经的友好盟约，因此属于"无道"行为。面对强大且"无道"的契丹，王建采取敌对态度，所以辽丽两国必然会发生争端、摩擦甚至战争。因此高丽国建国之初就与辽国断绝了往来，坚持与中原王朝亲近，视其为正朔。天显八年（933）王建接受后唐明宗李嗣源的册封，并开始使用后唐年号，从而获得了来自中原王朝的支持。天显九年（934），后渤海（国）内讧，王弟大某联合南海府烈氏追击大光显。大光显率数万部民越过了鸭绿江，逃往高丽，受到王建接纳并赐予其高官厚禄。可以说从这时开始，辽丽关系开始走向恶化。但因当时辽丽两国的战略重心分别在中原汉地和朝鲜半岛内部，所以两国尚无冲突。天显十年（935），"后三国"中最弱的新罗归顺了高丽国。天显十一年（936），趁百济内乱，高丽国主动进攻并取得决定性胜利，此后不久百济投降，高丽国再次统一朝鲜半岛中南部。随着统一，居住在大同江以南的高丽人开始自发地向江北迁徙。

《辽史》再次提到高丽国已是会同二年（939）的记载：正月初三，派使者向南唐及高丽报告后晋为述律太后及辽太宗奉上尊号一事。《辽史》上没有记载高丽国得此报告后有何后续跟进事宜。《高丽史》有这样的记载，会同五年（942），述律太后派使臣送给高丽国50头橐驼，但高丽国太祖王建并不领情，反倒以契丹背弃（渤海）盟友、太过无道为由，流放了契丹使节，还将50头橐驼弃置于开城的万夫桥下活活饿死，两国关系更加恶化。此事件在《辽史·太宗本纪》中并无记载，笔者也觉得不太可信。辽太宗那时已经灭掉后唐又得了燕云十六州，辽国的实力已经相当强大，而高丽国刚完成统一，内部尚不够稳定，断不至于与强大的辽国叫板，但双方绝交应该是事实，因为从那之后在《辽史》的记载中都没有提到过高丽。

会同五年（942）儿皇帝石敬瑭死了，他的儿子不愿做儿皇帝了，结果后晋与契丹翻脸，双方的大战持续到大同元年（947）年初，辽国获胜，但辽太宗于当年四月驾崩了。继位的辽世宗在位时间太短，辽穆宗嗜睡懒政，都没太关注新近统一的高丽国。辽景宗在位时正赶上大宋国蒸蒸日上，宋太祖和宋太宗两任皇帝都想收复燕云十六州，因此，辽国也顾不上高丽国，把全部精力都用来对付宋国。如同辽国一样，高丽国也没工夫搭理辽国。会同六年（943）高丽太祖王建薨了，王治于乾亨三年（981）继位，是为高丽成宗。在太祖与成宗相隔不到40年的时间里，高丽国的国王走马灯似的更替，王治已经是第六位国王了。国王任期时间太短，所以难有作为。王治是经宗主国宋朝册封的国王，他在任期内行科举选才及中央集权制度、以儒治国与设置州牧并举，高丽终于形成了像样的国家体制，从开国之初的无为而治变成了依法治国，也就是说，高丽国到成宗王治时才像一个真正的国家。

虽然高丽国与辽国多年没有往来，但高丽国却由国家组织北拓，悄悄地蚕食着辽国的国土。当时大同江以北区域因渤海国灭亡后多年无人管理，自然环境已与今天朝韩的三八线军事分界区差不多，几乎变成了一个自然保护区，所以以渔猎为生的鸭绿江女真会经常活动到大同江江岸附近甚至古都平壤。当时高丽太祖王建认识到平壤的战略地位，便开始驱逐女真，重新修建平壤城，还派其从弟王式廉以平壤为基地，北筑了兴德（今朝鲜殷山）和安水（今朝鲜介川）两镇，见辽国方面没有反应，高丽国此后北拓疆域的活动再没有中断过。相继筑建了安定（今朝鲜顺安）、安北府（今朝鲜安州）、肃州（今朝鲜肃川）、顺州（今朝鲜顺川）、大安州（今朝鲜慈山）、连州（今朝鲜介川西）等分布在大同江中下游与清川江下游之间区域的城镇，然后再迁徙南部高丽人到这些城镇定居并驻兵防御。

从高丽太祖王建至成宗王治期间，几乎历代高丽国王均向北拓展修筑新的城镇。在高丽人北拓的同时，生活在大同江上游及清川江中上游的鸭绿江女真也向南向西发展。最初女真人与高丽人尚能和平相处，但后来因统和元年（983）十月辽军东征女真人，那份宁静与和平被打破。

三、辽国与高丽国的战争

《辽史》上没有说明此次东征的原因，但有如下记载，公元983年十月十五日，任命吴王耶律稍为上京留守，行临潢尹事。皇上将征伐高丽（注：此处记载有误，征伐的应该是女真人），亲自检阅东京留守耶律末只所统率的兵马。二十四日，命宣徽使兼侍中蒲领、林牙肯德领兵东征，赐给他们旗鼓和银符。公元984年二月十五日，东路行军都统、宣徽使耶律蒲宁奏报讨伐女真获胜，皇上派人前往行执手礼以示褒奖、表彰。从这段记载看，《辽史》并未记述战斗过程，只轻描淡写地记录了辽军获胜。事实上，在辽军东征女真人之前，女真人已将辽军征伐的消息告知了高丽人。既是提醒其做好防御，也是希望高丽人在关键时刻可以援助女真人。但辽军此番只对女真人进行了征伐，尽管辽军的追击路线经过了高丽人修筑的城镇，却对高丽人北扩疆域的行为视而不见。高丽人因主观上希望契丹人赶走这里的女真人，所以静观其变不施援手。正是由于高丽人这样的所作所为，才令女真人产生了报复心理。

《高丽史》记载，统和二年（984）女真人对正在鸭绿江边筑城的高丽人发动了一场袭击。高丽人在此次袭击中溃不成军，就连统领刑官御事李谦宜也做了女真人的俘虏。从《高丽史》的这段记载还可以得知，辽军在统和元年（983）至统和二年（984）年初对鸭绿江女真的征伐并未使其伤筋动骨，鸭绿江女真仍然具有顽强的战斗力。或许正因如此，辽国才在统和三年（985）七月至统和四年（986）一月期间，对鸭绿江女真和渤海遗族建立的定安国再次进行了征伐。这一次，表面上看辽军获得了全胜，彻底打垮了鸭绿江女真并剿灭了定安国。但鸭绿江女真被打垮，客观上成全了高丽人，使他们得以在辽国与宋国从统和四年（986）开始的连年战争期间驱赶女真、发展自己。统和九年（991）和统和十年（992），高丽人成功地将女真人赶至长白山以北地区，使高丽国的疆域北拓到了鸭绿江边。

统和十年（992）十二月，在与宋国连年作战中占据优势的辽国，终于可以腾出手来对付日益北扩的高丽国了。辽廷以东京留守萧恒德为主帅、权东京统军兵马都监耶律元宁为前锋，以号称"八十万兵"的庞大军队征伐高丽国。这萧恒德不是别人，是萧太后三女儿耶律延寿女的夫君。

辽军此次东征目的有三：一是切断高丽国与宋国的宗藩关系，解除自己可能受到东、南两面夹击的威胁；二是迫使高丽臣服于辽国；三是划定两国疆域地界。

萧恒德以讨回高丽故地之名起兵，率大军从鸭绿江下游渡江进入今天的朝鲜境内。高丽成宗王治亲自率军于闰十月三日抵达西京（今平壤）后，继续北进到达安北府（今朝鲜平安北道安州市），在安北府得知辽军不但攻占了蓬山郡（今朝鲜平安北道龟城市南，位于安州市西北部），还俘虏了高丽先锋军使给事中尹庶颜。

高丽人与契丹人初次作战落得大败，方知辽军的厉害。于是成宗王治派司宪监察李蒙戩赴辽营求和。辽军统帅萧恒德以成宗王治"不恤民事"为由，要求高丽君臣马上过江（指清川江）到军前投降。怯于辽军强大威势，高丽朝廷中便有大臣们主张割地求和，成宗王治亦表示可行。于是下令开放西京粮库任由百姓拿取，拿不走的粮食准备丢入大同江里，以免被辽军掠走。如果按照这样发展下去，那今天的朝鲜半岛可能就是另一番模样了。但或许天佑高丽，高丽大臣内史侍郎徐熙挺身而出，几乎是凭一己之力拯救了成宗王治和高丽国。

徐熙时年六十有余，官拜内史侍郎，18岁时科举及第。宋太祖时曾出使过宋国，因宋太祖喜爱他，授他为检校兵部尚书。徐熙为成宗王治分析道："既然辽军只是想讨回高丽故地，那就不会像对渤海国用兵那样灭亡高丽国，所以辽丽两国是可以通过谈判解决问题的。谈判的方式需适时选择，或许是以战求和，或许可以直接和谈。"成宗王治认为徐熙分析得在理。徐熙进一步说："首先，粮食为战争资源，不该投入江中；其次，为保证战或和都有回旋余地，须先请成宗回到都城开京。"成宗王治从其言先行返回了开京。

成宗王治回开京不久，辽军见高丽国无投降之意，于是继续南进至安戎镇（今朝鲜平安南道清川江南岸的文德郡），但因受到中郎将大道秀、郎将庾方率领的高丽军队的强力阻击不得不停止进攻，于是辽军再次催促高丽投降。尽管辽军没再进攻，但大军依然保持着对高丽的压力。萧恒德声称已占据大部分高句丽旧地，要求高丽国赶紧投降称臣。高丽成宗王治见辽军不进攻了，赶紧派阁门舍人（掌管殿廷礼仪的小官）张莹赴辽营和谈。辽军统帅萧恒德也好玩，竟然以张莹官小而将其拒之门外，直截了当要求高丽国派个大官来谈判。高丽大臣中只有徐熙请缨出使，成宗便为他饯行盼其不辱使命早日归来。

七天之后，徐熙归来复命，竟带回了令成宗王治意想不到的好消息，即高丽国向辽朝称臣纳贡，辽朝同意将鸭绿江以南（东）的土地赐给高丽国，这对于高丽国来说真是天大的好事。估计成宗王治绝没想到徐熙竟然能凭三寸不烂之舌从强大的契丹人那里拿回这么多土地。看到高丽人的成功，笔者都有点吃不着葡萄说葡萄酸的感觉了。想想比高丽国强大得多的中原王朝宋国，与契丹人打了那么多次大仗，竟然也不能夺回刚被辽国吞并的燕云十六州，而高丽人只打了那么两场小仗，也未见有什么了不起的胜利，竟然能轻易拿到清川江以北的大片土地。这事儿上哪儿说理去？

徐熙与萧恒德初步达成协议后，辽军北撤。统和十一年（993）一月十七日，高丽成宗派遣侍中朴良柔到辽廷上表谢罪，萧太后和辽圣宗下诏将鸭绿江女真生活居住的鸭绿江以南（东）数百里土地赐给高丽国。为此，辽丽双方达成如下协议：一是高丽奉辽国为正朔，使用辽朝年号，与宋断交；二是辽国在鸭绿江北（西）修筑5座城，三月动工；三是高丽国可在清川江以北到鸭绿江南（东）的280里地区筑城，筑城数须向辽国通报且筑城时间要与辽朝筑城时间一致。

统和十二年（994）正月，辽廷正式向高丽颁正朔。二月七日，高丽前来进贡。辽国正式通报高丽，将先前约定的鸭绿江以南（东）280里土地划归高丽国。三月五日，成宗王治委派侍中朴良柔请求辽国放回高丽被俘人员与牲畜，辽圣宗下诏让高丽赎回。十四日，辽廷派使者安抚晓谕高丽。四月，高丽弃宋朝年号开始奉行辽朝年号。高丽国在与辽国的谈判和往来中得到了大实惠，但也没忘记与前宗主国宋国私下交好。六月，高丽"遣元郁如宋乞师以报前年之役。宋以北鄙甫宁，不宜轻动，但优礼遣还"。宋太宗"赐诏慰抚，厚礼其使遣还"。这说的是高丽一边向辽朝称臣，一边暗中派人到宋国都城开封请求与宋共同攻击辽国，宋太宗虽厚待高丽使节，但并未同意出兵攻辽。其实宋国所为正合高丽人之意，高丽国自是两头都不得罪，还借此暂时中断了与宋国的往来，与辽国建立起了封贡关系。同年，因与辽和谈有功被提拔为平章事的徐熙领兵驱逐当地的女真人，到十月上旬修筑长兴、归化二镇及郭（今朝鲜平安北道定州西）、龟（今朝鲜平安北道龟城）二州。十二月，高丽国还向辽圣宗进献了乐妓舞妓。辽圣宗或许是对高丽"女团"不感兴趣，又或许是怕萧太后担心自己沉迷女色，反正圣宗拒绝接受这些乐妓舞妓。无论啥理由，你看看人家辽圣宗，要不人家怎么会是圣宗呢，佩服！

统和十三年（995）伊始，高丽人继续向契丹人示好，二月二十八日，高丽成宗派李周桢前来进贡。五月七日又向辽国献鹰，十月再派使节前来进贡。面对高丽如此谄媚，辽圣宗也于十一月十九日派使者册封王治为开府仪同三司、尚书令、高丽国国王，以示回馈（注：《辽史》记载可能有误，真正抵达开京举行册封仪式的时间应是公元996年三月）。当年十一月二十六日和次年三月，高丽国先后两次共派童子20人到辽国学习契丹语。三月二日，成宗王治的谄媚更进一步，遣使上表辽圣宗，请求与辽国联姻，萧太后随即答应将萧恒德的独生女也就是辽圣宗的外甥女嫁给王治。王治当时37岁，没有子嗣，且按照年龄也算合适，但王治没这艳福。统和十五年（997）十月王治因病不治而薨。在王治薨之前的统和十三年（995）到统和十四年（996），高丽人仍不断驱逐女真人，又修筑了安义、兴化（今朝鲜平安北道义州西南）二镇。统和十四年（996）还修筑了宣州和孟州。同年，高丽国设置鸭江渡勾当使，行使对鸭绿江南（东）岸地区的控制权。至此，鸭绿江以南（东）的女真人被全部赶走，高丽人将这片土地完整纳入了自己的疆域版图。由此可见，辽丽两国第一次战争的发动者虽然是辽朝，但受益者却是高丽。除了上面的州镇外，高丽国还修筑了铁州（今朝鲜平安北道铁山）、通州（今朝鲜平安北道宣川西北东林）、龙州（今朝鲜平安北道龙川）、龟州（今朝鲜平安北道龟城）、郭州（今朝鲜平安北道郭山），加上之前修筑的兴化镇，这六处州镇并称江东六城（镇）。

王治薨后，因其无子嗣，所以传位于堂侄王诵，是为高丽穆宗。王诵是王治的前任国王高丽景宗之子，因景宗去世时王诵刚满周岁，所以其父将王位传给了王治，而王治薨后又将王位还给了景宗这一脉。统和十六年（998）十一月，辽朝遣使册封王诵为高丽国王。王诵继位后，一边继续向辽朝称臣，一边暗中与宋朝保持往来，一边又继续在清川江以北修筑军事城堡。统和十九年（1001）筑平虏镇（今朝鲜平安北道宁边），统和二十一年（1003）建德州（今朝鲜北部德川郡首府德川市）、嘉州、威化、光化城堡，统和二十四年（1006）在登州、龟州、龙兴等镇筑城，统和二十六年（1008）在通州筑城。

成宗王治在世时为了讨好辽朝虽然与宋朝断绝了往来，但高丽王朝内心始终奉宋朝为正朔。因此在王诵继位后，两国之间又悄悄恢复了暗中联络。王诵甚至还请求宋朝在高丽国驻军，以牵制辽国。宋朝太宗也在高丽成宗薨逝的同一年驾崩了，新君宋真宗相对软弱，所以高丽虽口头上答应可以驻军，但并未成行。穆宗王诵历史评价其昏弱。他登基以来对待辽国一直谨守侍奉宗主国的礼仪，辽国也继续遵守执行第一次辽丽战争后的约定，辽丽双方保持着友好往来。《辽史》有如下记载：

统和二十年（1002）七月八日，高丽派使者献上本国"地理图"。

统和二十二年（1004）九月八日，将南征消息通知高丽。

统和二十三年（1005）五月十九日，高丽派使者前来祝贺辽国与宋讲和。

由于高丽国同时视为上国的辽国与宋国签署了"澶渊之盟"，高丽与辽国的外交往来也随之进入了一个新的和平相处阶段。但到了统和二十八年（1010）五月事情发生了变化。高丽国因与女真发生激烈的矛盾冲突，将几十人的女真使团全部杀掉。忍无可忍的女真人向辽朝揭发高丽国西京留守康肇弑杀高丽国王王诵，并擅自拥立王询为高丽国王一事。辽圣宗闻知盛怒，认为高丽国蔑视其上国——辽国的威严，公然打脸大辽皇帝，是可忍孰不可忍，加之萧太后和韩德让离世之后，辽圣宗大皇弟秦晋国王耶律隆庆居功自傲，对圣宗有"反侧"之意，圣宗正想找个机会给自己立威顺便敲打大皇弟。于是，辽圣宗决定发兵南伐，御驾亲征高丽国，这也是他亲政以来独立统率军队进行的第一场战争。

发兵之前，辽圣宗于七月一日遣使到高丽国质问王诵被弑杀之事。八月一日高丽国派使者前往辽国交涉未果。统和二十八年（1010）八月二十一日，辽国派耶律宁将远征高丽国的消息告知宋国。任命北府宰相、驸马都尉萧排押（萧恒德兄长，萧太后次女耶律长寿女的夫君）为都统，北面林牙僧奴为都监，辽国集40万大军气势汹汹杀向高丽国。高丽国得知辽国起兵，于九月再派使者前往辽国，试图通过外交斡旋修好，但未能得到辽国谅解。九月十六日，辽朝遣使节枢密直学士高正、阁门引进使韩杞到高丽，以辽圣宗的名义宣问康肇弑君、擅立高丽国王之罪并向高丽国宣战。被吓坏了的高丽显宗王询再派知政事李礼均、右仆射王同颖赴辽营请和，仍未能成功。无奈之下，高丽国一边于十月一日紧急调集兵力，以中台使（相当于中原朝廷的中书令）康肇为行营都统使，中台副使李铉云与兵部侍郎张延佑为副都统使，集大军30万驻防通州（今朝鲜平安北道宣川郡西北）御敌；一边乞求辽国罢兵，但辽圣宗不予理睬。而挑起这场战争的女真人也不愿袖手旁观，在向辽朝大军献上宝马万匹的同时表示愿意随辽军东征高丽，辽圣宗准予其同行。

虽然辽丽两国已经剑拔弩张，但高丽国还是想尽办法取悦辽国，以期尽量避免战争。十一月一日，高丽遣使赴辽国祝贺冬至，却得到辽圣宗将御驾亲征高丽的通报。十一月初，辽圣宗率领号称"义军天兵"的40万步骑大军渡过鸭绿江，第二次辽丽战争开战。

辽军过江后，首战进攻兴化镇（今朝鲜平安北道义州西南）。高丽守将西北面都巡检使杨规与兴化镇使郑成、副使李守和等人固守城池不降。次日，高丽军分三路从龟州（今朝鲜平安北道龟城）北进增援兴化镇，遇辽军受挫。辽圣宗让通州城外的农民给兴化镇守军送信，说明辽军此番用兵意在为高丽先王王诵报仇、讨伐逆臣康肇，奉劝高丽军放弃抵抗，但被高丽军拒绝。

辽圣宗见兴化守军不降，指挥辽军暂时撤围，以部分军队屯驻于麟州（今朝鲜义州附近），以20万大军于十一月十日进兵通州直接去打康肇所部。康肇也不含糊，领兵出通州迎敌，但先胜后败。第二日康肇出城再战，被辽军先锋耶律盆奴及右皮室详稳耶律敌鲁率军击败。耶律敌鲁生擒高丽军行营都统使康肇、行营副都统使李铉云、都官员外郎卢戬及监察御史卢颐等文武官员，并追杀高丽军队几十里，缴获高丽军丢弃的粮饷、铠仗，斩首高丽军数万人。康肇算有骨气，不降赴死，其余人等降辽。十三日，辽兵伪造康肇书信劝降高丽北部诸州，通、霍、贵、宁等州投降。另一路辽军由萧排押率领经安义镇和龟州一线南进。兵至奴古达岭时击败了前来阻击的高丽军，但辽军在缓项岭遭遇了高丽军伏击。

十六日，王询遣使请和，群臣皆欲欢喜接纳，唯有积庆宫使耶律瑶质疑曰："王询始一战而败，遽求纳款，此诈耳，纳之恐堕其奸计。待其势穷力屈，纳之未晚。"但辽圣宗未在意耶律瑶质的提醒，同意高丽国的请和。圣宗因此下令禁止辽军抢掠，同时诏命辽政事舍人马保佑为开京留守，安州团练使王八为副留守，并派太子太师乙凛率一千骑兵，护送马保佑等赴高丽国开京上任。岂料高丽并非真降。十七日，高丽东北面都巡检使卓思正不但杀死辽使阁门引进使韩杞（韩喜孙）等，还率兵出城阻拒马保佑等前行，迫使他们退回。辽圣宗闻知盛怒，命乙凛率军攻击卓思正，卓思正所部不敌乙凛军，逃入高丽西京（今朝鲜平壤）。

余怒未消的辽圣宗命辽军再度进攻，当日即攻克郭州（今朝鲜平安北道定州），高丽国多名将士战死，郭州防御使逃走。占领郭州后，辽圣宗留六千兵将镇守，谨防郭州得而复失。两天后又攻至清川江兵临安北府。安北府守将弃城逃跑，被辽军顺利进占，次日攻克肃州（今朝鲜平安南道肃川郡）并开始围攻西京。西京守将在高丽降官卢颋和辽官刘经的劝说下本欲归降，但王询派来的援兵赶来，于是，斩杀了卢颋和刘经等人，还焚烧了已填好的降表。西京守城将士见援军赶到，士气大振，两次出城打败辽军，但追击辽军时，高丽军因在马滩（今朝鲜平壤市附近的大同江渡口）遭到辽军致命一击而溃败，就连第一次辽丽战争中曾小胜辽军的高丽将军大道秀也被俘降辽。卓思正等将领逃回开京报告兵败事宜，高丽朝廷顿时乱作一团。高丽显宗王询听从礼部侍郎姜邯赞的建议，带着后妃离京南逃。

西京战场这边辽军继续围攻，但高丽守军仍然不降。十一月二十二日，辽圣宗决定绕过西京，渡过大同江，继续南进，在连下黄州等地后攻至开京城下。时萧排押所部在开京西岭击溃抵抗的高丽军，再追杀至开京南面的昌化县（今韩国京畿道杨州市），在此遇到了王询派来求和的高丽国使节河拱辰。河拱辰算是第二次辽丽战争的罪魁祸首。因为是他擅自出兵女真反被击败，才有和州（今朝鲜咸镜南道金野郡）防御郎中柳宗一气之下将途经和州到高丽的女真使团95人全部杀死的恶果，以致气急败坏的女真人向辽廷报告了康肇弑杀高丽穆宗王诵的真相并导致辽兵南伐，而引发这场战争灾难。

河拱辰打仗虽然不行，但很会说话。他告知萧排押，高丽国王本来也想来觐见，但因害怕辽军兵威，加之内乱，所以暂时跑到江南躲避去了。萧排押问高丽王去了江南哪里，河拱辰答"江南太远，不知几万里"。估计萧排押也不太清楚朝鲜半岛有多大，就信了河拱辰的话，然后带着河拱辰等去与辽圣宗大军会合。十一月二十五日，辽军进入开京，放火烧毁了开京全城的宗庙、宫阙和民房，并依耶律瑶质之计降服了辽军未能攻克的其他营垒。但辽军后方却传来不利消息。高丽国西北面都巡检使杨规竟然率1700余人奇袭了郭州，全歼了留守的六千辽军，高丽所降诸城复叛。河拱辰等高丽使节趁此机会于统和二十九年（1011）一月再次到辽营请求辽军班师，辽圣宗无奈下令全军班师，临走时将河拱辰和高丽国户部员外郎高英等使节扣押带回了辽国。

辽军回撤途中受到高丽军队的多次袭击，数万高丽军被俘人员被抢回，但高丽军也付出了代价，西北面都巡检使杨规和龟州别将金叔兴等人战死沙场。辽军进攻时减员不多，反倒是北撤时被袭杀或渡江时被淹死者多达数万人。统和二十九年（1011）一月二十五日辽圣宗回到辽国东京，二月二十三日高丽显宗返回开京，第二次辽丽战争谢幕。

纵观这次辽丽战争，辽圣宗发动战争的目的一是想切断高丽与宋国和女真人的密切往来，但这一点并未完全做到；二是要树立个人的威望并教训不服辽朝管的高丽国及高丽新王王询，这点也只能说做到了一半。因为辽朝只得到王询会来亲朝的口头许诺就匆忙撤军，在撤军过程中又屡遭高丽军袭击且损失不小，所以不能说是凯旋。如此看来，从辽太宗、辽世宗、辽穆宗到辽圣宗这几位辽朝皇帝，圣宗尽管也能征善战，但在战争善后这一点上要比辽太祖阿保机差得太远了，甚至都比不上由萧太后辅佐的辽景宗。

第二次辽丽战争韩德让也随军出征了，或许是由于他对辽圣宗还是不太放心的缘故吧，但这也是他能为萧太后和辽圣宗做的最后一件事了。统和二十九年（1011）三月六日，大丞相晋国王韩德让撒手人寰。在上一年四月，因萧太后已过世，辽圣宗再难以长辈之礼待韩德让，毕竟双方是天子与臣属的关系嘛。所以辽圣宗赐名韩德让为"隆运"，视其为兄，尊其位在亲王之上，并赐田宅及乾陵（辽景宗与萧燕燕合葬陵）陪葬地。韩德让病重期间，辽圣宗及皇后亲视医药。在他薨逝后，辽圣宗闻讯辍朝，以家人之礼为其服丧，并且将其安葬于辽景宗与萧太后的乾陵之侧。不知已在天上的萧燕燕，能否在繁星似河的天际远远望见她的情人追她而去，不知能否听到有人在为他们唱令人落泪的歌。

韩德让薨逝后，辽圣宗对权力高层紧急做出调整。七日，诏命二皇弟楚国王耶律隆佑暂任韩德让腾出的知北院枢密使事。之前出使高丽国的枢密直学士高正出任北院枢密副使。二十六日，再封屡立战功的北院大王耶律室鲁为韩王并继任北院枢密使要职。任命北院郎君、六院部人耶律世良接任耶律室鲁空出的北院大王之职，任命前三司使刘慎行为参知政事兼知南院枢密使事。至此，辽廷所有重要高官均换成了辽圣宗自己看中的人，之前太后摄政时的老臣们彻底完成了历史使命，姗姗来迟的"改朝换代"终于到来了！当年十月十五日，辽圣宗追赠韩德让为尚书令，赐谥号"文忠"，并为其建文忠王府。

辽丽两国在经过了第二次战争后，似乎彼此之间的关系又恢复到了从前，高丽国依然对辽国客客气气，礼节上仍视辽国为上国，但高丽王王询就是不履行战后前来亲朝的承诺，这令辽圣宗很生气，感觉自己又被高丽人给耍了一回。开泰元年（1012）八月二十四日，高丽王王询的使节田拱之抵达辽国都城，上表称国王王询因病不能来朝见。圣宗知其说的是妄语，于是下诏向高丽国索取鸭绿江南（东）六州地（龙、铁、郭、龟、通五州及兴化镇），但高丽国拒不归地。辽圣宗见高丽国推诿拖延，于开泰二年（1013）六月一日，又派中丞耶律资忠出使高丽当面向高丽国索要六州旧地。八月三十日，耶律资忠两手空空回到辽国，圣宗遂有再伐高丽之意。

开泰二年（1013）十月，辽圣宗召见曾在高丽做过郎官的女真人，询问取高丽之策。该女真人建议辽军从上次出师时的旧路行军，取道曷苏馆女真（今辽宁省辽阳市以南至大连市瓦房店、金州一带）北面，直渡鸭绿江，沿河而上，到郭州再上大路，则可攻占高丽。辽圣宗点头称是，心中已有再伐高丽之策。开泰三年（1014）二月八日，辽圣宗再派时任上京副留守的耶律资忠出使高丽国索要六州。还未等到耶律资忠回国，辽圣宗就在当年夏天，诏命国舅详稳萧敌烈、东京留守耶律团石在鸭绿江上造永久性浮桥，在浮桥东西两侧筑建来远城（今辽宁省丹东市九连城东鸭绿江上的黔定岛）及保州城（今朝鲜平安北道新义州），同时在宣州（今朝鲜新义州与义州之间）、定州（今朝鲜平安北道义州东）等地也修筑了城池。因筑建的过程中并未受到高丽人的袭扰，说明当初辽廷赐给高丽国的江东（南）数百里土地并不包括这些地区。

《辽史·圣宗本纪》记载，开泰四年（1015）四月五日，萧敌烈等征讨高丽回国。五月二日，命令北府宰相刘晟（刘慎行）为都统，枢密使耶律世良为副都统，殿前都点检萧屈烈为都监，准备征伐高丽。因刘晟（刘慎行）先去边郡安置家属，致使出师日期被迫推迟，辽圣宗遣人让他返回京师，另由萧屈烈统率部队进军讨伐。《辽史》的这段记载为两件事情，前者所述为从开泰三年（1014）十月开始的辽丽边境小规模冲突，大约持续了半年；后者才是辽军集结兵力以收回六城为目的的战争。战争打响之前辽国曾几次派使者向高丽国讨要六城，不但未能讨回，辽使还被高丽国扣留了。显然高丽国并未把辽国当作宗主国，辽圣宗又气又恼，于是从开泰四年（1015）九月，辽国开始集结兵力征伐高丽国。

首战，辽军副都统耶律世良率军攻打通州（今朝鲜平安北道宣川郡西北）、宁州（今朝鲜平安北道安州市），战斗相当激烈，高丽国郑神勇、周演、高积余等六将先后战死，但辽军未能攻克宁州城，所以选择暂时退兵。开泰五年（1016）正月五日，辽军进攻安北府，在郭州（今朝鲜平安北道定州市）之西大败高丽追兵，斩首数万级，尽数俘获辎重。十日，气势正盛的辽军准备南下时，副都统耶律世良突然暴死军中，辽军不得已回师。其实这一次本是辽军难得的好机会，可惜主将暴死，只能说明天意难违。

第二年，辽国起兵再伐高丽国。《辽史》记载："开泰六年（1017）二月初八，辽圣宗诏令国舅帐详稳萧陇洼率本部兵马东征高丽。五月初一，任命枢密使萧合卓为都统，汉人行宫都部署王继忠（注：南院枢密使，轻视萧合卓）为副都统，殿前都点检萧屈烈为都监，让他们统兵征伐高丽。第二天，皇上赐给萧合卓（注：北院枢密使，因战功不多，圣宗担心有人不服从调遣）天子剑，让他在军中有先斩后奏之权。九月二十日，萧合卓等进攻高丽兴化军未能攻克（注：被高丽将军坚一、洪光、高义等击退），班师回国。"至此，辽国以收回六州地为目的的局部战争结束。其结果是辽军劳民伤财、竹篮打水一场空。

在第二次辽丽战争结束后7年间的边境冲突和局部战役中，辽国始终没能夺回他们想讨回的六城，高丽国王也从未到过辽国亲朝，这两件事对于辽圣宗来说如鲠在喉，为达到目的，辽圣宗决心再发动第三次对高丽国的战争。

开泰七年（1018）十月二十七日，辽圣宗下诏任命战功赫赫的东平郡王萧排押为都统，殿前都点检萧虚列为副都统，东京留守耶律八哥为都监，集结10万辽军东征高丽，目标直指高丽国开京。高丽国一面请求辽国罢兵，一边任命姜邯赞为上元帅，与上将军姜民瞻集结20万兵力准备迎战契丹。姜邯赞是统和元年（983）高丽成宗王治统治时的状元，虽不是武将，但智商极高，聪明人指挥作战自然也不会差。后来的战争结果也证明高丽显宗之所以能够在屡次对辽作战中不败，是因为他很会用人。因此才有后人评价他

"任良将，制勍敌，疆场无事，中外又安。虽谓之中兴，可也"。

十二月十日，萧排押大军渡过鸭绿江。姜邯赞领兵20余万人驻军宁州（今朝鲜平安北道安州市）。为增强御敌实力，姜邯赞还与东北女真部落保持合作共同拒辽。萧排押未与兴化镇、慈州等地的高丽军纠缠，虽遭遇小挫，但仍摆脱了姜邯赞所部的不断阻击杀到了开京城下。不过从军队的数量上看，辽军并不占优势，且长驱直入将后方补给不足的隐患暴露给了高丽军。萧排押所部不顾一切杀到开京却发现高丽显宗王询已坚壁清野，将城外民户转移至城内，辽军想靠以战养战、靠抢掠补给军队显然难以为继，而姜邯赞派遣驰援开京的兵马判官金宗铉、北面兵马使崔士威的两支部队已到达开京。事情至此，萧排押明白，想靠突袭一举攻下开京，完成"斩首"行动已是不可能了，最好的选择便是撤军。撤军之前，萧排押放任辽军疯狂抢掠，然后又派耶律好德到开京通德门致书告知回军。真是搞不懂萧排押这仗想怎么打，居然连撤军这样的军事秘密都广而告之。高丽军倒是一点不领情，在辽军撤军时不但一路尾随追打还要加上开京以北各路军队的堵截。《辽史》记载："十二月，萧排押等与高丽在茶、沱二河交战，辽军失利，天云、右皮室二军淹死者数量众多，遥辇帐详稳阿果达、客省使酌古、渤海详稳高清明、天云军详稳海里均战死（注：此战如今被称作'龟州大捷'）。"《高丽史》记载，辽军经此一败，仅数千人生还。如此，第三次辽丽战争可让辽军的脸丢大了。

开泰八年（1019）三月十八日，萧排押等灰头土脸地返回京城。辽军这次征伐高丽失败，主要是战略错误所导致，而谋略失策，责任不只在萧排押，肯定这个作战计划是得到了辽圣宗认可的。又因萧排押既是圣宗的老丈人，又是他的妹夫，所以辽圣宗不太好治罪于他，仅以军纪败坏免去其官职，但几年之后萧排押再被起用为西南面都招讨并获封豳王。而对于那些战死将领的子弟，辽圣宗择机予以任用，对战死诸将的妻子增加封号，并对随征的渤海将领加官晋爵，赐给对南皮室征伐有功的军校金帛若干。处理完善后，圣宗又于八月六日，派郎君曷不吕等统率诸部兵马与大军会合一同征伐高丽。圣宗虽然表面上还要征伐高丽，但在当年十二月二十九日，圣宗接受了王询派使节前来进贡的高丽土产，这意味着圣宗放弃了再次征讨高丽的计划。这也是圣宗的无奈之举，在与高丽国的多次战争中，辽国所有的名将轮番上阵，终不能使同仇敌忾的高丽国屈服，还能有什么办法呢？开泰九年（1020）五月二十日，高丽国释放了被其扣押了6年的辽使耶律资忠，护送其回到辽国京城，并向辽廷上表请求称藩纳贡。二十一日辽圣宗赦免王询之罪，恩准高丽国称藩纳贡。此后两国又恢复通好，高丽国重新使用辽朝年号，辽国也将扣押的多名高丽使节放还。太平二年（1022）辽圣宗册封高丽显宗王询为高丽国王，两国签订和平协议，确定以鸭绿江下游至清川江中上游一线为国界。十二月六日，辽圣宗又派使节武白、耶律克恭册封高丽显宗王询之子王钦为辅国大将军、检校太师、守太保兼侍中高丽国公。但辽国所筑鸭绿江浮桥及东岸的保州等城仍在，无论高丽国如何请求拆除，辽国均明确拒绝。

高丽与辽国的战争以高丽几代君主的不屈不挠，"俾智者竭其谋，勇者穷其力"，终于将自己的疆域扩大到了鸭绿江缘边地区，而辽国虽然貌似比高丽国强大得多，却没能全部拥有之前被其灭掉的渤海国疆域，无论什么原因，领土丢失都是帝王功过之中的大过失。不过有舍亦有得，辽国"赐予"高丽国江东（南）的大片领土，也换来辽国东南部的安定与和平，这对于两国的军民来说都是一种造福。

四、渤海遗族大延琳起义

辽圣宗属于比较体恤民情的辽国皇帝，在与主要对手宋国签订"澶渊之盟"后，又在太平二年（1022）与高丽国达成了和平协议，东北地区似乎应该平静了。但渤海国王室遗族却不想平静，因为他们始终梦想抓住一切可能利用的机会复国。太平九年（1029）八月，前渤海国始祖大祚荣七世孙、时任辽东京舍利军祥稳的大延琳起兵造反。《辽史·圣宗本纪》记载："大延琳囚禁留守、驸马都尉萧孝先及南阳公主，杀户部使韩绍勋、副使王嘉、四捷军都指挥使萧颇得，延琳僭位登基，称国号为'兴辽'，年号为'天庆'。"看到这段记载会蛮佩服那些渤海贵族的，因为渤海国毕竟已经灭亡近百年了，而且辽国当时如日中天，渤海贵族依然敢想敢做地抓住机会励志复国，真是勇气可嘉。那么，到底是什么机会令大延琳起义造反呢？

辽景宗时期，辽廷对辽东渤海人在贸易、制酒、煮盐等方面仍征税很少，一直实行区别于其他地区的优惠经济政策，且在鳏寡孤独的抚恤、对犯罪者刑法惩处以及举荐渤海族人才出任官职等多个方面都执行特殊政策，所以，渤海人得以安居乐业。大延琳本人也是这个政策的受益者，他被举荐入辽廷当上了舍利军"详稳"。如果这些政策能一如既往执行下去，那或许就不会有大延琳起义造反了。老话说："经是好经，可惜让歪嘴的和尚给念歪了。"辽朝东京户部使冯延休、韩绍勋两人就是这样的"歪嘴和尚"。

他们不顾南京道与东京道地区经济发展水平的差距，相继按照燕地平山（今河北省石家庄市平山县）的税法征税。太平九年（1029）辽国南京道地区发生大灾荒后，辽廷东京户部强迫渤海等族人造船，再把辽东地区的粮米运到南京道地区赈灾。由于海运时发生了海难事件，造成船员死亡和粮食损失，税收政策改变又加重了辽东渤海人的经济负担，以致民怨沸腾。大延琳认为这正是反辽复国的好机会，于是他与东京副留守王道平一起商议起义事宜。计划由大延琳率先拿下东京城，再以此为基地，向北与黄龙府（今吉林省长春市农安县）兵马都部署黄翩联系，向东（南）与保州（鸭绿江东岸）总领渤海军帐司太保夏行美（渤海人）联系，劝说他们共同起兵反辽。如若黄翩和夏行美入伙，再加上各地渤海遗民的响应，渤海国便可行复国。

筹划已定，大延琳于八月三日在辽东京起兵叛乱。叛乱军先杀掉在东京首先征农业税的韩绍勋和主张运辽东粮到南京道地区的王嘉，因为此二人最遭民众痛恨。之后又斩杀了四捷军都指挥使萧颇得，囚禁了东京留守驸马萧孝先及其妻南阳公主（辽圣宗三女）。造反成功后，大延琳自立为帝，国号"兴辽"。闻东京大事已成，海州（今辽宁省海城市）、宁州（今辽宁省营口市鲅鱼圈区熊岳镇西南35公里处）、禄州（今吉林省临江市）等地也揭竿而起响应大延琳，形势可谓一片大好。大延琳接着进行第二步计划，准备派东京副留守王道平前去策反黄翩和夏行美。但大延琳万没料到，王道平在当天夜里出城后直奔辽圣宗捺钵游猎的黑岭（今内蒙古自治区赤峰市境内），将大延琳造反一事告发。辽圣宗闻讯，忙调兵围剿起义军。

辽国舅详稳、殿前都点检萧匹敌最先抵达东京西面布防，阻止起义军向西进兵；起义军东面则有黄龙府黄翩率兵扼守。受阻于这两路军，起义军只能向北和向南发展。向北发展首先就必须攻占沈州（今辽宁省沈阳市）。

沈州距东京仅100多里，所以起义军迅速兵临沈州城下。沈州副节度使张杰见起义军势大，决定诈降以拖延时间完成防御准备，起义军果然中计。连等几天不见张杰等出城投降，大延琳才发觉上当，于是下令攻城。但此时沈州军已做好了防御，起义军久攻不克，不得不返回东京，时辽大军已调集完毕。十月一日，辽圣宗以南京留守萧孝穆（辽圣宗皇后萧耨斤之弟）为都统，国舅详稳萧匹敌为副都统，奚六部大王萧蒲奴为都监，率精兵从东西北三面合围起义军。

此时，若是总领渤海军的帐司太保夏行美能够北进支援大延琳，那东京的起义军尚可与辽大军一战，但夏行美早已将大延琳的起义计划报告给了保州统军使耶律蒲古。耶律蒲古看到大延琳信使送来的密书，先杀信使及随行的百余名士兵，再杀保州军中八百渤海族兵士，然后部署兵力防御大延琳起义军失败后南窜。南、北女真虽然表示依附大延琳，但得知辽国围剿大军将至，便不再有所行动。大延琳两次派人前往高丽国请求襄助，但高丽国怯于辽国威势，在尚看不清局势的前提下，断然表示拒绝。如此一来，大延琳还可以指望的援助力量就只有散布在各地的起义军了。不过因这些起义军势力太小，自保尚且困难，以至于根本派不出兵力支援大延琳所部。所以大延琳只能率部孤军迎敌。

萧孝穆率辽大军与大延琳起义军战于东京西面的蒲河（沈州浑河的支流）。萧孝穆将所部分为三军，萧匹敌、萧蒲奴为左、右两路军，萧孝穆自己居于中路军。交战时，萧孝穆以中军与大延琳起义军接战，不久诈败后退，起义军果然中计。陷入辽军三面包围的起义军且战且退，至东京西南的首山（今辽宁省辽阳市辽阳县境内）时，被追上来的辽军击溃，起义军余部逃回东京城内，掘深沟自卫。

萧孝穆率军围住东京城，但未急于攻城，而是在离城四面各约5里处修筑城台围困义军，以期不战而降。同时，萧孝穆派萧蒲奴围剿其他小股起义军，使东京义军孤立无援。被困的起义军无柴可烧，不得不拆房屋木料引火做饭，久而久之军心自然不稳。甚至连被囚禁的东京留守萧孝先夫妇及其妹夫都能挖地道逃走。待起义军发现后追捕时，只抓到了南阳公主。起义军无道，竟将南阳公主杀害。

被围困5个月的起义军顽强坚持到了太平十年（1030）八月二十五日。《辽史·圣宗本纪》有如下记载，东京叛军将领杨详世秘密归附辽军，晚上开城门放辽军入城，大延琳被生擒，不久即被诛杀，渤海之乱平。十一月初二，东京留守燕王萧孝穆率东征将士凯旋。第二天，圣宗任命萧孝穆为东平王、东京留守；国舅详稳、驸马都尉萧匹敌被封为兰陵郡王；奚王蒲奴升任侍中；任命权燕京留守兼侍中萧惠为燕京统军使；前统军使委缦为大将军、节度使；宰相兼枢密使马保忠为权知燕京留守；奚王府都监萧阿古轸为东京统军使。诏令叙用渤海旧族中有功勋才干者为官，余众则让其分居来、隰、迁、润等州。这里面所说的"余众则让其分居来、隰、迁、润等州"是指辽廷为避免渤海遗族不安定，强行迁徙他们到上京北部定居，设置迁辽县（今内蒙古自治区赤峰市巴林左旗南波罗城东北）、易俗县（今内蒙古自治区赤峰市巴林左旗南波罗城北）、渤海县（今内蒙古自治区赤峰市巴林左旗附近）等实行分而治之的统治办法。除了上面的官吏任免外，辽圣宗还在上一年擢升张杰为节度使，夏行美为忠顺军节度使。萧孝穆在任东京留守期间，采取招抚流民和宽松的治理之策，使辽东得到安宁，果然没有辜负辽圣宗对他的信任和重托。

五、阻卜与回鹘

除了渤海族总起事端，阻卜也是从辽国立国开始就难以征服的部族。许多学者认为，阻卜即是鞑靼，最初为汉籍室韦（活动区域在今呼伦贝尔地区），后来演变为对蒙古高原各部（包括非蒙古语族部落）的泛称。辽金两代沿用了唐朝以来这个对北方草原各部落的通称。因蒙古人讳言鞑靼，所以他们制造出"阻卜"这个新词代替"鞑靼"。《辽史》由蒙古人主编，所以在《辽史》中大量使用"阻卜"这个词。笔者在本系列的文章中也一直沿用阻卜即鞑靼这一观点。阻卜的分布范围非常广泛，有辽一朝，阻卜诸部基本上分布在今天蒙古国中部、南部及我国内蒙古自治区锡盟、乌盟的大草原上，属于辽上京道管辖区域。其中分布在内蒙古锡盟、乌盟大草原上的诸部在《辽史》前期被称作室韦，分布在契丹西部较远（鄂嫩河、克鲁伦河与土拉河三河的上源肯特山一带）的诸部才被称作阻卜。

《辽史》中第一次提到"阻卜"是在天赞三年（924），太祖阿保机西征打服了阻卜。从那时开始阻卜时叛时附。统和十二年（994）阻卜叛乱，皇太妃（萧太后的姐姐）萧胡辇和萧挞凛率兵讨伐，于统和十五年（997）平定叛乱。当年，皇太妃萧胡辇奉命回到辽国都城进献西边俘虏，萧挞凛留在当地任西北路招讨使（又称阻卜都详稳）。当时有契丹贵族仲父房的耶律昭因兄坐罪流放于此。萧挞凛素闻其博学，于是奏免其役，并向其请教管理阻卜事务，耶律昭以书信回复管理之策。耶律昭言西北地区贫瘠，需赈穷薄赋，散畜牧以就便地。简练精兵，去其难治者，则余种自畏。意为减少赋税任由牧民逐水草放牧。因当地贫瘠，所以还要精兵减支，管辖范围内若有不服者，要先对其中的强者进行征服，这样才可以做到事半功倍。萧挞凛从其主张施政，西北部方得以臣服无事。为使阻卜各部与辽国"往来如一家"，萧挞凛上表"乞建三城以绝后患"，得到萧太后及辽圣宗的恩准。统和二十一年（1003）至统和二十二年（1004）辽国建成并设置了镇州（今蒙古国布尔干省青托罗盖古城）、防州（今蒙古国土拉河西岸）和维州（今蒙古国布尔根省达桑古城）三州，还在镇州置西北路招讨司，对当地的阻卜进行管理和控制。

统和十九年（1001），因辽与宋边境关系紧张，萧挞凛调任南京统军使，由乌古部节度使萧图玉总领西北路军事，萧孝穆任西北路招讨督监。统和十九年（1001）至统和二十五年（1007）之间阻卜酋长铁刺里几次亲自到辽廷朝见并请求赐婚，但未被允许。阻卜又叛，萧图玉出兵平叛。《辽史》记载如下："九月，西北路招讨使萧图玉讨伐阻卜，获胜。"可能是因为对阻卜作战的胜利来得过于轻松，好战的萧图玉又将兵锋指向了甘州回鹘。

甘州回鹘立国于唐大顺元年（890）左右，立国后不断东征西讨，基本上控制了河西地区。所谓河西地区是指甘肃西北部祁连山以北，合黎山以南，乌鞘岭以西，甘肃、新疆边界以东，长约1000公里，宽50—200公里不等，西北东南走向的狭长平原。甘州回鹘立国后采取远交近攻的策略，始终保持与中原王朝的甥舅关系。统和十九年（1001），甘州回鹘与宋朝和吐蕃六谷部建立了反西夏联盟。李德昭（李德明）嗣位后，虽然几次进攻甘州回鹘，但均无功而返。统和二十七年（1009），李德昭（李德明）准备再攻回鹘，但出兵前因在白天看到了恒星，认为天象不吉，所以没敢起兵。奇怪的是在这一年萧图玉却率军攻打了甘州回鹘，起兵原因《辽史》并无记载，笔者推测最大的可能是萧图玉好战且急于建功所致，因为这段历史中并无甘州回鹘与辽朝作对的记载。

《辽史》对萧图玉攻打甘州回鹘有两段记载。其一为：统和二十六年（1008）十二月，萧图玉奏称讨伐甘州回鹘，招降其王耶剌里（1004—1016年在位，被宋真宗册封为忠顺保德可汗王），加以抚慰后回师。其二为：统和二十八年（1010）五月二十七日，西北路招讨使萧图玉奏报征伐甘州回鹘，攻破肃州（今甘肃省酒泉市），尽数俘虏其百姓，皇上下诏修筑土隗口故城（今甘肃省酒泉市北部）让他们居住下来。

一连串的胜利令萧图玉自信心爆棚，他向辽廷报告称："阻卜今已服化，宜各分部，治以节度使。"该建议得到了辽圣宗的认可，辽廷开始在阻卜各部设节度使以加强统治。由于众多节度使德不配位导致民怨沸腾。开泰元年（1012）十一月，七部太师阿里底利用民怨杀死节度使霸暗及家属反辽，随之阻卜各部也相继叛乱。开泰二年（1013）一月，叛军围攻萧图玉所在的可敦城。萧图玉命将士们射箭阻击叛军坚守城池。阻卜见强攻不成，即屯兵于窝鲁朵城（即龙庭单于城，今蒙古国鄂尔浑河上游西岸哈剌巴尔戛逊古城），双方陷入僵持。北院枢密使耶律化哥奉旨前来增援萧图玉，阻卜不敌被俘获甚多，弃辎重逃走。之后，萧图玉遣人诱降了阻卜诸部。至当年三月阻卜叛乱得以平息，耶律化哥因此获封为豳王。而对萧图玉，辽圣宗虽未降罪，但也并未答应他增兵可敦城的请求。

耶律化哥返回后不久，辽圣宗得边吏奏报西边防御又吃紧，于是当年五月，耶律化哥再次西征，深入追击叛乱阻卜首领乌八等，阻卜各部望风而逃。由于追击过于深入，竟然追到了阿萨兰部回鹘地界（主要为今新疆北疆以北地区）。耶律化哥分不清哪些是阻卜哪些是回鹘，所以将阿萨兰部回鹘连人带牲口一起抢掠了。待都监裹里赶至，说明这些俘虏是与辽国友好的阿萨兰部，耶律化哥才悉还所俘，但由此引发了阿萨兰部强烈不满，该部与辽国的关系由此恶化。辽圣宗闻知不悦，于当年十一月二十五日，削夺耶律化哥官爵封号，贬为大同军节度使。不过，耶律化哥西征还是建立了功勋的，因为这次出击再次打服了阻卜。开泰三年（1014）一月，阻卜酋长乌八前去朝见辽圣宗表示臣服归降，被辽圣宗封王。那之后，阻卜酋长还分别于开泰五年（1016）二月和太平元年（1021）七月前来朝见，如此和平往来一直持续到太平六年（1026）三月，阻卜再次反叛。

有意思的是阻卜反叛竟然是因为阿萨兰部回鹘。太平六年（1026）五月末，辽圣宗命西北路招讨使萧惠讨伐阿萨兰部回鹘。事情的起因可能是由于开泰二年（1013）耶律化哥误掠了阿萨兰部回鹘的人畜，使双方产生了隔阂，以致阿萨兰部回鹘与契丹产生了摩擦，从而令辽圣宗觉得有必要教训一下阿萨兰部回鹘。

西北路招讨使、魏国公萧惠接到诏命后，立即征调各路军队，这其中也包括西夏和已经臣服多年的阻卜各部。被征调的军队准时悉数到齐，唯独直刺酋长所部误期。大战在即，军令如山。萧惠为整饬军规，立即斩杀了直刺以树立军威。不过，军威虽然得以树立，但是仗却没有打赢，辽国大军无功而返。一直对父亲被杀怀恨在心的直刺之子密谋趁机叛乱。乌八得此消息后，立即密告萧惠，提醒他做好准备。但萧惠未予重视，以致国舅帐三克军受突袭损失惨重，都监耶律捏鲁古，突举部节度使耶律谐理、耶律阿不吕均战死，士兵溃散。之后，萧惠既不敢反击也未敢采纳乌八建议夜袭阻卜叛军军营，一再错失战机，最后因阻卜叛军战力并不强，才使萧惠设伏兵击溃了叛军。但叛乱并未因此平息，各地阻卜部落纷纷响应直刺之子对抗辽军。眼见事情越闹越大，辽圣宗不得已于当年八月派惕隐耶律弘古和林牙化哥前去征讨，阻卜战败并再次被降服。

萧惠因刚愎自用屡失良机，造成的恶劣后果连他的部下都看不过去了。太平六年（1026）十一月二十六日，西北路招讨司小校控告其罪状，辽圣宗诏令督监查办此案。查办结果证实控告属实，圣宗将他降为南京侍卫亲军马步军都指挥使。萧惠受此挫折一改从前的孤傲和盲目自大。而在他离开后不久，阻卜叛乱又起。太平七年（1027）六月，辽圣宗再次诏命萧惠率军讨伐阻卜。这一次萧惠不负辽圣宗重托，经过一年多的征战，再次征服阻卜。太平八年（1028）九月，阻卜别部酋长胡懒和阻卜酋长春古先后前来归降。笔者没有看到对萧惠此次征伐的详细记载，但这一次阻卜归降的诚意更真实，因为直到辽圣宗驾崩的景福元年（1031），在《圣宗本纪》中都再无阻卜叛乱的记载，萧惠的功劳由此可以被肯定，他也因战功升任南京统军使。

六、辽圣宗危机四伏的后宫

辽圣宗是辽朝在位时间最长的皇帝，在位时间长达49年。在辽朝皇帝中他还创下了后妃及子女最多的纪录，有清晰记载的有后妃20位及9子、14女。后宫宫斗一直以来为现在的电视剧所青睐，但其实宫斗一点都不好看，因为太过残忍。女性宫斗一种是为争宠，一种是为儿子争皇储之位。这两种无论哪一种都是你死我活的没有硝烟的搏杀，而后一种宫斗更决定了天下未来的命运和历史走向，所以这也是历史学家们必须面对的课题。

48集的电视剧《燕云台》，在第45集中出现了少女萧菩萨哥，她是萧太后亲弟弟萧道宁（萧陇因）与韩匡嗣次女的女儿。按照这层关系，萧菩萨哥与辽圣宗就是表兄妹的关系，应该称萧太后为姑姑、称韩德让为舅舅。萧菩萨哥也就是后来被辽圣宗宠爱一生的仁德皇后。

《辽史·后妃传》记载萧菩萨哥："年十二，美而才，选入掖庭，统和十九年（1001），册为齐天皇后。"从这段文字可以看出，菩萨哥初入宫时还不是正宫皇后，因为辽圣宗已于统和四年（986）九月十六日娶了贵族萧氏为皇后。按照"年十二"的记载，菩萨哥应该是统和十二年（994）入宫，但在《圣宗本纪》中该年无纳妃的记载。有些史料介绍，与萧皇后先后入宫的还有后来被纳为贵妃的萧排押的女儿。《辽史·后妃传》记载辽圣宗的皇后仅2人，除了萧菩萨哥外，还有一位就是辽圣宗的皇储耶律宗真的生母萧褥斤。辽圣宗的第一位皇后萧氏之所以没能得以记载，或许是因为她在统和十九年（1001）三月获罪被降为贵妃的缘故。

萧排押的女儿本来是辽圣宗喜欢的妃子，她在统和七年（989）二月二十六日生下了皇子佛宝奴，统和九年（991）被册封为贵妃。只可惜皇子佛宝奴早夭。或许因伤心过度，萧贵妃在统和十一年（993）也去世了。在电视剧《燕云台》里，辽圣宗与菩萨哥是在家宴上初次见面的。圣宗对于还不到豆蔻之年的菩萨哥一见钟情。纳为皇妃后，也一直"深爱之"，所以在废掉第一任皇后之后两个月，即统和十九年（1001）五月十五日就册封萧菩萨哥为"齐天皇后"。看看这尊号就知道辽圣宗有多么宠爱她了，因为即便是萧燕燕本人的尊号也都只是"承天皇太后"。笔者在辽史系列第一篇中介绍过，辽太祖阿保机称帝后，辽廷为其与述律平上的尊号为"天皇帝""地皇后"，及至辽太宗继位，述律平的尊号才变成"应天皇太后"。如此看来，辽圣宗乃至萧太后对萧菩萨哥必定是三千宠爱集一身了。

与菩萨哥相比哪儿哪儿都差一截的钦哀皇后萧耨斤尽管没得到多少宠爱，但比菩萨哥更幸运的是她所生的两个儿子都存活下来了。因为菩萨哥所生的两个儿子都早夭，所以她就把萧耨斤于开泰五年（1016）所生的长子抱来抚养，这个养子就是耶律宗真，也就是继辽圣宗帝位的辽兴宗。耶律宗真很乖巧，侍奉菩萨哥十分恭谨，这越发令萧耨斤不高兴了，本来不得宠就够生怨了，现在连亲儿子也对菩萨哥视如生母，萧耨斤哪能不对菩萨哥怀恨在心呢？于是她向圣宗诬告擅长演奏琵琶的菩萨哥与宫中琵琶工私通，但辽圣宗不肯相信，只是将诬告信烧掉就算罢了。这就让容貌和才艺都不占优的萧耨斤羡慕嫉妒恨到了极点。

萧耨斤生下皇子后，被册封为"元妃"。开泰七年（1018）五月，耶律宗真被册封为"梁王"，太平元年（1021）获封"皇太子"。未见到史料记载萧耨斤出生于哪一年，从长子耶律宗真出生于开泰五年（1016）推测，萧耨斤可能是出生于公元995年之后。由于萧耨斤一直不被宠爱，又加上她比菩萨哥小十几岁、比辽圣宗小二十几岁，所以她便把怨恨暂时隐藏起来，暗中笼络自己的势力。依靠自己的弟弟东平王、东京留守萧孝穆及前东京留守萧孝先等，以待将来自己的儿子登基后再做清算。

相比于萧耨斤的暗藏杀机，菩萨哥就缺少远虑了，因为她没有为辽圣宗百年之后的事做任何应对的准备，或许她一直以为她的养子耶律宗真可以保她后半生平安吧。不过辽圣宗还是感受到了萧耨斤对菩萨哥的仇恨，所以他在弥留之际遗命封萧菩萨哥为"皇太后"，萧耨斤为"皇太妃"。辽圣宗在咽气前还嘱咐萧耨斤要善待皇后，同时告诫耶律宗真照顾好养母。

景福元年（1031）六月三日，辽圣宗驾崩于行宫。圣宗在位49年，为辽朝在位时间最长的皇帝。他的庙号为"圣宗"，谥号为"文武大孝宣皇帝"。在中国古代的400多位皇帝中，庙号为"圣宗"的只有他这一位。"圣"字为最崇高的尊称，说明后世对他漫长皇帝生涯的肯定和敬意。圣宗统治时期是辽朝200多年国祚中最鼎盛的阶段，此时辽朝政治清明清勤，经济持续发展，文化方兴未艾，辽国逐步走向了法治。他"理冤滞，举才行，察贪残，抑奢僭，录死事之子孙，振诸部之贫乏，责迎合不忠之罪，却高丽女乐之归"。他慈孝如一，注重民生，远避奸臣，眷遇功臣。纵观中华五千年历史，他确实称得上"圣宗"二字。但其三征高丽不能完胜，在位期间藩属各部屡附屡叛，均显示其恩威并施的能力不足。特别是在他生命后期，在预感到在他身后菩萨哥可能面临险境时无所作为，不能保护自己一生所爱的女人，这实在是一大缺憾。那么，他心心念念、宠爱一生的萧菩萨哥的命运将会如何？萧耨斤会听从辽圣宗的遗言吗？继承大统的耶律宗真能否保护好他的养母萧菩萨哥呢？辽朝宫廷会上演一场惨烈的血雨腥风吗？敬请期待下篇。

第八篇

景福元年（1031）六月三日，辽圣宗驾崩于行宫。辽朝此时已经立国120多年，太子嗣位已无可争议，因此，15岁的耶律宗真在灵柩前继位，是为辽兴宗。耶律宗真即位后，辽廷出现了一个难题，就是在新皇帝的生母和养母之中，应该尊谁为皇太后。虽说大行皇帝辽圣宗遗命封萧菩萨哥为皇太后，但估计只是对耶律宗真单独下的口谕，因为在《辽史·圣宗本纪》《辽史·兴宗本纪》以及后妃仁德皇后（萧菩萨哥）和钦哀皇后（萧耨斤）列传中均未提及这个遗命。所以，在当时的情形下，尊谁为皇太后在法理上都有一定的合理性。在法律都不能确定谁是唯一的情况下，那么强权就决定最终的结果了。

一、血腥后宫

在辽圣宗驾崩后的第四天，辽兴宗的生母萧耨斤率先下手了。她于六月六日自立为皇太后，而先帝的皇后萧菩萨哥估计仍在丧夫的悲痛之中，尚未认识到这件事的严重性。少年天子辽兴宗啥态度呢？应该是选择性失忆，忘记先帝曾经的口谕了，毕竟血浓于水。萧耨斤自立为皇太后一事立即就得到了辽兴宗的认可。

萧耨斤是辽太祖阿保机皇后述律平弟弟萧阿古只的五世孙女，母亲是辽太祖阿保机三皇弟耶律寅底石的曾孙女。但她初入宫时却地位低下，仅在承天太后萧燕燕帐中当宫女，这对于血统高贵的萧耨斤来说有点不公平，所以她的积怨应该从那时就开始了。辽圣宗还没咽气时她就忍不住骂萧菩萨哥："老物宠亦有既耶！"意为"老东西你也会有末日啊"，可见其积怨有多深了。

辽兴宗初登大位，因年少，既不懂行使权力，也没什么掌控权力的欲望，而萧耨斤却恰恰相反。《辽史·后妃传》记载萧耨斤之母曾做梦，"梦金柱擎天，诸子欲上不能，后后至，与仆从皆升，异之"。说明在她成长的过程中，始终被认为与众不同。甚至还有更传奇的，说萧耨斤最初"黝面，狠视"。入宫后有一次给太后萧燕燕打扫床榻时，拾到一只金鸡，正端详期间，太后萧燕燕回宫了。情急之下萧耨斤将金鸡吞了，肤色立马变得光泽胜常。萧燕燕惊异地说："是必有奇子！"后来萧耨斤生了皇子，果然应验了萧太后的说法，萧耨斤就更觉得自己卓尔不群了。刚被尊为皇太后，心怀怨恨且野心膨胀的萧耨斤便开始临朝摄政了。

萧耨斤不光面相"狠视"，内心甚至比面相更狠毒。权力就是魔鬼，人拥有权力的时候就是魔鬼附体的时候。萧耨斤手握大权之后，尚未做任何有益于辽国之事，就开始对萧菩萨哥进行报复。《辽史·兴宗本纪》记载：景福元年（1031）六月二十五日，皇太后赐死驸马萧啜不（注：亦名萧淀卜）、萧匹敌，将围场都太师女真著骨里、右祇候郎君详稳萧延留等7人一律弃市，籍没其家产，将齐天皇后迁徙于上京。在第七篇中我们介绍过萧匹敌是国舅详稳、殿前都点检，在平定大延琳反叛中立有大功。萧啜不（萧淀卜）是萧匹敌堂兄弟，身为北府宰相，还是辽圣宗与萧耨斤女儿魏国公主的驸马。萧耨斤为报复萧菩萨哥，也不管女儿守不守寡了。她唆使耶律喜孙（辽太宗永兴宫宫分人）和护卫冯家奴诬告这一干人等与萧菩萨哥谋逆，拟以皇后摄政，妄议立新皇帝。辽兴宗听说此事，出面替养母萧菩萨哥说话："皇后侍奉先帝 40 年，将我抚育成人，本当做太后，现在没有做成，反而要拿她治罪，怎么行呢？"萧耨斤碍于皇帝面子，虽然当时未敢杀掉萧菩萨哥，但把她迁往上京软禁起来。

弄走了辽圣宗的皇后萧菩萨哥，萧耨斤又开始谋划搞掉辽兴宗的皇后萧三蒨，因为萧三蒨是萧思温继子萧继先的孙女，也属于萧燕燕一族的血脉。萧三蒨是在太平八年（1028）由辽圣宗做主许配给皇太子耶律宗真的。当时宗真13岁，萧三蒨也就10岁左右。景福元年（1031）时应该还是豆蔻之年，尚不能生育，所以无子。为搞掉萧三蒨，景福元年（1031）七月，萧耨斤把大哥萧孝穆的闺女萧挞里召进宫中为妃。萧挞里比萧三蒨争气，第二年八月就生下了皇子耶律洪基（后来的辽道宗）。萧挞里生了皇子，在宫中的地位自然不可同日而语，况且还有身为皇太后的姑母提携呢。但凡皇帝无子，必是改朝换代的前兆，豪门望族的兴衰也是一样的道理。萧三蒨未能生出皇子，因此被拉下皇后宝座降为贵妃。

史料中没有详细记载萧耨斤是如何赐死萧啜不、萧匹敌以及抓捕和处决围场都太师女真著骨里等人的，不过她的这些作为一定是在征得了辽兴宗认可后才实施的，不然也不会有辽兴宗出面替菩萨哥说情那档子事了。那么辽兴宗没有自己的判断吗？当时的辽兴宗已经15岁了，对是非曲直虽不能清晰明辨，但也会有自己的认识。有史料推测冯家奴是韩德让弟弟韩德昌的孙子（不太可信），借此认为由韩家自己人举报皇后派的人更能混淆视听，难辨真伪。无论这推测是否真实，当耶律宗真意识到生母萧耨斤与养母萧菩萨哥两者不能两全时，他选择了生母。而他又念及萧菩萨哥的养育之恩不忍加害，所以才出面替其说话。至于那些重臣被诬陷"妄议立新皇帝"这事，他肯定是信了。因为《辽史·萧孝先传》记载："兴宗谅阴，钦哀弑仁德皇后，孝先与萧浞卜、萧匹敌等谋居多。"说明萧孝先将所谋事宜报告给了辽兴宗和萧耨斤，这个"谋"难免涉及新皇帝。如果萧孝先再稍微添油加醋一点，那就由不得耶律宗真不信了。那么萧孝先也参加了"谋"，为啥他会无恙？因为他是萧耨斤的亲弟弟，还有一种说法为：萧孝先本身就是卧底。"妄议立新皇帝"算是戳中了辽兴宗的命门，他刚登基，龙椅还没坐热乎，最怕的就是这事，所以对这些"逆臣"的处理，他是赞同母后萧耨斤的做法的，杀！

那么冯家奴和耶律喜孙举报的是否属实呢？按说做了辽圣宗皇后30年之久又有圣宗临终口谕，萧菩萨哥被尊为皇太后是符合惯例和常理的，但辽兴宗却违背先帝临终嘱托，尊生母为皇太后。按照一般的逻辑，辽兴宗及萧耨斤母子所为可能会令众大臣不服，甚至会与萧菩萨哥皇后及她亲近的重臣们议论另立新帝这样的事也是可能存在的。但从史料对萧匹敌的记载中，上面的"逻辑推理"就被否定了。

萧匹敌是秦晋国王耶律隆庆的女儿韩国长公主的驸马。史料记载，当长公主得知萧耨斤等的密谋后，对萧匹敌说："尔将无罪被戮。与其死，何若奔女直国以全其生！"匹敌曰："朝廷讵肯以飞语害忠良。宁死弗适他国。"如此心怀坦荡、忠心耿耿的萧匹敌怎么可能谋逆呢？萧耨斤以一己之私罗织罪名枉杀国之重臣由此可鉴。

不过疑问又来了，辽兴宗继位时15岁，虽然当时朝廷内外的官场环境和边境军事形势要比当年辽圣宗登基时好了很多，但仍然是"母寡子弱，族属雄强"。萧燕燕当年所依靠的是韩家大族以及耶律斜轸等一干忠臣辅佐才渡过了政局危机四伏的难关，那么萧耨斤摄政伊始就采用如此雷霆手段，就不怕有人真的谋逆吗？答案是：确实不怕！前面说过，萧耨斤出身高贵。在她生下耶律宗真后，她的家族势力由初入宫时到辽圣宗后期已经变得越来越强大了。萧耨斤有5个弟弟，其中除了萧孝诚外，萧孝穆、萧孝先、萧孝友、萧孝惠（萧孝忠）均为朝中重臣。

大弟弟萧孝穆作为统帅平定了大延琳叛乱，因功被辽圣宗封为东平王、东京留守，萧孝穆之子萧顺为千牛卫将军；萧孝先就是在大延琳造反时掘地而出的东京留守，大延琳叛乱平定后，被调任为南京留守，在辽圣宗病危时就已被任命为总禁卫事；萧孝友虽然不及他的两位兄长那么位高权重，但也官拜左武卫大将军、检校太保；萧孝惠（萧孝忠）娶了辽圣宗与萧耨斤所生的第三女耶律槊古为妻，官拜驸马都尉，太平三年（1023）时还被任命为殿前都点检，后来又任北府宰相。有了这些弟弟的撑腰，再加上像冯家奴、耶律喜孙等人趋炎附势，最主要的是在夺后位过程中得到了辽兴宗的支持，所以宫廷内外的大局早已在掌控之中了。即便如此，也有耿直忠良者如先帝辽圣宗的诗友、中书令、恒王萧朴多次上书为萧菩萨哥皇后喊冤叫屈，萧耨斤无言以对，干脆将其改封为韩王，调离京城，任东京留守。萧耨斤对所谓皇后派势力中资历老的予以排挤，对资历尚浅的则继续清洗。《圣宗本纪》记载：（当年）十月九日杀萧啜不（萧浞卜）党徒弥勒奴、观音奴等。

　　被迁往上京软禁的萧菩萨哥虽然当时躲过一劫，但心狠手辣的萧耨斤岂肯罢手。她对辽兴宗说："此人若在，恐怕成为后患。"辽兴宗则说："皇后没有儿子而且年老，即使在我们这儿，也做不了什么事。"但萧耨斤不听。重熙元年（1032）春天，趁辽兴宗出外打猎，萧耨斤以萧菩萨哥有罪为名，派人前去上京杀害萧菩萨哥。萧菩萨哥知死期已到，淡然对来人说："待我沐浴之后再赴死。"来人应允并到室外等候。不久再入室时，萧菩萨哥已经归天，终年50岁。死者为大，按说萧菩萨哥已死，萧耨斤应该予以厚葬才是。但她似乎还不解恨，命人将萧菩萨哥草草葬于祖州附近的白马山，都没让她归葬于辽圣宗的永庆陵（今内蒙古自治区赤峰市巴林右旗的大兴安岭庆云山南坡山谷）。可怜一代"美而才"集千般宠爱于一身的皇后啊，她的冤魂和躯体就只能被压在这荒山青冢之中了。

二、萧耨斤母子争权

　　萧菩萨哥冤死，罪魁祸首是萧耨斤，但辽兴宗着实也有负皇后多年的养育之恩和先帝的临终嘱托。那时的耶律宗真还处在"讨狗嫌"的"熊孩子"阶段，虽然也曾替养母说话，但大行皇帝刚刚安葬，受先皇宠爱且一手将他养大的皇后就被处死，这无论如何都是辽兴宗一生的污点。《辽史》编撰者脱脱言："兴宗即位，年十有六矣，不能先尊母后而尊其母，以致临朝专政，贼杀不辜，又不能以礼几谏，使齐天死于弑逆，有亏王者之孝，惜哉！"那么辽兴宗那个阶段都在干啥呢？很简单地说：在玩！

　　《辽史·兴宗本纪》记载：秋七月初一，皇太后率领皇族在太平殿聚哭告哀。高丽遣使前来吊唁安慰。皇上召晋王萧普古等饮酒赌博，到夜深才罢。初二，击鞠。而此时大行皇帝梓宫还停柩于永安山太平殿以待安葬，耶律宗真还能玩得那么欢，说明他真不是一般的"熊孩子"。此外，《辽史》还记载：十二月初十，皇上自庆陵回宫。皇太后听政，皇上不理政务，君臣上表请求皇上亲政，没有得到允许。因为不理政务，所以他有更多的时间到处闲逛玩耍。冬天：重熙元年（1032）正月初六，皇上到雪林。春天：出外射猎（注：正是这次出猎，萧耨斤得以趁机除掉皇后萧菩萨哥）。夏天：四月初五，皇上在别辇斗避暑。秋天：七月，出猎于平地松林。八月初七，皇上歇驾于剌河源。皇子洪基出生。冬十月十一日，临幸中京……总之，这个"熊孩子"真是变着花样地玩，他把政务全部交给萧耨斤掌控，以至于萧耨斤无法无天做出若干遭天谴的混横之事。

萧耨斤先是不按惯例，在先帝丧期之内让宗真为其上尊号，辽兴宗便率领群臣给皇太后上尊号为"法天应运仁德章圣皇太后"。然后又给娘家弟弟们加官晋爵。除掉皇后派功劳最大的萧孝先被加封为守司徒兼政事令，再封楚王，出任官职中最重要的北院枢密使并总揽国政，将原北院枢密使萧普古远放为东京留守。萧孝友，晋升为西北路招讨使，封兰陵郡王。萧孝穆的儿子萧撒八，加检校太傅、永兴宫使，总领左右护卫，同知点检司事。就连照顾过褓褓中的耶律宗真的耶律大师奴也进入宗室谱籍。但还有更过分的，萧耨斤的姐姐秦国夫人早年丧夫守寡，萧耨斤见小叔子耶律隆庆第三子耶律宗允（谢家奴）是大帅哥，就派人杀死其妃。为让耶律宗允不至于太难过，特请辽兴宗封其为长沙郡王，然后把年老色衰且不守妇道的姐姐嫁给了他。萧耨斤的妹妹晋国夫人看中了才貌俱佳的户部使耿元吉，萧耨斤又杀其妻，迫其娶自己的妹妹。

越玩越大、越玩越离谱的萧耨斤看着日渐长大的辽兴宗，嗜权如命的她开始担心耶律宗真亲政后自己的权力会被削弱，自己无法像承天皇后萧燕燕那样一直摄政下去，于是开始谋划废掉耶律宗真，拟立宗真的弟弟耶律重元为皇帝。正所谓"天欲其亡，必令其狂"。从这里可以看出，萧耨斤的权力欲望已近乎疯狂，不仅对臣子们飞扬跋扈，顺我者昌逆我者亡，甚至连皇帝也不放在眼里。她与述律平和萧燕燕最大的不同在于，前面两位皇太后干预朝政或称制摄政目的是维护和稳定皇权以及继续使辽国昌盛，而萧耨斤则就是要满足其一己私欲。耶律重元当时13岁，也正是爱玩的年龄。估计是同样贪玩的耶律宗真经常带着他一起玩，兄弟两人感情亲密无话不说。所以当耶律重元听到母亲和舅舅们的谋划后，就跑去告诉了耶律宗真，可能是想炫耀大人们对他更喜爱吧。当时耶律宗真已经18岁了，自然懂得其中的要害。被惊吓到的耶律宗真慢慢缓过神来，他知道身边有很多萧耨斤的眼线，所以只能先暗自策划一切。

《辽史·兴宗本纪》仅以一句话对此事作了记载：重熙三年（1034）五月，皇太后归政于皇上，自己去守庆陵。事实是辽兴宗按照惯例带着萧耨斤及亲兵去行宫消暑。兴宗"召孝先至，谕以废太后意。孝先震慑不能对"。既然萧孝先无言以对，那么耶律重元所言便属实了。于是兴宗带着几百名亲兵包围了行宫。命殿前都点检耶律喜孙（之前诬告萧菩萨哥的宫卫）带人直闯萧耨斤的卧帐，杀死她的数十名内侍，然后将其押往庆州软禁，并于次日下旨废萧耨斤为庶人，胡作非为的萧耨斤终于混横到头了。至此，辽廷大权归于辽兴宗。

辽兴宗从小在萧菩萨哥和辽圣宗身边长大，圣宗与萧菩萨哥均熟谙音律，受此影响辽兴宗也通晓音律。辽圣宗史称"道、佛二教，皆洞彻其宗旨"，估计圣宗绝对想不到，兴宗竟然连信教这一点也继承了。萧耨斤被软禁在庆州之后，很多大臣以为了能得到宋朝进贡给皇太后的礼物为由（注：宋朝在萧耨斤生日即"应圣节"时，会派使节前来祝贺并送礼），劝辽兴宗将萧耨斤接回。但或许是萧耨斤之前要废除他帝位之举令他太过记恨和忌惮，所以任何劝谏均被辽兴宗坚定拒绝。但几年之后辽兴宗自己改变了主意，这其中的原委就在于他所信奉的佛教。耶律宗真在一次做佛事时听到了《报恩经》，内心被触动。于是在重熙七年（1038）二月十八日，他派使者到庆州向萧耨斤请安。这是萧耨斤被软禁后辽兴宗第一次向她请安。重熙七年（1038）十月九日，辽兴宗更进一步，不只请安，还献上了珠宝珍玩。《辽史·兴宗本纪》记载：重熙八年（1039）七月二十八日，拜谒庆陵，将皇太后迎接到显州，拜谒园陵，然后回京。也就是说，萧耨斤在被软禁了5年多之后，终于又回到了皇宫。重熙八年（1039）十月十一日，辽兴宗朝见皇太后。二十一日，给皇太后举行再生礼（本命年举行的祝贺帝、后、太子或某些贵族诞辰的礼仪），并大赦天下。那么，应该在这个时间节点之前，萧耨斤就又被恢复皇太后身份了。尽管母子之间的感情依然不能和好如初，但从那之后的每一年，辽兴宗都至少朝见萧耨斤一次，有时还会在再生礼时给全国的犯人减刑以此为萧耨斤积功德，这也基本算是做到了人君该尽的孝道。

萧耨斤与萧菩萨哥的争斗，萧耨斤获得完胜。很多史料将她们彼此之间宫斗胜负的原因归结为萧菩萨哥没有亲生儿子。当然这是最主要的胜负因素，但还有一个因素也不能忽视，那就是萧菩萨哥一直太顺了。常年被宠爱，使她丧失了本能的自我保护意识。这一点要比她同时期的宋国皇后刘娥差得太远了！刘娥是宋真宗的皇后，也没有给宋真宗生下儿子，但她却能在宋真宗驾崩后，开创大宋王朝太后临朝摄政之先河，且为期11年。不但能得到善终，即便死后，还被养子尊谥为"章献明肃"皇后，并下旨朝廷和民间皆不得对其临朝时期的往事妄加议论。司马光评价其"保护圣躬，纲纪四方，进贤退奸，镇抚中外，于赵氏实有大功"。可见两者的差距有多大。

刘娥皇太后的一生非常传奇（注：《燕云台》作者蒋胜男女士的新作长篇历史小说《天圣令》，以其一生为主线，讲述了北宋前期太宗、真宗、仁宗三朝的政治风云）。重熙二年（1033）三月，刘娥皇太后薨逝，宋国遣使到辽国告哀并馈送刘太后遗物。辽国为此派出多人担任祭奠使及两宫吊慰使。如此大阵势既说明在"澶渊之盟"签订后宋辽两国关系友好，也说明萧耨斤及辽兴宗对刘娥皇太后的敬重。

在辽兴宗一朝，特别是宋真宗与萧太后签订"澶渊之盟"后，辽宋双方谨遵条约中的"派遣使节定期互访"这一条，每年在正旦（正月初一）前便早早选定使节，避免因气候或其他原因耽误行期。即便是宋真宗于太平二年（1022）驾崩、刘娥皇太后临朝称制（当时新登基的宋仁宗仅12岁）后也没有中断过。《辽史·兴宗本纪》每年都有选派贺宋正旦正副使者的详细记载，两国对"澶渊"条约的恪守与重视由此可见。正旦使只是两国保持互通友好的一部分，此外还互派贺生辰使、馈赠使、登宝位使，等等。正旦使既有递交国书、协商问题的职责，也兼具刺探情报的特殊任务。毕竟双方边境线漫长，小的纠纷在所难免，这种类似"狮虎相伴"、和战不定的状况，两国都需小心为上。"狮虎相伴"的和平状况经常会因为一方的异常举动而使另一方神经过敏。在辽兴宗亲政的第二年，《辽史·兴宗本纪》记载：重熙四年

（1035）十一月初二，改称南京总管府为元帅府。十二月初三，诏令诸军的炮、弩、弓、剑手要按时考核演练。宋朝得知这些情报后，宋仁宗被吓得够呛，赶紧于十二月初十，派郑戬、柴贻范、杨日华、张士禹等前往辽国祝贺永寿节和正旦，想要刺探辽国对宋国是否将有军事行动。相比辽国，宋辽两国的和平更为宋国所愿。所以辽国的行为一旦被误判为将有军事行动，宋仁宗就会立刻心虚，派遣使者前去刺探情报。而辽则不然，一旦发现宋国有异动，则会乘机敲诈勒索，例如载入史册的"重熙增币"（宋国称为"庆历增币"）。辽国能够对宋国敲诈成功，实现增币，很大一部分原因在于辽国的附属国夏国（西夏）。为此笔者还要赘述一下夏国。

三、不断壮大的西夏

辽圣宗六月三日驾崩，六月八日，辽国即派使节向宋国、高丽和夏国报哀。《辽史·兴宗本纪》记载：景福元年（1031）九月十五日，夏国派使者前来慰问。十月二十三日，夏国派使者前来捐资助葬。这一年，辽朝还将兴平公主（注：辽国宗室之女，并非辽兴宗女儿）下嫁夏国王李德昭之子李元昊，封元昊为夏国公、驸马都尉。这也是西夏又一代与辽国联姻。

关于西夏，笔者在前文中提到李德昭（李德明）于统和二十七年（1009）本欲继续西拓，但因天象怪异而放弃了那次军事行动。西夏人要西拓，首先受阻于吐蕃六谷部，其次是位于六谷部西面的甘州回鹘。统和二十八年（1010），李德昭（李德明）西进，连续攻破了凉（今甘肃省武威市）、甘（今甘肃省张掖市）二州，但很快又被吐蕃六谷部和甘州回鹘联军打败，再度失去了凉、甘二州。

吐蕃六谷部当时的首领厮铎督虽然是杀死夏王李继迁的前吐蕃六谷部首领的弟弟，但他的号召力和统治力比起他的哥哥差得很远，所以六谷部属下的吐蕃部落纷纷想要自立。不过最要命的是一向被六谷部奉为正朔的宋朝，竟然开始与这些自立的吐蕃部落建立起了朝贡关系，这等于公开支持他们自立，以致吐蕃六谷部的联盟由此开始瓦解。同时，与党项人连年的战争，也使吐蕃百姓生活困苦流离失所，纷纷逃散以避战火。如六谷部联盟中的宗哥族甚至向南翻越祁连山进入今青海省境内，并在宗哥城（今青海省海东市平安区）和邈邋川城（今青海省海东市乐都区）一带建立了自己的联盟，这些因素都大大削弱了六谷部联盟的实力。从之前主动请求与宗主国宋朝联手打击西夏党项人，到此时只能苦苦挣扎以求自保，六谷部被灭亡也只是时间问题了。

统和二十九年（1011）九月，厮铎督统领诸族打败由苏守信率领的党项军，使六谷部得以残喘。开泰二年（1013），西夏趁辽国讨伐阻卜的时机进攻河西，这一次，他们先占领了统和二十八年（1010）被辽国攻占后来又撤离的甘州回鹘控制的肃州（今甘肃省酒泉市）。但从这一年开始，连续3年的旱灾使西夏扩张的脚步有所放缓。开泰三年（1014）西夏境内迎来了及时雨，农业状况得以好转。于是，西夏进一步对六谷部进行分化瓦解和军事打击，致使六谷部继续产生分裂。开泰四年（1015）六月，西凉府人苏守信趁乱占领了西凉府，厮铎督只好率余部十余万人投奔宗哥联盟中首府在青唐城（今青海省西宁市）的唃厮啰。但第二年甘州回鹘夜落纥·通顺可汗派兵攻破西凉府，苏守信儿子罗嘛弃城逃走（注：时苏守信已死），凉州归于甘州回鹘，六谷部政权彻底消失。甘州回鹘占领凉州后，进一步壮大了自己，成为对西夏更大的威胁。

开泰九年（1020），面对西夏势力不断扩大的新变局，西夏王李德昭（李德明）决定将都城由西平府迁至怀远镇（今宁夏回族自治区银川市市区），在大兴土木工程的同时，改名"兴州"。太平四年（1024），西夏又在兴州东兴建省嵬城并置监军司于此，拱卫都城兴州。太平六年（1026）五月二十八日，辽圣宗派西北路招讨使萧惠率军讨伐甘州回鹘。萧惠率军围攻甘州城（今甘肃省张掖市）三日无法取胜，乃撤兵。辽国对甘州回鹘用兵，正合西夏之意，所以李德昭（李德明）也准备出兵助战，但因辽军很快撤军，西夏也只好作罢。太平八年（1028）五月，夏国王李德昭（李德明）派长子李元昊突袭甘州成功，夜落纥·通顺可汗弃城逃跑，数万回鹘人南逃越过祁连山投奔唃厮啰。夜落纥·通顺可汗本以为李元昊会继续西进，不承想李元昊迅速回过头来攻打西凉城并一举攻占西凉城。李元昊时年25岁，两次出其不意的用兵均大获全胜，显示出了李元昊高超的军事才能，从此李元昊名声大噪、威震西域。

占领甘州和凉州后，西夏的势力范围已扩大到银、夏、绥、宥、灵、盐、甘、凉等八州之地。实力大大增强后，一向低调的李德昭（李德明）暗中也开始图谋帝位了。但他还不敢张扬，毕竟还有辽、宋两个大国在上压制，只能对内仿宋朝制度，于太平八年（1028）立李元昊为皇太子，李元昊生母卫慕氏被立为后。为增强西夏经济实力，李德昭（李德明）不间断地向宋朝索要贸易特权要求设立榷场，从中获取的稳定收益，为西夏进一步崛起奠定了坚实的基础。可以说，李德昭（李德明）继位以来所采取的"韬光养晦"的外交策略取得了巨大成功，特别是在"澶渊之盟"后，辽宋两国都被西夏"依辽和宋"政策所麻痹的过程中，一个强大的西夏已悄然崛起。

在辽圣宗生命的最后阶段，他更多的精力关注在东京道区域的渤海遗族叛乱上面，再加上西夏一直表现得"很懂规矩"，所以他并不担心西夏西征开疆拓土会给辽国带来不利，这一点在《辽史·圣宗本纪》太平八年（1028）之后的记载中也可以发现，这一时期几乎没有关于西夏国的记载。直到辽圣宗驾崩的景福元年（1031）六月三日之后，《辽史·兴宗本纪》才开始提到，六月八日派使者向宋、夏、高丽报哀。九月十五日，夏国派使者前来慰问。十月二十三日，夏国派使者前来捐资助葬。由此可见，西夏仍然把附属国的地位摆得很正，这也令辽兴宗非常满意，在李德昭（李德明）为李元昊请婚时，辽兴宗恩准将兴平公主下嫁李元昊并封元昊为夏国公、驸马都尉。

重熙元年（1032）十一月，李德昭（李德明）薨逝，西夏向辽国报哀。辽兴宗派遣宣徽南院使、朔方节度使萧从顺，潘州观察使郑文囿到兴州册封夏国公李元昊为夏国王。李元昊可是个狠角色，一点也不像他父亲那样深藏不露。李元昊因内心瞧不起宋国，所以对于"依辽和宋"之国策早有更改之心。他曾对手下大臣言"先王大错，有如此国，而犹臣拜于人耶"。性格刚猛且敢作敢为的李元昊说到做到。继位伊始便废除唐、宋皇家"恩赐"给他们拓跋氏的姓氏，改姓"嵬名氏"，还更名为"曩霄"。更名改姓之后又"从头做起"，下达了"秃发令"，命令所有男性国民3日内必须剃成光头。之后又在礼乐、军政和文字等方面施行大变革。从李元昊继位以来的所为看，他是个有雄心大志的王者。但或许他的改革步子太快，触动了贵族阶层的利益，抑或他的锐意改革被视为胡作非为，以致连一贯坚持联辽睦宋的母亲卫慕氏都看不下去了。总之，在重熙三年（1034），一场以李元昊亲娘舅卫慕山喜为首的密谋作乱正在酝酿，其目的是杀李元昊夺权。可结果出人意料，李元昊挫败了酝酿中的谋逆。此时李元昊的残忍与暴戾本性瞬间爆发，他不但杀了卫慕山喜，还将卫慕氏全族都绑上石头沉入黄河淹死。甚至他还亲奉毒酒鸩杀了生母——卫慕皇太后。当时卫慕一族唯一存活下来的就是身怀六甲的皇后卫慕氏。但之后，因宠妃野利氏说卫慕皇后所生的儿子不像李元昊，李元昊又怒将卫慕氏母子二人杀死。李元昊所为真是将人性之恶做到了极致，真不知他是哪个恶魔转世。

如果读者以为李元昊之狠毒到此为止，那就大错了！重熙四年（1035），胆大妄为的李元昊又杀了辽兴宗赐给他的兴平公主。据说是因为兴平公主了解了李元昊杀母的实情，李元昊怕兴平公主将真相通报给辽国于己不利，乃下了杀手。辽兴宗素知兴平公主生前与李元昊关系不睦，突然获知其死讯，自然有所疑惑。所以在重熙七年（1038）四月派北院承旨耶律庶成持诏书去责问夏国王李元昊，但终因难觅真相不了了之。辽国所表现出的对李元昊的无可奈何与容忍纵容，更坚定了他弃王称帝的决心。重熙七年（1038）十月十一日，李元昊在都城兴庆府筑坛登基称帝，国号"大夏"（史称西夏），改元"天授礼法延祚"。《辽史》在重熙七年（1038）和重熙八年（1039）均无关于李元昊称帝的记载，直到重熙十年（1041）九月二十日才记述"夏国献上宋俘"。这些宋俘应该是重熙九年（1040）和重熙十年（1041）夏宋三川口战役和好水川之战宋军的被俘人员。从中可以看出，辽国对李元昊称帝并没有太当回事，与之相反，宋国反应倒是有些过激，以致宋仁宗下诏"削夺赐姓官爵"，停止互市。甚至宋朝还通缉捉拿李元昊，悬赏献其首级者。宋朝如此操作，其结果就是两国刀兵相见。在重熙九年（1040）及重熙十年（1041）宋朝与西夏两次较大规模的战役中，宋军皆败，不过夏国也不是赢家，渔翁得利的只有辽国。就在这两次战役结束后，乘人之危的辽国出手了。

四、辽宋两国"重熙增币"

《辽史·萧孝穆传》记载,重熙九年(1040),当时天下无事,人口增殖,皇上又青春鼎盛,每每谈及后周夺取十县,总是感慨愤激,有南伐之志。群臣大多顺从旨意。(唯有)孝穆劝谏说:"昔太祖南伐,终以无功。嗣圣皇帝仆唐立晋,后以重贵叛,长驱入汴,銮驭始旋,反来侵轶。自后连兵二十余年,仅得和好,蒸民乐业,南北相通。今国家比之曩日,虽曰富强,然勋臣、宿将往往物故。且宋人无罪,陛下不宜弃先帝盟约。"虽然有北枢密使萧孝穆反对南伐,但也有以南枢密使萧惠为代表的好战大臣们极力赞同。《辽史·萧惠传》中记载:"是时帝欲一天下,谋取三关,集群臣议。惠曰:'两国强弱,圣虑所悉。宋人西征有年,师老民疲,陛下亲率六军临之,其胜必矣。'萧孝穆曰:'我先朝与宋和好,无罪伐之,其曲在我;况胜败未可逆料。愿陛下熟察。'"萧惠所言正符合兴宗想趁宋国与夏国打得难分难解时到宋国去捞一把的本意。从萧耨斤被软禁后,辽兴宗确实过得很舒坦,国内外四海升平。他也想像祖辈们那样建功立业,但他连个发动战争的由头都没有。正愁没机会,小小的夏国竟然把这种机会送到眼前了,那就没有不好好利用的道理了。

重熙十一年(1042)正月初五,辽兴宗派遣南院宣徽使萧特末(萧英)、翰林学士刘六符出使宋国,索取晋阳及瓦桥关以南十县之地;并责问宋兴师讨伐夏国及在沿边地区疏浚水道、增加兵将戍守的缘故。为威慑宋国增加谈判筹码,兴宗还派遣皇太弟耶律重元与萧惠率军兵临宋境。

宋国在萧特末与刘六符到来之前就已知二人出使的本意,宋仁宗派大臣富弼出面接待辽使。萧特末为国舅大父房之后,刘六符为原北府宰相刘慎行的公子。萧特末刚入境宋国时,对宋派去迎接他们的中使官傲慢无礼,待与枢密直学士富弼见面后两人竟十分投缘,畅所欲言。萧特末暗中将辽兴宗的本意转告了富弼,富弼再禀报给宋仁宗。萧特末、刘六符抵达开封后将辽兴宗写给宋仁宗的书信呈送,书信内容包括指责和索要两部分:

指责宋国明知夏国是辽国的臣属国，却不事先告知辽国即兴兵，并且宋国不应在边界地区疏浚水道、增筑工事，添置边军。索要当年宋太宗占领的辽原藩属国北汉领土及周世宗夺取的瓦桥关以南十县。宋仁宗因为已知辽兴宗本意，所以早已确定了宋国的底线：同意增币或将宋宗室女子嫁给辽国皇子达成两国联姻。仁宗还命大臣起草文书，对辽国的责问一一予以驳斥。辽使带着宋国国书返回呈递给辽兴宗，兴宗见一无所获，甚为恼怒，于当年四月初一，颁布南征赏罚令开始筹备对宋作战。宋仁宗见事态恶化，赶紧于六月四日派富弼为正使、张茂实为副使带国书回访辽国。

富弼能言善辩，在觐见辽兴宗时，面对兴宗的责难，既针锋相对不失国格，又据理力争不辱使命。《辽史》记载："是时，富弼为上言，大意谓辽与宋和，坐获岁币，则利在国家，臣下无舆；如辽与宋交兵，则臣下获利，害在国家。上感其言，和好始定。"辽兴宗虽然同意双方和好，但和好的条件双方还是要互相讨价还价的。宋国愿意增币 10 万，但如辽国能令夏国臣服宋国，不再兵犯宋国，则岁币可增至金帛共计 20 万。八月二十五日，辽兴宗派北院枢密副使耶律仁先及刘六符出使宋国洽商增币协议文本。文本内容初步确定为：宋国每年赠送银 10 万两、绢 10 万匹给辽，钱物由宋国送至白沟（注：辽宋边界）。辽兴宗得到耶律仁先的奏告甚是开心，在昭庆殿大宴群臣。虽然辽兴宗也同意了协议主要内容，但当富弼随辽使节再去辽国时，两国就协议文本的表述起了争执。辽国坚持用"献"，至少也用"纳"，而富弼坚持用"赠"。后来辽兴宗又派耶律仁先及刘六符再到宋国觐见宋仁宗，仁宗求和心切，乃许用"纳"字。闰九月二十一日，仁先、刘六符等回国，递交宋国盟誓之书，辽兴宗签署后，"重熙增币（庆历增币）"协议才总算达成了一致。

五、宋夏两国"庆历和议"

就在辽宋增币协议商议期间，夏宋两国间又爆发了定川寨之战。宋军战死将士万余人，李元昊纵横宋境 600 里，大掠而还。夏宋这三次较大规模的战役，虽然从表面看西夏均获胜，斩获颇丰，但也只能说这几次战役稳定了李元昊的帝位，展示了李元昊的军事才能及奠定了西夏生存与发展的军事基础。于西夏而言，胜亦不足为喜，因为宋的大国地位依然不可以撼动，若西夏倾全国之力死战下去，必然导致国家崩溃，毕竟西夏资源贫瘠，无力久战。于宋国而言，西夏战力已今非昔比，而宋国在"澶渊之盟"后享受了30多年的和平，虽然军队也有一百多万，但军队战斗力却断崖式下跌。即便靠经济实力和人力资源可以拖垮西夏，那也只能是两败俱伤。如是，宋夏两国就都有了讲和的意愿。这时，在"庆历增币"中得到了好处的辽国依照与宋的盟约，就出面来要求夏国与宋国停战。《辽史·兴宗本纪》记载：重熙十二年（1043）春正月初二，皇上派同知析津府事耶律敌烈、枢密院都承旨王惟吉前去晓谕夏国与宋讲和。辽国一出面，处于"战与和"两难之中的李元昊立即见好就收，同意双方议和。《辽史·兴宗本纪》如是记载：二月十一日，夏国派使者前来祝贺辽群臣加皇上封号。十六日，耶律敌烈等出使夏国归来，奏称元昊已停止用兵，皇上立即派使者将这一消息告知宋国。

其实从重熙十一年（1042）十月开始，宋夏双方已经进行试探性和谈，但由于双方和谈条件相去甚远，根本无法达成一致意见。因辽国对西夏施加压力，李元昊不得不停止与宋国边将的和谈，将和谈地点转移至宋国首都开封，谈判成员的级别也相应提升。夏使提出了11项谈判条件，其中"求称男而不称臣（保留'僭号'）"一项最为宋朝反对。双方讨价还价，和谈持续到重熙十二年（1043）九月末才达成一致，十月二日，宋仁宗赐誓诏，双方协议正式生效。和谈协议条款为6条，主要的为第一和第二条，即"元昊去帝号，对宋称臣"和"宋每年赐西夏岁绢13万匹，银5万两，茶2万斤，加上乾元节和贺正回赐及仲冬赐时服，合计绢15万匹、银7万两、茶3万斤"。如是，宋朝以花钱买平安的惯例暂时得以安宁，西夏通过战争提高了"岁赐"。相比于此时辽兴宗耶律宗真和夏国王李元昊，宋国仁宗皇帝确实太过仁厚，所以才会有"庆历增币"与"庆历和议"这样略显屈辱的外交事件发生。在宋仁宗的观念里，与其花千万银两养兵，不如以少量钱财买和平。所以有史家评价："在昔人君，以务实致治者，汉文景、宋仁宗是也。"

六、枭雄李元昊

重熙十三年（1044）达成的"庆历和议"从表面看是宋夏两国妥协的产物，但更主要的原因是李元昊正面临辽国对西夏的征伐，如果李元昊不能马上与宋国达成和议，西夏将面临辽宋两个大国的夹击，那么，是什么原因引起辽国要对夏国兴兵讨伐呢？让我们详细捋一捋吧。

重熙十二年（1043）一月，李元昊听从辽兴宗的旨意开始与宋国谈判，但双方争执不下难以达成协议，李元昊遂意欲再对宋国用兵。《辽史》记载：重熙十二年（1043）秋七月二十五日，夏国派使者上表请求讨伐宋国，没有得到允许。在这种情况下，夏国无奈与宋国在九月达成了"庆历和议"。后来李元昊得知辽宋两国"重熙增币"的事情后，心里开始记恨辽国，不过军事实力上的巨大差距令李元昊不敢对抗辽国，便暗地里煽动、引诱辽国统治下的山南党项各部及夹山（今内蒙古自治区包头市东北部一带）呆儿族叛辽归夏。受李元昊的蛊惑，重熙十三年（1044），党项呆儿族800户于四月叛辽归附了西夏。紧接着又有山西北部部族节度使屈烈率五部部众叛逃入西夏。辽国边将责令夏国送还叛逃者，被心怀怨恨的李元昊拒绝。五月一日，辽西南面招讨都监罗汉奴发兵追讨叛逃的党项部落，由于李元昊亲自率兵援助叛逃者，致使辽军失利，招讨使萧普达、四捷军详稳张佛奴战死。辽兴宗得报后盛怒，五月十日，诏令征发诸道兵马会师于西南边境以征讨李元昊。辽夏关系自此走向恶化，客观上这是"重熙增币"导致的局面。辽国在"重熙增币"中既获得了经济利益又使宋国接受了"纳"贡的卑微地位，看似完胜。但因压制夏国从此造成辽夏两国对立并走向连续战争，这是辽兴宗外交策略上的重大失误。造成这种失误的原因是他低估了崛起中的夏国，这说明他不具备一个政治家高瞻远瞩的目光和总揽全局的掌控能力。

李元昊闻知辽军西向，一边备战，一边遣使到与辽国有过节的阻卜那里，试图拉阻卜共同抗击辽国大军。不过阻卜也没那么傻，六月初四，阻卜酋长乌八派其子押送元昊派往阻卜的求援使者𢘑邑改至辽，并请求派兵为辽助战,当即得到辽兴宗允许。当月,辽兴宗派延昌宫使耶律高家奴将准备出兵讨伐夏国的消息告知宋国。宋仁宗得此消息自然开心,对西夏和谈的底气也更足了。这时的李元昊才有些害怕了,忙于七月二十一日和二十八日先后两次派使者求息兵,但使者均被辽国扣留。

面对辽夏两国剑拔弩张的危局,宋国当然不会无视,那么宋国干了啥?送钱!给准备出征的辽国送军费(别笑!严肃点啊!)。《辽史》对此也有记载:九月初十,宋因皇上将亲征夏国,派余靖送来送行的礼金。宋国人可不是钱多人傻啊!这叫有钱使在了刀刃上,怕你缺钱舍不得打仗,我送钱挺你。当然宋朝的钱绝对没有白花,当月"庆历和议"就达成了!

有了钱,辽兴宗伐夏就再无顾虑了,九月十四日,辽10万大军会聚于九十九泉(今内蒙古自治区乌兰察布市卓资县灰腾梁一带)及寇静(今山西省朔州市朔城区)一带。辽兴宗命皇太弟耶律重元、北院枢密使韩国王萧惠率领先锋部队西征。按照辽军打仗的惯例,十月八日在大军出征前,以鬼箭射杀被俘获的党项间谍。知道自己惹了大祸的李元昊赶紧做出表示,先是于十月九日上表谢罪,十一日又向辽兴宗表示一定缉拿叛乱的党项各部交还辽国,二十三日,再派使者前来进贡土产,二十四日更是带着叛逃过来的党项三部亲赴辽军驻扎在河曲(今内蒙古自治区包头市土默特右旗毛岱乡一带)的大营请罪。辽兴宗诏令北院枢密副使萧革对李元昊招纳叛降之徒、背弃盟誓之过进行训诫,李元昊表现得很乖,认领伏罪,哄得辽兴宗龙颜大悦,一边赐酒一边表示允其改过自新,并将其放归夏国。虽然辽兴宗被忽悠过去了,但北院枢密使萧惠久经战阵可没那么好糊弄。萧惠对兴宗说:"元昊忘奕世恩,萌奸计,车驾亲临,不尽归所掠。天诱其衷,使彼来迎。天与不图,后悔何及?"一番话令辽兴宗恍然大悟,第二日清晨,命令辽军全线进攻夏国。

或许是李元昊担心辽国会反悔,拼了命往回跑,或许是辽军追得太慢,辽军深入夏境约400里仍寻不见李元昊等人的踪影。辽兴宗中路大军经金肃城(今内蒙古自治区鄂尔多斯市达拉特旗马场壕乡)西南向前进,驻跸于得胜寺南壁(今内蒙古自治区鄂尔多斯市东胜区与鄂托克旗之间);皇太弟耶律重元领骑兵七千走南路准备包抄西夏军;萧惠率领的北路军沿黄河南岸西进，然后在今包头附近南下。二十六日凌晨，萧惠部终于找到了李元昊所部。但令萧惠没想到的是李元昊早做了和战两手准备，所以见到辽军追至并不慌张，且战且走。萧惠率领的辽军足有几万人，而李元昊手下不过几千人。因此辽夏两军场上的战况是李元昊部在前面跑，萧惠军在后面追。李元昊的跑还有个特点，就是跑之前先求和，萧惠当然不允，挥兵冲杀夏军，李元昊接着再跑，边跑边烧毁草场。因为李元昊深知辽军作战惯用的手法是以战养战，特别是骑兵需要有大片草地喂饱战马后才能作战，所以不但烧毁了草场，还坚壁清野让辽军难以得到补给。一连几天如此，萧惠大军扛不住了，他表示同意李元昊的求和。至此，战场的局势开始悄悄逆转，李元昊反倒不着急谈和了。

二十八日，李元昊率部在今包头市南面的响沙湾旅游区附近出击辽军，不料李元昊上了萧惠的当。辽军虽然疲惫不堪，但战斗力并非如李元昊以为的那么不堪一击。还是那句话，老虎不发威你以为我是病猫吗？西夏军一接触辽军，就发现辽军的战斗力要比之前交过手的宋军强过不知多少倍。西夏军发现打不过辽军便开始后撤，辽军奋勇追杀。战况若是如此下去，西夏军就可能被全歼。但天助西夏啊！也该夏国国运昌隆，就在辽军追得兴起时，天气突然大变，狂风卷起漫天飞沙，沙尘暴来了！辽军一时乱了阵脚，西夏军趁机反攻，辽军溃败，驸马都尉萧胡睹被夏人俘虏，士卒多半被杀或相互践踏而死，只有萧惠等将领突围逃出。大获全胜的西夏军在李元昊统领下，迅速杀向位于战场东南方向的兴宗大营。辽中军大营正被突如其来的沙尘暴刮得乱作一团，却在此时西夏军如神兵天将般冲杀过来，打了辽军一个措手不及，辽兴宗只好率众溃逃。什么黄罗伞盖、天子仪仗啊，都不要了，啥也没有比逃命更要紧的。随兴宗逃出来的只有贴身随从等数人，要不是跑得快，估计也被夏军俘虏了。

李元昊的这一仗打得够牛，堂堂大辽雄师被打得毫无还手之力，真是威风八面不可一世啊！但更牛的是，李元昊深知，尽管此战获胜，但辽国依然强大，对夏国仍具有压倒性的优势，所以他见好就收。二十九日，李元昊主动派人送还以前被夏国扣押的辽国使者并再次请和。辽兴宗也诏令将被扣押的夏国使者送还。辽夏的第一次战争就以这样意想不到的结果收场了。此战西夏军胜在天佑,但从李元昊去觐见辽兴宗请罪到战与和的两手准备上看,李元昊不仅是相当出色的政治家,还是运筹帷幄的军事家。能够在短时间内连续打败辽宋两个各方面实力都远超夏国的强大对手,真枭雄也!他完全称得上是继后唐李存勖之后的又一位战神。

《辽史》对于这次战争可能羞于细致记载,在《辽史·兴宗本纪》只有寥寥几字:"十一月初四,皇上赏赐有功将士财物各若干。初七,班师。"

辽夏第一次战争后,西夏、辽、宋三国鼎立的局面初步形成,尽管西夏表面上仍向辽宋称臣,但实际是"内帝外王"。夏国不断骚扰宋国边界,为的是能持续得到来自宋国的"岁银"和经贸特许权;夏国对辽国屡屡进贡,为的是能保自己边境平安无事,以便可以持续稳定地西拓。在李元昊登基称帝之前,夏国就已西进占领了兰州、瓜州(今甘肃省酒泉市瓜州县)、肃州(今甘肃省酒泉市)、沙洲(今甘肃省敦煌市)等地,彻底控制了河西走廊,其疆域已"东尽黄河,西界玉门,南接萧关,北控大漠,地方万余里"。

李元昊继承父亲的王位之后,仅用6年时间就使西夏迅速变得强大起来,如今连辽国也不敢再小觑西夏。辽兴宗班师回辽后第一件事,就是于十一月初十改云州为西京(今山西省大同市),设西京留守,以统筹南防宋国、西扼夏国的防御事宜。辽国五京最高长官均称留守,一般由契丹皇族或后族重臣担任,但也有汉人任留守的个例,如韩匡嗣就担任过南京留守。在辽西京除了置西南路招讨司外,还设有西南巡察司、山北路都部署司等衙门机构。

重熙十四年(1045)三月二十三日,宋国派使者前来祝贺辽国伐夏班师。宋国这是往辽兴宗的伤口上撒盐啊!伐夏惨败一直让兴宗难以释怀,睚眦必报也是他的性格,所以他一直在寻找机会报复夏国一雪前耻。但李元昊在辽夏第一次战争后表现得乖巧多了,虽然夏国是胜利的一方,但他对辽国依然表现得恭恭敬敬,随着驸马萧胡睹于重熙十三年(1044)十二月底被释放回辽,被夏国俘虏的辽人就全部释放完毕,辽兴宗即使想报复夏国都找不到借口。时光飞逝,转眼到了重熙十七年(1048),辽兴宗报复夏国的机会终于来了,因为重熙十七年(1048)二月,李元昊的儿子李谅祚派使者前来告哀,称其父李元昊归天了。事出突然,辽兴宗有点不太相信,他派永兴宫使耶律袅里、右护卫太保耶律兴老、将作少监王全前去祭奠慰问,也借此一探究竟。李元昊才45岁，究竟发生了什么才导致这位战神猝死的呢？这事有点复杂，容笔者慢慢道来。

李元昊的宠妃野利氏之前进谗言害死了卫慕皇后，自己成了皇后。她为李元昊生下3个儿子，老三和老大先后死了，老二宁令哥被李元昊立为太子。李元昊能打仗，身体也好，娶了多个老婆，其中一个曾是李元昊打算给宁令哥做太子妃的没移氏。没移氏因美艳绝伦，被李元昊看中了，霸道的李元昊干脆把准儿媳没移氏抢过来做了自己的妃子。这种行为跟唐朝的唐玄宗李隆基一样，但宁令哥可不像杨贵妃的前老公李瑁那样窝囊，他要伺机报复。宁令哥的心思被阴险狡诈的国相没藏讹庞看穿了，他开始谋划除掉李元昊的大计。

国相没藏讹庞是何许人也，竟然胆敢设计杀掉皇帝呢？这事也有点复杂。没藏讹庞是李元昊现任皇后没藏皇后之兄。李元昊中了宋国名将种世衡的离间计，赐死了野利皇后两个战功卓著的兄弟野利遇乞和野利旺荣，野利遇乞的妻子没藏氏因此出家为尼。没藏氏因貌美，也被李元昊看中。于是李元昊经常去寺中与其幽会。重熙十六年（1047）二月六日，没藏氏在跟从李元昊打猎时生下李谅祚。因当时李元昊还未将没藏氏娶入宫中，所以李元昊将李谅祚养于没藏氏之兄没藏讹庞家，并将国事委以没藏讹庞。之前的皇后野利氏失宠被废掉之后，李元昊册封没移氏为皇后，然后又废掉没移氏改封没藏氏为后。没藏讹庞熟知李元昊性暴戾，多猜疑，好杀虐。身为李元昊重臣，确实有伴君如伴虎的感觉，与其被他杀不如先杀他！没藏讹庞思来想去，决计怂恿太子宁令哥杀掉李元昊。无论宁令哥能否杀掉李元昊，没藏讹庞的计策均可两全其美。若宁令哥事败，必被李元昊所杀；若宁令哥事成，他再以宁令哥弑君为由将其诛杀。那么继位者必将是李谅祚，而李谅祚年纪尚小，大权将落入自己之手无疑。

宁令哥被没藏讹庞一拱火，果然起了杀心。重熙十七年（1048）正月初一，太子宁令哥和野利家族的一个勇士趁李元昊酒醉带刀闯宫。李元昊并没有被直接杀死，只是被宁令哥一刀削掉了鼻子。这实在是太搞笑了，因为李元昊与辽人作战时，逮住辽人俘虏不敢杀掉，只割掉辽人的鼻子，如今自己的鼻子竟然被亲儿子给砍了！哈哈，还真是因果自有报啊。

李元昊因伤重加上气恼于次日撒手人寰，临终时本有遗命立其从弟委哥继承帝位。但没藏讹庞以弑君之罪杀了行凶后躲藏在他家的宁令哥后，又以没藏皇后有子，乃先王嫡嗣，应立为主的理由震慑住了满朝文武大臣。由是，李谅祚成为夏国新主，没藏氏皇太后摄政，实权由没藏讹庞把持。辽国使者回国后跟辽兴宗确认李元昊被弑杀的消息属实，兴宗便开始筹划出兵讨伐西夏一雪前耻。

夏国毕竟表面上还视辽国为宗主国，朝贡往来几乎就没有中断过，所以辽兴宗起兵伐夏得有个理由才行。为找理由，辽国暂时搁置了对当时才十一个月大的李谅祚的册封。在了解夏国实际由没藏讹庞专权之后，辽朝终于想出了"新君幼弱，强臣用事"，作为宗主国不能无视的理由出兵，于是伐夏筹划付诸实施。为此，辽兴宗命天德军节度使耶律铎轸制造战船。《辽史》记载："十七年（1048），城西边，命铎轸相地造战舰，因成楼船百三十艘。上置兵，下立马，规制坚壮。"战船造好后，辽兴宗开始对夏国找茬儿，试图激怒夏国。重熙十八年（1049）正月初五，辽国扣留夏国前来祝贺正旦的使者。初六，派北院枢密副使萧惟信将伐夏之事告知宋国。貌似辽宋两国关系够好吧？辽国将出兵伐夏这么大的军事秘密都提前告知宋国了。若你果真这么想那你就错了！

七、辽夏战争

重熙十八年（1049）六月一日，辽兴宗任命韩国王萧惠为河南道行军都统，赵王萧孝友、汉王贴不为副都统。宋国得知辽国将要出兵伐夏的消息，自然就不能坐视了。宋仁宗是个明白人，深知辽国通报的真实意图。干吗？要钱呗！宋国被夏国欺负那么久，现在辽国要去揍它，宋国你得那啥吧？《辽史》记载：六月初八，宋因辽师讨伐夏，派钱逸送来送行的礼金。看看宋国这反应速度，就知道宋国有多恨夏国了。

出兵的理由和银两都有了，万事俱备。六月二十日，夏国又派使者前来进贡，辽国依旧扣留不予放还。七月七日，辽兴宗御驾亲征起兵伐夏，第二次辽夏战争爆发！

辽兴宗以西北路招讨使耶律敌鲁古为北路军行军都统,率辽与阻卜（鞑靼）联军攻贺兰山,以河南道行军都统萧惠所部为南路军,辽兴宗自己率领中路军,以皇太弟耶律重元和北院大王耶律仁先为先锋,三路大军浩浩荡荡杀向夏国。辽中路军从阴山南麓出发于八月一日渡过黄河进入西夏东部国土。西夏骑兵稍稍后撤,并未与辽军直接交锋,辽中路军也并未深入,兴宗留驻少部分兵力作为牵制后,下令大军班师等待其他两路军协同作战。萧惠率南路军6万人于八月中旬从南京出发,抵达黄河后,乘战舰、粮船溯黄河而上再转无定河（流经陕西北部的黄河支流）进入夏国的夏州一带。按照辽军的计划,将在这一带消灭西夏军的有生力量,之后再渡过黄河杀向西夏都城。

西夏国相没藏讹庞也颇懂军事,他猜到辽军南路的进攻意图,于是调集了西夏主力部队前来阻击。其作战办法是打击辽国南路军在无定河上绵延百里的运输兵器、战马及粮食的战舰。西夏骑兵在陆地作战,远比辽军水上战舰灵活得多,时常从黄土高坡上冲下来射杀辽军。即便如此,萧惠仍然轻敌,弃船登陆后,既不远放侦察兵,又多日停歇时不设营帐,士兵所穿的铠甲也均放在车上。如是,当西夏军冲杀过来时会是什么情景就可想而知了。《辽史》记载:"惠与麾下不及甲而走。追者射惠,几不免,军士死伤尤众。"虽然萧惠多次组织南路军反击,但难以获胜,不得不撤军。《辽史·兴宗本纪》仅有寥寥几字记载:"九月十七日,萧惠等为夏人击败。"听到萧惠兵败的消息,辽兴宗欲率中路军反攻夏军,但被耶律仁先劝止。似乎辽夏之战又要重蹈覆辙草草收场了。但是西夏人这次错了,因为辽军此次作战的中路军和南路军都只是牵制作战,没藏讹庞将西夏军主力全部用来阻击辽南路军,这便在战略上中了辽国的圈套。辽军真正的进攻重点是在耶律敌鲁古率领的北路军一侧。

十月,北路军穿越贺兰山途中,遭遇夏国在此据险死守的三千夏军,此战战况惨烈,辽军乌古敌烈部都详稳萧慈氏奴（萧惠儿子）、南克耶律斡里战死,夏军被全歼,随后辽军长驱直入攻打西夏国的后方。而西夏人的主力全部被吸引到了辽军的南路,所以,辽北路军从今内蒙古阿拉善左旗南下的进攻非常顺利。耶律敌鲁古身先士卒斩杀夏军,夏军不敌如狼似虎的辽军,夏国凉州府被攻陷,河西走廊亦被辽军切断,在凉州城内的李元昊第三任皇后没移氏等西夏一干达官贵人的家属都成了辽军的俘虏。没藏讹庞见状，赶紧向辽国请和。

重熙十九年（1050）一月十三日，辽兴宗派使者前往夏国问罪，事实上同意了夏国的请和，辽国撤军。但没藏讹庞请和只是缓兵之计，并非真正屈服，这完全符合西夏人不屈不挠的本性。重熙十九年（1050）二月没藏讹庞以贺兰山之败为借口不向辽国纳贡。二月，夏国主动在辽夏边界挑起事端，夏国将领洼普、猥货、乙灵纪等进攻辽国金肃城（今内蒙古自治区准格尔旗西北），辽国南面林牙耶律高家奴等击破夏军。洼普负伤逃走，猥货、乙灵纪被杀。

三月，夏国增兵黄河南三角川（今内蒙古自治区达拉特旗南），拟袭取辽国的威塞堡。辽兴宗遣殿前都点检萧迭里得率轻骑前往督战。十一日，辽夏两军交战于三角川，辽军大胜并擒获夏国观察使。夏国这两次与辽交战，可不只是战场上损兵折将那么简单了，因为夏国再次惹恼了辽兴宗，后果又严重了。三月十六日，辽兴宗命西南招讨使萧蒲奴、北院大王宜新、林牙萧撒抹等率军征伐夏国，命行宫都部署别古得督战。十七日，派同知北院枢密使萧革屯兵边城，作为声援。五月初七，萧蒲奴等率军进入夏国境内，避开与夏军纠缠，直扑西夏都城兴庆府，将夏国都城围个水泄不通。西夏军据城坚守，双方展开了拉锯战，战场陷入僵持。到了六月，辽军因远道而来且后方未步步为营，所以无法久战，于是掉回头去攻打位于兴庆府西北的摊粮城（今内蒙古自治区阿拉善左旗西北）。摊粮城是西夏的储粮基地，重要性不言而喻，为此没藏讹庞派遣最精锐的三千铁鹞子重骑兵驰援，试图破解摊粮城之围。辽夏两国骑兵相遇，辽国的轻骑兵在人数和机动性上占据优势，双方在草原上展开了惨烈壮观的骑兵大战，西夏三千铁鹞子军被全歼。摊粮城被辽军攻破，守城将领洼普（上次在金肃城负伤逃跑的那位）投降，辽军大肆掳掠粮草、人口及畜群后班师。

夏国连败几次，损失惨重，按说该服了吧？并没有！还真就搞不懂夏国那时为何与辽国较上劲了，明明实力上差距很大，却还要频繁惹事。《辽史》记载：九月十八日，夏人侵扰边境，敌鲁古派六院军将海里击败夏军。这一次究竟是怎样规模的战役，史料上没有记述，但夏军损失应该不小，因为到了当年十月十七日，夏国王李谅祚之母没藏皇太后阻止其兄长没藏讹庞再对辽国用兵，亲派使者前去辽国请求依旧称臣，这说明夏国扛不住了。辽兴宗未答应夏国求和称臣的请求，他下诏晓谕夏国另派使者前来朝见，遣回夏国使者时表示，对于夏国所请需慢慢考虑后再说。估计辽兴宗无法确定没藏皇太后所派使者是否能代表夏国的本意。这一次夏国反应很快，十二月二十九日，夏国皇帝李谅祚派使者上表，言称夏国王遵母训请求依旧臣属于辽，但辽兴宗未作回应。不但不答应夏国请和，还派兵在辽国西南沿边地区修建了多座军事城堡。

过完重熙二十年（1051）的正月，辽兴宗于二月初三派前北院都监萧友括等出使夏国，再次索取李元昊时期辽境内叛逃西夏的民户。因这些叛逃户多半已归于没藏家族，所以没藏氏不予归还。夏五月四日，代表辽国出使的萧友括两手空空归国。令人不可思议的是萧友括竟然"奉表乞代党项权献马、驼、牛、羊等物"，而辽兴宗也令人不可思议地同意了。五月二十三日，夏国派使者以臣属国身份，请求辽国归还唐隆镇所获人员和牲畜并停止在边境地区修筑城堡。辽兴宗以诏书答复，夏国虽请和称臣，但辽国知西夏"国中点集人马，训练无虚日"，其居心叵测，因此所请均予拒绝。六月初七，辽兴宗诏令将被俘获的李元昊第三任皇后没移氏及先后被俘虏的夏人安置在苏州（今辽宁省大连市金州区）。从辽兴宗所为可以看出，他依然非常憎恨夏国。还有一点就是辽兴宗不像李元昊那么好色，并未贪恋风采依旧的大美人没移氏，而是将她安置在远州。

从夏国所为看，西夏这回是真心服了，因为重熙二十一年（1052）五月阻卜酋长兀里得遣使请附夏国，没藏氏因惧怕辽国兵威竟不敢受纳。当年九月，没藏氏派近臣吃多已到辽国进贡，请求辽国解除边界戒备武装。十月十五日，夏国再次派使者恳请解除边防武备紧急状态。辽兴宗这次立即派萧友括奉诏前去安抚晓谕，这说明辽兴宗已有使两国关系正常化之意了。重熙二十二年（1053）三月二十三日，李谅祚因辽兴宗赐诏允许他归降，派使者前来致谢。九月二十六日，夏国李谅祚派使者进上降表，但辽兴宗以表的形式不对为由拒不接受。二十八日，兴宗派南面林牙高家奴等前去抚慰晓谕夏国使者，以礼待之。

重熙二十三年（1054）正月二十三日，夏国派使者到辽国进贡土产，辽兴宗仍不接受。他对夏国使者说："辽国并不在意夏国进贡是否频繁，而是要夏国真正怀有恭顺之心才行。"夏使讪讪回国复命。当年五月六日，夏国再次奉表并乞请进贡马匹和骆驼，辽兴宗诏令其今后每年进贡无缺，夏国欣然受命。辽国既然接受了进贡，那么夏国就趁热打铁，于当月二十九日，又派使者前来进贡。七月八日，夏国更进一步求好，没藏氏派使者为年仅7岁的李谅祚向辽国求婚。但辽兴宗以夏国反复无常为由拒绝赐婚。十月二十六日，夏国又派使者奉上盟誓书表。兴宗赐予夏国车服，但仍不接受誓表。重熙二十四年（1055）二月二十六日，夏国派使者前来朝贺，但直到辽兴宗于当年驾崩，他都始终没有原谅夏国，辽夏关系仍处于冰点。

八、仁厚的辽兴宗

辽兴宗被称作蒙业而安的贤君，其"政治内修，亲策进士，大修条制，下至士庶，得陈便宜"之所为，都体现了贤君风范。在政治内修方面，他诏令犯法之人，不得担任公职。各为官之人，如果不是在婚嫁丧祭之时，不得酗酒误事。如果有人具有治民安边之智谋，应该如实奏告。他首次设置契丹警巡院负责地方治安、平理各项狱讼。对于贪官污吏、懈怠懒政者，一经发现立即问责。西北路招讨使耶律敌鲁古因受贿被免官，南府宰相杜防、韩绍荣因奏事有误，均以大杖笞击之。

在亲策进士方面，他任人唯贤，有罪则罚，立功则赏。在他亲政后，虽然罢免了萧耨斤死党、亲舅舅萧孝先的枢密使官职，但在重熙六年（1037）正月又重新任命他为南京留守。同时还任命了在多个方面与自己政见相左的舅舅萧孝穆为北院枢密使。重臣萧惠因进言伐宋，而使辽国获得增币，兴宗以此功封其为韩王。曾参与谋害萧菩萨哥皇后的耶律喜孙因在助兴宗亲政夺权时立了大功，兴宗任命其为南府宰相，后又委以东北路详稳要职。至于小字辈的耶律韩八、耶律唐古等被委以重任更是国家之福。

在大修条制方面，他诏令犯法之人，不得担任公职。各为官之人，如果不是在婚嫁丧祭之时,不得酗酒误事。诏令医卜、屠贩、奴隶及侍奉父母不孝或犯罪逃亡者,不得被录取为进士。诏令士庶上书言国家大事时,不得言及己事;奴婢有所识见,准其禀告主人,不得自己上书陈事。

除以上种种特质外,辽兴宗远比之前的辽朝皇帝们更为仁厚,这可能与他后来笃信佛教有关。与辽圣宗抹去了那么多的后妃记载不同,辽兴宗的第一位皇后萧三蒨虽然被废,但也能位列《辽史》后妃传之中,这必定是辽兴宗仍对其余情未了之故。而对于他的养母萧菩萨哥,辽兴宗有愧于心并敢于认错纠错,这一点也实属难得。《契丹国志》记载:"乙亥重熙四年(注:萧耨斤被软禁后),帝因猎过祖州(注:内蒙古自治区赤峰市巴林左旗哈达英格乡石房子村)白马山,见齐天太后坟冢荒秽,又无影堂及扫洒人,只空山中一孤冢,恻然而泣曰:'吾早同今日,汝不至于此也!'左右皆沾涕。因诏上京留守耶律贵宁、盐铁使郎玄化等于祖州陵园内选吉地改葬,其影堂、廊库等并同宣献太后(萧燕燕)园陵。"在重熙二十一年(1052)九月,辽兴宗又追尊萧菩萨哥为"仁德皇后"。在他有生之年虽没有将萧菩萨哥与辽圣宗归葬,但也算还了养母一个公道。在对待平民百姓方面,作为人君,辽兴宗依然能够做到体恤民间疾苦、减税赈灾。

辽朝人愿意喝大酒,无论是黎民百姓还是达官贵人、天朝老子都一样。辽国的"睡王"辽穆宗怕醉酒误事还专门下诏:"朕醉中处理事务有误,尔等不应曲意听从。待朕酒醒之后,重新向我奏明。"想不到多年之后的贤君辽兴宗也是如此。因耶律重元曾经将萧耨斤密谋废帝的事报告给辽兴宗,从而使兴宗先出手保住了帝位,所以在兴宗内心里非常感激这个弟弟,彼此间不似君臣而似民间那种亲密无间的兄弟。

辽兴宗时,辽国已经有很多授有官职会演戏的艺人,这部分人被称作伶官,其中辽兴宗最喜欢的就是罗衣轻。《辽史》列传记载其"能恢谐示谏"。要说兴宗喜欢到什么程度不清楚,只知道连兴宗出去打仗都带着他。前面说到的辽兴宗御驾亲征的那次对夏战争,罗衣轻就随驾而行,想必兴宗是他的铁杆粉丝吧。这还不算,当兴宗被李元昊所败后,罗衣轻竟然敢在兴宗窝火时嘲讽他。《辽史·罗衣轻传》记载:"兴宗败于李元昊也,单骑突出,几不得脱。先是,元昊获辽人,辄劓其鼻,有奔北者惟恐追及。故罗衣轻止之曰：'且观鼻在否？'"哈哈，这伶官咋样？胆子够大吧？打了败仗本来就够丢面子了，小小的伶官居然都来嘲讽皇帝，那还不杀？被惹怒了的辽兴宗命人"以毳索系帐后，将杀之"。恰好被皇子看见。皇子也是罗衣轻的粉丝，彼此谙熟。皇子上前打趣："打诨底不是黄旛绰（唐玄宗时期的宫廷乐师，《霓裳羽衣曲》石刻的篆刻者，曾以诙谐风趣的语言劝谏唐玄宗。安史之乱叛军攻入长安，他被迫为叛军演出。唐军收复长安后被问罪，唐玄宗将其救下）！"听到皇子调侃自己，罗衣轻应声曰："行兵底亦不是唐太宗（应为唐玄宗）！"他这么一应，被逗乐了的兴宗就将他放了。正是这个生死时刻仍不失幽默的罗衣轻，见证了醉酒后辽兴宗的随性而为。

《辽史·罗衣轻传》虽然很短，却对非常重要的过往作了较为详细的记载："上尝与太弟重元狎昵，宴酣，许以千秋万岁后传位。重元喜甚，骄纵不法。又因双陆，赌以居民城邑。帝屡不竞，前后已偿数城。重元既恃梁孝王之宠，又多郑叔段之过，朝臣无敢言者，道路以目。一日复博，罗衣轻指其局曰：'双陆休痴，和你都输去也！'帝始悟，不复戏。"

罗衣轻在辽兴宗身边时，能够提醒兴宗君无戏言不可妄为，但他却不能时时伴君左右。辽兴宗还有一次醉酒就更离谱了，他拍着耶律重元的肩膀许诺，在自己百年之后，将传位给耶律重元。为此，辽兴宗一直不立太子，倒是在重熙六年（1037）之前自己刚亲政不久时就封耶律重元为皇太弟以兑现君子一诺。隔年，辽兴宗又任命皇太弟重元署理北南院枢密使事任。不仅如此厚待耶律重元，还于重熙十一年（1042）封其子耶律涅鲁古为安定郡王。重熙十七年（1048）十一月，辽兴宗再赐给皇弟重元金券、封其子安定郡王涅鲁古为楚王。辽兴宗将君臣之道与兄弟亲情混为一体，无形间孕育了巨大的毒瘤。重熙二十四年（1055）八月二日，病危中的辽兴宗召见自己的长子燕赵国王洪基，晓谕他治国之纲要。八月四日，年仅40岁的辽兴宗在行宫驾崩，遗诏将他的帝位传给23岁的耶律洪基。耶律洪基并非皇太子，只官拜天下兵马大元帅。那么他能否顺利登基继位，一贯不安分的萧耨斤是否会再起事端，位极人臣的耶律重元父子能否恪守为臣之道，子承父业的耶律洪基能否守住父皇留下的基业，大辽是持续盛世还是江河日下，敬请期待下篇。

第九篇

重熙二十四年（1055）八月四日，年仅40岁的辽兴宗驾崩，皇位由其长子耶律洪基承继，是为辽道宗。耶律洪基当时23岁，其所处已不再是"母寡子弱，族属雄壮"危机四伏的险境。身为天下兵马大元帅且为皇长子，由他嗣位本就不应存在任何质疑。但由于辽兴宗生前醉酒时曾对皇太弟耶律重元承诺过，在自己百年之后，会将帝位传给耶律重元，如今，辽兴宗却将帝位传给了自己的儿子。尽管在法理上耶律洪基继位不存在争议，但"君无戏言"作为约束君主行为与显示君主权威的一种重要方式，对于长期以来受中原汉制和汉文化影响的契丹人来说也成了一种不成文的定式。所以，看似一点毛病没有的由长子耶律洪基继位，却存在着不容忽视的隐患。这个隐患就如同人体内长出的一个未被发现的小肿瘤，不疼不痒地存在着。它是否会长大、是否会恶变都尚且未知。

一、道宗新风

登基后的辽道宗雄心勃勃，立志成为一代贤明仁德大有作为的君主。他为政勤勉，精通音律，善于书画，爱好诗赋，具有成为伟大君主所需的多项优秀素质。兴宗驾崩后的第三天，辽道宗首次临朝听政并下了第一道谕旨："朕以薄德之身，托居于万民之上，诚恐智识有所不及，臣下不尽归心；赋税妄兴，聚敛无已，赏罚不合法度；上面的恩泽不能施及下属，下情不能上达。尔等士庶臣民，应该直言无讳。所上奏章有可用之处朕将择而用之，有不是之处朕也不会因此而加罪。希望卿等能体察朕的心意。"这道谕旨的意思很明确，就是面向全体臣民广开言路，畅所欲言，言者无罪。为使该旨意得以贯彻，当年十二月初，辽道宗又专门给左夷离毕（掌刑狱的大臣）萧谟鲁下诏，"宜令内外百官，任满之期，要上书言一事。仍请百官转谕其部属，无论贵贱老幼，均可以上书言事，直言无讳"。可见辽道宗是真心想要纳谏，绝不只是做做样子而已。正如他所言："幼冲之年，得以嗣继皇位，夙夜忧惧，恐不能当此大任。故希望听到直言以匡正过失。"为保障言路畅通和所言不虚，辽道宗于当年十二月初八又诏令部署院，若有机密大事应立即上奏，如有人投递诽谤和攻讦他人的书函，贸然接受谤书及传阅谤书者均处以弃市之刑。辽道宗不苟言笑，其严厉也不是说说而已，即便当年他爹辽兴宗在世，每当耶律洪基入朝觐见时，兴宗都会收起笑容，脸色变得严肃起来。俗话说"新官上任三把火"，面对向来严厉刚毅且初登大位的辽道宗，谁若想挑战他的权威，那可是要倒大霉了。但即便是臣子们有所惧怕，也不知道他的"三把火"会烧到哪里。当年十二月初十，道宗动了登基后的第一刀。《辽史·道宗本纪》记载："皇族十公对母亲不孝，伏诛。"这事怎么样？够狠不？按照我们现在的理解，"孝"与"不孝"应该属于道德范畴，但在道宗即位后，辽朝则将此上升到了刑法里"不孝当诛"的"十恶"范畴，更具震慑力的是这一刀竟然杀向了皇族。

除了以"百善孝为先"作为抓手整顿辽国民风外，辽道宗也以其雷霆手段整顿官场的各个方面：清宁三年（1057）十二月八日，禁止在职官员在辖部内借钱经商。清宁四年（1058）二月五日，下诏给夷离毕：诸路审理判人死罪，即使罪案已经确定，仍需要让别的州县再行审察，如无冤情，方可定罪结案；如有诉说冤屈者，应立即备文上奏。清宁四年（1058）七月十三日，下制令：所有掌管内府藏品的官员有监守自盗两贯以上者，准许奴婢出首告状。辽道宗以上所为，犹如在辽国从宫廷到民间、从官场到社会刮起了一股飒然清风，俨然在辽圣宗之后辽国新的盛世又要再现一般，臣民和百官充满了对未来的无限期待和憧憬，因为辽道宗才23岁，辽国能在这样一位君王领导之下，盛世再现绝不是一种奢望。

　　雄才大略爱民如子的君主和勤勉忠君兢兢业业的臣子是历代盛世出现的前提条件。辽道宗熟谙汉族文化的精髓，所以他知道要想国家强盛，人才不可或缺。清宁元年（1055），他御临清凉殿进行殿试，遴选举子张孝杰等44人为进士。清宁二年（1056），诏令宰相贡举有才干之士。清宁五年（1059）御临百福殿，遴选梁援等115人为进士，这也是辽开国以来单次选中进士人数最多的一次，并且此后每年选取进士均在百人左右。除了从新生代举子中选拔人才，辽道宗还大力对新旧臣子中他所器重或倚重的臣子进行提拔和调配任用，尽可能做到德配其位、人事相宜。对于辽道宗来说，他所器重的臣子有两种，一是能臣，二是忠臣。而被他所倚重的臣子，当然少不了那些皇亲国戚。这可从辽道宗登基的清宁元年（1055）到清宁九年（1063）共9年期间的官员调整当中看出端倪。

　　辽兴宗驾崩的清宁元年（1055）八月，道宗发布了两道诏命：七日（辽道宗临朝听政的第二天），道宗发布了第一道官员诏命，尊原皇太弟重元为皇太叔，免其见君依汉礼而拜，奏事时参赞官不直呼其名。这对于当初帮助辽兴宗坐稳天下且被兴宗许诺百年后让其继位的耶律重元来说算是一种及时的安抚，同时也是向耶律重元表示，辽道宗对皇太叔依旧非常倚重。随后又于八月十三日，奉遗诏对两位托孤大臣进行了任命。命西北路招讨使、西平郡王萧阿剌为北府宰相，仍领权知南院枢密使事之职；命北府宰相萧虚烈出为武定军节度使。萧阿剌为辽道宗老丈人萧孝穆长子，尚秦晋国王公主，拜驸马都尉。萧虚烈担任过多年殿前都点检，在辽圣宗开泰年间还出任过讨伐高丽国的副都统。两人能被辽兴宗选为托孤大臣，一定属于能力与忠心兼具的人物。

清宁元年（1055）十月，辽道宗又发布了第二批任命，任命吴王仁先为同知南京留守事，陈王涂孛特为南府宰相，晋封吴王。十八日，任命顺义军节度使十神奴为南院大王。耶律仁先在与兴宗伐西夏时有劝谏之功，兴宗时他任东京留守，获封吴王。耶律十神奴为辽圣宗时北院枢密使耶律室鲁的长子。耶律涂孛特出身不详，但既然爵位为"陈王"，应该至少是宗族成员。

第三批和第四批的任命分别在清宁元年（1055）十一和十二月发布。十一月任命南院大王耶律侯古（辽圣宗的第六子，本名耶律宗愿）为中京留守，北府宰相西平郡王萧阿刺晋封韩王。十二月晋封皇弟越王和鲁斡为鲁国王，许王阿琏为陈国王，楚王涅鲁古改封吴王。任命枢密副使姚景行为参知政事，翰林学士吴湛为枢密副使，参知政事、同知枢密院事韩绍文为上京留守。二十日，任命知涿州杨绩为参知政事兼同知枢密院事。

和鲁斡为辽兴宗次子，耶律阿琏为辽兴宗的第三子，两人均为辽道宗的同母弟。涅鲁古为耶律重元的长子，重熙十一年（1042），封安定郡王。重熙十七年（1048），进楚王，为惕隐。以上均为辽国皇室或后族及宗族主要成员，为辽道宗所倚重和安抚当属正常。但对汉族官员姚景行、吴湛、韩绍文和杨绩的任命就值得关注了。

姚景行为重熙五年（1036）的进士。韩绍文为辽国最早倡导"胡汉分治"的太祖阿保机时期的政事令、开国功臣韩延徽的曾孙。吴湛为翰林和宣政殿学士，属于文化人，曾出使过宋国。杨绩为太平十一年（1031）进士，累迁至南院枢密副使。从这四位的任命中可以看出，辽道宗相比于辽兴宗更器重汉人官吏，不然他不会在登基元年即对如此多的汉官予以重任。被重用的汉人官吏既包括前朝汉人重臣的后裔，也包括进士及第并累迁官职的汉人才子。

从清宁二年（1056）至清宁九年（1063），辽道宗又先后任用了如下官员：任命国舅族人左夷离毕萧谟鲁为知西南面招讨都监事；任命南院枢密使赵国王耶律查葛（又名耶律宗政，辽圣宗的弟弟耶律隆庆的儿子）为上京留守；任命知左夷离毕事耶律划里为夷离毕，北院大王、仲父房后人耶律仙童（曾率师平定过五国部叛乱）为知黄龙府事；任命东京留守宿国王陈留（萧孝友）为北府宰相，等等。这些官员的任命仍延续着倚重皇族、宗族和汉官的选人用人之策，但官员任命中的最高规格当数皇太叔耶律重元。

清宁二年（1056）十一月二十七日，辽道宗授皇太叔耶律重元天下兵马大元帅之职。这个职位的获得者在辽朝可一直都是未来的皇帝人选啊！这还不算，清宁四年（1058）闰十二月初三，道宗又赐给皇太叔金券（用金填字的免死券）。辽道宗或许本意并不情愿对耶律重元如此恩赐，但因其父皇曾经对耶律重元许以江山，而今坐天下的人是自己，所以内心中或多或少对皇太叔有点愧疚吧。辽兴宗驾崩时，太皇太后萧耨斤还活着，即便她于清宁三年（1057）十二月二十七日薨逝，但围绕着她的后族势力依然支持耶律重元，对辽道宗来说这始终是一种威胁。因此道宗在初登大位的前几年，不管他愿不愿意，都不得不笼络皇太叔，对其封官晋爵加以安抚。辽道宗不但对耶律重元本人的恩赐天高地厚，甚至对其长子涅鲁古的任用也同样不落人后。清宁元年（1055）十二月将涅鲁古的爵位由楚王晋升为吴王。清宁三年（1057）三月初五，任命楚国王涅鲁古为武定军节度使。清宁七年（1061）六月二十六日，任命涅鲁古为知南院枢密使事。尽管对耶律重元父子的恩赐已经高到了无法再高的地步，但皇太叔耶律重元仍闷闷不乐，辽兴宗驾崩时那颗孕育在他体内的"小肿瘤"已经长大，恶变就差某个时机了。

二、重元之乱

清宁九年（1063）七月，辽道宗前往滦河上游的太子山秋捺钵，那颗已经长大的"肿瘤"在这个时机终究还是恶变了。《辽史》记载：七月十九日，耶律重元与其长子楚国王涅鲁古及陈国王陈六、萧孝友之子同知北院枢密使事萧胡睹、辽圣宗弟弟耶律隆裕的儿子卫王耶律贴不、林牙涅剌溥古、国舅少父房后人统军使萧迭里得、驸马都尉参及弟术者、图骨、旗鼓拽剌详稳耶律郭九、文班太保奚叔、内藏提点乌骨、护卫左太保敌不古、按答、副宫使韩家奴、宝神奴等400余人杀驾刺帝。

看到这段记载，不禁会产生几个疑问，辽国皇帝每年四季捺钵，"肿瘤"

恶变为什么会在这次捺钵发生？一向"才勇绝人"且持重待机的耶律重元要想当皇帝，那么在道宗初登大位时夺位不是更好吗？有人跟随耶律重元造反不奇怪，但为什么会有那么多高官参与其中？这些人已身居高位，五花马千金裘什么都有了，即便换个皇帝，自己会比现在更好吗？干吗非要冒死谋逆呢？

经过分析发现，耶律重元造反的原因相当复杂。从当初萧耨斤和萧孝先等欲以其取代辽兴宗，到辽兴宗醉酒后的承诺许其以江山，这两件事情或让耶律重元心理上认为，既然自己连皇帝位都让给你们父子了，那么无论你们对我有怎样超乎寻常的恩赐，甚至从耶律洪基手上夺回皇位都是理所当然的。耶律重元史书上曰其"眉目秀朗，寡言笑，人望而畏"，确实，他具有独特的人格魅力。他也因此受到了淳钦皇后述律平一族以萧耨斤、萧孝先、萧孝诚和萧孝友等为代表的势力的鼎力推崇。萧孝先本来就参与了欲废掉辽兴宗的阴谋，所以他自始至终都是耶律重元的坚定支持者；萧孝诚的闺女是耶律重元的王妃，他这一系自然也不会偏向他人；萧孝友虽然在清宁二年（1056）被任命为北府宰相且其子萧胡睹（辽夏第一次战争时被夏国俘虏又释放回来的那位驸马）亦受重用，但萧胡睹因官居辽道宗宠臣耶律乙辛之下而一直闷闷不乐，所以父子二人遂转而支持耶律重元。尽管上述对耶律重元的有利因素一直存在，但即便是在辽道宗皇帝宝座还未坐稳且萧耨斤还在世时，耶律重元也还是没有反意，说明他内心确实不那么觊觎皇位，这就容易理解当初为何他会给哥哥耶律宗真报信了。真正促使耶律重元成为逆臣的不是别人，正是他一直宠爱的长子涅鲁古。

《辽史》逆臣列传记载涅鲁古"性阴狠。兴宗一见，谓曰：此子自有反相"。兴宗说得没错，清宁七年（1061），涅鲁古劝说父亲耶律重元诈病，试图趁辽道宗过来探病时将其弑杀，不过图谋未成。史书上未说明图谋未成的原因为何，也未说明涅鲁古为何会在那个时间段决定弑君。但笔者以为，促成他谋逆的最大动因就是皇后萧挞里的兄弟、原北院枢密使、西平郡王萧阿剌被枉杀。

《辽史》记载："萧阿剌幼养宫中，兴宗尤爱之……重熙二十一年，拜西北路招讨使，封西平郡王。"道宗登基后，作为大国舅，萧阿剌一度为道宗格外倚重，这从萧阿剌官职的变迁即可看出：清宁元年（1055）任北府宰相、晋封韩王；1056年任北院枢密使。按说作为皇太后的亲兄弟，又"晓世务，有经济才"，理应被辽道宗一直倚重下去才是，但萧阿剌为性情耿直之人，打心眼里看不上同掌朝政、阿谀逢迎且被道宗格外宠信的南院枢密使萧革（这个萧革就是1044年辽兴宗第一次伐夏时的北院枢密副使）。每每遇到朝政大事需要处理时，萧革往往夹杂私心，萧阿剌"每裁正之，由是有隙"。而当有些事情需道宗裁决时，道宗却会偏向萧革。萧阿剌也是眼里不揉沙子的汉子，干脆向道宗请求告老还乡。若是遇上其他皇帝，一定会多劝舅舅几句消消气就完了。但道宗却是秉性极其复杂的皇帝，甚至他自身在对事物的认知和朝政问题的处理上都充满矛盾，他既聪达明睿，又愚钝昏庸。当得知萧阿剌要致仕，不但未好言相劝，竟然准予其退休回家。估计这甥舅二人一直就犯冲吧。过后不久，可能是碍于皇太后的面子，才又极不情愿地重新起用亲舅舅萧阿剌，却是外放其为东京留守。因此，道宗与萧阿剌的梁子越结越深。

清宁七年（1061）五月，辽道宗到永安山（今内蒙古自治区巴林右旗和西乌珠穆沁旗之间）消夏。其间，辽道宗命众大臣们前来商议国事。萧阿剌以东京留守的身份到场发言。萧阿剌痛陈利弊，言甚激切。或许是萧阿剌所议国政说到了辽道宗的痛点，或许也有借机发泄心中怨恨的可能，辽道宗因此盛怒。善于察言观色的萧革乘机谮曰："阿剌恃宠，有慢上心，非臣子礼。"经他这一挑拨，本来已怒不可遏的辽道宗，再也压不住怒火，盛怒之下命人将萧阿剌缢杀于堂下。《辽史·道宗本纪》还专门作了记载：五月二十九日，诛杀东京留守陈王萧阿剌。辽兴宗的老丈人萧孝穆有两子一女，一个是在清宁初年早亡的次子萧撒八，一个是长子萧阿剌，女儿就是当今皇太后萧挞里。萧挞里听说道宗要杀萧阿剌，急忙前去营救，但营救未及。待皇太后赶到，见到的已是一具尸体。皇太后悲痛欲绝地质问辽道宗："阿剌何罪而遽见杀？"意思是："我兄弟萧阿剌犯了何罪，以至于就这样被你轻率地杀掉了？"无言以对的辽道宗只好优加赙赠，将萧阿剌葬于乾陵附近的赤山（今内蒙古自治区巴林右旗东北250里）。

萧阿剌之死令皇太后萧挞里痛不欲生，还有更为严重的后果是辽道宗没有想到的，因为这次枉杀重臣，令众多曾经对他寄予厚望的契丹贵族彻底寒心。老话说"姑舅亲,辈辈亲,打断骨头连着筋",意思是在亲戚当中,姑姑和舅舅是最亲的亲人,这样的长辈亲人仅仅因为"言甚激切",就被辽道宗绞杀,那还有谁的性命是保靠的呢?作为臣子,早上去上朝,晚上很可能就永远也回不了家了。给这样喜怒无常的皇帝打工,指不定哪句话惹他恼怒,小命就难保啊!每想到此,谁都会不寒而栗!

涅鲁古是个聪明人,他看透了众大臣的心思,所以他认为帮助父王夺取皇位的时机到了,于是开始密谋弑君。清宁七年(1061)的那次弑君计划流产后,涅鲁古与萧胡睹合谋策划了清宁九年(1063)七月十九日的行动,史称"滦河之变"。

此次涅鲁古与萧胡睹想得很周全,他们先行联络对辽道宗不满的大臣。由于萧阿剌的冤死,众多契丹贵族达成共识,必须废掉暴君耶律洪基,拥立德高望重的耶律重元为帝。所以,完全可以说,参与暴乱者如此之众,皆因道宗枉杀舅舅萧阿剌所致。为保证叛乱万无一失,涅鲁古与萧胡睹等还调集了弓弩手。如果一切按计划进行,估计辽道宗凶多吉少。但人算不如天算,辽道宗当时命不该绝,关键时刻有贵人相助,这个贵人就是敦睦宫使兼权知皇太后宫诸局事耶律良,正是由于他的及时报信,才让辽道宗躲过这一劫。那么疑问来了,耶律良是如何获知耶律重元等人欲谋逆叛乱这个秘密消息的呢?这里请允许笔者再扯得远点啊。

敦睦宫是辽圣宗之弟耶律隆庆的斡鲁朵。关于斡鲁朵,《辽史·营卫志》书曰:"有辽始大,设制尤密。居有宫卫,谓之斡鲁朵;出有行营,谓之捺钵;分镇边圉,谓之部族。有事则以攻战为务,闲暇则以畋渔为生。无日不营,无在不卫。立国规模,莫重于此。"这段话将辽国的营卫体系说得再清楚不过了。在前八篇里,笔者在叙述辽国100多年历史时并未过于深入介绍其管理体制,毕竟关于辽国的史料记载过于混乱,其很多内容难于理解,说得多了依据不足,说得少了无关痛痒。到了本篇,笔者认为是时候可以陆续介绍一下辽国的管理体制了。

由于契丹属于游牧民族,以车马为家,故其宫帐就是行走的宫城。《辽史》以"营卫志"介绍辽国的行政体制,以"兵卫志"介绍其军事体制。《辽史》卷35《兵卫志·宫卫骑军》曰:"太祖以迭剌部受禅,分本部为五院、六院，统以皇族，而亲卫缺然。乃立斡鲁朵法，裂州县，割户丁，以强干弱支，诒谋嗣续，世建宫卫，入则居守，出则扈从，葬则因以守陵。"当初因迭剌部过于强大，不便管制，所以太祖阿保机才把其分为五院部和六院部。最初笔者以为本部中还有一到四院部，但其实并不存在。按照上述的斡鲁朵法，排除崩后追封的皇帝，辽国每个皇帝登基后均设置1个斡鲁朵。辽朝真正登基执政的皇帝共9位，所以应该置9个斡鲁朵。但终辽一朝共设置了12个斡鲁朵和相当于斡鲁朵的1个王府。除了为9个皇帝设置的9个斡鲁朵之外，还为太祖皇后述律平、景宗皇后萧燕燕及皇太弟耶律隆庆设置了斡鲁朵，而相当于斡鲁朵的那个王府就是《燕云台》电视剧中的男主角韩德让的文忠王府，可见辽国皇帝之外的这几个人物有多牛了。

耶律隆庆的斡鲁朵被称作敦睦宫，作为敦睦宫使，耶律良必须了解和掌握敦睦宫的一切。而涅鲁古与萧胡睹试图劝敦睦宫人参与作乱，由是，耶律良才获知耶律重元等人的造反图谋。当耶律良得到耶律重元等人欲谋逆的消息后，因其兼权知皇太后宫诸局事，所以，他第一时间跑到皇太后萧挞里那里去报信。萧挞里虽不似述律平和萧燕燕那样是一个文武兼备的政治家，但在如此关键的时刻，也表现出了契丹女性不输男性的从容与淡定。她命人传话给辽道宗称自己身体有恙，召道宗前来探视。《辽史·耶律良传》如是记载："太后托疾，召帝白其事。帝谓良曰：'汝欲间我骨肉耶？'良奏曰：'臣若妄言，甘伏斧锧。陛下不早备，恐堕贼计。如召涅鲁古不来，可卜其事。'帝从其言。使者及门，涅鲁古意欲害之，羁于帐下。使者以佩刀断幂而出，驰至行宫以状闻，帝始信。"从这段描述中可看出耶律良确实够聪明机智，难怪会受宠于皇太后和辽道宗。

随后，辽道宗又依耶律良之计命人去召涅鲁古前来行宫，试图在不动声色的前提下将其拿下。同时急召南院枢密使耶律仁先前来商议对策。耶律仁先认为耶律重元是凶狠之人，召涅鲁古前来恐会引起耶律重元兵犯行宫，须早做准备为好。道宗觉得耶律仁先的话有理，便命耶律仁先立刻带上兵将去抓捕耶律重元和涅鲁古，但涅鲁古来得更快！

原来涅鲁古见辽道宗在这敏感时期突然派人召他去行宫，又发现被束缚的使者已逃跑，意识到谋逆之事已经泄露，便赶紧向父亲耶律重元报告。父子俩商议决定干脆一不做二不休，于是召集手下众人直接杀奔行宫。辽道宗见涅鲁古势众，便想撤往南北院再做抵抗。耶律仁先急忙劝止说："南北院目前情况也不明朗，不可前往。再说陛下若去南北院，叛军必尾随追杀，那样更危险。"道宗听从了耶律仁先的建议并命他组织抵抗叛军。耶律仁先命人将卸下马的马车排列成营垒，与匆忙赶来护驾的永兴宫使耶律挞不也等率领近侍骑兵30多名结阵于马车阵垒之外迎敌。《辽史·涅鲁古传》记载："涅鲁古以事泄，遽拥兵犯行宫。南院枢密使许王仁先等率宿卫士讨之。涅鲁古跃马突出，为近侍详稳渤海阿思、护卫阿苏射杀之。"涅鲁古之死，沉重打击了叛军士气，耶律重元只好率叛军先行撤退。趁此间隙，耶律仁先赶紧派人分头去召集诸军前来勤王护驾。撤退的叛军为鼓舞士气，急忙拥立耶律重元为帝，萧胡睹自封为枢密使。叛将殿前都点检耶律撒刺竹建议趁辽道宗的援军未到马上再攻行宫，但未被采纳，使叛军错过了进攻的最佳时机。耶律重元听从萧胡睹的建议，命令叛军将行宫四面包围，但为时已晚，耶律仁先派出去的那些人早就跑去各处报信了。第二日黎明时分，耶律重元等叛乱头目率奚族将领奚猎夫及奚族兵2000余人再犯辽道宗行宫。

此时知北枢密院事赵王耶律乙辛、南府宰相萧唐古、北院宣徽使萧韩家奴、北院枢密副使萧惟信等也率宿卫士卒数千人增援至行宫。皇太后萧挞里、辽道宗及皇后萧观音均披挂上阵亲自督战。两军对垒时，因萧韩家奴也是奚族人，他独自一人出阵晓喻奚族兵将："谋反必死，悔过必福。"奚族兵将听后"多悔过孝顺，各自奔溃"，耶律仁先等率众反击成功。兵败的耶律重元向北逃往大漠。七月二十一日，穷途末路之际，耶律重元哀叹"涅鲁古使我至此"，随后自杀，年仅42岁。

在"滦河之变"的过程中，无论是叛乱一方还是护驾一方，史料均未提到辽朝官吏中最重要的北院枢密使。本文前面提到过的萧革在清宁四年（1058）十二月十五日，再次担任北院枢密使，这期间他谮言害死了萧阿刺，但也因此被辽道宗看出其奸诈谄媚的本性，逐渐失去了辽道宗的信任，不得不于清宁八年（1062）三月辞官。清宁八年（1062）十二月七日，辽道宗任命知北院枢密使事萧图古辞为北院枢密使并许他便宜行事。萧图古辞是辽圣宗和萧燕燕时期的战神萧挞凛之孙，这家伙也是奸佞贪财、聚敛无度之徒。

虽然为北院枢密使仅数月，却因受贿向辽道宗引荐了多位耶律重元的党羽，为耶律重元聚众叛乱提供了人员支持。虽然《辽史·道宗本纪》在参与叛乱的人员中并未提到他，但他也是实际的参与者。道宗将其贬为庶人，没入兴圣宫（辽圣宗的斡鲁朵）。

而已经致仕并被封为郑国王的萧革，其子曹参为耶律重元的女婿（尚重元女因八公主），他也参与了耶律重元的叛乱。萧革因为年迈并未参与兵变，但他是其中的谋划者，因此被辽道宗凌迟处死。另一个参与叛乱的魏国王耶律贴不（辽圣宗的弟弟耶律隆祐的儿子），则向辽道宗替自己申诉其参与叛乱系为重元等所胁迫，因耶律重元已死，道宗难辨真伪，于是诏令削去其官爵降为庶民，流放到镇州。

主谋之一萧胡睹随耶律重元在第二天攻击行宫时负伤，战败逃跑后投水自杀。殿前都点检耶律撒剌竹战死。萧胡睹5个儿子也于当天被诛杀，萧耨斤四弟萧孝友这一支因此灭门绝嗣。其他参与叛乱的乱党高官亦被诛灭家族。

三、耶律乙辛奸党得势

"滦河之变"对于辽国来说是一场巨大的政治灾难，虽然辽道宗取得了与耶律重元皇位之争的最终胜利，或者可以说辽道宗通过这场胜利终于全面压制住了述律平后族的势力。这样的结果有两项最为明显，一是皇权得到了从未有过的强化，辽道宗从此一言九鼎。不过，权力一旦缺少制衡，或许就是新危机再现的开始。二是"滦河之变"损失了辽廷赖以支撑的大量皇族和后族的中坚力量，相比叛乱平定后被道宗陆续提拔起来的新贵，"滦河之变"中折损掉的宗族权贵们虽不忠于皇帝，但忠于社稷，就辽国的未来而言，孰轻孰重，不言而喻。

诛杀了乱臣贼子之后，辽道宗该嘉奖那些勤王救驾的功臣了。七月二十二日，辽道宗下诏晓谕诸道，耶律重元等人的叛乱已被平定。第二天，道宗对护驾有功的重臣下诏加官：任命仁先为北院枢密使，晋封宋王，加尚父。耶律乙辛为南院枢密使。萧韩家奴为殿前都点检，由兰陵郡王晋封荆王。萧惟信、耶律冯家奴并为太子太傅。宿卫官萧乙辛,回鹘海邻、袅里、阿思、乙辛,宫分人急里哥、霞抹、只鲁均被授为上将军。永兴宫使耶律挞不也被任命为上将军同知点检司事。诸位护卫及士卒、庖夫、弩手、伞子等300余人也各被授官不等。耶律良因事先告密,使道宗有了短暂的准备之机,居功至伟,因此道宗命他隶籍于横帐夷离堇房,担任汉人行宫都部署之职。此外还有闻重元乱,尚不知叛乱已被平定,后续赶来勤王的汉官姚景行、杨绩也受到了嘉奖,辽道宗将耶律重元的全部家产赐给了姚景行。

在受到嘉奖加官的众人中,有一个人物必须着重介绍一下,因为他是道宗一朝"滦河之变"后辽廷更大动乱的元凶,甚至可以说是辽朝灭亡的主要掘墓人之一,这个人就是刚刚被辽道宗任命为南院枢密使的耶律乙辛。

耶律乙辛位列《辽史·奸臣传》之首,出身于五院部,《辽史》记载,乙辛父迭剌,家贫,服用不给,部人号"穷迭剌"。耶律乙辛从小放羊,但机灵狡黠。长大后"美风仪,外和内狡"。辽兴宗时期,任文班吏,掌太保印,陪从入宫,得兴宗与皇后的喜爱,累迁护卫太保。道宗继位后,耶律乙辛官运亨通,一路升任同知点检司事、北院同知、枢密副使、南院枢密使,清宁七年(1061),改任知北院枢密使。在道宗登基初期,几乎所有的高层重要官员都出自皇族、后族或前朝高官,只有耶律乙辛既不是前朝高官也不是近亲贵族。能够平步青云成为道宗亲信的核心成员,不得不说,耶律乙辛还是非常了不起的。他的人生开挂与他善于揣摩道宗心思,急道宗所急、想道宗所想是分不开的。当初耶律涅鲁古和萧胡睹等得势时,他们请求道宗把不与他们为伍的耶律仁先外放为西北路招讨使。耶律乙辛得知此事后,他清楚道宗一定不会让权力核心都被耶律重元等人把持,就在朝堂上奏说:"仁先是旧臣,德望冠绝一时,不应外补任京外官。"此奏正合道宗之意,等于是替道宗说了想说的话。于是道宗又任命他为南院枢密使,改封许王。耶律乙辛此举可以说是一举两得,既讨好了皇帝又拉近了与耶律仁先的关系。辽道宗能够粉碎重元之乱,最大功臣莫过于耶律仁先,那么这个功劳,道宗也会记给耶律乙辛一笔。

耶律重元一党被铲灭后,道宗大批提拔属于自己的皇党一族,无论是皇族还是后族,已再难有人能够对他的皇位构成威胁。地位稳了,心情愉悦,道宗便把更多的精力放在广施皇恩和自己的兴趣爱好上了。仅在清宁九年（1063）至大康元年（1075）之间，道宗皇帝就赈济了西京、应州、朔州、云州、平州、滦州和南京等地。咸雍四年（1068）永清、武清、安次、固安、新城、归义、容县等县发生水灾，免除了灾民1年的租税，表现出一代君王的爱民如子与仁德治国。若如此发展下去，道宗必将被列入冷兵器时代伟大贤君之列，但他及他统治下的辽国并未如此走下去，而是在不知不觉中偏离了航向，那么原因又是什么呢？

四、皇后萧观音被冷落

前面介绍过，道宗精通音律，善于书画，爱好诗赋，除了这些，他还酷爱狩猎。对于契丹这种马上民族来说，狩猎这种技能可能是与生俱来的，因此从皇帝到臣民无不沉湎其中。萧观音是道宗亲舅舅萧孝惠的女儿，重熙二十二年（1053），当时的天下兵马大元帅、燕赵国王耶律洪基（道宗）因为爱慕萧观音贤淑靓丽将其纳为妃子。辽兴宗崩后，清宁元年（1055）十二月五日辽道宗册封萧观音为皇后。《辽史·后妃传》记载萧观音："姿容冠绝，工诗，善谈论。自制歌词，尤擅弹琵琶。"皇后萧观音自嫁给道宗以来生育了一子三女，儿子耶律浚仅6岁即于清宁十年（1064）被册立为皇太子。道宗与皇后称得上男才女貌，夫妻举案齐眉、琴瑟和鸣。正因为夫妻感情笃深，所以萧观音愿意全力辅佐夫君成就一番伟大事业，甚至名垂千古。为此，萧观音会经常提醒夫君何事可为何事不可为，说得多了，像道宗这种极其自负的人就有些反感了。之前因为有耶律重元一党的潜在威胁，道宗尚能听从皇后的劝谏，等到夫妻共同平定重元之乱后，权力全部集中于道宗之手，使他越来越像中原汉地的专制皇帝，从此他便听不进去逆耳良言甚至导致满朝文武大臣中的绝大多数人都选择沉默了。

萧观音皇后看在眼里急在心上，她选择在道宗秋山（今内蒙古自治区翁牛特旗北部的伏虎林）围猎时进行劝谏。史料记载：咸雍末年，萧观音皇后由于谏猎秋山被皇帝疏远。寥寥几字没有说明具体时间，也未说明皇后是如何劝谏才引起了道宗这么大的抵触，以至于感情笃深的夫妻从此情感破裂。笔者以为，"谏猎秋山"的具体时间大概是咸雍十年（1074）的七月（有的史料上说是 1070 年，笔者以为可能性不大）。因为《辽史·道宗本纪》记有"十年（1074）秋七月二十日，到秋山。二十七日，拜谒庆陵"。而公元 1074 年正好是咸雍年间的最末一年。

　　皇后萧观音选择在秋山时劝谏道宗，应该是经过深思熟虑的，因为秋山是这对恩爱夫妻感情升华之地。清宁三年（1057）八月，道宗秋山围猎归来，以"君臣同志华夷同风"为题，命群臣左右唱和。还不到 18 岁的皇后萧观音为此写下了令人颌首的五律诗"虞廷开盛轨，王会合奇琛，到处承天意，皆同捧日心。文章通鹿蠡，声教薄鸡林，大寓看交泰，应知无古今"。与辽国历史上最为著名的两位皇后述律平和萧燕燕相比，皇后萧观音的才情要胜出她们不知道有多少倍，这也正符合才华横溢、喜欢舞文弄墨的辽道宗的审美标准。从那之后，辽道宗对萧观音独宠日隆。那么，萧观音皇后到底说了什么才会使如此恩爱的夫妻渐行渐远呢？尽管无史料佐证，笔者斗胆推测，萧观音皇后可能是借萧韩家奴（注：与道宗时期的这个萧韩家奴不是同一个人）劝谏辽兴宗的故事对道宗进行了劝谏。《辽史》记载，韩家奴每见帝猎，未尝不谏。会有司奏猎秋山，熊虎伤死数十人，韩家奴书于册。帝见，命去之。韩家奴既出，复书。他日，帝见之曰："史笔当如是。"帝问韩家奴："我国家创业以来，孰为贤主？"韩家奴以穆宗对。帝怪之曰："穆宗嗜酒，喜怒不常，视人犹草芥，卿何谓贤？"韩家奴对曰："穆宗虽暴虐，省徭轻赋，人乐其生。终穆之世，无罪被戮，未有过今日秋山伤死者。臣故以穆宗为贤。"帝默然。

　　萧观音皇后遍览群书，想必一定知道被韩家奴记载于册的这段往事，那么用这样的故事劝谏辽道宗按说也是非常合适的。但她却忽视了道宗向来自命清高，把他和"视人犹草芥"的辽穆宗相比，一定伤透了他的自尊心。说的次数多了就一定产生了怨恨，但究竟又因何使道宗一去不回头？毕竟道宗那时才 40 岁出头，萧观音更是风韵犹存的少妇，两人的怨气怎么会持续那么久呢？对此笔者尚未发现相关史料，任凭脑洞如何大开也想不明白了。

五、"十香词"大案

萧观音一直是道宗的专宠,他冷落萧观音后并未转而宠爱其他妃嫔,所以萧观音一直期盼道宗能回心转意。日思夜想能和好如初的萧观音为此作了多首词作,被汇集收录的就有 10 首,统称《回心院》,寓意希望道宗回心转意。《回心院》通过"扫深殿""拂象床""换香枕""铺翠被""装绣帐""叠锦茵""展瑶席""剔银灯""爇熏炉"和"张鸣筝"等 10 个展现温婉女性心思的动作,表达了其情、其爱、其悲、其凉,细腻手法所表达的情感令人读起来忍不住泪流。笔者不忍忽略如此经典的词作,摘 3 首以供读者体会萧观音皇后当时的真情实感。

《回心院》之三:

换香枕,一半无云锦。
为是秋来转展多,更有双双泪痕渗。
换香枕,待君寝。

《回心院》之八:

剔银灯,须知一样明。
偏是君来生彩晕,对妾故作青荧荧。
剔银灯,待君行。

《回心院》之十:

张鸣筝,恰恰语娇莺。
一从弹作房中曲,常和窗前风雨声。
张鸣筝,待君听。

这样的词作读罢，如果不是人心如铁，谁还能不被融化呢？但偏偏萧观音就遇上了铁石心肠的耶律洪基，或许是她的命就该如此吧！

道宗时期的翰林学士王鼎（注：1062年辽国寅科状元，卒于1101年）所著的《焚椒录》记载："懿德皇后萧氏（注：即萧观音），为北面官南院枢密使惠（注：即萧孝惠）之少女。母耶律氏梦月坠怀，已复东升，光辉照烂，不可仰视。渐升中天，忽为天狗所贪，惊寤而后生，时重熙九年五月己未也。母以语惠，惠曰：'此女必大贵而不得令终，且五日生女，古人所忌，命已定矣，将复奈何！'"不管这段内容是为后来附会所作，还是确有其事，总归说的都是萧观音"必大贵而不得令终"的命中劫数，这个命中劫数就是大康元年（1075）发生在皇后萧观音身上的"十香词惨案"。而一手操纵并酿成该惨案的黑手就是辽道宗当时的宠臣耶律乙辛。请允许笔者以倒序的方式详尽介绍这令人痛心的惨案发生的原委吧。

重元之乱平定后，咸雍元年（1065）正月初一，辽道宗册立他与萧观音的儿子、年仅6岁的耶律濬为皇太子。时耶律仁先与耶律乙辛共同主持北院枢密事务。耶律仁先为官刚正不阿，耶律乙辛违法行事时常被耶律仁先阻止，两人遂产生隔阂。在耶律仁先与耶律乙辛二人中辽道宗从个人好恶上，会更喜欢八面玲珑讨他欢心的耶律乙辛。毕竟耶律乙辛仪表堂堂、英俊潇洒，颜值啥时候都是硬道理嘛。在道宗两位最重要的爱卿发生矛盾时，他选择了于咸雍元年（1065）十二月外放耶律仁先为南京留守。耶律仁先离开后，咸雍二年（1066）二月十日，姚景行被任命为南院枢密使。耶律乙辛则被任命为北院枢密使，晋封魏王。咸雍五年（1069）正月，一向叛附不定的阻卜又反叛了。辽道宗再次重用耶律仁先，诏命他为西北路招讨使，率领禁军前往讨伐。随后不久，道宗任命耶律乙辛署理太师，诏令四方如有军事行动，允许乙辛斟酌事势自行处理，耶律乙辛自此权倾朝野，一家独大。得势后的耶律乙辛疯狂受贿敛财，凡行贿者高官任做骏马任骑，凡忠信耿直者或贬或逐。耶律乙辛所为朝廷上下人所共知，唯道宗充耳不闻。

那么道宗在忙什么呢？其实重元之乱后，辽道宗没什么烦心事。阻卜叛乱于咸雍二年（1066）九月即被耶律仁先平定。当年十一月五国部中的阿里部反叛，道宗派北院承旨萧素飒率兵前往讨伐。由于叛乱规模不大，也很快平息了。不过阻卜和五国部都不甘失败，此后再叛乱。咸雍七年（1071），西北路招讨使和知黄龙府事等将士又将两处的叛乱镇压下去。到了咸雍八年（1072）辽国北部的乌古部也不甘寂寞造反，但被乌古敌烈部详稳耶律巢等人迅速打败。这些叛乱均未给辽国造成大规模的破坏与影响，可以说道宗这段时间过得还算悠闲自在，估计也是因为国无大事，所以道宗才于咸雍十年（1074）年底改次年年号为"大康"，并到处去狩猎，以致被皇后劝谏闹出夫妻关系破裂的结果。

　　大康元年（1075）六月二十六日，道宗下诏由17岁的皇太子耶律濬总领朝政，令道宗想不到的是，他的这个任命让耶律乙辛有了种将被皇帝疏离的不祥预感，并因此打开了潘多拉魔盒。耶律乙辛无法与太子争宠，毕竟太子是道宗与当时还是独宠的皇后萧观音唯一的儿子。之前他就知道皇后萧观音没少在道宗面前说他的不是，现在道宗果然开始重用太子了，他便有一种无可奈何花落去的悲凉之感。未来命运如何他也只能等待机会了。令他想不到的是，机会竟然来得这么快，一个多月之后，道宗因秋山之谏与皇后闹翻，这让狡黠阴险的耶律乙辛发现了翻盘的机会。不知耶律乙辛在打开潘多拉魔盒的那一刻是否就想清楚了后面的大棋该怎么下，但他确定了自己必须击败皇后萧观音和太子耶律濬这两个强大对手。

　　拥有才艺是每个人都向往的，可才艺太出色未必是好事，指不定哪一天就要了你的命。前面我们介绍过萧观音皇后"尤其擅弹琵琶"。耶律重元被灭掉后，他王府里的一个会弹琵琶名唤单登的婢女被皇后萧观音收入宫中，成为其身边的宫婢。估计单登的美貌不输貂蝉，因为有一次道宗召她给自己演奏琵琶后，就想宠幸她。皇后萧观音在旁边提醒道宗说："她是叛臣的婢女，难保她不会像春秋时的豫让那样为主报仇。"这一句话使本来有机会一步登天的单登失去了所有的希望，单登从此开始嫉恨皇后萧观音。心生怨气的单登忍不住向自己的妹妹清子（夫君为教坊朱顶鹤）发牢骚，这个妹妹恰巧又是耶律乙辛的情妇（看来单登家长相基因确实不错）。单登妹妹不但跟耶律乙辛说起这件事，还讲到擅长弹奏琵琶、筝等乐器且能谱曲的伶官赵惟一，说在道宗不在时，赵惟一常被皇后召进宫里。皇后命赵惟一将《回心院》谱曲并演奏,她本人在帘内以乐器相和。契丹宫廷的男女本来也不像汉族皇宫这般禁忌繁多,若是一般的契丹人听了,不会觉得这算什么大事,但图谋与皇太子争权的耶律乙辛却从中发现了机会。

耶律乙辛于是选择先对正被道宗冷落的萧观音皇后下手。耶律乙辛找到其奸党成员、北府宰相张孝杰商议如何陷害皇后。张孝杰是兴宗在位时最后一榜的状元,很有才华。与耶律乙辛组成奸党后,对道宗也极尽奉迎谄媚之事,因此甚得道宗喜欢。张孝杰出了个坏主意:既然萧观音喜欢诗词,那就从诗词下手。耶律乙辛不知其中奥妙,张孝杰也不解释,提笔作了一首描写女人身上十种香气的《十香词》,然后他让耶律乙辛把这首词交给单登,要如此这般……

得到《十香词》的单登按照耶律乙辛的吩咐拿去给皇后萧观音阅读,并说这是宋朝皇后的词作。萧观音读罢,瞬间脸红心跳,但看该词文笔确非一般人能够写成,也就相信了单登所说。《十香词》按照人体的发、乳、颊、颈、舌、口、手、足、阴及肌肤,依次描写不同的"香"感。成词文法精湛,感受从头至脚,描写既含蓄又妖娆,称得上是难得的艳诗佳作。单登见皇后已入套,便说自己书法欠佳,想请皇后帮她书写这首词,然后自己好收藏。善良的萧观音不知是计,不但手书了《十香词》,还在诗词后面补作了一首七言绝句《怀古》,诗曰:

"宫中只数赵家妆,败雨残云误汉王。惟有知情一片月,曾窥飞燕入昭阳。"

《怀古》这首绝句好与不好说不上,本来说的是汉朝的赵飞燕以美貌淫惑皇帝的事,但要命的是它里面表达的内容容易令人误解,第一句含"赵",第三句有"惟"和"一",再加上诗意所表达的那种哀怨和深情,若是给道宗看了,不暴怒才怪,毕竟赵惟一时不时与皇后一起切磋乐词的事他也是有所耳闻的。单登拿到该诗后,交与耶律乙辛和张孝杰,几个人商议后决定,由单登执该诗词作为证据、单登妹夫朱顶鹤作为证人,向辽道宗举报皇后萧观音与伶官赵惟一偷情私通。所告情节为:咸雍十年(1074)九月,道宗皇帝到秋山围猎时,皇后驾临木叶山。伶官赵惟一以懿德皇后有懿旨召其入宫弹筝为借口得以入宫。其间,皇后将御制《回心院》曲10首令赵惟一作调。两人从早到晚在一起反复切磋。调成后,皇后令赵惟一重新搁置内帐,对弹琵琶，对饮对弹直至三更后，皇后命令内侍出帐，留单登值帐。单登因此听到两人的床笫之欢。四更时，伶官赵惟一从醉酒中醒来离去。那之后皇后一再召赵惟一入宫，赵惟一因害怕不敢前来。皇后因思念赵惟一，遂作《十香词》赐给赵惟一。后赵惟一因醉酒，在朱顶鹤面前炫耀《十香词》。朱顶鹤夺其词，读罢诗词，因害怕事情暴露可能会与单登因知情不报而共同坐罪，才找到耶律乙辛，乞求耶律乙辛代为转奏。

辽道宗听后愤怒了！给皇上戴绿帽子，那后果还得了吗！耶律乙辛等人处心积虑准备充分，人证、物证俱全，由不得他不信，剩下的就是要当事人的口供了。皇后身份尊贵，道宗自己来审。至于另一个当事人赵惟一，道宗考虑到耶律乙辛是举报转奏人，不适合再做调查人，于是将提审赵惟一的事交给张孝杰去办，哪承想张孝杰与耶律乙辛早为同党。

不知因何事被召来的皇后萧观音，见到脸色难看的道宗，已感到恐有坏事将要发生。道宗将皇后亲书的《十香词》摔给萧观音让她解释。尽管皇后将真实情况说给了道宗，但已经失去理智的道宗全然不信。皇后以诗中"还亲御院桑"这句为自己辩解说，契丹人哪有养蚕采桑的，从此句便可知道该诗为宋国南人所作。但此时道宗已经认定皇后偷情，所以任凭萧观音说得如何在理，他根本听不进去。张孝杰那边对赵惟一的审问就没那么多过程，直接动刑解决。为了让赵惟一的证词得到进一步佐证，张孝杰还命人抓了教坊主事高长命。王鼎在《焚椒录》中记载："上怒甚，以铁骨朵击后，后几至殒。即下其事，使参知政事张孝杰与乙辛穷治之。乙辛乃系械惟一、长命等讯鞫，加以钉灼荡错等刑，皆为诬服。"

辽道宗坐实皇后萧观音偷情的完整证据链条后，尽管他和萧观音的4个亲生儿女跪地流泪为母求情，并愿代母受过，但被道宗残忍拒绝。大康元年（1075）十一月三日，辽道宗赐萧观音自尽。蒙冤、屈辱、无助、绝望的萧观音写下了生命中最后一首《绝命词》后自缢身亡。尽管萧观音已死，但辽道宗仍不解恨，他命人剥光萧观音的衣服，以苇席裹尸送回萧家，借此种羞辱方式发泄自己心中的仇恨。完全被仇恨淹没的辽道宗，却不知这种仇恨之祸甚于洪水猛兽。在这种情况下，太子耶律浚能够逃过劫难吗？虎毒尚不食子，耶律浚毕竟是辽道宗唯一的儿子，道宗会允许耶律乙辛对皇太子下手吗？耶律浚能否保全自己进而挫败耶律乙辛一党替母报仇并平反昭雪呢？

关于《十香词》一案是否为冤案，历史上争论不休，但笔者更倾向于该案是天大的冤案。首先，尽管笔者也同意很多史学家的观点，《十香词》可能为萧观音本人所作，但即便是她自写的词，即便她对赵惟一有所欣赏，也绝不会送这样的艳词给赵惟一。据《辽史·后妃传》记载：皇太叔重元之妻，因为艳丽妖冶而矜矜自得，皇后见了，告诫她说："身为高贵人家之妇人，何必如此！"从这件小事可以看出，萧观音是一个严于律人律己的皇后。其次，萧观音曾经提醒过辽道宗单登是叛臣婢女需要提防，又怎么可能在自己和赵惟一床笫之欢时让她值帐，即便昏了头也不可能傻到那种程度。退一步说，赵惟一若是真的与皇后做了那种苟且之事，还敢在无事都能生非的后宫里到处宣扬？那不是自己找死？如果他不想活了，那还不如杀了朱顶鹤夺回《十香词》再死，那样至多死他自己一人，也不至于像这样被诛灭满门啊。因此，"《十香词》案"极大概率为冤案。人在愤怒时智商为零，这已是一种共识。可惜辽道宗没能等到自己冷静下来后再处理该事件，这才酿成了千古奇冤。这实在是辽道宗之罪过，这个罪过不可饶恕，因为被打开的潘多拉魔盒还有更可怕的事情将要发生。

从史料上看，《十香词》一案尽管存在疑点，但辽廷满朝文武几乎没人出面替皇后说话，不是没有明白人，只是不方便说而已，因为这种男女之事本就很难说清楚。不过皇后一死，奸党们很可能会危害太子进而危害辽国的未来，这就有忠臣敢于出来说话了。北面林牙萧岩寿向辽道宗秘奏，言称耶律乙辛因为皇太子主持国政，且因其与张孝杰出面追查办理了"《十香词》案"，两人内心日益惶恐，往来过于频繁，提醒道宗耶律乙辛等人恐有危害太子的阴谋。道宗领悟，开始有意识疏远耶律乙辛。道宗的变化让耶律乙辛更加忧虑。他的焦虑还不只是道宗对他的疏远，还担心自己的脑袋保不齐啥时候就搬家了。因为道宗的护卫、猛将萧忽古恨其肆行凶暴，曾"伏于桥下，伺其过，欲杀之"。幸亏突然天降暴雨冲坏了木桥才刺杀未成。后来萧忽古"又欲杀于猎所，为亲友所沮"。耶律乙辛虽然保住了性命，却也吓得够呛。

六、辽道宗纳新皇后

萧观音被赐死后不到4个月,即大康二年(1076)三月六日,"性宽容、仁慈淑谨"的皇太后萧挞里崩逝。在她生前,曾梦到耶律重元对她说:"臣的尸骨在太子山北,不胜寒凛。"萧挞里醒来后,当即派人为之造屋。如此仁爱慈善的母亲怎么也想不通,自己为何会生出像耶律洪基这样凶残的儿子,亲兄弟和儿媳妇都被他杀了,唯一的孙子耶律浚能否安全存活下去就成了她日夜忧虑的心头事。夜不能寐的焦虑、心悸,摧残了她的身体。不堪极度的焦虑与恐惧的折磨,皇太后终于告别了这个世界。六月初一,辽道宗为皇太后萧挞里上谥号为"仁懿皇后"。皇后和皇太后的先后离去,对于笃信佛教的辽道宗是非常沉重的打击。耶律乙辛趁此机会以中宫不可虚位为由一再劝谏道宗纳新皇后,这又正合了辽道宗心思,略显孤苦的辽道宗便将耶律乙辛推荐的萧坦思纳为贵妃,试图以此"冲喜",改变一下霉运。除了"冲喜",道宗还决定把耶律乙辛赶得更远一点,既保太子安全,也好让自己清静清静。大康二年(1076)六月十八日,道宗免去耶律乙辛北院枢密使一职,外放为中京留守。道宗此举为不少非乙辛同党的大臣们所赞赏,辽国首任大于越耶律屋质的五世孙耶律孟简、都林牙耶律庶箴、同知南院宣徽使事孩里等上表贺朝廷除一奸佞。

道宗赶走了令他烦心的耶律乙辛,心情好多了。道宗当时44岁,正处在"男人一枝花"的颇具魅力的年龄段,而十六七岁的少女萧坦思也正花季年少,懵懂妩媚自不必说,加上萧坦思在家是长女,所以做事周全,不争不抢,慢慢就得到了道宗的认可。大康二年(1076)六月二十三日,辽道宗在母亲去世刚过百天时就册立了萧坦思为皇后。有意思的是萧坦思竟然是被辽道宗缢杀的国舅萧阿剌的孙女。是不是感觉太乱了啊?辈分乱了,恩仇也乱了。

被赐死的萧观音是萧孝惠(萧孝忠)的女儿,太子妃萧骨裕是萧孝诚的孙女,耶律乙辛害死了萧观音,下一个目标就是皇太子,因此他推荐的皇后人选绝对不会从这两族系中产生。之所以选中了出自萧孝穆族系的萧坦思，是因为萧坦思的两个叔叔都为朝中重臣，二叔萧余里也为西北路招讨使，五叔萧霞抹为当朝驸马、上将军，且都为耶律乙辛奸党的重要成员。沆瀣一气臭味相投的耶律乙辛奸党就是这样将权力及利益缠绕在一起，形成了你中有我、我中有你的尾大不掉的集团，相比于耶律重元集团，耶律乙辛一党危险性更大，因为他们貌似忠君，却严重侵蚀着大辽社稷，不断摧毁大辽江山的基石。

按照惯例，册立了新皇后，为表示对皇后的恩宠，还要对新皇后的家人给予封赏，为此，道宗在册立皇后的同一天，封其父祗候郎君别里剌为赵王，其二叔西北路招讨使余里也为辽西郡王，其五叔汉人行宫都部署、驸马都尉萧霞抹为柳城郡王。萧坦思的两个叔叔因家族出了皇后而加官晋爵，自然也没忘记耶律乙辛的好，只要有机会见到道宗，就不断替耶律乙辛说好话，说他遭人嫉恨因此被谗言，说他忠君能干是位难得的好宰相，等等。甚至于当年七月十九日萧霞抹临死前还劝道宗召回耶律乙辛。

七、耶律乙辛奸党谋害太子

道宗新立皇后没过多久，耶律乙辛的生日临近了。道宗于是便派近臣耶律白斯本前去赏赐礼物。耶律乙辛见到白斯本便知道宗仍旧放不下他，一边感谢皇恩浩荡，一边让白斯本给道宗捎话说："臣虽然远离皇帝，但心一直与皇帝在一起。目下朝堂有奸臣在，请陛下多加小心。"待白斯本返回将乙辛原话转达给辽道宗，道宗心有暖意。《辽史》记载："上遣人赐乙辛车，谕曰：'无虑弗用，行将召矣。'由是反疑岩寿。"看看辽道宗远忠臣近小人的所为吧，哪还像个有正常思维的人君，甚至连普通人的判断都不及。

为让耶律乙辛尽快回朝，辽道宗召集廷议，他首先表示想要重新召回耶律乙辛，让百官各抒己见，但朝廷上默然良久。唯有耶律撒剌独奏曰："萧岩寿言乙辛有罪，不可为枢臣，故陛下出之；今复召，恐天下生疑。"进谏者三，不纳，左右为之震悚。要特别说明一下，如此刚正不阿的耶律撒剌大人，就是电视剧《燕云台》里被塑造成大反派实为大忠臣的磨鲁古之孙。除了耶律撒剌，同知南院宣徽使事孩里也"陈其不可"。但毕竟反对者式微，不足以改变辽道宗已定的主意。当年冬十月十五日，也就是耶律乙辛被外放还不到4个月，辽道宗征召中京留守魏王耶律乙辛重新担任北院枢密使。

耶律乙辛还朝1个月后，辽道宗将林牙萧岩寿流放至乌隗部终身服劳役；耶律孟简被贬巡磁窑关，第二年又被流放到保州。孩里被外放为广利军节度使。只有耶律庶箴看到耶律乙辛势大，急忙前去拜见，并泣曰："前抗表，非庶箴之愿也。"乙辛信其言，乃得自安。至此，之前敢与耶律乙辛叫板的一干重臣差不多已被清除干净，但道宗觉得这样好像还对不住耶律乙辛，又于公元1077年二月初三，诏准耶律乙辛的同母兄大奴、同母弟阿思得以世代候选北、南院枢密使，其异母诸弟世代可候选夷离堇之职。耶律乙辛此后上承天子，下管百官，权势熏天，不可复制。一时间那些奸佞小人和中间摇摆者争先恐后投靠乙辛门下，前来贿赂者络绎不绝。用句通俗的话形容就是"有猫洞狗洞都要往里钻"。

耶律乙辛击败了与之对抗的文臣武将，那些投靠而来的奸佞小人便围绕着耶律乙辛逐步形成了利益集团。其核心成员为：

参与陷害皇后的北府宰相张孝杰，害死皇后1个月后，被道宗赐予国姓耶律。

殿前副点检萧十三，契丹蔑古乃部人。

夷离毕（负责刑狱的大臣）耶律燕哥，季父房之后。

辽西郡王萧余里也，萧阿剌次子、皇后萧坦思堂叔。

补祗候郎君耶律塔不也，仲父房之后。

补牌印郎君萧讹都斡（萧孝诚孙子、兰陵郡王萧知玄儿子），国舅少父房之后。

同知北院宣徽使事萧得里特，遥辇洼可汗宫分人。

南面林牙耶律合鲁、其弟耶律吾也，六院舍利袤古直之后。

旗鼓拽剌详稳萧达鲁古，遥辇嘲古可汗宫分人。

近侍直长撒把。

右护卫太保耶律查剌。

上述团伙成员的出身成分复杂,既有宗室成员,也有部落平民,但汉官只有张孝杰一人。其实在辽廷内部的缠斗中,汉官都选择不站队,而是静观其变,反正辽廷内的争权夺利是他们自己的事,谁输谁赢无所谓,汉官只是给朝廷打工而已。

再说总领北南枢密院事的太子耶律濬,自母亲遭诬陷被害后,内心难过,面呈忧戚之色。耶律乙辛则正相反,自重回朝廷再任北院枢密使后春风得意,甚至有点忘乎所以了。殿前副点检萧十三提醒耶律乙辛说:"今太子犹在,臣民属心。大王素无根柢之助,复有诬皇后之怨。若太子立,王置身何地?宜熟计之。"意思是耶律乙辛啊,你可不能高兴得太早了。如果将来太子继位,你该怎么办呢?耶律乙辛答:"其实我也一直为此事担忧啊!"当夜,耶律乙辛召来萧得里特商议扳倒太子事宜。商议完毕,耶律乙辛开始调动团伙成员向太子下手,而不到20岁的太子浑然不知大难即将临头。

第二天,耶律乙辛找来右护卫太保耶律查剌,将他要对太子下手的事情告诉他,并命他向道宗皇帝举报契丹行宫都部署耶律撒剌、北院枢密使事萧速撒、道宗的护卫萧忽古等图谋立太子为新君。大康三年(1077)五月二十六日,耶律乙辛向道宗奏称,右护卫太保耶律查剌有密奏,道宗准查剌入报,查剌按照事先与耶律乙辛商量好的版本告发北院枢密使事萧速撒等8人图谋扶立皇太子为帝。鉴于耶律乙辛和耶律查剌并未掌握皇太子参与此事的直接证据,所以道宗决定谨慎处理、不予治罪。毕竟道宗了解自己唯一的儿子,他不认为耶律濬有胆量做这种废立之事。如果道宗完全不信耶律查剌的诬告,那耶律乙辛等人的阴谋就难以得逞。遗憾的是,道宗只认为皇太子无罪,对其他人还是进行了处理和惩处。耶律撒剌调任始平军节度使、萧速撒出为上京留守、萧忽古远调边关,对护卫撒拨等6人的惩处是分别鞭打百余下后迁徙边疆。不仅如此,道宗还于当月二十九日,诏令对于告发谋反之事者,给以官爵重赏。

道宗如此处理,完全是对诬告者的纵容,因此必将难以保护住太子。果然,耶律乙辛等人更加胆大妄为,六月初一,耶律乙辛指使牌印郎君萧讹都斡和补祗候郎君耶律塔不也两人觐见辽道宗诬告称:"耶律撒剌等欲谋害乙辛，欲立皇太子事，臣亦预谋。今不自言，恐事泄连坐。"

三人成虎啊！这一次由不得辽道宗不信了，因为这第二次举报的人当中，萧讹都斡可是太子妃的本家呀，连这样的至亲都出来举报了，而且是害怕连坐才冒死将自己也举报在内的，这还能有假吗？被激怒了的辽道宗当即命令耶律乙辛以及耶律仲禧、萧余里也、张孝杰、杨遵勖、耶律燕哥、萧十三、抄只等人对被举报的参与者逐一进行审讯。这些案件办理者中耶律仲禧原名李仲禧，清宁六年（1060）被赐姓耶律，为南院枢密使，也属于乙辛奸党成员。杨遵勖和抄只虽不算乙辛奸党集团成员，但在办案中因怯于乙辛一伙权势均没有公正履职，更未敢替太子发声。耶律燕哥负责审问太子，太子对燕哥说："父皇只有我一个儿子，而且我已是皇太子，我还会有什么奢望呢？又怎么会做这种事呢？你我为本家兄弟，应知道我是无辜的，请你向父皇转达我的意思吧。"耶律燕哥见太子说得如此恳切，内心也有些怜悯。萧十三听闻燕哥如此态度，急忙找到燕哥对他说："你应该向圣上报告说太子已认罪。"耶律燕哥虽然同情太子，但也还是按照萧十三所教授的话向辽道宗做了奏报。道宗未与太子当面对质，就相信了耶律燕哥所奏，命人将太子杖击后囚禁于宫中。既然太子都能如此轻易被定罪，对其他人那就更是欲加之罪何患无辞了。自萧观音皇后被陷害后刚刚正常了1年多的辽道宗又陷入疯魔的病态了，这种病态令他变成了杀人狂魔。六月初三，杀宿直官敌里剌等3人。初四，杀宣徽使挞不也等3人。初五，杀始平军节度使耶律撒剌等10人。初七，杀耶律挞不也及其弟陈留。初八，废皇太子为庶人。道宗可能考虑到自己只有这么一个儿子，所以才未对太子下最后杀手，而是下诏囚禁于上京。太子被押往上京登车前说："我何罪至我如此！"萧十三非常不耐烦地喝令太子登车，命卫士关好车门起解。乙辛同伙在屠杀居京的所谓"太子党"的同时，又派人前往京外传旨杀人。十一日，杀同知东京留守耶律回里不。十三日，杀上京留守萧速撒等人嫡庶诸子，籍没其家产。据说萧速撒被杀时面不改色，尸体被弃于原野，容色不变，乌鹊都不敢靠近。随后又杀掉了已被徙边的护卫撒拨等6人。一时间辽廷上下血雨腥风人人自危。

暂时活命的废太子耶律浚也没有活太久，因为耶律乙辛等人不敢让他活下来。而还处在"疯魔病态"发作期的辽道宗不仅不知道保护好自己唯一的儿子，还对那些陷害太子的乙辛奸党成员封官授权。七月初三，封护卫太保耶律查剌加号镇国大将军、候选突吕不部节度使，赐牌印郎君萧讹都斡娶皇女赵国公主，授为驸马都尉、始平军节度使，祗候郎君耶律挞不也及萧图古辞均加号监门卫上将军。加害太子的奸党们得以升官发财，使这些奸党更加肆无忌惮。当年十一月，耶律乙辛派旗鼓拽剌详稳萧达鲁古到上京，同上京留守萧挞得趁夜带力士入耶律浚囚室，以有诏之名召出太子杀之，然后割其首回报耶律乙辛。上京留守萧挞得按耶律乙辛之前所授，对外宣称废太子因病暴死。还有那个当初躲在桥下想杀掉耶律乙辛的护卫萧忽古也被乙辛召至京城杀掉了。道宗听说自己的宝贝儿子死了，非常震惊！他不太相信去上京之前身体还健硕硬朗的儿子会突然病死，所以就想召废太子妃萧骨裕前来询问。这可吓坏了耶律乙辛，他忙派人到上京又将萧骨裕灭了口。可怜一个月内连续丧父丧母的辽道宗之孙耶律延禧此时还不到3岁。儿子死了，辽道宗开始懊悔，白发人送黑发人肯定是痛不欲生的。道宗本来知道太子为贤德之人，却不能洞悉耶律乙辛之狡诈，竟然狠心到杀死自己唯一的儿子，真是可怜之人必有可恨之处啊，痛哉恶哉！

太子和太子妃一死，奸党们再无所虑、弹冠相庆。《辽史》言及当时的情形曰："群邪并兴，谗巧竞进，贼及骨肉，皇基寝危。"

尽管辽廷"皇基寝危"的形势绝大多数臣子都意识到了，不过辽道宗杀妻灭子的丧心病狂行为令臣子们彻底寒心和恐惧，对朝中大事漠然视之，麻木不仁。而辽道宗一边继续对奸党们提拔任用，一边为解内心惶恐大肆铺张烧香拜佛。大康四年（1078）七月初二，诸路奏称施给僧尼36万人饭食。笔者所见到的史料显示，道宗中期，人口仅约750万。如果再细想，那些出家为僧者多半是青壮年男丁，那么辽国养了多少白吃饭的家伙。大康五年（1079）九月十四日，诏令诸路不得禁止僧徒开坛集会。同年十一月十三日，还征召高僧到内殿开坛。在道宗一朝，僧人到处建塔立寺，不光骗吃骗喝，还到处骗人敛财。大安三年（1087）五月九日，仅海云寺一家就进献救济贫民钱币1000万。可见这些僧人不光骗吃骗喝，骗人敛财也疯狂到了极致。甚至在寿昌六年（1100），也就是道宗驾崩的前一年，道宗还征召医巫闾山（位于今辽宁省北镇市）僧人志达在内殿设坛。如此所为，使一个由马背上的民族建立起来的国家差不多快要变成佛国了。

佛教盛行，使幅员辽阔、人口稀少的辽国严重缺乏劳动力，大大降低了辽国农业抵御自然灾害的能力，稍微有一点天灾便会民不聊生。对于生活在水深火热之中的百姓，朝廷得动用国库去救济，连年如此，造成国库入不敷出，辽国国力因此被大大削弱。《辽史·道宗本纪》对此有所记载：

公元1078年正月十九日，赈济东京饥荒。

公元1079年十一月十九日，免除南京流民差役3年，遭火灾之家免除租税1年。

公元1080年十二月十二日，免除西京流民租赋1年。十六日，减轻百姓赋税。

公元1081年十一月初三，诏令每年动用官府钱币，赈济诸宫分以及边境戍所的贫困家庭。

公元1086年七月初九，赐钱给兴圣、积庆二宫贫民。三十日，发放粟米赈济辽州贫民。九月十七日，发放粟米赈济上京、中京贫民。

公元1087年正月二十一日，发放钱米赈济南京贫民，又免除他们的租赋。二月初三，发放粟米赈济中京饥荒。三月初七，免除锦州贫民1年的田租。二十二日，免除上京贫民田租与锦州相等。夏四月初七，赐给中京贫民绢帛，又免除诸路进贡物品及输送土产之一半。十五日，赐给隈乌古部贫民以绢帛。二十四日，诏令发放户部所主管的粟米，赈济诸路流民以及义州的饥荒。七月初八，取出杂料绢帛赐给兴圣宫贫民。

……

公元1099年十月三十日，赈济辽州饥荒，又免去当地租赋1年。十一月初六，赈济南、北二纠。

公元1100年二月十六日，发放绢帛赐给五院贫民。十月二十一日，因平州发生饥荒，免除当地租税1年。

以上林林总总的赈济救灾贯穿了道宗一朝始终，少则一年一两次，多则七八次。持续几十年的天灾人祸使这个原本强大的草原帝国江河日下。

八、耶律乙辛失宠

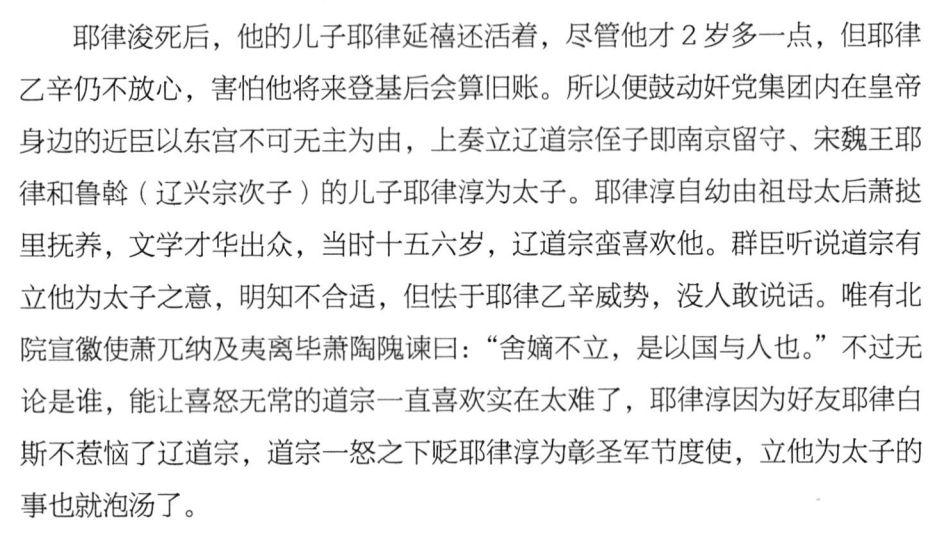

耶律浚死后，他的儿子耶律延禧还活着，尽管他才2岁多一点，但耶律乙辛仍不放心，害怕他将来登基后会算旧账。所以便鼓动奸党集团内在皇帝身边的近臣以东宫不可无主为由，上奏立辽道宗侄子即南京留守、宋魏王耶律和鲁斡（辽兴宗次子）的儿子耶律淳为太子。耶律淳自幼由祖母太后萧挞里抚养，文学才华出众，当时十五六岁，辽道宗蛮喜欢他。群臣听说道宗有立他为太子之意，明知不合适，但怯于耶律乙辛威势，没人敢说话。唯有北院宣徽使萧兀纳及夷离毕萧陶隗谏曰："舍嫡不立，是以国与人也。"不过无论是谁，能让喜怒无常的道宗一直喜欢实在太难了，耶律淳因为好友耶律白斯不惹恼了辽道宗，道宗一怒之下贬耶律淳为彰圣军节度使，立他为太子的事也就泡汤了。

耶律乙辛见册立耶律淳为皇太子已无可能，便又生一计。大康五年（1079）七月，辽道宗到夹山（今内蒙古自治区土默特旗萨拉齐镇西北）游猎，耶律乙辛认为机会来了，便向道宗请求把皇孙耶律延禧留下，目的是想趁机谋害耶律延禧。道宗觉得耶律延禧太小，跟着游猎是不太方便，就准备同意乙辛的提议。北院宣徽使萧兀纳见状，急忙奏曰："窃闻车驾出游，将留皇孙，苟保护非人，恐有他变。果留，臣请侍左右。"辽道宗顿时明白了萧兀纳提醒的含义，于是决定携皇孙耶律延禧同行。途中，恰好看见扈从官员多紧随乙辛身后，道宗不由皱了皱眉。围猎期间，道宗了解到乙辛奸党成员之一的萧讹都斡因罪被诛前曾语人曰："前告耶律撒剌事，皆乙辛教我。恐事彰，杀我以灭口耳！"辽道宗前思后想，开始对耶律乙辛的一系列行为产生了怀疑。特别是他提议以耶律淳为储嗣，欲留皇孙在京，这两件事让他不敢再像之前那样信任耶律乙辛了，否则，自家一脉的天下很可能就易手了，真是"细思极恐"啊！

辽道宗出猎返回后开始以"温水煮蛙"的方式对浸淫辽廷多年的耶律乙辛下手。大康五年（1079）十月十七日，道宗颁布诏令，今后只有皇子仍为一字王，其余一字王一律削降。十月二十四日，魏王耶律乙辛降封为混同郡王，赵王杨绩降封为辽西郡王，吴王萧韩家奴降封为兰陵郡王。当年十二月十二日，道宗得报观测到彗星犯尾宿星。尾宿星为东方青龙七宿星第六，属于青龙之尾，为斗杀中最易受到攻击的部位。所以，观到此天象，多为凶相。道宗因此更担心耶律延禧的安危，于是于大康六年（1080）一月二十七日，将耶律乙辛贬为兴中府（今辽宁省朝阳市）知府使其远离京城。估计此时辽道宗已经认定耶律乙辛就是那颗会带来灾难和死亡的"扫把星"了。

道宗再次赶走耶律乙辛后，于当年三月二十七日做出人事调整，封5岁的皇孙耶律延禧为梁王。这是个确立继承人的任命，因为此前的辽圣宗、辽兴宗也包括道宗自己都是在几岁时就被封爵为梁王。辽道宗杀妻灭子，使他这一脉仅剩下耶律延禧这棵独苗。还不到50岁的辽道宗在娶了年轻貌美的小皇后萧坦思后，本指望她能为自己生下新皇子，但她入宫已3年多了，肚子却仍然没啥动静。所以，为防皇孙耶律延禧有个万一啥的，道宗便于七月二十二日，增加保护皇孙的措施，为皇孙梁王耶律延禧设置旗鼓拽剌6人加以护卫。这还不算，当年十月九日，道宗将耶律乙辛死党耶律仁杰（即张孝杰）贬为武定军节度使，也赶出了京城。

随着耶律仁杰也被赶走，皇后萧坦思家族也已经意识到，耶律乙辛一伙的好日子一去不复返了。而入宫多年的萧坦思仍不见怀上龙种，于是家族便让萧坦思向辽道宗推荐已经嫁给耶律乙辛儿子耶律绥也的二女儿萧斡特懒（已是两个孩子的母亲），说她宜子。辽道宗还是很喜欢年轻温顺的萧坦思皇后的，所以便接受了她的推荐，让萧斡特懒和丈夫离婚进宫，与萧坦思共同侍奉道宗，期望这样能够生育皇子。到了知天命之年的辽道宗拼了老命努力想再生儿子，为此还于大康七年（1081）九月五日和八日，带着皇后分别拜谒怀陵和祖陵，希望祖上保佑早生皇子。

大康七年（1081）年底，辽道宗向耶律乙辛和耶律仁杰再次下手，于十二月十五日，将耶律仁杰削爵为民并贬至安肃州（今河北省保定市徐水区），罪名是走私贩卖山西广济所产的湖盐以及擅自更改皇帝诏书。十九日，在兴中府知府主事的耶律乙辛以将法令禁止的物品卖给外国而获罪，因其余党耶律燕哥启奏当以法律特殊规定的"八议制度"予以减刑，辽道宗才顺势暂时放了耶律乙辛一马,减免死罪,以铁骨朵棍棒(形似花骨朵,由8片熟铁虚合而成)重击后,囚禁于来州(今辽宁省兴城市绥中县北)。耶律乙辛被施以铁骨朵重击实在是大快人心啊!当年皇后萧观音被诬陷时曾被辽道宗以铁骨朵击至几乎丧命,现在让耶律乙辛也尝尝这个滋味吧!

大康八年(1082)十月,距离上次辽道宗带皇后去拜祖陵求子过去1年多了,可是皇后萧坦思和她"宜子"的妹妹仍不见有怀孕的迹象,这让人到中年的辽道宗对自己的能力彻底失去了信心。他不得不认命了,于是对独苗皇孙耶律延禧继续加官和重点培养。大康八年(1082)冬十月初八,诏令耶律化哥辅导梁王延禧,加号金吾卫大将军。两个月后,下旨降皇后萧坦思为惠妃,出居于乾陵,而皇后无名无分的妹妹萧斡特懒也被赶回了家。但辽道宗未再纳新人入宫,看来确实觉得自己不行了。

孟子曰:"不孝有三,无后为大。"失去了"造人"能力的辽道宗追悔莫及,开始怀念起被自己害死的独子耶律浚,他思来想去差不多可以断定儿子不可能是突然病死的,罪魁祸首一定是耶律乙辛,但碍于自己和皇室的颜面,他又无法将事情的真相公之于众,并对耶律乙辛等人治罪。因为那样他为辽国史上的昏君之名就坐实了,他可不想让自己以昏君之名名垂青史,所以他只能打落牙齿和血吞。大康九年(1083)闰六月四日,辽道宗赐予耶律浚谥号"昭怀太子",以天子礼葬于玉峰山,这算是仅仅为耶律浚正了名而已,但萧观音皇后仍沉冤于荒野地下未得昭雪。不过让辽道宗暗地里恨得牙根直痒痒的耶律乙辛,到底还是没躲过辽道宗对他的最后一刀。大康九年(1083)十月二十日,道宗以耶律乙辛图谋逃奔宋国的罪名将其缢杀,算是为死去的皇后和太子报了大仇。但那个被发配到安肃州的张孝杰却未被进一步追加惩处,数年后还能回归故里终老病死。其他耶律乙辛团伙爪牙竟然还跟没事人一样继续做官:最先出坏主意谋害太子的萧十三虽然被外放为保州统军使,但也卒于任上。负责审讯太子,经常为耶律乙辛出谋划策、编造太子伏法罪状的耶律燕哥竟然敢在道宗收拾耶律乙辛时出面成功为其说情,可见耶律燕哥不但未获罪,还挺受信赖。大安三年(1087)耶律燕哥出为西京留守时退休归隐,直到辽道宗寿隆(即道宗寿昌年号,《辽史》避金讳改。为道宗最后一个年号,元年为公元1095年)初年才死掉。其余奸党成员在道宗一朝也均未被治罪。正是由于辽道宗至死也未能做到"恩赏明则贤者劝，刑罚当则奸人消"，所以在耶律乙辛被处死后辽道宗继续做皇帝的近20年里，辽朝佞臣频出、良臣遭放逐的情况仍无改变。皇帝用人不当昏庸无能，以致辽廷政治腐败如扩散的毒瘤，割掉一个又再生一个。外表看似依然强大的辽国，实际已日趋衰弱，这一点已为其属国属部所见，"诸国附从者皆有离心"已在所难免。

九、皇太孙耶律延禧

干掉耶律乙辛和张孝杰后，做了近30年皇帝的辽道宗或许感到疲倦和乏味了，但这个皇帝他还得继续当下去。为保全家族帝位不落入他家，道宗开始全心全意扶持和培养皇孙耶律延禧。杀掉耶律乙辛不到1个月，大康九年（1083）十一月五日，晋封梁王延禧为燕国王，大赦天下。大康十年（1084）三月十八日，下令由知制诰王师儒、牌印郎君耶律固辅导燕国王耶律延禧。大安二年（1086）六月十九日，阻卜酋长余古赧及爱的来朝见，诏令燕国王延禧与二人相结为友。九月二十四日，取出太祖、太宗御用的铠仗给燕国王延禧观看，以创业征伐之艰难对他加以晓谕。十一月二十日，为燕国王耶律延禧举行再生礼（本命年生日礼），特赦上京囚犯。大安四年（1088）五月六日，诏命燕国王延禧抄写《尚书五子之歌》。大安五年（1089）十月二十六日，下令燕国王延禧担任天下兵马大元帅，总领北南院枢密使事，进一步确立和巩固了皇储的身份地位。从以上辽道宗为皇太孙所做的一切可以看出，作为一位祖父对待孙子他还是充满了慈爱与关怀的，可以说是倾其所有呵护备至。除了官爵上面不吝赐予，他还早早地给耶律延禧张罗婚事，以便后代皇族不至于像道宗自己这样孤寡。大安四年（1088），在耶律延禧仅13岁时，辽道宗就让他娶了萧思温（萧燕燕之父）继子萧继先五世孙女萧夺里懒为妃。皇后之位从萧菩萨哥后兜兜转转又回到了睿智皇后萧燕燕一族，真可谓三十年河东三十年河西呀！

辽道宗之所以让耶律延禧早早娶妻，一是希望皇族继续枝繁叶茂，孤寡多年的自己也能享受残缺的天伦之乐，二是借此斩断他人的非分之想。这是因为大康八年（1082）十二月辽道宗将萧坦思降为惠妃出居于乾陵，又将她的妹妹萧斡特懒也赶回家后，萧坦思的母亲燕国夫人削古因此将心中的仇恨记在了耶律延禧身上。燕国夫人本来也不是省油的灯，史料记载："初酾斡母入朝，擅取驿马，至是觉，夺其封号。"连擅自夺取驿马这样的事都能干出来的削古哪能甘心两个姑娘就这样出头无望了呢？她和娘家妹妹鲁姐一起偷偷以巫蛊之术诅咒耶律延禧，希望他早死。但世上没有不透风的墙，事情传到辽道宗那里，快把道宗气疯了。他不能再容忍任何人危害皇族子嗣，于是下诏处死削古和鲁姐姐妹俩。削古儿子兰陵郡王萧酾斡也受此牵连被削去爵位，并下诏让萧酾斡与公主离婚，将他籍没入兴圣宫为奴并流放于乌古敌烈部。就连远在乾陵并不知此事的萧坦思也未能幸免，道宗将她贬为庶人，幽禁于宜州（今辽宁省锦州市义县），直到天庆六年（1116）年末，才被耶律延禧召还，追封为太皇太妃。

　　道宗在前期为君王的20多年里，经历过的这么多是是非非，使他对朝政帝位和世间百态都感到乏味倦怠甚至失落消极，这表现在他虔诚佞佛上面。宋朝苏东坡的弟弟苏辙出使辽国回朝后，言称："北朝皇帝好佛法，能自讲其书。每夏季，辄会诸京僧徒及其群臣，执经亲讲。所在修盖寺院，度僧甚众。因此僧徒纵恣，放债营利，侵夺小民，民甚苦之。"这在《辽史》中也有相应记载，道宗曾先后命皇太子和皇太孙手抄佛书，还于大安元年（1085）十一月二十九日，专门诏令僧尼无故不得入朝觐见。说明当时佛教徒们的地位不是一般的高，甚至只有诏命才能禁止他们无事就上朝。更有"一日而祝发三千"之说，意思是一天之内就有3000人剃发受戒出家，可见以骁勇善战为立国之本的大辽国世风日下到了何种程度。道宗因连续用人失察丧失了自信，所以采取了荒唐可笑的选才用人之法。《辽史》记载："帝晚年倦勤，用人不能自择，令各掷骰子，以采胜者官之。"意思是谁掷骰子赢了，官位就是谁的。像耶律仲禧的儿子耶律俨就因为掷骰子技巧好，总能获胜，所以才步步高升，迁知枢密院事，赐经邦佐运功臣，封越国公。耶律仲禧与耶律乙辛沆瀣一气陷害太子耶律浚，他本人未受到惩治就够让众大臣不爽了，他的儿子还能凭骰子掷得好升官发财，你说这辽道宗荒唐昏聩到了何种程度吧。

大安五年（1089）十一月一日，皇太孙耶律延禧得子，道宗大喜，终于可以为皇族传宗接代的大事松口气了。高兴之余，道宗对重孙子的妈妈昭容赵氏的族人亲属赐官封爵。满以为有了重孙子就会一通百通国运好转了，但他高兴得早了点。大安九年（1093）二月，北阻卜磨古斯部（蒙古人称之为"克烈部"）前来进犯。《辽史》有记载：大安五年（1089）五月二十日，磨古斯被辽廷任命为阻卜诸部部长，大安八年（1092）正月十二日，阻卜各酋长前来降附，当年四月三日，阻卜君长前来进贡。上述记载表明，作为辽国属部的阻卜与辽廷的关系此前非常和睦，那么到底什么原因使他们这么快就造反了呢？

十、阻卜叛乱

辽国在辽景宗时期的保宁三年（971）开始设置西北路招讨司，以管控漠北阻卜。西北路辖境为东起穿越蒙古国和中国内蒙古境内的克鲁伦河，西至流经中国、哈萨克斯坦、俄罗斯的额尔齐斯河，北至今贝加尔湖南的色楞格河和鄂尔浑河下游，南抵沙漠与高昌回鹘以及西南路辖境相接。

当初辽太祖阿保机征服漠北阻卜后，以"不营城邑，不置戍兵"的方式对漠北地区进行管理。后来因为阻卜叛附不定，遂开始设置西北路招讨司，辽景宗的心腹耶律贤适出任首位西北路招讨使，但真正到西北路招讨司履职的是耶律速撒。统和十二年（994）阻卜叛乱，皇太后萧燕燕派大姐、皇太妃萧胡辇于统和十五年（997）征伐，告捷后，辽廷于统和二十二年（1004）设置了镇州、防州、维州等三州并驻军镇边，开始对漠北阻卜认真经管。开泰二年（1013）阻卜发生叛乱，辽廷又于开泰三年（1014）设置了更加偏北的招州（今蒙古国布尔干省布日格杭盖苏木境内）以利监管。此后虽然阻卜于太平六年（1026）也有过叛乱，但大部分时间里还算是顺从辽廷统治的，能够每年按期纳贡，辽国需要其出兵打仗时也能及时出兵，履行属国属部的义务。辽兴宗当年攻打西夏时，阻卜也曾出兵助阵。辽国对阻卜每年增加赐物、安抚有加，所以漠北才得以安宁。此次阻卜造反的直接原因是自然灾害使得民不聊生，虽然辽廷施以赈济，但救灾物资经腐败官员层层盘剥，到了灾民手中所剩物资不足以活命，于是北阻卜耶睹刮部率先造反。辽道宗派西北路招讨使事耶律何鲁扫古前去讨伐。耶律何鲁扫古命阻卜诸部部长磨古斯率领手下诸部共同出征。耶睹刮部被重创，辽军俘获甚重。但耶睹刮部仍旧不屈服，集结力量与辽军再战。这一次，辽军犯了与之前打回鹘时同样的错误，辽军金吾将军吐古斯误击了磨古斯属部（居于辽国在今蒙古国设置的镇州一带，当时为漠北阻卜中最强大的一支），并给磨古斯属部造成了严重伤亡和物资损失。辽道宗得知后，为平息阻卜人的愤怒，于大安八年（1092）十月七日调集物资赈济西北路饥荒，但阻卜人不买账。当月十二日，磨古斯杀死金吾将军吐古斯反叛。道宗派遣奚六部秃里（注：辽朝官名）耶律郭三征发诸蕃部兵马讨伐。辽军的围剿不但没能达到目的，反倒更加激怒了磨古斯，所以才有阻卜磨古斯率部于大安九年（1093）二月，主动攻击辽军的叛乱发生。

大安九年（1093）三月，西北路招讨使耶律何鲁扫古击败来犯的磨古斯部，但在追击磨古斯返回途中，都监萧张九遭遇阻卜军伏击，辽军遭到重创，二室韦、拽刺、北王府、特满群牧、宫分等军大多阵亡。道宗得报辽军惨败，将耶律何鲁扫古罢官，任命耶律仁先之子耶律挞不也为西北路招讨使。同时，为瓦解和安抚阻卜，于九月二十八日，再次赈济西北路贫民。磨古斯一边接受辽廷赈济，一边向辽廷诈降。磨古斯能够成为阻卜诸部部长缘于耶律挞不也的推荐，所以耶律挞不也以为磨古斯还念及自己过去对他的恩情，所以才选择重新归附。然而，是他把问题想简单了。

大安九年（1093）十月六日，耶律挞不也按照与磨古斯的约定，禁止士卒妄动，只带了少数将领迎候磨古斯于镇州（今蒙古国鄂尔浑河上游哈剌巴剌哈孙）西南沙碛间，但等来的不是阻卜人的归降而是阻卜人的疯狂砍杀。辽裨将耶律绾、徐盛见磨古斯所部杀红了眼，料难抵挡，于是丢下主帅弃战逃跑，寡不敌众的耶律挞不也等人战死。

磨古斯这场不光彩的胜利，使他得以肆意夸大战果，煽动乌古札、达里底（属敌烈部，其活动地域在今克鲁伦河中游一带）、拔思母（称作乃蛮部或粘八葛部，居于蒙古国的杭爱山以西至阿尔泰山地区）等部迅速起兵响应叛乱，与磨古斯叛军分别从不同方向进攻辽军。壮大了的叛军率先进犯倒塌岭节度使治所（今内蒙古自治区乌兰察布市四子王旗境内）。辽道宗此时开始重视这场声势浩大的叛乱，他意识到如不尽快平定叛乱将后患无穷，甚至会危及辽朝社稷。所以，他一面继续安抚阻卜各部，一面向前线大举增兵。大安九年（1093）十月九日，道宗诏命以耶律陈家奴为西北路行军统帅，以左夷离毕耶律秃朵、围场都管撒八同为都监，率兵前往倒塌岭增援坚守在那里的耶律那也所部。十一日，诏令拨给乌古部（生活在南至洮儿河上游，北抵额尔古纳河，黄头室韦以西，敌烈部以东地区）3000 匹马，以增强征讨叛乱的辽军军力。十三日，再次赈济西北路贫民。辽道宗给乌古部拨增战马后，乌古敌烈部（两部所在区域合并后大约为今内蒙古自治区呼伦贝尔市一带）在统军使（辽廷设置的乌古敌烈部统军司的最高长官）萧朽哥的指挥下，于当月十九日攻击阻卜告捷。十一月七日，四捷军督监特抹和陈家奴所部也取得了对阻卜的大胜，斩首叛军 2000 余级，倒塌岭之围得解。

　　大安十年（1094）正月十六日，进攻倒塌岭的叛军之一乌古扎等前来归降，但达里底、拔思母二部不但不降，还再次前来进犯。激烈的战斗持续到二月初，辽国四捷军都监特抹战死，辽军取得了对阻卜拔思母部的胜利，拔思母部的大小酋长排雅、仆里、同葛、虎骨和仆果等选择归顺辽朝。但阻卜的达里底部依旧不服，继续攻击山北路辽军，并掳掠牛羊而去。山北路副部署萧阿鲁带率兵追击，尽获所掠，斩达里底部酋长数人。

　　四月五日，因功晋升为乌古部节度使的耶律陈家奴奏称攻讨阻卜的茶扎剌部告捷。虽然在征伐叛军的 1 年多时间里，辽军胜多负少，但叛军主力磨古斯部依旧强悍，其他参与反叛的部落也时叛时附，为尽早取得平叛成功，道宗决定再征集大军围剿叛军主力阻卜磨古斯部，以期一举击溃该部，进而平定风起云涌的各部反叛。四月九日，道宗诏命知北院枢密使事耶律斡特剌为都统，夷离毕耶律秃朵为副都统，龙虎卫上将军耶律胡吕为都监，积庆宫使萧纠里监战，举兵讨伐磨古斯部。

　　起用耶律斡特剌为都统讨伐阻卜磨古斯部，是辽道宗对阻卜征伐战争中最重要的一次任命。耶律斡特剌为太祖阿保机三弟耶律寅底石的六世孙。他少年时志不在做官，直到41岁时才做了第一个官——补本班郎君。此后官运亨通，历任宿直官、左右护卫太保、左夷离毕、北院枢密副使、知北院枢密使事。耶律斡特剌大军到达西北战场后，辽军对叛军的作战形势开始进一步好转。

四月十日，辽国59个属国属部之一、居于黑龙江下游伯力一带（今俄罗斯哈巴罗夫斯克一带）的颇里八部（婆离八部）也突然反叛前来进犯，不过该部叛军最终被萧朽哥率部击败。西北战场这边，或许是怯于辽大军的围剿，或许是因为四月三十日，辽廷又赐钱给西北路贫民的缘故，阻卜达里底、拔思母二部又降附辽廷。辽道宗的笑容尚挂在脸上，五月十八日，敌烈等部趁萧朽哥所部去平定东北的颇里八部尚未回归之时，起兵造反。道宗命辽西北路招讨司出兵抗击前来进犯的敌烈等部，招讨司不负道宗所望取得了胜利，但统军司所部却交战失利，敦睦宫太师耶律爱奴及其子战死。

道宗伤心恼怒，认为耶律爱奴及其子之死的罪责在于乌古敌烈统军使萧朽哥对所部管控不力，遂于六月十六日，将萧朽哥除去名籍。道宗本来还想问罪于乌古部节度使、行军都监耶律陈家奴，但陈家奴为自己申辩说，事前所部已探查到敌烈等部马蹄痕迹混乱，分析其可能会攻击辽军，并向统帅耶律爱奴禀告，不过耶律爱奴认为这是野马群留下的痕迹，以致未做任何防御，被敌烈等部击败身死。道宗了解到陈家奴所言属实，于是判他无罪。耶律爱奴死后，道宗任命知国舅详稳事萧阿烈同领西北路行军事。

七月，阻卜等部再犯倒塌岭，辽军抗击失利，阻卜人尽数掳掠西北路牧群马匹后撤离。对敌烈部这边，知国舅详稳事萧阿烈被诏命为同领西北路行军事后，其率领辽军对敌烈诸部围剿3个月左右并取得了胜利。九月二十六日，敌烈众酋长前来归降，释免其罪。

西北路作战战场上，七月，以北院枢密使事耶律斡特剌为都统的辽国大军与磨古斯四别部冒着漫天大雪展开厮杀，辽军大胜，斩首千余级。十月十四日，阻卜达里底部300多人又来侵犯，山北路副部署萧阿鲁带率兵出战，斩敌首两百余级，因此功萧阿鲁带加封兰陵县公、金吾卫上将军。辽道宗对萧阿鲁带等的嘉奖，激励了辽军将士。十月二十五日，西北路统军司擒获阻卜首领拍撒葛、蒲鲁等人前来进献。十一月七日，惕德铜刮、阻卜的烈等部也因敌不过辽军围剿前来归降。但之前归附的拔思母及达里底等部又于大安十年（1094）底和寿昌元年（1095）初两度前来侵犯。萧阿鲁带率军将其击败。大安十年（1094）底西北路统军司再次征讨磨古斯部获胜。

寿昌元年（1095），辽军在对叛军的各个战场均取得了胜利。四月和七月，斡特剌率部分别战胜耶睹刮部和磨古斯部。道宗大喜，诏命其任西北路招讨使，封漆水郡王，加赐宣力守正功臣。围场都管撒八也因为征讨阻卜之功，加号镇国大将军。同时，辽道宗还不止一次给征讨叛军有功的将士授予官职。由于辽军在征讨战场不断取得胜利，颇里八部前来归附，其他未参与叛乱的阻卜部落的酋长们仍继续向辽廷进贡。受到鼓舞的辽军将士们奋勇征战，西南面招讨司于寿昌二年（1096）正月十二日讨伐拔思母部再次取得胜利。十二月初三，斡特剌继续扩大战果，远征居于贝尔加湖南、磨古斯部北、蒙古国北部色楞格河和鄂尔浑河下游一带的梅里急部（蔑儿乞部）的叛军获胜。受到重创的阻卜酋长猛撒葛、粘八葛长秃骨撒和梅里急部酋长之一的忽鲁八等向辽朝归顺，请求返回故地，得到了辽道宗的允许。但梅里急部和部分阻卜部落仍不肯屈服，因为带头叛乱的磨古斯部等仍在与辽朝对抗。辽廷没能做到擒贼先擒王，所以叛乱就无法彻底平定。

寿昌三年（1097）同样是西北路招讨使斡特剌征讨忙碌的一年，五月打败阻卜，九月攻讨梅里急部告捷。辽道宗此时意识到斡特剌对辽国的中流砥柱作用，在他屡建战功的同时对其不吝赐予官爵及荣誉。十月，道宗提拔斡特剌为南府宰相。寿昌四年（1098）十月，又命斡特剌兼任契丹行宫都部署，同时让其担任燕国王耶律延禧的老师，以此肯定斡特剌对辽国的杰出贡献。但斡特剌深知自己的所长在战场，所以不久便向辽道宗奏请允许自己重新回到西北战场，很快得到了辽道宗的恩准，毕竟磨古斯部的叛乱还未平息，斡特剌回到前线更有价值。

寿昌五年（1099）五月二十六日，道宗诏命南府宰相斡特剌兼任西北路招讨使、禁军都统。重新回到西北前线的斡特剌果然不负道宗期望。十月，斡特剌再次向引发一连串叛乱的耶睹刮部大举征伐并顺利告捷。接着，斡特剌向磨古斯部发起总攻。寿昌六年（1100）正月二十四日，斡特剌大军终于击溃了始终不肯屈服的磨古斯部，并活捉磨古斯得胜凯旋。二月，辽道宗将磨古斯磔刑于市。斡特剌因此大功再获封赏，加守太保，赐奉国匡化功臣。至此，长达 8 年的阻卜磨古斯部叛乱结束。尽管如此，辽朝并没有完全平定所有的叛乱，寿昌六年（1100）耶睹刮部仍然在西北路辖域内时常劫掠，好在辽国有斡特剌镇守着西北路，凭借其出色的军事指挥才能，靠着道宗举全国之力的支持，斡特剌屡次将耶睹刮部击败。

十一、阻卜叛乱被平定后的辽国情势

平定磨古斯部的 8 年战争差不多涉及了辽国北方大部，包括北阻卜、西阻卜以及位于现在呼伦贝尔市和东北部分地区的敌烈部及更东北的颇里八部。其面积之广、部落之众为辽立国以来最严重的一次叛乱。但凡一个王朝发生叛乱，原因无外乎有以下几种：一是昏君作恶众叛亲离；二是自然灾害致使民不聊生，与其饿死不如过把瘾再死；三是部分部落（区域）实力大增不再服管，且有枭雄或者英雄出世。辽国经历的磨古斯 8 年之乱上述三项应该都涉及一点，只是因为各叛军中尚无枭雄或英雄出现，而辽国这边国力比起各叛乱部落仍有压倒性优势，再加上辽国仍有斡特剌这样的战神在世，才使辽军最终得以平定各部叛乱。但此次平乱成功，一定层面上也只能说是惨胜，因为它大大地消耗了辽国的经济和军事实力。战争本身消耗就很大，辽廷还得一边对叛军作战，一边多次赈济因战争失去生活依靠的当地贫民，而且在这 8 年中，辽国自然灾害频发，各地向辽廷告急，辽廷不得不施以救济。如此一来，多年积累的国库也被掏得差不多了。此外，战争中的人力资源损失又使辽廷雪上加霜。本来因耶律乙辛祸乱朝纲，已使辽道宗自毁长城丧失了大批精英，而战争又进一步加剧了辽廷的人力资源损失。经济资源和人力资源是国家最重要的两大资源，辽道宗在位的 46 年，所糟蹋的辽国这两大资源需要多久才能弥补得上呢？还能弥补得了吗？若按照 20 年出一代人才来算，辽国还有时间培育和积累所需要的人力资源吗？

在辽国人力物力及控制力大大折损期间，辽国东北部生女真地区，一个生女真部落正在悄悄崛起，它就是后来辽廷的最大敌手完颜部落。辽道宗时期，完颜部落的首领先后为完颜乌古力、完颜劾里钵、完颜颇剌淑和完颜盈歌，在他们的领导下，完颜部落开始变革、发展、征服和兼并。从投靠辽廷征伐生女真其他部落开始，到完颜盈歌时，完颜部已基本合并了生女真其他部落，实现了政策法令的统一，并且形成了以完颜部落为核心、由生女真各部落联合而成的强大军事同盟。不过女真人比阻卜人更聪明，他们清醒地认识到，即便已经变得比从前强大很多，但与契丹人的实力相比仍差得很远，他们仍需要等待。一是等待部落进一步发展壮大，二是等待女真人的英雄横空出世。

英雄出世或殒命往往天有异象，尽管这种现象可能为后来附会之说，但在咸雍四年（1068）那一年，《辽史》确实记载了异常天象：咸雍四年（1068）六月十二日，西北路从天降下谷子，方圆30里。秋七月，南京发生了地震。除了《辽史》的记载，后来的《金史》也有这样的记载：辽道宗时有五色云气屡出东方，大若2000斛囷廪之状，司天孔致和窃谓人曰："其下当生异人，建非常之事。天以象告，非人力所能为也。"那么，这2000斛圆形大谷仓五色云气下面的非寻常人又是何人，他会是女真人执着等待的英雄吗？

寿昌六年（1100）二月，在辽道宗处死北阻卜磨古斯后的二月二十三日，两次对西夏作战取得成功的宋哲宗赵煦驾崩，因宋哲宗去世时无嫡子，其弟赵佶继位。而在位46年的辽道宗的生命也将走到尽头。在感到命不久矣时，他于寿昌六年（1100）十二月十九日，诏令由燕国王延禧拟名注册并授任大将军以下官职人选。寿昌七年（1101）正月十三日，辽道宗耶律洪基春捺钵时驾崩于混同江（今北流松花江下段与东流松花江上段，为辽国皇帝春猎、捕鱼与观渔之地）行宫，终年69岁。其皇孙耶律延禧随后继位，是为辽天祚皇帝。那么，耶律延禧能够重振辽帝国的雄风吗？刚刚被平定的阻卜还会卷土重来吗？女真人期待的旷世英雄真的会出现吗？敬请期待下篇。

第十篇

寿昌七年（1101）正月十三日，辽道宗耶律洪基驾崩于春捺钵的混同江行宫。当日，26岁的皇孙耶律延禧奉遗诏即皇帝位于柩前，改年号为"乾统"。群臣奉上尊号为"天祚皇帝"。

一、耶律延禧登基之初

天祚皇帝从小吃了太多的苦，不到3岁时即父母俱丧，还被奸臣耶律乙辛阴谋算计，随时都可能小命不保，能活下来真算是命大。心怀刻骨仇恨的耶律延禧在辽道宗活着的时候隐忍不发，坐等辽道宗去世。辽道宗能活，虚岁七十才驾崩。耶律延禧眼看着仇人张孝杰、萧十三、萧得里特等先后自然死亡，自己却不能手刃仇人，干着急没办法。仇人就在眼前，却不能报仇，那日子一定很难熬。苦熬了20多年，终于轮到自己做皇帝了，要做的第一件大事，不用说当然就是报仇雪恨，为因太子案受牵连的忠臣们平反昭雪了。

二月一日，在改元乾统当天，天祚帝下诏遭耶律乙辛所诬陷者，恢复其官职爵位，被没收家产且没入各宫为奴者一律恢复身份并归还其家产，所有被流放者悉数召回。三月初六，诏令有司将张孝杰之家属及家族产业分赐给群臣，连已经在辽道宗大安年间死于故里的张孝杰也被剖棺戮尸。原本以为耶律延禧最恨的人应该是耶律乙辛，原来却是张孝杰，估计是在隐忍的20多年时间里详细了解到了"《十香词》案"的真相吧。惩办了张孝杰一族后，六月十一日，天祚帝为祖母萧观音平反，追谥懿德皇后萧观音为"宣懿皇后"。二十二日，将辽道宗与宣懿皇后合葬于庆陵。可怜深埋于孤坟青冢26年的萧观音啊！谁曾见"胭脂亭西，几堆尘土，只有花铃，绾风深夜语"的冤魂，如今终于得以归葬皇陵，真是令人心酸不已。

处理完了祖母的冤案，耶律延禧着手为父母昭雪。十月十七日，追封已故父亲耶律浚谥号为"大孝顺圣皇帝"，庙号"顺宗"，追封母亲萧骨裕谥曰"贞顺皇后"。杀害天祚帝父母的罪魁祸首是耶律乙辛，尽管他已死多年，但也躲不过天祚帝对他的清算。乾统二年（1102）四月二十七日，下诏诛杀乙辛党人，迁徙其子孙到边疆；诏命挖开耶律乙辛、萧得里特、萧十三的坟墓，剖开棺材，斩戮其尸体；再将他们的家人分别赐给遭他们诬陷杀害者的家人。萧得里特的两个儿子萧得末、萧讹里，萧十三的两个儿子的里得、念经皆被诛杀。尽管天祚帝连死掉的奸党都不放过，但还是有不少奸党成员因贿赂顾命大臣、北院枢密使、于越耶律阿思以及北面林牙、同知北院枢密事萧得里底而得以避祸。如耶律燕哥、耶律塔不也、萧达鲁古等人。

在天祚帝登基之前，笔者并未提到耶律阿思，他有何德何能敢于受贿宽宥奸党呢？耶律阿思被辽道宗器重始于他以渤海近侍详稳的身份参与平定"重元之乱"，并在平乱中与护卫苏一起射杀了涅鲁古，耶律阿思因功被赐号"靖乱功臣"，此后不断高升。大安二年（1086）六月二十一日，耶律阿思以契丹行宫都部署兼任知北院大王事。大安四年（1088）十月十七日，在任知北院枢密使事时被封为漆水郡王。公元1095年十二月一日，出任北院枢密使。从耶律阿思的官场履历来看，在道宗时期的各种混乱和动荡中，他都能平稳过渡且屡屡升迁，说明在政治大事上面，他从未站错队，既能自保又能赢得信任。所以道宗才会将他作为顾命大臣，而道宗刚死，天祚帝又给他加号"于越",说明天祚帝本人对他也是极其信任和恩宠的。而耶律阿思此时年事已高,或许因此才私心日重,才敢冒险使那些奸党身份不够明确且巨额行贿的家伙们逃脱了惩处。与耶律阿思狼狈为奸放过奸党成员的还有当朝重臣萧得里底。他是萧耨斤专权时总揽国政的萧孝先的孙子。史说萧得里底是契丹人里长得最寒碜的,不但个子矬,还前鸡胸后罗锅,但因家族背景大,所以在官场里一直混得如鱼得水。萧得里底起初是想不负皇命的,但他无法节制耶律阿思,只能跟着担惊受怕,后来觉得既然管不了阿思,干脆就同流合污算了。

在耶律乙辛余党中最不该逃脱惩罚的就是耶律燕哥及其家族。当年若是他能把太子耶律浚的原话如实向道宗报告,太子断不至于被杀,那些无辜的所谓"太子党"成员也不会冤死。耶律阿思贪赃枉法徇私舞弊虽然瞒过了天祚帝,却瞒不过天上神灵,不久他便因中风失语不得不退休回家了,不然说不定他是第二个祸国殃民的耶律乙辛。

虽然天祚帝登基后任命的官员里有像耶律阿思这样见钱不要命的主儿,但也有忠于江山社稷的文武良臣。平定北阻卜叛乱、擒获磨古斯的战神斡特剌就是其一,他由南府宰相被进一步重用兼任南院枢密使。在耶律乙辛疯狂祸害辽廷期间,冒着生命危险保全了耶律延禧的小命并被委以北府宰相之职兼辽兴军节度使,加号守太傅的萧兀纳便为其二。这些人当然获得了重用。此外天祚帝还对宗室宋魏国王和鲁斡及北平郡王耶律淳等加官晋爵。不过天祚帝没高兴多一会儿,烦心事就来了。乾统二年(1102)阻卜耶睹刮部又来犯辽境,好在斡特剌再次将他们击败。但紧接着,又有辽国官员萧海里在乾州叛乱。

萧海里原是大国舅帐郎君,为人十分骄横,手底下养了一帮食客,这些人也学着萧海里的样子到处横行霸道。坏事干多了,就失手闹出了人命。辽廷要拿萧海里法办,萧海里索性造反了。还别说,这萧海里还挺有号召力,没多久造反队伍就收拢了几千人。人多了,兵器铠甲不够咋办?抢呗!《辽史·天祚帝本纪》记载,乾统二年(1102)冬十月初四,萧海里叛乱,劫掠乾州武库兵器甲胄。这一次抢劫,有史料说光铠甲就抢了500副。武装起来的叛军更加猖狂,还就近攻陷了辽国乾州。乾州就是现在辽宁省锦州市北镇、黑山那一带，距离辽上京、中京和东京都很近。天祚帝哪能容忍萧海里就在自己眼皮子底下造反呢？于是命令北面林牙郝家奴领兵1万前去镇压。想不到的是，两军相遇的第一仗，郝家奴因轻视萧海里这帮乌合之众，竟然中计败给了萧海里。郝家奴只得再向天祚帝请求增兵。天祚帝登基以来第一次用兵，当然必须取胜，不然以后怎么能镇得住天下。于是又增兵2万，统归郝家奴调遣。面对黑压压的朝廷大军，萧海里自知乾州难以据守，便率几千人马逃入了生活在陪术水（今吉林省东部浑江流域）一带的辽籍女真阿典部。

逃入阿典部避难的萧海里也没有向辽朝投降，他深知以自己手下的几千人抵挡不住辽国大军，但也不能坐着等死，于是他想到了去联合生女真部落或可抗拒辽军，便派手下斡达剌前去女真完颜部找女真节度使完颜盈歌。斡达剌与完颜盈歌见面后，转达萧海里的话说："愿与太师为友，同往伐辽。"在上一篇中，我们已经提及生女真部落尤其是完颜部落正在崛起，那么连萧海里都想与之联合共拒辽兵的完颜部是如何崛起的呢？

二、女真完颜部的崛起

说到完颜部崛起，就必须从金始祖完颜函普说起。

天显元年（926）辽太祖阿保机灭亡渤海国时，十余万渤海人逃难奔向朝鲜半岛北部渤海人的故地，这部分人中包括黑水靺鞨和长白山靺鞨，函普就在其中。

天显五年（930）十一月，阿保机长子耶律倍逃奔后唐，渤海国末代国王大諲撰的王弟大某趁机占领忽汗城（龙泉府，今黑龙江省宁安市渤海镇），函普便随渤海国王族们来到生活在仆干水之畔（今牡丹江流域）的完颜部。

函普到了完颜部后，因为化解了部族之间的仇杀，完颜部便将部族里一个60多岁未嫁的贤女嫁给了已至"耳顺"之年的函普，从此，函普便成了完颜部的族人，后来又成了部落酋长（941—960）。函普站稳脚跟后，其居于熟女真曷苏馆（辽东半岛）的兄长阿古乃和居于耶懒（今俄罗斯滨海边疆区游击队城苏昌河流域）的弟弟保活里的后人也陆续来到完颜部认亲，函普这一族人（被称作函普完颜部三大支）因此壮大起来。完颜部除了函普完颜部外，还有泰神忒保水完颜部、神隐水完颜部、雅达澜水完颜部、马纪岭劾保村完颜部等分布在图们江、牡丹江及其拉林河流域的多个部落，但这些部落并不是生女真部落的全部。生女真部落还有与完颜部错落交织在一起的徒单部、乌古论部、蒲察部等14个大部落。总之，生女真生活居住的区域位于今黑龙江和吉林两省的东南部、朝鲜咸镜南道北部及俄罗斯远东的东部地区。

应历十年（960），函普去世。应历十年到应历十二年（960—962）期间由其长子完颜乌鲁（960—962）统领函普一族，此后依次传位给完颜跋海（962—983）、完颜绥可（983—1005）。完颜绥可在位期间，被辽朝封为节度使，完颜部从仆干水之畔迁移到了海古水（即今黑龙江省哈尔滨市阿城区东北海沟河），之后定居于按出虎水（今为流经黑龙江省哈尔滨市东南尚志区、五常区、阿城区等地，于哈尔滨市东郊注入松花江的阿什河）之侧。"按出虎"是女真语"金"的意思，所以后来女真建国的国号为"金"。

完颜绥可死后继任者是完颜石鲁（1005—1021），再之后由完颜石鲁的长子完颜乌古乃继任完颜部首领。他先后征服了白山、耶悔、统门、耶懒、土骨论5部，这5个部落除了耶懒是函普弟弟保活里曾在的部落外，其他4个部落应该就在函普完颜部的周围。乌古乃此时所统治的完颜部因征服了其他5部而变成了一个实际意义上的部落联盟，乌古乃的职位也就变成了联盟长。乌古乃坚持不入辽籍，但辽圣宗坚持要乌古乃入辽籍，乌古乃顶不住，于是指使部人扬言曰："主公若受印系籍，部人必杀之！"辽圣宗无奈就不再坚持了。完颜部联盟在乌古乃的统治下，制定了盟约、纪年和初步的条规。但完颜联盟的发展扩张却受阻于强大的生活在孩懒水（今牡丹江支流海浪河）的石显部（乌林答部）。

乌古乃深知无法撼动石显部，于是设计出连环计来扳倒石显部。首先，乌古乃鼓动石显部阻断辽国人的"海东青路"，石显部不知是计，就听从了乌古乃的建议。石显部之所以会上当，估计是想通过阻断"海东青路"作为讨价还价的条件，向辽廷讨要更多的好处。那么这"海东青路"是咋回事？

请允许笔者扯得稍远点。因为在《辽史》中，"海东青"不断被提及，甚至还因此建立了一条所谓的"海东青路"，为了保障这条路的畅通，辽国为此出兵"护路"，甚至发动战争，这是不是有点不可思议啊？

"海东青"其实就是一种猎鹰，辽国统治时期，"海东青"主要产于完颜部东北的五国部之东与大海之间，差不多就是现在黑龙江省抚远市到鄂霍次克海及鞑靼海峡以西这一片区域。"海东青"最开始为辽国皇帝青睐，是因为作为猛禽，"海东青"可以捕获天鹅。当初辽帝在春捺钵时，会放飞"海东青"捕杀天鹅，然后君臣们兴高采烈地吃"头鹅宴"。慢慢地这项娱乐活动变了味儿，变成了皇权威严与恩赐的象征，且还成了辽廷的惯例。因此，"海东青"首先成了辽国宫廷的稀罕之物，而后辽国权贵们也对"海东青"痴迷索取。"海东青"本来就是猛禽，不容易抓捕，随着"海东青"需求量的增加，它就变得更加珍贵了。如果仅仅是为吃"头鹅宴"和赶时髦玩鹰，那大可不必为此专门开辟一条"海东青路"。那么到底又是因何才使辽廷专门开路、护路呢？这里面又涉及了中原宋国。

上一篇说到，寿昌六年（1100）二月，宋哲宗的弟弟赵佶继位，他就是北宋亡国之君宋徽宗。这个宋徽宗除了当皇帝不行，其他方面啥都行。他自创了一种书法字体被称作"瘦金体"，他的花鸟画被称作"院体"，其艺术才华在历代皇帝中绝对称得上"前无古人后无来者"。此外，宋徽宗还爱好骑马、射箭、蹴鞠、飞禽走兽以及奇珍异宝。宋徽宗的这些爱好，那都是需要花大价钱的，当然宋朝那时经济极度发达，有钱挺他这样任性。宋徽宗那时喜欢的奢侈品之一就有产于辽国的珍珠——"北珠"。

珍珠主要产于珍珠贝类和珠母贝这两种软体动物体内，这些贝类是天鹅最喜欢的食物。因天鹅喜欢吃贝类，嗉囔里面常有没消化掉的珍珠，而"海东青"作为天鹅的天敌，可以为人类大量捕杀天鹅，使人类可以得到珍珠。当辽国人得知宋国需要"北珠"这种奢侈品时，饲养、驯化"海东青"捕杀天鹅获取"北珠"，然后再与宋国交易，就成了能赚大钱的国际贸易了。有了这个新兴的产业，辽廷当然会下本钱建立和维护这条"海东青路"，因为这条路比我们了解的"丝绸之路"来钱更快、成本更低、利润更大。

说了这么多，还没说到"海东青路"与完颜部有啥关系呢，完颜部所处的位置就在"海东青路"的重要节点上。完颜乌古乃见石显已中计，遂向辽廷报告，称石显部阻断了"海东青路"。辽兴宗震怒了，小小的石显部居然敢与辽帝国叫板，这要是不杀一儆百以儆效尤还得了吗？兴宗下诏命石显速来觐见解释其所为。石显接到诏命就害怕了，他本以为阻断"海东青路"能捞到啥好处，哪承想惊动了皇帝呢。他不敢自己去觐见皇帝，就称病让长子婆诸刊入朝。婆诸刊一见到兴宗就卑微地表示石显部"不敢违大国之命"。之后又说了很多好话，辽兴宗才息怒说："好吧，你回去转告你父亲，如果他没有别的想法，那就让他亲自入朝来觐见吧。"石显无奈，在辽兴宗春捺钵时，带着儿子去觐见兴宗。原本兴宗叫石显入朝，也只是想训斥威慑一下而已。但完颜乌古乃拿之前辽使曷鲁林牙到石显部索要逃亡到石显部的辽边民时，石显皆拒阻不听其命一事不断挑拨，逸言石显早有异心。兴宗相信了乌古乃所说的话。石显来觐见时，兴宗说："敢阻断大辽'海东青路'，罪责在你，不在你子，所以我叫你来。"之后，兴宗将石显流放于边地，令婆诸刊还所部。

婆诸刊回到石显部，会合活剌浑水纥石烈部腊醅、麻产起兵反辽。在幕棱水被乌古乃及辽军击败，麻产逃跑，婆诸刊与腊醅等叛乱者被擒，乌古乃将他们献给了辽兴宗。之后，乌古乃又向辽兴宗要回了婆诸刊等被擒人员，救下了他们的性命，从此石显部融入了完颜部。

后来，五国盆奴里部节度使拔乙门叛辽，又造成"海东青路"不通。乌古乃向辽廷献计，伪与其结好，以妻、子为人质，然后瞧准机会智擒拔乙门献于辽廷。辽帝大悦，封乌古乃为生女真部族节度使，辽人为表尊重，称其为太师。

乌古乃做了辽廷大官就有了自己的官邸，也逐渐成为生女真诸部中最强大的酋长，其影响力节节攀升、声名远播。《孙子兵法》曰：上兵伐谋。乌古乃少用刀兵，既解决了自己的问题，也解决了辽廷的烦心事。比如辽国边民再逃入女真部落或当"海东青路"再被阻断时，辽廷最先想到的就是找乌古乃。乌古乃当然也愿意接受辽廷差遣，名利双收的事谁不愿意干啊。但乌古乃很清醒，既要帮辽廷做事，又要与辽国保持一定距离，他始终不接受辽籍以免与生女真各部疏离。辽廷成了他可以利用的"大规模杀伤性武器"，但这个"武器"绝不能乱用。在辽道宗为帝的第18个年头——咸雍十年（1074），具有天使与魔鬼双重人格的乌古乃病逝。他倾其一生使完颜部从一个不被关注的小部落走向了强大，并在生女真部落中逐渐占据支配地位，同时还将毫无团结意识的生女真各氏族部落组织成松散的联盟，启蒙了生女真人的独立意识，奠定了女真强盛的基础。

乌古乃死时将节度使之位传给了次子完颜劾里钵，但乌古乃的大弟弟完颜跋黑不服劾里钵，暗结党羽和其他部落与劾里钵作对。劾里钵凭借睿智、勇气和坚韧的意志挫败了桓赧、散达、纥石烈腊醅、麻产、石显子婆诸刊、乌春、窝谋罕等部的叛乱，巩固了完颜部基业。完颜劾里钵在《金史》本纪里是一位有点神道的首领。他病重时，其夫人拏懒氏哭泣不止，劾里钵对她说："你不用哭泣，一年之后我俩就能在地下相见了。"然后劾里钵又召四弟完颜颇剌淑托付后事，除了安排颇剌淑袭位，还说颇剌淑身后可选乌雅束，再后可选阿骨打。然后又说你也不用悲伤，三年后我们地下又会再见了。颇剌淑心里还有点责怪兄长临死都不会说点好话呢。不过后来他的话都一一应验了。正是由于劾里钵为完颜部奠定了后世基业，所以才被追谥为"圣肃皇帝"，庙号"世祖"。

大安八年（1092）完颜劾里钵去世，传位给身居国相的乌古乃第四子完颜颇剌淑。颇剌淑在位仅2年，在平息了各部落的叛乱后离世。继任者是位居详稳的乌古乃第五子完颜盈歌。正如之前每逢节度使袭位都会引发动乱一样，盈歌也遇到了留可、诈都、坞塔、钝恩、库德等部的反叛，盈歌则将他们一一降服。特别是在降服阿疏城时，显示出了盈歌不凡的智谋。

阿疏为星显水纥石烈部的一个酋长。盈歌袭位后，阿疏不服，他联合毛睹禄部酋长一起造反。完颜盈歌亲征阿疏，采取先扫平阿疏外援的方法，首先攻打毛睹禄部迫其归附。孤立无援的阿疏和弟弟守不住城便弃城跑到辽国求援，请求辽国命完颜盈歌还他阿疏城，辽国便派遣使节前往调解。盈歌听说后，先暗中指使手下乌林答石鲁前去阿疏城辅佐自己的长兄完颜劾者，并告诉他们要先把阿疏城上插满阿疏的旗帜，然后如此这般……

待受盈歌指使的蒲察部胡鲁及邈逊酋长陪同辽使来到阿疏城下时，见到城头插满了阿疏的旗帜，正疑惑间，假扮成阿疏将领的劾者站在城头大声叫骂："我部族自相攻击，干汝等何事？谁识汝之太师？你们马上给我滚回去！"说完开城门率兵冲出，凶悍地刺杀了胡鲁及邈逊两位酋长的坐骑。"辽使惊骇遽走，不敢回顾，径归。"

辽使跑回去之后没过多久，阿疏知道了阿疏城还是在盈歌的手里，就又向辽国报告，请求还他城堡。辽道宗遣奚族节度使萧乙烈前去处理此事。萧乙烈与盈歌在拉林河附近见面，命令盈歌说："凡攻城所获，存者复与之，不存者备偿。"此外，作为对完颜部的惩罚，还要完颜部向辽廷贡献战马数百匹。完颜部偷鸡不成蚀把米，这下完颜盈歌可麻烦了。

萧乙烈这样的做法令完颜盈歌非常恼怒，他对部下说："如果还了阿疏城再被处罚贡献战马，那以后谁还会听我们的号令呢！"思来想去，盈歌又心生一计。这个办法就是从"海东青路"上做文章。

盈歌令主隈、秃答两水之民阻绝"海东青路"，并让鳖故德部节度使向萧乙烈通报此事。前面已经说过，"海东青路"可是辽国的一条经济命脉，此路被阻断不是一般的小事。鳖故德部节度使见萧乙烈无所适从的样子，就知道完颜盈歌的计策赢了，便马上乘机对萧乙烈说："欲开鹰路，非生女直节度使不可。"萧乙烈认为他所言极是，便命完颜盈歌去讨伐阻断"海东青路"的贼寇，作为回报，他再也不提要盈歌还回阿疏城和向完颜部征要马匹的事了。随后，盈歌命主隈、秃答两水之民撤出，"海东青路"恢复畅通。乾统二年（1102），登基不久的天祚帝遣使奖赏恢复"海东青路"有功者完颜盈歌及其部落，完颜盈歌随后又派完颜蒲家奴将辽廷的赏赐奖给了主隈、秃答两水之民。完颜盈歌凭借自己的足智多谋，不但成功地化解了危机，还从此将辽国绑在了"海东青路"上，一旦该路出现阻断，辽国第一个想到的不是自己出兵平乱，而是派完颜部去搞定，完颜部也灵活地利用阻断和疏通该路的手段，向辽廷索取物力财力和人力，从而成功地使自己发展壮大。

好了，现在我们说说完颜盈歌对萧海里的抗辽邀约是如何反应的吧。

完颜盈歌认为，既然萧海里被辽军赶到了陪术水那么远的地方，说明萧海里所部的实力并不强，而生女真部靠着"海东青路"正值发展壮大的好时机，如果就目前生女真的实力与萧海里联合，失败是必然的，那样就会将完颜部几代人的奋斗成果毁于一旦。明知与其联合没有好结果，那还不如站在辽廷这边，而且这也是生女真部落难得的发展壮大的机遇。于是完颜盈歌将萧海里派来的使者斡达剌扣留。而此时天祚帝的诏命也来了。

原来，郝家奴因为未能捕获萧海里，已于乾统二年（1102）十一月十四日被免去官职。虽然萧海里逃入了女真部落，但辽朝因担心引起不必要的民族冲突，以往几乎不到女真部落去抓人。所以这一次辽廷还是希望由女真人帮助剿灭萧海里。不用自己动刀兵，还能除去一大隐患，何乐而不为呢？完颜盈歌是生女真诸部的节度使，辽廷能想到的人当然就是他了。

对于辽廷的诏命，完颜盈歌内心欣然接受，但表面上装作很为难的样子向辽廷诉苦，主要是说女真人装备太差，恐怕难以完成任务。但为了表示自己与萧海里势不两立的决心，完颜盈歌将扣留的萧海里的使者斡达剌交予辽廷使者。天祚帝考虑到萧海里所部能在第一仗时打败郝家奴率领的1万人的队伍，只靠区区生女真所部的这点人确实打不过萧海里，于是就为完颜部开了特例。因为此前契丹人一直是限制女真人手里的铁器数量的，生怕他们闹事。这次为了让女真人帮着朝廷打仗，也就允许完颜部招募正规军甲士了，但限定人数不得超过1000人。1000名甲士是什么概念？之前生女真只有甲士几十人，所以在部落之间械斗时使用的都是原始工具。生女真完颜部落建立起的这1000人精锐部队，就是他们的起家班底，相当于秦朝末年农民起义时楚霸王项羽的八千子弟兵吧。

完颜部整备好军马后，驻军于混同江（今北流松花江下段与东流松花江上段，为辽国皇帝春猎、捕鱼与观渔之地）准备迎战萧海里叛军。萧海里见之前派去的斡达剌未归，便又派使节来劝完颜部一同造反。完颜盈歌同样将其扣留后献给辽廷。这时，萧海里方知完颜部不肯合作，遂率兵前来与完颜部交战。辽军知萧海里前来也赶来增援完颜部。

两军对阵，萧海里问完颜盈歌："我的使者安在？"答曰："在后面的队伍里呢。"辽军就没那么多啰嗦了，他们直接冲到阵前与萧海里部拼杀在一起，但久战无法取胜。完颜盈歌对辽将说："把你的部队撤下来吧，让我们单独迎战他。"辽将许之，撤出战斗在一旁观战。女真人这才在劾里钵的次子完颜阿骨打的率领下独自迎战萧海里。战斗中萧海里中流矢落马，被捉后砍了头。萧海里的手下被抓住的均被女真人割了左耳，其余的叛军四散逃命去了。《辽史·天祚帝本纪》记载此事如下："乾统三年（1103）春正月初一，到混同江。女真函盛萧海里首级，派使者前来进献。"

从萧海里叛乱到被女真人联合辽军剿灭，时间也就两个月左右。在这次围剿叛军的过程中，辽军懦弱无能的表现实在让女真人瞧不起，而女真人不仅因此建立了自己的正规军甲士，还经历了实战的锻炼和检验，并将缴获的萧海里叛军的武器和铠甲充实到了甲士队伍中，之后女真的甲士们作战更加勇猛、更加自信了。此战之后，辽廷对女真完颜部大加封赏，完颜盈歌在天祚帝行宫觐见时被授予使相（节度使再兼侍中、中书令或同平章事者，都称为使相）之职，完颜部也因此为女真及周边各部所威服。完颜盈歌采纳完颜阿骨打的建议，在女真诸部及周边管辖区域以本部法令治理一切事务。其管辖区域东南方向至乙离骨（今朝鲜咸镜北道咸镜山）、曷懒（今朝鲜咸镜南道首府咸兴市）、耶懒和土骨论，东北方向至五国、主隈（嘉荫河流域）、秃答（都鲁河流域）等各部。

三、西夏向辽国求援及其与辽国的和平斡旋

萧海里叛乱被平定后，已经一年多未出猎的天祚帝本想放松一下出去打猎，但西夏那边又不安定了。西夏国王李乾顺在乾统二年（1102）和乾统三年（1103）连续向辽国求援，因为他们遭到了宋国的强力攻击。那么，一向蔫了吧唧不敢惹事的宋国怎么会主动连续进攻夏国呢？

从重熙十三年（1044）"庆历和议"后，宋夏两国的和平状态持续了20余年。到夏毅宗李谅祚时，因夏国使节与宋国引伴使发生争执，进而引发宋夏两国战事再起，之后宋夏之间的战事就没间断过。宋夏两国发动了熙河之战（1067—1071）、元丰五路之战（1081）、永乐城之战（1082）、洪德城之战（1092）以及两次平夏城之战（始于1093）。虽然战争互有胜负，但从熙河之战后，宋国就开始逐渐占据了战略主动权。宋国能够在战略上转为主动，客观上要感谢一个人——西夏国王李谅祚的皇后梁氏。

之前我们讲辽与西夏的关系时，以重熙二十四年（1055）辽兴宗驾崩时

告一段落。而重熙二十四年（1055）时，夏国王李谅祚才8岁，所以由没藏氏皇太后摄政，实权由舅舅没藏讹庞把持。李谅祚在朝政上说话不算，心思也就不在国家大事上了，那他干啥？8岁的孩子还能干啥呢，玩呗！

清宁二年（1056），没藏太后被前情夫暗杀了，把持朝政的舅舅没藏讹庞恐失去朝政大权便将自己的女儿嫁给李谅祚做了皇后。清宁五年（1059），12岁的李谅祚开始参与国事。别看才12岁，但他却很有心计。他屈尊礼敬没藏讹庞的政敌大将漫咩并将其结为心腹。此外，李谅祚还继承了父亲李元昊的另一部分强大基因——好色。十三四岁的李谅祚居然就开始出轨了，而出轨的对象竟然是舅舅没藏讹庞的儿媳梁氏。没藏讹庞得知后倍感羞辱，遂与其子密谋待李谅祚再来梁氏寝室时，将李谅祚杀掉。不过做事不够周密，此密谋被梁氏获知后告诉了李谅祚。

李谅祚本来早就看不惯没藏讹庞了，现在既然到了你死我活的程度，也就下了除掉没藏讹庞的决心。他找来漫咩告知他，朕会诏令没藏讹庞入宫议事，然后你们就动手。没藏讹庞果然应诏入宫，漫咩领兵执杀讹庞及其子后又诛杀其全家。没藏讹庞的女儿没藏皇后先是被废打入冷宫，之后又被赐死。解决了没藏家族后，李谅祚召汉人梁氏入宫立为皇后，并以皇后弟梁乙埋为相，时为清宁七年（1061）。

李谅祚智勇过人，是位很有作为的皇帝，在位期间先后收降了吐蕃首领禹藏花麻及木征等，巩固了西夏的南疆，同时致力于亲附辽朝，改善了辽兴宗时期辽夏两国的冰点关系，但可惜天不予寿。咸雍四年（1068）一月，李谅祚驾崩，年仅21岁。李谅祚7岁的儿子李秉常继位，但因年纪太小，由其20岁的母亲梁太后执政。

梁太后执政后，因为她身为汉人，所以党项守旧贵族对她临朝称制的压力是巨大的，为表现出自己更像党项人，对内她废除汉礼，恢复党项蕃礼，对外则频繁对宋朝发动战争，熙河之战、元丰五路之战、永乐城之战均在她执政的十七八年里发生。其执政期间，一直任用亲弟弟梁乙埋为相，同时为了巩固自己对皇权的掌控，还将梁乙埋的女儿嫁给夏惠宗李秉常作为皇后。战争就是资源的消耗战，梁太后对宋朝的多年战争在严重消耗大宋的同时，也使夏国元气大伤，毕竟夏国与宋国相比资源要贫瘠得多。

梁太后称制执政期间，西夏国不但与大宋为敌，甚至与辽国也往来不多。李谅祚驾崩后夏国派使节前去辽国告哀，咸雍四年（1068）十月二十九日，辽国册封李秉常为夏国王。咸雍五年（1069）七月四日，夏国使节前往辽国感谢册封。十一月十五日，梁太后又派使者向辽道宗求印绶，惹得辽道宗不高兴了。因为自辽圣宗封李继迁王爵以来，西夏虽有西平、夏国之号，但并未赐以印绶。辽国不予李秉常印绶，梁太后便鲜少与辽国往来。没有辽国对西夏的支持，夏国单独与宋国抗衡当然越战越吃力。大安元年（1085），梁乙埋死了，梁太后任用他的儿子梁乙逋继任国相。同年十月，不到40岁的梁太后也病死了，谥号"恭肃章宪皇后"。梁太后的儿子夏惠宗李秉常终于亲政。但他对国相梁乙逋与分掌左右厢兵的统帅、皇族仁多保忠两股势力之间的内斗无所作为，竟然于大安二年（1086）七月十日抑郁而终（也有说被皇后和她的国相哥哥害死），终年仅26岁。

大安二年（1086）十月，辽道宗派使者诏令由李秉常3岁的儿子李乾顺主持国事。大安四年（1088）七月，再派使者册封李乾顺为夏国王。无论李乾顺多么聪明，才几岁的小孩子都无法主理军国大事。因此，被尊为皇太后的李秉常的皇后梁氏又开始临朝称制。有意思吧？夏国朝廷犹如上一代轮回一般，又再现了梁太后摄政、梁国相（梁乙逋）辅佐的权力格局。只不过为了区别前朝梁太后，只好称呼李乾顺之母为小梁太后。

小梁太后效法梁太后继续发动对宋朝的战争，先后发动了洪德城（今甘肃省庆阳市环县西北洪德城）之战（1092）和两次平夏城（今宁夏回族自治区固原市原州区西北）之战（始于1093）。小梁太后与梁太后相比更依附辽国，因为在李秉常驾崩后，夏国形成了分别掌握兵权的皇族嵬名阿吴和仁多保忠两大势力，他们与梁氏共同形成了掌握夏国军政的三大家族，相互倾轧不断，小梁太后需要辽廷的支持才能更稳固地控制住国内政局。由于对宋作战不利，小梁太后削弱哥哥、国相梁乙逋的兵权，亲自带兵与宋国作战，但这引起了梁乙逋的不满。嵬名阿吴和仁多保忠趁机以梁乙逋专权谋变为借口杀梁乙逋及其全家（也有说受小梁太后指使，貌似此说法更可信）。

寿昌二年（1096），小梁太后集结号称50万大军，侵入宋鄜延路（治延州，后升延安府，今陕西省延安市），攻陷金明寨（今陕西省延安市安塞区东南沿河湾镇）。当年十二月十九日，夏国向辽国报捷并进献宋军战俘。为遏制西夏军攻势，宋国在好水川以北加筑平夏城（主城，今宁夏回族自治区固原市原州区西北约38公里黄铎堡村）、灵平寨（平夏城副城，今宁夏回族自治区固原市原州区黄铎堡镇南王浩堡）等多个可攻可守的城垒，全面控制了葫芦河（为今流经固原市区的南北流向的清水河）西岸，西夏人对此感到忧惧，于寿昌三年（1097）六月十九日派使者到辽国告状，请求辽国干预。辽国当时正全力以赴围剿阻卜等多个部落的叛乱，因此拒绝出兵干预。不过辽道宗还是派使者前往宋国，晓谕宋国与夏国讲和。但由于宋夏和议条件相去甚远，寿昌四年（1098）十月，小梁太后领兵40万，全力进攻平夏城。宋国守军据城抗击十多日，夏军因粮草补给不足和战车被大风吹折而不得不撤兵，并于十一月十七日再度派使者向辽国求援。辽道宗再派使者前去宋国说和，但这一次辽使出使宋国并无完整的史料记载。辽国承诺将对付西夏的强硬派，使夏国放弃进攻宋国，同时要求宋国放弃并归还占领的所有西夏土地和堡寨。为使宋国同意辽国提出的和平条件，辽道宗还跑到接近宋境代州的地方巡狩，貌似以武力威胁。经宋哲宗（1077—1100）与朝臣商定，同意再和谈，条件是西夏须呈上谢罪书并交出两名战犯珪布默玛和凌吉讹裕。在西夏未履行这些要求之前，宋军将继续修筑横山和天都山的防御工事。

　　辽使回报辽道宗，道宗遂派使者前往夏国通报宋国的议和条件。此时李乾顺已经16岁，到了亲政的年龄，但小梁太后拒不还政。为保证夏国接受议和条件，辽使用药酒将一意孤行穷兵黩武的小梁太后鸩杀（也有病死一说，但笔者认为不可信）。小梁太后一死，李乾顺便在辽国的支持下开始亲政，这已是他继位后第10个年头了。当然，辽国也不白帮他，作为回报，辽道宗诏令夏国王李乾顺攻讨拔思母等部，帮助辽国围剿阻卜叛乱。同时，李乾顺又处死了曾为小梁太后策划扰宋国边境的嵬保没、结讹遇两人，并遣使向宋朝上谢罪表，宋夏便再一次达成了议和。为此，李乾顺派使者于寿昌五年（1099）十一月初七，前往辽国致谢。为了弥合之前与辽国的嫌隙，也为了使自己能够得到辽国更多的支持，寿昌六年（1100）十一月二十六日，李乾顺派使者请求辽道宗将公主下嫁给自己，但道宗因夏国人反复无常且之前下嫁给李元昊的兴平公主死因不明，对于李乾顺请婚一事予以回绝。

宋哲宗驾崩前，迫于辽国的压力，宋夏两国达成和解，但边境冲突仍时有发生，特别是陶节夫任宋国陕西转运副使，徙知延安府以来，宋夏两国更是摩擦不断。于是李乾顺又于乾统二年（1102）六月二十八日及乾统三年（1103）十月十四日两次派使者向辽国告状，请求辽国压制宋国。李乾顺的使者也不只是请求辽国援助制衡宋国，他还有一个使命——请求辽国下嫁公主给李乾顺。

之所以李乾顺一改两代梁太后对宋穷兵黩武的策略，是因为他不再需要像两代汉人太后那样，向党项贵族们证明虽然自己是汉人，但在对宋关系上比党项人更像党项人并以此来维护自己的权力。对于他来讲，当务之急是结束母党专权，恢复皇族统治力，所以他需要安定和谐的外部环境，以便他能实现"攘外必先安内"的目标。安内需要两个手段，一是牢牢依附辽国这个大靠山，二是抓住夏国的军权。小梁太后时期掌握夏国军政的三大家族中，小梁太后及小梁太后的亲信嵬名阿吴已死，仅剩仁多保忠还活着。乾统四年（1104），李乾顺以"阴谋归宋"之罪名解除其兵权，封勇武兼备的庶弟李察哥为晋王，并让他掌握兵权，同时又实施了多项措施巩固了帝王权力。

李乾顺的真诚终于打动了登基不久的天祚帝，乾统五年（1105）三月初四，天祚帝将族女耶律南仙封为成安公主，下嫁于夏国王李乾顺，成为李乾顺的皇后。这是辽国与夏国和亲的第三位公主，也是最后一位。

读者也许会问，寿昌六年（1100）二月赵佶（宋徽宗）继位，像他这种不务正业整天玩文学艺术的皇帝怎么会突然连续不断地对夏国用兵呢？难道宋徽宗还有开疆拓土这不为人知的英武一面吗？简而答之："并不是！"

宋军频繁对夏国动武，是因为宋徽宗任用了蔡京为宰相。蔡京在咸雍六年（1070）宋神宗时期进士及第。乾统二年（1102）后，蔡京升任右相，不久又升为左相，之后独立任相达3年之久。蔡京力荐宦官童贯到西北对付党项人，童贯先是任宋安抚洮西的10万大军的监军，后升任熙、河、兰、湟四州秦凤路经略安抚制置使、武康军节度使。童贯等追随蔡京主张的恢复宋神宗以来"要想攻取西夏，应当先收复河（今甘肃省临夏回族自治州）、湟（青海省乐都区）二州之地，这样夏人就有腹背受敌之忧"的战略，即所谓的"开边之策"。乾统三年（1103），王厚、高永年再次攻取湟州，史称"熙河开边"。

乾统四年（1104）五月到乾统五年（1105），宋军多次进攻夏国，夏军一再被击败，李乾顺不得不再派使节于乾统五年（1105）正月前往辽国求援，请求天祚帝率军讨伐宋国。正月二十八日，天祚帝派遣枢密直学士高端礼等人出使宋国，委婉劝说宋国撤回伐夏的军队。虽然夏国向辽国请求让宋国罢兵，但两国在鄜延路和湟州等边境地区仍然摩擦不断。之后，宋、夏两国均屡次出使辽国，各自陈述对方袭扰边境之事，因辽国始终偏袒西夏一方，所以宋辽之间还闹出了"空客馆水浆，绝烟火者三日，乃遣还"的外交事件。辽国人有意思吧？就因宋国使节林摅严词拒绝辽国让宋国归还所占西夏领土并出言不逊，恼羞成怒的辽国人，竟然给宋国使团断水断粮，然后又礼送宋使出境，哈哈，太罕见了！

辽国调解不成，宋夏再起摩擦。乾统五年（1105）十二月初六，夏国再派使臣向辽国求援，这一次天祚帝恼火了。正月初八，天祚帝派遣知北院枢密使事萧得里底、知南院枢密使事牛温舒出使宋国，请宋国将侵占的夏国土地归还。同时，辽国还调遣兵力集结于辽宋边境作为辽使谈判的后援。宋国获知辽国集兵甚急，便有主和派大臣出面劝谏宋徽宗说："辽廷书词甚逊，且派来两位相臣为使，显示对宋国的尊重。而且，辽使所要求归还的西夏土地均为大宋新近夺来的，要求不过分。"宋徽宗答复："先帝已划定的疆界不再复议，如果是崇宁（宋徽宗时期年号，1102—1106）以来夺来的土地，可以答应辽国使节还给西夏。"有了宋徽宗的口谕，辽使开开心心地完成了使命，宋夏辽三国就此再一次达成和议，交还崇宁以来所夺的西夏土地。

西夏见和议达成，于乾统六年（1106）六月二十一日，派使节前往辽国致谢。同年十月十七日，宋国也派使节向辽国告知宋夏两国重新交好的情况。但即便宋夏达成和议，两国间打打停停的情况始终持续着，夏国便不断地向辽国求援，天祚帝则在宋夏之间不停地调和，时不时还要集结兵力威胁一下宋国。这么纷乱繁杂的辽宋夏三国之间的外交情势变化，耗费了天祚帝的绝大部分精力。此外，天祚帝一如以往的辽国皇帝一样热衷于佛教和狩猎。从乾统四年（1104）至天庆元年（1111）期间他至少每年一次外出打猎荒于政务。天祚帝尽情享受着祖先们留下的和平江山不思进取，竟然对属国属部中女真人的强势崛起熟视无睹，以致酿成无法挽回的大错。

四、天祚帝坐视完颜部扩张势力范围

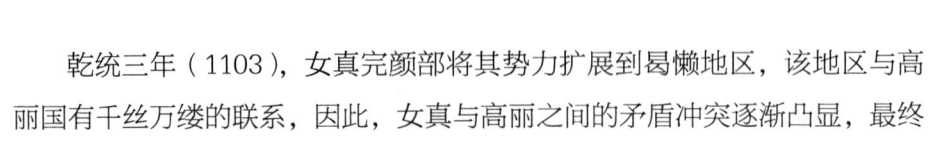

乾统三年（1103），女真完颜部将其势力扩展到曷懒地区，该地区与高丽国有千丝万缕的联系，因此，女真与高丽之间的矛盾冲突逐渐凸显，最终爆发了大规模的战争。

自从太平二年（1022）辽国与高丽国签订和平协议，确定鸭绿江下游至清川江中上游一线为国界之后，辽丽两国就没再有过军事冲突，两国交界处鸭绿江女真与长白山女真（包括蒲卢毛朵部）居住地区一直处于和平状态。重熙二年（1033）至十三年（1044）期间，高丽国在辽丽边境地区筑建了西起鸭绿江入海处，东抵耀德、静边、和州等三城的国界长城，史称"千里长城"。

处于高丽国东北部曷懒甸地区的长白山女真与蒲卢毛朵部女真，均属于辽朝的"外十部"生女真。由于地理位置与高丽国接壤，他们一方面接受辽朝授予的官爵，一方面也与高丽保持着友好往来。完颜盈歌后期，因一位被掳至完颜部的高丽籍医生为完颜盈歌的亲戚治好了病，也因完颜部始祖完颜函普曾经居住在高丽国多年，所以完颜部落对高丽国的感情比较特殊。这名医生后被放回国见到高丽国当时的国王高丽肃宗王颙，告知高丽肃宗完颜部已日趋强盛，同时转达了完颜盈歌希望与高丽国通好的愿望。从乾统二年（1102）开始，双方多次友好往来。但当曾经与高丽并不接壤的完颜部将势力扩展到曷懒甸时，双方的矛盾就来了。

完颜盈歌派去高丽国通好的使者完颜斜葛回来面见盈歌时报告说，高丽国派人阻止曷懒部人归顺完颜部。盈歌准备派石适欢前去曷懒部公开接收归附完颜部的部落，以便向高丽国表示权属。但石适欢还未出发，盈歌就去世了，接任盈歌节度使之位的是金世祖劾里钵的长子完颜乌雅束。乾统三年（1103）乌雅束继任后，仍派石适欢去经管曷懒甸。石适欢率星显、统门（今吉林省图们江中下游）地区之兵，与在曷懒甸已经归附的乙离骨岭补充的兵力，前往名为活涅水的地方，将被高丽国挟持的曷懒甸七城收归完颜部。曷懒甸部落中亲高丽国的夫乃老等部落不服石适欢管制，双方发生交战，夫乃老等部落被击败。乾统四年（1104）正月，1753名曷懒甸女真人前去投奔高丽国。石适欢将骑兵屯驻于高丽国定州（今朝鲜咸镜南道定平郡）的宣德关外。高丽国从跑来的女真人那里得知完颜部所为，心生疑虑，便派使者求见石适欢，请他派使者前去高丽国议事。石适欢派杯鲁，曷懒甸酋长派斜勒和冶剌保前去，三人前往高丽国议事，但高丽国"拒而不纳"。之后又有曷懒甸五水之民转投高丽国，而高丽国不但接收了五水之民，还俘虏了14名女真团练使。高丽国始终觊觎"千里长城"以北、鸭绿江以南地区，逃到高丽国的亲高丽部落酋长们一再声称完颜部要南下，再加上高丽国内主张北进的臣子们呼吁怂恿，高丽肃宗决定北上进攻控制曷懒甸女真的完颜部。

乾统四年（1104）正月初八，高丽肃宗任命宰相门下侍郎平章事林干为判东北面行营兵马事，率军出"千里长城"，深入曷懒甸。石适欢率部击溃高丽军并乘胜攻入高丽境内，占领定州和宣德关城，掠回大量高丽人为奴隶，焚毁高丽边塞后撤回。

高丽国不甘心失败。二月二十一日，高丽肃宗任命枢密院使尹瓘为东北面行营兵马都统。三月初，尹瓘率高丽军进攻曷懒甸，再次被石适欢击败。这一次高丽人似乎被打服了，高丽肃宗遣使讲和，并归还了14名团练使和斜勒、冶剌保等被扣押的使者。双方划定边界并结盟后，石适欢于六月中旬返回。

这其实只是缓兵之计，高丽人只是表面上认栽了。尹瓘回去后，在高丽肃宗的支持下，建立了一支包括神骑（骑兵）、神步、跳荡、梗弓、精弩、发火等军种在内的"别武班"，日夜操练军士，积极储备粮草，卧薪尝胆誓要一雪前耻。

乾统五年（1105）十月，高丽肃宗薨，儿子高丽睿宗继位后仍不忘雪耻。乾统七年（1107）十二月一日，高丽睿宗命尹瓘为元帅、吴延宠为副元帅率领以"别武班"为主力的17万大军（号称20万）出征，讨伐完颜部女真。因高丽人撕毁盟约不宣而战，女真人猝不及防，初期高丽军连战连捷，在占领地陆续修筑了咸、宜二州及通泰、平戎、公崄三镇，与英、雄、福、吉四州合称"东北九城"，且在咸州（今朝鲜境内）设大都督府。

完颜乌雅束得知高丽军所为后，面临着报告辽廷由辽廷出面解决、默认装傻、主动抗击三种选择。辽廷自从圣宗时期三次辽丽战争之后，与高丽就再没起过军事冲突，或许都知道对方不好惹吧。所以，此次高丽与女真人发生冲突，天祚帝躲得远远的，就是想让女真人和高丽人火拼，然后辽国渔翁得利。因此，天祚帝选择不干预，由女真和高丽自己解决，而自己忙着打猎去了。

完颜乌雅束见辽廷没指望，就接受了二弟完颜阿骨打的建议，起兵反击高丽军。乌雅束委任异母弟完颜斡赛为主将，劾古活你茁、蒲察狄古廼为副将，此外还有石适欢、完颜习室、完颜术鲁、斜卯浑坦、斜卯阿里、斜卯鹁谋琶、温迪罕阿徒罕等战将随军杀向曷懒甸。

女真军与高丽军多次交战，高丽军逐渐失去优势，双方遂开始议和。由于女真人在战场上的优势明显，因此占据了谈判的主导权。女真提出的议和内容是：高丽国归还九城，曷懒甸女真可以恢复之前与高丽的关系，高丽和女真之间不再交战。高丽睿宗经与群臣们反复协商决定接受该议和提议，七月三日，高丽国正式回复女真人同意议和条件。乾统九年（1109）九月"高丽约以还逋逃之人，退九城之军。复所侵故地"。之所以女真人在其军事上占据优势时主动提出议和，是因为当时完颜部的主要精力放在了完成女真各部落统一大业上，而且当年农业歉收，灾民们需要救济。而高丽国则是因为战场上已呈现颓势，担心如果辽朝直接出面干预，后果可能更加不可收拾。因此，双方议和非常顺利，高丽军在议和后如约全部撤回"千里长城"之内，双方至此罢兵。

攘外之后，乌雅束这边对女真内部励精图治。天庆三年（1113）十月，52岁的乌雅束病逝，其45岁的二弟完颜阿骨打继位女真各部落联盟长，此时女真的部落联盟成员已达到30个。

五、女真英雄完颜阿骨打继任女真部落联盟长

完颜阿骨打为金世祖完颜劾里钵非常看重的儿子，在一次战斗中受重伤后，他曾摸着阿骨打的头说："这个儿子长大了，我还有什么可忧虑的？"劾里钵去世前对完颜盈歌说："只有此子可以成就大业。"劾里钵之所以特别看重阿骨打，是因为阿骨打勇武善战，其箭法可百步穿杨，射程之远可达320步，超出部落中第二名100步。在统一女真各部和对高丽的战争中，阿骨打总能提出自己与众不同的策略，而事实证明，按照他的策略行动，女真人都因此受益。最为关键的是，在打败高丽国之后，他已经意识到，女真人已经可以向辽国说"不"，而且他当着众人的面就拂过天祚帝的面子。《辽史·天祚帝本纪》记载：天庆二年（1112）二月初十，皇上到春州，临幸混同江钓鱼，境外生女真酋长在千里以内者，依旧例均要前来朝觐。适逢"头鱼宴"，酒至半酣，皇上凭临殿前栏杆，命诸位酋长依次起舞；独有阿骨打推辞说不会跳舞。天祚帝再三劝谕之，始终不肯听从。后来一日，皇上私下对枢密使萧奉先说："前天的宴会上，阿骨打意气豪迈，顾盼之间不同于常人，可以借口边境事务诛杀他。否则，必定会留下后患。"奉先说："粗人不懂礼义，没有大的过错而诛杀他，恐怕会伤害向慕归化之心。他即使有叛离之心，又能有什么作为呢？"从这段记载看出，若是没有萧奉先劝导，阿骨打那时可能就没命了。天祚帝出生于大康元年（1075），所以估计他没看过太史官记载的下面这段话："咸雍四年（1068）有五色云气屡出东方，大若二千斛囷廪之状，司天孔致和窃谓人曰：'其下当生异人，建非常之事。天以象告，非人力所能为也。'"不然阿骨打必死无疑，因为完颜阿骨打就出生在咸雍四年（1068）。

萧奉先是辽国被灭亡的关键人物之一，使阿骨打躲过一劫是萧奉先对金国的第一个贡献。萧奉先位列《辽史》列传第三十二卷，他是天祚帝元妃的兄长。《辽史》记载的天祚帝的一后三妃中，元妃为最年轻的妃子，为天祚帝生了三子三女，所以最受宠爱。

阿骨打从"头鱼宴"回来之后，完颜部落进一步对女真其他部落开展兼

并战争，完颜部的主要对手是女真赵三和阿鹘产部落。阿骨打获胜后掳走了他们的家属。因赵三和阿鹘产也是辽廷任命的官，所以两人像星显水纥石烈部的阿疏一样跑去辽官府告状。二人赶赴咸州（今辽宁省铁岭市下辖的开原市老城）申诉，咸州详稳司将诉讼呈报北枢密院处理。枢密使萧奉先视为平常之事，将该诉讼仍交还咸州详稳司，责问阿骨打，想让他悔过自新。这算得上是萧奉先对金国的第二个贡献，不然阿骨打可能要吃不了兜着走了。咸州详稳司为平复这件事，多次征召阿骨打前来咸州，但他始终称病不去。

萧奉先没把阿骨打不肯赴咸州的事向天祚帝报告，因为像这样的"小事"天祚帝没工夫搭理，天祚帝正忙着自己的"正事"呢，啥"正事"？打猎呗！《辽史·天祚帝本纪》记载：天庆三年（1113）正月十四日，到大渔泊（注：今查干湖，吉林省西北部的前郭尔罗斯蒙古族自治县境内）。二十三日，出猎于狗牙山，酷寒，猎人大多冻死。

直到天庆三年（1113）二月，阿骨打看到实在糊弄不过去，就来到咸州。《辽史》记载：天庆三年（1113）三月，阿骨打在某日率五百骑兵冲至咸州，百姓大受惊恐。次日，到详稳司，与赵三等人当面互相指责。阿骨打不服，详稳司准备把他送交主管部门审讯。在一天晚上阿骨打逃走，并派人向皇上分辩诉说是详稳司想杀他，所以不敢留下。此后无论怎么征召再不肯来。到了十月，完颜阿骨打正式成为完颜部首领，时年46岁，从此开始了他轰轰烈烈"气吞万里如虎"的灭辽立国伟大征程。

六、辽国边城受到女真军队攻击

阿骨打继任之后，一是在生女真与辽国的边界上筑城，二是派完颜蒲家奴到辽廷索要星显水纥石烈部的首领阿疏。阿疏自从被完颜盈歌打败后，就一直躲在辽国。完颜盈歌曾经向辽廷要求过归还女真叛逃者，但辽廷可能是碍于身为上国，要保持颜面，一反惯例，不予遣返阿疏。这件事记载于《辽史·天祚帝本纪》中天庆四年（1114）的正月。

相比于前辈们，阿骨打的性格更刚烈，所以他更具有反抗意识。天祚帝即位后，生女真除定期定量向辽朝进贡外，辽廷及其官吏还经常到边境榷场低价强购女真当地的土特产。《契丹国志》记载：女真人"稍不奉命，召其长加杖，甚者诛之，诸部怨叛"。辽廷所为早已令女真人恨之入骨。随着完颜部落逐渐强大起来，女真人的反辽情绪已难以按捺，阿骨打决定向契丹人发起挑战。而这个挑战的导火索很有意思，竟然是辽国不予归还阿疏！

完颜蒲家奴空手而归后，阿骨打派宗室习古乃、完颜银术可再往辽廷索要阿疏。习古乃等归来后报告说，辽主骄肆废弛。阿骨打听后认为机会来了。于是召集手下告知欲起兵伐辽，同时命令各部加紧修筑城堡、增兵各要冲并完善戎装武器，听候命令。辽东北路统军司听说后，忙派人前来问罪说："你们修战具，缮守备，是准备要造反吗？"阿骨打答曰："设险自守也犯毛病吗？"辽使无言以对，只好回去复命。

七月，阿骨打再派使者前去索要阿疏。这一次阿骨打的使者也有双重任务，除了要人，还有就是刺探辽廷现状。辽廷不但不归还阿疏，还派枢密院侍御耶律阿息保责问阿骨打边境上修筑城堡一事。阿骨打则轻慢地答曰："女真是小国，对于大国不敢废礼。大国不施恩泽，又藏匿我女真逃亡的罪人，我们还能指望什么呢？如果归还阿疏，我们就像先前一样地朝贡；否则，修筑城堡是不会停的。"天祚帝听了阿息保的详细奏报后，诏命辽国海州（治今辽宁省海城市）刺史高仙寿率渤海兵 800 人进驻宁江州（今吉林省松原市宁江伯都纳古城），增加东北路统军司的防备力量。

阿骨打听说后，派遣仆聒剌又以索要阿疏之名义出使辽国，实际是侦察辽军军情。仆聒剌返回后说辽军兵多不计其数，阿骨打不信，说辽军初次调兵，且在没有战事的情况下，不会这么快就调来大量军队。为摸清准确情况，又派胡沙保前去。胡沙保回来报告说，辽军只有四院统军司与宁江州军及渤海 800 人。阿骨打见辽军人数果如自己的判断，又担心天祚帝会继续增兵，遂决定先发制人。起兵前，阿骨打率众人祭拜皇天后土，以"辽人荒肆，不归阿疏"为由起兵伐辽。从这个起兵理由可以看出，那时女真并非要与辽国一争高下，因为女真的实力与辽国相比确实太弱了，所以更多的是因为阿骨打在咸州受了气，便以辽国人欺辱女真人和辽廷干涉女真人内部事务为借口发兵征伐辽国。因为女真很多人都受过辽国人的气，所以这个借口有一定的号召力，毕竟那时的女真军队还没那么自信。

九月十日，金军先擒获了辽国的障鹰官（辽国在自上京到五国部的鹰路上专设的监督征敛海东青和其他贡物的官员），然后在涞流水（今黑龙江省与吉林省交界的拉林河）集结各部落兵力共 2500 余人，公布辽之罪，申告天地后向西杀入辽国地界。天刚亮，女真军已过辽与女真之间的界河，女真军刚刚填平边界间的壕坑，辽军大将耶律谢十就率辽军杀将过来，两军展开混战。战斗结束，女真军获胜，耶律谢十被阿骨打射死，胯下宝马也成了女真人的战利品。这是女真人在阿骨打继位后对辽军的首场主动进攻，也是对辽军取得的首次胜利，因此，女真人的士气得以大幅提升，攻击辽国宣泄仇恨和劫掠财富的欲望进一步迸发。

欲望一旦迸发就会变得狂热，所以女真人迅速挥师向西南进攻宁江州。宁江州位于混同江之东，道宗年间的清宁四年（1058），辽廷对女真人越来越不放心，遂在与女真人接壤之地修建了这座城池，以便监视和震慑女真人。同时这也是辽的边陲军贸重镇，辽廷所设的権场就在该地，当然这里埋下了不知多少女真人的屈辱和仇恨。

在宁江州守城的辽廷大将不是别人，正是当初保全了耶律延禧小命的萧兀纳。天祚帝登基之初，萧兀纳被委任为北府宰相、辽兴军节度使，加号守太傅，那么他怎么会被贬到这个边境小城呢？

史书上说天祚帝"昏庸无道、好佞人、远忠直"一点不冤。萧兀纳被贬是因为其性情耿直，逆言进谏，"数以直言忤旨"，因此天祚帝不喜欢这个老臣在身边。正好有小人污蔑萧兀纳拿了佛殿的犀角，天祚帝便召来萧兀纳追问。萧兀纳申辩说："臣在先朝，诏许日取帑钱十万为私费，臣未尝妄取一钱，肯借犀角乎！"天祚帝听了不辨真伪地将萧兀纳降为宁江州刺史赶出了京城，不久又改任临海军节度使。从萧兀纳被贬、耶律阿思升迁即可以看出天祚帝在选人用人上够昏庸的。

萧兀纳到宁江州赴任后，屡次向天祚帝上奏女真人轻慢辽廷，其志非小，益增兵边界州城，但所奏均如石沉大海。天庆元年（1111），天祚帝任命萧兀纳为知黄龙府事，改东北路统军使，等于是把对女真的防御权全权交给了萧兀纳，但天祚帝对其增兵请求不予理睬。此时萧兀纳可调动的兵力共三支，一是自己直接管辖的东北路都统军司所部，二是宁江州固有的守军，三是高仙寿率领的援军。三路军加起来估计3000人左右。

阿骨打率女真军抵达宁江城外围，选择在高地驻军，然后将宁江城围困。女真对辽军作战时，先是"围点打援"，以伏击战消灭了增援宁江城周边几个卫城的援军，而后在城东与萧兀纳率领的辽军决战。

辽军从宁江城东门杀出，被女真军温迪痕和阿徒罕两将率兵拦击。辽军自从统和二十二年（1004）与宋国订立"澶渊之盟"后，取得的像样的战争胜利并不多，所以兵将的战斗力远不如近些年来始终征战不停的女真军。宁江州城墙周长3132米，属于不大的驻兵城，估计城中兵将就没多少，不然萧兀纳不会请求增兵。因此辽军在人数上对女真军也没什么优势。交战过程中，辽军大败损兵折将，就连萧兀纳的孙子移敌塞也在交战中丧了命。此战后，萧兀纳不敢出城再战。据守几天后，见辽廷援兵不至，自己率统军司所属的三百骑兵渡过混同江撤往黄龙府，留下增援宁江州的高仙寿率领的渤海军和原宁江州的防御部队守城。

到十月，女真人攻克宁江州，辽防御使大药师奴被擒，因其为渤海王族"大氏"的后代，所以阿骨打并未杀他，而是偷偷将他放了。此外，阿骨打诏谕渤海乡人说："女直、渤海本同一家，我兴师伐罪，不滥及无辜也。"所以，投降的渤海人躲过了被杀戮和被抢劫的命运，阿骨打还让渤海人梁福、斡答剌去故乡招降渤海人。但契丹人就没那么幸运了，因为多年来女真人对契丹人积攒的仇恨太多了。辽廷官僚在女真地界欺男霸女不说，即便是在为完颜乌雅束办理丧事时，辽使阿息保还来责问阿骨打说："何以不告丧？"这还不算，阿息保后来竟然骑马直至完颜乌雅束的殡所，这对逝者是极大的不尊重。还向阿骨打索要他看中的拉乌雅束灵车的马匹，气得阿骨打当时就要杀他。如此看来，即便是辽廷任命的节度使，在契丹人眼里也如奴隶一般。所以，女真人的报复为多年积怨积恨所致，辽廷怨不得女真人造反，只能怨自己。

有意思的是，女真人兴师动众打下了宁江州，却并没有据为己有，而是在一番报复之后又撤回了按出虎水部落所在地，兴高采烈地将抢掠的战利品分赏给参战的各家各户及部落中的老者。由此确定，完颜阿骨打攻打宁江州的伐辽第一战只是泄愤，并非那时的他就有推翻辽朝的宏图大志。

回到老巢的阿骨打一边继续抚定周边的女真部落，一边完善军队建制。"初命诸路以三百户为谋克，十谋克为猛安。"谋克差不多相当于百夫长，猛安相当于千夫长。

辽军在宁江州的失败，总算引起了天祚帝的重视。天祚帝召群臣商议，同知南院枢密使事萧陶苏斡说："女直国虽小，但其人勇猛而且善射。自从抓了叛臣萧海里后，军力愈加变强。我兵很久不练，若遇到强敌，稍微有不利我军的局面时，各部可能就会离心离德，那就不好办了。为今之计，莫不如大发诸道兵，以威势进行镇压，才可令他们屈服。"还没等天祚帝表态，北院枢密使萧得里底说话了："如果按萧陶苏斡所说的那样派兵征伐，只会让女真人感到我们是在示弱啊。我看只调漠北滑水以北的兵就足够了。"天祚帝采信了萧得里底所言。

天庆四年（1114）十月初一，天祚帝诏命以北枢密使萧奉先的弟弟、守司空萧嗣先为东北路都统、主帅，萧兀纳为副帅，调集契丹和奚军共3000人，中京禁兵及土兵2000人，另外选派诸路武勇两千余人，以虞候崔公义为都押官，控鹤指挥邢颖为副押官，率大军七千余人屯驻于出河店（今黑龙江省大庆市肇源县茂兴镇）。出河店距完颜部老巢约500里，对完颜部构成了威胁。阿骨打决定对进驻出河店的辽军主动出击。

阿骨打率3700名女真军西向出河店途中，入夜刚一睡着，就感觉头部被连续摇动，惊醒后意识到是有神明在警示我啊！遂不再睡觉，昼夜兼程在黎明时分赶到出河店河对岸。当时，辽军少部分兵士正在试图凿冰破河以阻止女真军过河。阿骨打遂选出十倍于辽凿冰兵士的女真壮汉猛烈出击，辽军凿冰兵士无法抵抗四处逃散。女真军抓住时机迅速过河登岸。当女真军登岸人数刚过1200人左右时，辽大军杀来。辽军靠着人多势众与女真军厮杀在一起，若是照此力战下去，女真军很可能顶不住辽军的攻势。怎奈女真人有天助啊！这时突然狂风大作、尘埃蔽天吹向辽军，女真军借助风势，3700名将士奋勇争先，杀得辽军溃败。女真军一路追杀至斡论泺（今黑龙江省肇州和肇源两县交界处长达30千米的断续湖泊）。萧嗣先的大军驻扎在斡论泺东面，面对突然杀来的女真大军，辽军被杀了个措手不及。《辽史》记载：萧嗣先军溃散，崔公义、邢颖、耶律佛留、萧葛十等人战死，得免一死的只有17人。女真军一路追杀，所获辎重车马甲兵珍玩不计其数，满载而归，阿骨打犒赏三军，女真军队人数自此过万。辽军感叹："女真军过万，不可敌！"

辽军溃败的消息传至辽廷，萧奉先害怕其弟萧嗣先因战败获罪，便向天祚帝奏称东征溃败之军沿路抢劫，如果不赦免其罪，恐怕聚众成祸。天祚帝信其言，仅将打了败仗的萧嗣先和萧兀纳等人免官，未再进一步责罚，也未对战场上牺牲的兵将给予抚恤。天祚帝此举引发辽兵互相传言说："力战的会死去且没有功劳，退却的则可以获得生路，又无罪。"这样的传言在辽军中就如同瘟疫一般迅速传播，此后一向作战奋勇争先的辽军再无斗志，见到敌军便奔逃溃散。所以尽管天祚帝又任命萧底里为东北路都统率军与女真军再战，但还是以惨败收场。经过出河店战役前后两次战胜辽军主力的经历，女真军的自信大增，在心理上再也不惧怕辽军了。

十二月，辽国渤海人聚集地黄龙府（今吉林省长春市农安县）周围的重要州城咸（今辽宁省开原市老城镇）、宾（今吉林省长春市农安县东北红石垒）、祥（今吉林省长春市农安县境内）三州及铁骊、兀惹均反叛归附于女真。天祚帝派萧乙薛前往增援宾州，南军诸将实娄、特烈等前往增援咸州，试图控制住局势，但均为女真击败。完颜阿骨打任命完颜斡鲁古为咸州军统帅，分兵几路抵御辽军。完颜斡鲁古率领一路女真军在咸州先是斩杀了辽都统耶律实娄，然后又与刚来增援的女真军战神完颜娄室一起率部击败了辽军咸州路兵马事萧特烈。另一路由完颜仆忽、完颜浑黜等将率兵在宾州战胜了前来增援的辽临潢府留守赤狗儿所率领的上京道兵马。女真军吾睹补、蒲察两将又在祥州东打败了由行军副都统萧乙薛率领的直扑祥州的辽军。至十二月，女真军已完全控制了辽国的咸、宾、祥3个州。

女真势力大增，终于震动了辽廷。辽廷以西北路招讨使耶律斡里朵为行军都统、副点检萧乙薛为左副都统、同知枢密院使事耶律章奴为右副都统、萧谢佛留为都监率来流河路、黄龙府路、咸州和草峪四路大军驰趋达鲁古城（今吉林省扶余市西北土城子）戍边，听候命令随时准备进攻女真。但不知天祚帝组建的第三任东北路统军司领导班子能否压制得住女真人的进一步扩张。

七、女真人建国

天庆四年（1114）底，已具备与辽军局部抗衡能力的女真人此时开始谋划建国。阿骨打四弟完颜吴乞买、堂兄完颜撒改、完颜辞不失（乌古乃侄子）等率官署诸将劝谏阿骨打建国。经众人两次劝进后，阿骨打于天庆五年（1115）正月登基称帝，是为金太祖。完颜阿骨打时年47岁。因辽国以宾铁为国号，铁易被腐蚀坏掉，而金子不变不坏，女真人遂以"大金"为国号，立年号"收国"，定国都为会宁府（今黑龙江省哈尔滨市阿城区南白城子）。

金国初立，面对强大的辽国，阿骨打果敢地选择主动出击。正月初五，阿骨打亲自率军向黄龙府进攻，金军兵临益州（今吉林省长春市农安县北小城子）时，辽益州守军已弃城逃往黄龙府固守。当阿骨打获知辽国重兵已抵达达鲁古城（今吉林省扶余市西北土城子）时，便决定暂时放弃进攻黄龙府，先去达鲁古城迎战辽主力军，以便扫清进攻辽重镇黄龙府时辽军可能的支援力量。

得知女真人建立了金国，天祚帝震惊。正月，天祚帝下诏亲征女真并派遣耶律章奴带着书信到金军所在的宁江州西面见阿骨打，要求订立和约。因辽国信中傲慢地直呼阿骨打姓名，阿骨打非常生气，他认为辽军并无议和的诚意。于是阿骨打命赛刺回信提出如下和议前提条件：如果辽廷归还女真叛徒阿疏，且将黄龙府官署悉数迁走，再将黄龙府让给大金国，金国才会与辽国商谈和议之事。天祚帝当时根本没把女真人放在眼里，当然也不会答应金国的要求。既然议和不成，天祚帝便命令辽军用武力解决金兵。二十九日，金军与涞流河路辽军大战于达鲁古城。

阿骨打登高观察辽军阵型后对将士说："辽兵虽多，但阵型散乱、士兵士气不够旺盛，貌似怯战，不足为惧。"随后，命令金兵先抢占高地列阵，以便居高临下冲击辽军。其次，令完颜宗雄（完颜乌雅束长子）率右翼先出，击辽军左翼。辽左翼军很快被冲乱并向后败退。同时，阿骨打又命金军左翼迂回到辽军阵后攻击辽右翼军，再以完颜娄室、完颜银术可军直冲辽军中坚，两军力战陷入僵持。金军兵少不可久战，阿骨打乃命完颜宗干（完颜阿骨打庶长子）出中军为疑兵，使辽军不敢全力鏖战两侧，辽军果然中计。完颜宗雄右翼军得手后，待辽军阵脚刚一出现散乱迹象时，完颜宗雄抓住时机猛攻辽军右翼，辽军抵挡不住金兵的冲击，退入达鲁古城内，金军遂围城屯兵。次日黎明，辽军主帅耶律斡离朵错误听信了军中的汉军已撤离的消息，所以未敢再组织力量反击，而是突围北撤，把3万汉军扔在了原地。汉军独自应战女真军，不敌大败，金军乘势追击至北部的阿娄冈，尽歼辽军数千步卒。辽军其他三路听说战况后，遂各自退回原防地。女真军得胜后于二月班师回阿城。此战，金军缴获辽军耕具数千，掳掠益州等地百姓不计其数。女真人立国引发了辽国各地风起云涌的起义与叛乱。二月，饶州（今内蒙古自治区赤峰市林西县）渤海人古欲等反叛，古欲自称大王。饶州距离辽上京不到150公里，直接威胁了辽上京的安危。三月，天祚帝派督监萧谢佛留等攻讨古欲。萧谢佛留因刚刚在达鲁古城战役中被金军击败，缺乏争取战斗胜利的自信心，因此于四月十四日被古欲部所败，萧谢佛留也因此被罢官。

古欲所部此战后马步兵数已达3万余人，且因为以弱胜强自信心倍增。天祚帝调兵遣将，命汉人行宫副部署萧陶苏斡为都统率大军再往进剿，却不想萧陶苏斡所部于五月又被古欲所败。但萧陶苏斡并未撤回，而是精心整顿兵马，于六月与古欲所部再战。古欲部因连胜两仗而过于轻敌，结果被萧陶苏斡两面夹击击溃。六月十八日萧陶苏斡军斩古欲及所部首数千级，夺回所掠之物归还原主，饶州之乱被平定。

辽军在达鲁古城战败后，天祚帝于三月派遣耶律章奴等6人携带国书出使女真。辽国书直呼阿骨打姓名且"书辞慢侮"，简单粗暴地敦促女真人赶紧投降，并非有议和之意。暴脾气的阿骨打遂扣留辽使5人，仅让耶律章奴捎带自己的回信给天祚帝，内容依旧如之前的议和条件。五月，天祚帝再派耶律章奴出使金国，然而辽国此番书信依旧傲慢无礼，仍直呼金太祖其名、敦促女真人投降。六月十四日，金太祖书信亦直呼耶律延禧之名，内容如前复之，再由耶律章奴带回给天祚帝。同月，天祚帝改派萧辞剌出使金国，因书信用词不卑不亢而被阿骨打扣留。

八、宋国的谋略及天祚帝御驾亲征

《辽史》记载：天庆五年（1115）秋七月初四，宋国派使者送来助战的银两和绢帛。哎呀！这情形好像有点熟悉吧。怎么与当年辽兴宗伐夏国时那么相似呢？辽国这边一与强国作战，宋国就送钱帛，宋辽两国的关系真是够铁呀！哈哈，您若是这么以为，那可就大错特错了。

前面说过宋国宦官童贯在用兵河湟的过程中连续被提拔，并且在讨伐溪哥臧征，收复积石军和洮州的过程中立下威名，天庆元年（1111）被封为检校太尉。为刺探时下辽国虚实，受宋徽宗之命，作为副使随端明殿学士郑允中出使辽国。途中，结识了燕人马植。

马植本为辽朝大族出身，官至光禄卿。他看透了辽国的腐败没落，看出了女真必兴。要知道天庆元年（1111）女真人是什么情况。此时女真刚刚与高丽国结束战争，完颜乌雅束还在世呢，马植这时就能看到女真会崛起替代辽国，所以他是一个很有前瞻性眼光的奇人。马植主动出击秘密会见童贯，他向童贯说明了宋国收复燕云十六州的计划，即：结好女真，与约攻辽，则燕云十六州可图。怎么样，这计策够可以吧？绝不比诸葛亮未出茅庐已三分天下差。

天庆二年（1112）马植秘密抵达宋国觐见宋徽宗，听了马植的谋划，宋徽宗大加赞赏，遂决定了联女真灭辽国的策略。但当时辽国依旧强大，宋国则暗中观察，谋变而动。在女真人立国并屡次击败辽军后，为使辽金两国势不两立，在辽国准备兴兵讨伐金国时，宋国故技重演，就是不怕事儿大，给辽国加油助威！

尽管宋国给辽国送了钱帛鼓劲，但在七月，都统斡里朵所部万余人在与女真将领完颜娄室和完颜银术可所部在白马泊的交战中依然失利。斡里朵率东北路统军司、咸州路都统司、黄龙府路都统司和好草峪都统司人马退守辽在东北地区的政治经济中心——黄龙府。黄龙府古城周长3.5公里，不算大，斡里朵率领的四个司的兵力在8000—10000人吧。

白马泊之战得胜后，完颜阿骨打决定于八月二十二日御驾亲征黄龙府。大军抵达混同江时发现江边没有任何船只。阿骨打遂命一人骑上红白相间的马匹，按照自己的马鞭所指的方向涉水过河。按说，时值夏季，河水深不可测，但红白相间的马匹所过之处，水只在马腹之下，如此神奇难以置信。随后，金国大军循着红白相间马匹所走的路线确实渡过了混同江。

守卫黄龙府的辽军未曾料到金军无船可以轻易过河，所以准备不足，阿骨打指挥完颜娄室、完颜银术可、完颜浑黜、完颜婆卢火、完颜石古乃等路大军猛攻黄龙府。

正出猎于岭东的天祚帝闻讯后，感到事态确实严重了，这才决定中止狩猎，于八月二十七日赶赴军中。因为纵观有辽一朝，女真人时叛时附的事情不断发生，所以在最初听说女真人又闹事时，天祚帝不够重视，以为就近调集在今东北地区的辽军就足以将其平定。没想到不但未能平定女真人，还让女真人在战争中愈挫愈勇，甚至都立国称帝了。现在又再度进攻黄龙府，看来要出大事，再不全力镇压，说不定乱子会闹得天翻地覆。

天祚帝一到军中就先罢免了斡里朵的官职。二十九日，天祚帝任命围场使阿不为中军都统，耶律章奴为都监，统率番、汉兵10万；以萧奉先充任御营都统，率精兵2万担任先锋。其余五部作为正军，贵族子弟1000人作为硬军，扈从百司作为护卫军，从北出骆驼口（斡论泺一带）；以殿前副点检萧胡笃为都统，枢密直学士柴谊为副统，率领汉军马步军3万从南出宁江州。从辽南北两路军的数量上可以看出，南路军并非主攻，主要是起牵制作用。辽大军从长春州（今吉林省白城市大安市）分路进发，发给将士几个月的军粮，相期一定要剿灭女真。看得出这一次天祚帝是下了狠心了！

可还没等天祚帝的大军出发，九月一日黄龙府便失陷了。黄龙府被金国拿下，表明辽国在东北地区的军事力量基本被金军消灭了，所以不管天祚帝是否愿意，他都必须调集辽国大军前去围剿，争取尽早将尚在初创阶段的金军彻底消灭。到此时，天祚帝才后悔当初不听萧陶苏斡之言将女真势力消灭在萌芽之中，想想错过宝贵时机的责任就应由萧得里底来承担，因为正是他的劝阻天祚帝才未动用大军去镇压。于是九月三日，贬萧得里底为西南面招讨使。

阿骨打占领黄龙府后，派遣使者带着书信再往辽国，信中告知辽国：如果归还我国叛人阿疏等人，便当班师。天祚帝没有理会金国的要求，率军出征伐金。阿骨打又派使者粘罕（即完颜宗翰，乌古乃的曾长孙）、兀术（即完颜宗弼，阿骨打第四子）等带着书信奉上，请求天祚帝退兵。估计是书信内容和语言表达不够真诚或者口是心非，所以天祚帝认为金国实际是想求战。小小的金国竟然对辽帝国如此轻慢无礼，天祚帝盛怒，他下诏："女直作过，大军翦除。"已经回到金国国都的完颜阿骨打得知天祚帝率10万蕃汉兵直扑金国并未惊慌，因为他知道辽金主力必有决战。为激励金军将士，阿骨打聚众，以刀割面，现悲愁之状，仰天痛哭说："当初我与你等起兵，是因为苦于契丹残忍，想自己立国。现在辽帝亲征，该怎么办呢？除非人人拼死作战，否则无法阻挡。不如杀死我一族，你等去投降，转祸为福。"诸军都说："事已至此，唯命是从。"这就是完颜阿骨打想要的效果！做完了战前动员，阿骨打率军向西开拔迎战辽军。行至涞流水西的爻刺（今吉林省扶余市东南小城子古城），兵将们建议在此修深沟高垒以待阻击辽军，阿骨打许之。同时阿骨打派完颜习古乃和完颜银术可领部分人马前去镇守达鲁古部人所在的区域，以免造成该地区百姓的恐慌。

辽军这边因萧得里底已被任命为西南面招讨使，调萧胡笃为领2万辽军精锐的先锋官，而南路汉军则由枢密直学士柴谊率领。辽大军出长春州后，在骆驼口分路前进。萧胡睹先锋军在拉林河西与金军首战落败，北路的主力大军却突然一点动静都没有了。辽军到底发生了什么情况呢？

原来是天祚帝率领的中军督监耶律章奴反叛了！天祚帝不能让后院起火，于是率军西归，打算先平定了耶律章奴的反叛再来解决金国的事。

耶律章奴为季父房之后，天庆四年（1114）时任东北路统军副使。次年，改同知咸州路兵马事，此次随天祚帝征讨金国任中军督监。当天祚帝大军渡过鸭子河（注：应是当今的嫩江）时，耶律章奴与魏国王耶律淳的大舅哥萧敌里及耶律淳的外甥萧延留等谋立耶律淳为帝。耶律章奴因何此时产生了谋逆的想法，史料上没有清晰说明，只说因文武官员对天祚帝失去了信心，觉得他没能力做皇帝，还不如耶律淳更合适。因为在天祚帝的父亲耶律濬死后，辽道宗曾经想过要立耶律淳为太子。基于此，耶律章奴才动了谋逆的心思。这个理由显然非常勉强，不具有说服力，但谋反却是事实。

耶律章奴等人带着300余名将士脱离天祚帝大军，偷偷潜回上京，但他并未直接进城，而是派耶律淳王妃萧普贤女的哥哥萧敌里及外甥萧延留进京去劝说耶律淳。

那么，我们再把场景切换到完颜阿骨打这边。完颜阿骨打带着兵将在爻剌附近巡逻时，恰好抓到了辽国离队的兵士，经过审问得知辽国发生了内乱，天祚帝已带兵西返回国去镇压谋乱两天了。这个消息令完颜阿骨打非常震惊！本以为有一场生死大战要打，想不到辽军就这么撤了！那金军怎么办？经过与众将商议，完颜阿骨打决定率军追击辽军。金军为骑兵，辽军步骑混合且辎重过多，所以行军很慢，金军差不多用了大半天时间就在护步达冈（今吉林省松原市一带）追上了辽军。辽金两军在此进行了女真人起兵反辽以来与辽军主力的第一场大战。因金军只有2万骑，所以阿骨打命令金军直击辽中军。在战术上使右翼先战，往复冲杀数次后，再以左翼出击，两军合力进攻。辽军面对金军的追杀准备不足，且因内乱慌忙撤退西还前途未卜，所以军队士气远不如气势汹汹追杀的金军。《金史》记载此次大战："辽兵大溃，我师驰之，横出其中。辽师败绩，死者相属百余里。"

护步达冈之战被认为是辽金两军战略上的分水岭，从此金军占据战场上的主动权，而辽军虽然实力尚在，但因后续内乱不止，难以集中优势兵力与金军展开真正意义上的大决战。就在护步达冈战役进行期间，金军猛将夹古撒喝和婆卢火攻占了鸭绿江下游的开州城（今辽宁省丹东市凤城市）。

九、辽国内乱不止

回到上京的萧敌里及萧延留见到耶律淳后，告知耶律淳欲拥立其为帝，耶律淳没有立即表态。不久天祚帝的使者行宫小底乙信持天祚帝御札见耶律淳，告知耶律淳耶律章奴等谋乱的事实，还告知他辽军打了败仗，但天祚帝已率军在返回上京途中。于是耶律淳将萧敌里和萧延留斩杀，带着他们的头颅单骑抄小路到上京附近的广平淀去向天祚帝交"投名状"。

耶律章奴听说耶律淳跑了，便指挥手下攻入上京抢劫府库财物后，一行人到祖州太祖庙祭祀，历数天祚帝罪状以聚人心。你别说，这耶律章奴还有点号召力，不久就聚集了中京一带的侯慨起义军以及祖州（今内蒙古自治区赤峰市巴林左旗）、庆州（今内蒙古自治区赤峰市巴林右旗）、饶州（今内蒙古自治区赤峰市林西县）、怀州（今内蒙古自治区赤峰市巴林右旗岗根苏木）等地义军，人马合计竟过万。随后，耶律章奴挥军直奔广平淀试图擒杀天祚帝，萧胡笃籍私奴为军将其击退。侯慨所部在天庆六年（1116）三月转战到川州（今辽宁省朝阳市四角坂），被天祚帝重新起用的东面行军副都统、南女真详稳萧酬斡俘获。萧酬斡当年因母亲私下诅咒耶律延禧而受牵连被没入兴圣宫，在天下大乱时，天祚帝又想起了他。同时被想起的还有萧酬斡的姐姐萧坦思。有点意外吧？命运多舛的辽道宗前皇后竟然还活着，真是一个了不起的女人，历经世事沧桑竟能心静如水。天祚帝将其召还，加封为太皇太妃。

四月，耶律章奴所部去进攻中京，被熟女真顺化王阿鹘产率兵击败。退守饶州后于四月八日又被辽军打败。耶律章奴化装后诈称使者，企图逃往女真，被巡逻兵抓获送至天祚帝行宫。天祚帝先将其腰斩，又将其尸体肢解后拿到五路示众。本欲响应耶律章奴谋乱的咸州乣将耶律术者在被辽军擒获后，因屡次厉声数天祚帝过失为大辽社稷危亡之本而被杀。

耶律章奴谋乱虽然很快被平定，但这个事件不同于女真人造反立国，也不同于侯慨起义，因为它是来自辽朝内部高官的一次政变，参与者不但地位显赫，而且人数众多。这从一个侧面说明，"天祚帝拒谏饰非，穷奢极欲，盘于游畋（打猎），信用逸诡，纪纲废弛，人情怨怒"绝非妄言。

在耶律章奴之乱期间，天庆六年（1116）正月初一，辽东京也发生了暴乱。一名醉酒恶少因东京留守萧保先为政酷虐，竟然跑到其家中将其杀害。东京户部使大公鼎与副留守高清明集中奚、汉兵千人，尽数捕杀乘机作乱之人，但其中也有被滥杀者，因此造成了新的动乱。在东京城外防御女真人的东京裨将、渤海人高永昌乘机率戍卒3000人准备入城，遭到大公鼎、高清明等督兵拒之。正月初五，大公鼎等为高永昌军所败弃城逃走，高永昌占据东京。因东京本为渤海人故地，所以高永昌反辽起义迅速得到响应。高永昌自称大渤海国皇帝，立国号"大元"，改元"隆基元年"。由于以渤海国名再度立国，所以高永昌势力发展迅速，旬日之间就攻占了东京道50余州，唯独沈州（今辽宁省沈阳市）还在辽军控制之下。但由于其发展过快，攻城夺地当中所部颇有杀掠，引起百姓不满，尤其住在东京道地区的奚人，他们不得不携家带口渡辽河避祸，因此对其恨之入骨。

天祚帝见东京的乱子也闹大了，忙于闰正月初四，派萧韩家奴、张琳到辽东募流民2万人讨伐高永昌。还没等张琳等前去讨伐，辽贵德州（今辽宁省抚顺市区浑河北岸高尔山前）守将又反叛，叛军占据广州（今辽宁省沈阳市彰驿站镇）并依附于高永昌。

四月中旬萧韩家奴和张琳率兵攻打高永昌叛军，被其所败，退往显州（今辽宁省北镇市）。五月初，萧韩家奴和张琳率部再攻高永昌叛军。辽军先以精骑出其不意复夺沈州，然后从两个方向攻打叛军，双方经30余战，高永昌部不敌辽军退保东京。辽军从太子河西面准备渡河攻打东京，当辽军至半渡时，高永昌军出击辽军，辽军溃败，被叛军骑兵一路追杀，所剩残部逃入沈州。

退守东京的高永昌见情势危急，决定派使者前去联络金国表示"愿并力以取辽"。阿骨打也派使者去东京回复高永昌说，同力取辽当然可以，但你必须先取消帝号，若归顺金国我会封你为王爵。高永昌虽然又派使者来金国求同力抗辽，但并不想归附于金国，且言辞对阿骨打有不敬之意，这可惹恼了阿骨打。金国自从在护步达冈打败辽军后，北方的室韦、渤海、奚族、兀惹、铁骊、汉族及辽籍女真大量归附金国，其实力已今非昔比，加上阿骨打那个暴脾气，还能容忍高永昌这般无礼吗？于是，阿骨打以自己的侄子完颜斡鲁为主帅率数万金国大军南下征伐高永昌。

十、金军南下

居于沈州城内的张琳等正准备整顿兵马与高永昌部再战，忽然有探马呈报金国与高永昌往来的情报，张琳展开书信，见上面写着："准渤海国王高永昌状，辽国张宰相统军来攻，伏望救援，即约五月二十五日进兵。"辽南府宰相张琳乃文人汉官，不懂军事，以为这是高永昌与金人的诈作不予重视。没过几天，又有急报说女真大军已经逼近沈州。张琳赶忙整顿军马准备迎战金军，怎奈手下兵将士气全无，与金兵一接战便溃败。张琳见状，不敢从城门逃跑，由城墙系绳索逃离沈州，退往辽州（今辽宁省新民市公主屯镇辽滨塔村以北至庆云堡一带）。沈州遂被金兵占领。

高永昌得知金兵已经占领了沈州，想想自己所部费了九牛二虎之力尚不能拿下的城池，金兵一到便得手，方知金兵强悍，便派家奴铎刺带着1枚金印和50个银牌赴金师，请求归顺金国，去帝号称藩。当时在沈州城内恰巧有一名叫高桢的渤海人，他是辽朝的进士，曾在东京做官，因到沈州来探望母亲，正好赶上金军占领沈州。他听说高永昌向金军投降，便对完颜斡鲁说这是高永昌的缓兵之计。完颜斡鲁知道当初金太祖令其去帝号，高永昌不肯一事，遂相信高桢所言。于是金军南下攻打东京城。高永昌见金军识破了自己的计策，便杀了完颜斡鲁派来的使者，出城在首山（今辽宁省辽阳市北）迎战金军，大败，退入东京。第二天整顿兵马出城与金军再战，仍大败，率所部五千骑向南逃跑。城内兵将抓了高永昌妻子开城门投降。不久，随高永昌南逃的手下挞不野等绑缚高永昌向金军投降，金军将高永昌就地斩杀。金军连战连捷，东京州县及辽南一带不战而降。阿骨打下诏废除辽国法令，减轻税负，在所占领区域设置猛安谋克，施行与金本国完全相同的体制，又命完颜斡鲁为南路都统，高桢被任命为同知东京留守事，并被授予猛安之职。至此，辽国已失去了除保州路部分地区以外现今我国东北的大部分国土，金国势力更加强大。而此后，渤海遗族再无复国作为，渤海国及渤海遗民从此彻底被淹没在历史长河之中。

从沈州败逃回辽国的张琳被天祚帝削去官职，汉族官员也因此被契丹贵族认为打仗不中用。天祚帝不得不转回头再重用契丹人统兵。六月十八日，天祚帝晋封他无比信任的魏国王耶律淳为秦晋国王。秦晋国王是辽国爵位中的最高等级。这还不算，他还任命耶律淳为都元帅，将兵马大权也交给了他。随后耶律淳奉诏命在辽东招募"怨军"（金国南下，辽东百姓沦为难民后迫于生计投靠军队混饭吃，耶律淳称这些人组建的军队为"怨军"）。因金军暂无新的军事行动，又有耶律淳为天祚帝操劳国事，天祚帝的闲心又来了。天庆六年（1116）七月，天祚帝又跑去秋山打猎了。你说这位帝王心得有多大啊！那么多国土和臣民都归了新兴的金国了，他还不组织大军全面反击，还有心思去打猎！

事情发展到这种时候就搞不懂天祚帝了，按照《辽史·兵卫志》所载，辽军兵力组成为：1. 御帐亲军。皇帝亲自指挥的蕃汉精锐大帐皮室军30万骑；皇后指挥的属珊军20万。2. 宫卫骑军。十二宫一府共计40万人，其中骑军超过10.1万。3. 大首领部族军（各亲王的私家军）。多者千余骑，少者百余骑。4. 众部族军，北府二十八部，包括侍从宫帐奚王府；镇南境五院部、六院部；东北路招讨司、东北路统军司、西北路招讨司、西南路招讨司等。南府十六部，包括镇驻西南境、西南路招讨司、西北路招讨司、东北路统军司、东北路女直兵马司东京都部署司、倒塌岭戍军、屯驻本境军等，共计多少不详。5. 五京乡丁共计110.73万。6. 属国军，共计59个属国，朝贡无常，有事则遣使征兵或下诏专征，所以人数无法确定。7. 边境戍兵，其中东境戍兵主要用于防御高丽和女真人，在籍军兵2.2万人。以上兵力为军队编制，事实很难满编。但这有数的兵力加在一起也有200万以上，即便真正的兵力只有满编的一半，天祚帝可调动的兵力至少也有几十万。那么为啥天祚帝在女真崛起的过程中，用兵最多即御驾亲征那一次兵力也就只有13万人呢？

笔者以为，一是天祚帝认为围剿女真军用不着那么多军队，当时女真军仅几万人，且装备又差，自以为天下无敌的辽军剿灭他们不必大动干戈；二是属国属部响应金国依附速度之快超出了天祚帝的意料；三是辽国内多处叛乱此起彼伏，辽军四处救火又被战事拖累，眼见金军日益强大，难以集中兵力围歼；四是契丹贵族的谋乱严重损伤了辽军士气，以致多年不打仗的辽军战斗能力断崖式下降，即便对阵战斗力最弱的普通起义军都难有优势；五是女真人那时只完成了建国，并无灭辽的抱负，很多州城攻下后，只一番抢掠之后就撤离，这些都给天祚帝造成了错觉。以至于天祚帝仍然盲目乐观自信，仍然觉得这些作乱为小打小闹，不然怎么还会有心情去狩猎呢？打仗是要花大钱的，由于天祚帝重视不够，所以兵力和后勤补给就得不到保障，以至于像南府宰相张琳那么高的官位，即使有了皇帝的诏命，也还得到处募兵以抵御金兵和高永昌的起义。

综合以上因素,方知天祚帝的贪玩误事有多要命,他在可以集中力量消灭女真人的最好时机去围猎,而把围剿金军及各路叛军这样的重任交给了能力不够的耶律淳,导致辽军错失良机最终国破,这实在怨不得别人。

十一、耶律淳受命抗金

耶律淳升官晋爵后,按照天祚帝的诏命登记诸路兵马,征用有杂畜 10 头以上的人家的牲畜充为军用,又命东京道仍听命于辽廷的官署募集"怨军"。到七月末八月初,募得"怨军"2.8 万多人,另有 5000 名禁军(辽南京的卫戍部队)、2000 名武勇军。耶律淳将"怨军"分为八营,然后对这些兵将抓紧训练,以待与金军作战。但时下的辽国就如同一个失去了免疫力的人体,不是这里生疮就是那里流脓。天祚帝刚去打猎,长春州 2000 余渤海民户就试图逃奔金国,东北路统军使立即整顿兵力追及,将这些人尽数俘获追回。八月,北部的乌古部反叛,辽廷派中丞耶律挞不也等人前去招降,直到十月二十日,乌古部才降附。十一月,东面行军副统耶律马哥等进攻被金军占领的辽东半岛曷苏馆(今辽宁省辽阳市以南至大连市瓦房店市、金州区一带),失败,耶律马哥被削去官职。

金国占领辽国大片土地后,阿骨打四弟完颜吴乞买及群臣给金太祖上尊号为"大圣皇帝",改明年为"天辅元年"。历史就是这样,在辽国乱作一团、金国群情振奋中来到了天庆七年(1117)。

一月,已经被金军占领的开州突然莫名其妙地反叛了,金军猛将夹古撒喝迅速出兵将叛军平定。像这样孤悬辽东的小城开州能在没有任何外援的情势下反叛金国,说明金国在所占领地的控制并不牢固。但阿骨打并未被此困扰,而是派自己的五弟完颜斜也(汉名完颜杲)率 1 万大军进攻长春州,辽东北面诸军不战自溃,女古、皮室的四个部族及渤海人均投降,接着金国大军又攻下泰州。春州与泰州是通往辽国上京和中京的必经之路,金兵夺此两州,等于是撞开了通往辽国心脏的大门。如此重要的交通枢纽被攻占,无论是《辽史》还是《金史》对此都没有详尽的记载，推测当时就没有发生激烈的攻防战。

随着辽军在战场上不断失利，燕云十六州一带的汉民也开始蠢蠢欲动。天庆七年（1117）二月，易州涞水县（今河北省保定市涞水县）自称"扶宋破虏大将军"的董庞儿聚集1万余人起义反辽，但很快被辽西京留守萧乙薛、南京统军都监查剌于易水西击败，董庞儿率部西逃。萧乙薛见董庞儿所部又到自己地盘上作乱，遂继续带兵追剿，又在奉圣州（今河北省张家口市涿鹿县）击破董庞儿。董庞儿所部只好逃往云（今山西省大同市云州区）、应（今山西省朔州市应县等地）、武（今河北省张家口市宣化区）、朔（今山西省朔州市）等山地发展。

耶律淳所部集结在乌兰木图山脉的一座小山蒺藜山（今辽宁省阜新市阜新蒙古族自治县哈达户稍镇）一带训练后，准备于天庆七年（1117）八月攻打被金军占领的辽东京和沈州。不想军队还没出发，两营"怨军"因冬装发放不及时，在武朝彦带领下哗变了。叛军冲入耶律淳大帐准备杀掉他，多亏耶律淳闻讯先跑了。未能如愿的叛军见辽军先锋官郭药师率兵将杀来，不敢恋战四处逃窜。郭药师将哗变头领武朝彦斩杀，又招抚叛军，叛乱遂被平息，但耶律淳的伐金计划因需要先整顿所部不得不推迟。相比于耶律淳死里逃生那么艰难，天祚帝就太舒服了。从七月到九月，他先后到秋山、箫斯那里山和辋子山连续出猎。不过他这样的好日子往后越来越少了，因为金军聚集了占领辽东京、沈州及咸州的两路大军，由战将迪古乃、娄室、婆卢火将兵2万与咸州路都统斡鲁古率军渡过辽河，金军先在显州外围打败辽军郭药师的夜袭，又于天庆七年（1117）十二月联合杀向了耶律淳，辽金两军在蒺藜山展开决战。

十二月十三日，双方战斗打响。金兵先以重铠甲骑兵向辽"怨军"轮番发起冲锋，随后轻骑兵弓箭齐发。战场上决定胜败气势的往往是远距离弓箭对射，相比渔猎出身具有与生俱来的生存本能的金军将士们，仓促集结及经过短暂整训的"怨军"在战力上与金军确实不在一个水平线上，况且"怨军"不久之前还发生了哗变，战斗意愿也远不如金军，其结果只能是溃败。辽军主帅耶律淳仅带着五百骑亲军逃跑。《辽史·天祚帝本纪》对此有如下记载:"十二月十三日,都元帅秦晋国王耶律淳遭遇女真军,接战于蒺藜山,我军败。女真又攻取显州附近州郡。"这里所说的就是显(今辽宁省北镇市境内)、乾(今辽宁省北镇市境内)、懿(今辽宁省阜新蒙古族自治县塔营子镇)、豪(今辽宁省阜新蒙古族自治县境内)、徽(今辽宁省阜新市正北)、成(今辽宁省阜新市西北)、川(今辽宁省北票市东北80里黑城子古城)、新(今内蒙古自治区赤峰市奈曼旗南)等州闻辽军战败,皆降于金军。蒺藜山之败,对于辽军来说士气受挫巨大,因为金军已深入到辽国腹地纵横杀掠,所到最远的新州距离辽国中京只500里左右,已经威胁到辽国的心脏地带。十二月十七日,天祚帝模仿古代帝王下了罪己诏。二十日,天祚帝派遣夷离毕查剌与先前从沈州败退回来的大公鼎到诸路募兵,准备再次与金军决战。

十二、辽金两国再和议

金军在击败高永昌时,辽国早年进士及第的校书郎杨朴归顺了金国,受到完颜阿骨打的重用。天庆七年(1117),杨朴劝说阿骨打,自古英雄开国或受禅,必先求得大国册封。阿骨打信之,派使节与辽议和,以求册封。

天庆八年(1118)正月初四,天祚帝派遣耶律奴哥等人出使金国议和。二月,耶律奴哥自金回国,带回一封阿骨打给天祚帝的信,信中提及的议和条件为:(天祚帝)如能满足以兄长之礼侍奉朕,每年贡献土产,退还我国的上京、中京、兴中府(注:治所为今辽宁省朝阳市双塔区)三路之州县;以亲王、公主、驸马、大臣子孙为人质;归还我国使者及信符原件,以及宋、夏、高丽与我国往来之书信、诏书、表牒;称朕徽号大圣大明皇帝、国号大金及赐以玉辂、衮冕、玉玺诸天子仪物等十事,则可以按约行事。为喜迎册封,阿骨打还派遣乌林答赞谟持书出使。

三月十二日,耶律奴哥第二次出使金国,随同他一起来的还有知右夷离毕事萧习泥烈。辽国的回复未能完全满足金国要求的议和条件,阿骨打认为上封书信可能没表达清楚,便命完颜宗翰等商定册文内容,再由杨朴润色，并由胡十答等译成契丹文字，然后派遣赞谟与奴哥再次前往辽国进一步交涉。

五月十七日，天祚帝再派奴哥带着回复出使金国，希望能订立折中议案。但金国很快就遣使回复说只能按照先前所订和约条款不得改变。双方使者就这样往来传书，直到九月仍不能达成和议。九月，奴哥回辽国转达阿骨打的话说："所要求的条件如果不能满足，就不要再派使者来了。"

不过，此时辽国比金国诚意更足，所以辽国依然派使者送去不断向金国让步的和议书。天庆九年（1119）三月初一，天祚帝派遣知右夷离毕事萧习泥烈等人册立阿骨打为东怀国皇帝。初三，乌林答赞谟、奴哥等先行回金国报信。但阿骨打仍不满意，又派遣乌林答赞谟到辽国，指责册文中不称"兄事""大金"，而称"东怀"，乃是小邦可以德怀柔之义，等等，并称如果能依最初的书信所定内容才能答应。而后，辽国再派使节前往金国……直到天庆十年（1120）三月，金国因辽国不肯在文本中给阿骨打加"大圣"二字，持续了两年多的议和被金国断绝。这期间辽金两国的情势变化已和议和之初大不一样了。

天庆八年（1118）正月初七，镇守辽河渡口的保安军节度使张崇以辽国双州（今辽宁省沈阳市沈北新区兴隆台街道）200户降于金。金国咸州都统完颜斡鲁古按照阿骨打可便宜行事的授权，命张崇复其职，仍令世袭。六月，辽国通（今吉林省四平市梨树县东河镇王平房村）、祺（今辽宁省沈阳市康平县郝官屯乡小塔子村）、双（今辽宁省沈阳市沈北新区兴隆台街道）、辽（今辽宁省新民市公主屯镇）等州800余户归附金国。金国将其分置到诸部，赐予肥沃土地安置。此后，辽国东部诸路各州盗贼蜂起，掳掠百姓，饿了便杀之以充食。因此，从辽国来归的民户越来越多，阿骨打专门为此颁诏："凡降附新民，善为存抚。来者各令从便安居，给与官粮，毋辄动扰。"闰九月，阿骨打赐予辽国降将以千户官职，吸引了九百奚部薛宝、契丹特末、汉官王伯龙、龙化州（今内蒙古自治区赤峰市奈曼旗西北）张应古等大批辽朝官吏归降金国。至于在蒺藜山之战后降服的官员和归附的百姓更是不胜枚举。天庆九年（1119），虽然因辽金两国反复和议双方没有大的交战，但辽国内部仍然没消停。二月，张撒八引诱中京射粮军造反，僭号称帝。五月，阻卜补疏只等人反叛，拘执招讨使耶律斡里朵，都监萧斜里得与叛军交战战死。冬十月初一，耶律陈图奴等 20 余人谋反，被诛杀。虽然这些反叛均被平定，但是如此的乱象让辽国上下都感到辽国国运到此也真就差不多了。

金国这边，杨朴担任知枢密院内相后以阿骨打已称皇帝、当立后宫之制为由，建议阿骨打册命后、妃，各正其位。阿骨打从之，下诏册立皇后。次年，杨朴建言"定朝仪、建典章"。阿骨打从之，遂制订礼仪，使上下尊卑略有定序。经过杨朴这位进士及第者为阿骨打建言献策，金国规制得以逐步建立，在部落联盟基础上建立起来的奴隶体制向封建制大幅转变，金国越来越像一个真正的帝国了。

相比于金国的蒸蒸日上、人心归附，辽国则继续乱象丛生。天庆八年（1118）五月，安生儿与张高儿在上京聚众造反，周边百姓群起响应，迅速聚集了号称 20 万的义军。天祚帝派大将耶律马哥在龙化州与义军展开大战，安生儿战败阵亡。张高儿率部退至懿州，与另一路起义军霍六哥部会合。六月，两路义军曾攻入海北州（今辽宁省锦州市义县东南），在进攻义州（相当于今辽宁省义县、阜新市交接地带）时被辽将奚王回离保（萧干）等部击溃。

十二月辽国山前诸路发生大饥荒，乾、显、宜、锦等路，一斗粟价值数匹细绢，百姓无粮可吃，只得削榆树皮为食，后来竟然又出现了人吃人的现象。

十三、宋金两国"海上之盟"

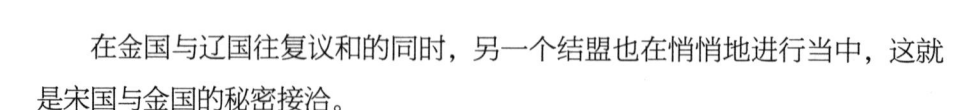

在金国与辽国往复议和的同时，另一个结盟也在悄悄地进行当中，这就是宋国与金国的秘密接洽。

前面说到马植向宋徽宗献出联女真人灭辽国之策，宋徽宗大加赞赏，但当时女真人的力量还很弱小，宋国未敢轻举妄动，一直在暗中观察女真与辽国的动向。因消息闭塞，多年过去了，宋国都不知道辽金之间发生了怎样的实力变化。宋国就一直等待机会,但宋国无论如何也想不到,这个机会竟然是大风刮来的!天庆八年(1118)两艘本欲前往高丽国的大船却因大风和洋流的变化漂流到了宋国境内登州(山东半岛北端)附近的驰基岛。两艘船共有200多人,均为渤海人,因躲避战乱冒险出海,领头之人名叫高药师。

登州官员从高药师那里得知东北地区天翻地覆的变化后,登州知州王师中于七月初四,将从高药师等人那里了解到的信息上奏给宋徽宗。徽宗与蔡京、童贯等人商议后,诏命王师中派人,由高药师带领他们以买马的名义渡海到东北去与女真接洽,看看是否可能与女真联合攻打辽国。

根本不想再回辽东的高药师被迫带着宋朝人驾船驶往辽东半岛,刚接近海岸,发现岸上站了很多女真士兵,吓得没敢上岸就又回到了登州。谎报说女真兵不让上岸,还向他们放箭,没办法就赶紧回来了,宋人听后半信半疑。

天庆八年(1118)闰九月初六,宋国这次派了以武义大夫马政和懂女真语的平海军指挥使呼延庆率领的78人的使团,仍由高药师领航出使金国。在辽东半岛登岸后,辗转于天庆八年(1118)十二月到金国首都见到了金太祖阿骨打。马政向阿骨打说明宋国此次派他出使的来意后,阿骨打经与众人商议,同意联合攻辽,同时派使节随马政去开封商谈联合的具体事宜。之所以宋国以买马的名义到东北,是因为渤海国存在的时候,中原王朝时常会渡海到女真人那里买马,后来因契丹人灭了渤海国,这样的贸易才被迫中断。因此,宋国为了不得罪辽国才以买马的名义秘密去联合金国。

《金史》对于马政出使有如下记载:"是月,宋使登州防御使马政以国书来,其略曰:'日出之分,实生圣人。窃闻征辽,屡破勍敌。若克辽之后,五代时陷入契丹汉地,愿畀下邑。'"

金国使节与马政等到达开封后,宋徽宗接见了金使,金使表达了金太祖阿骨打同意联合攻辽的提议。之后双方就一些具体问题进行磋商,一个是老牌帝国,一个是新兴势力,所以免不了有一些礼仪之争,甚至宋国的副使呼延庆等还因此被扣留了半年,直到天庆九年(1119)年底才被放回。呼延庆离开金国前,阿骨打对呼延庆说:"是你们宋国想要修好,但你们在往来中却不断羞辱我们,即便没有你们,我们也已经攻下了辽国的多座州城。我现在放你回去，如果你见到宋帝，告诉他金辽两国未达成议和，如若还有结盟的诚意，就让他派遣使节带来国书而不是诏书给我，否则就不用派人来了！"

天庆十年（1120）二月，呼延庆回到开封将阿骨打的话转述给宋徽宗，徽宗改派宋金和议的首倡者、中奉大夫、右文殿修撰赵良嗣（宋徽宗赐名，本名马植）及忠训郎王瓌（王师中子）等仍以买马之名携带宋徽宗的亲笔信秘密出使金国。在派赵良嗣出使前，宋国为了慎重起见，还专门派了一位善丹青、精人伦的大臣陈尧臣出使辽国。这位大臣带了两个徒弟，在他们觐见天祚帝时偷偷画了画像带回宋国。见到宋徽宗时，陈尧臣说："辽主望之不似人君，臣谨画其容以进，若以相法言之，亡在旦夕，幸速进兵，兼弱攻昧，此其时也。"此话正合宋徽宗之意，于是才御笔给阿骨打写了秘密书信。

徽宗的信中表达了两层含义：一是燕京所管州城原为汉地，如果同意夺取后归还宋国，则宋国会将原来每年奉给辽国的银绢转纳于金国；二是此承诺虽未制成国书，但作为承诺，绝不背约。谈判中，尽管赵良嗣尽可能争取燕云十六州的全部，但金国人却不松口。最后达成暂时妥协：燕京许于宋国，西京及其他州县则根据战事结果到时再议。赵良嗣回来复命，宋徽宗才发觉作茧自缚了，又派马政去金国争取，但金国威胁说，如果宋国要求过高，那就只能解约。并且进一步提出要求，还燕京所管州城之事的前提为宋朝出兵与金国一起夹攻辽国。

宋金两国达成所谓"海上之盟"的具体时间推测应是天庆十年（1120）的八九月份。有些观点认为"海上之盟"是后来金国灭宋灾难的始点，甚至称之为"驱狼引虎"的策略。对此，笔者不敢苟同。但有一点大的变化倒是与"海上之盟"有关，那就是"海上之盟"达成，辽金和议失败后，完颜阿骨打确定了不与辽国共存并取而代之的国策。

十四、金军打下辽国上京

辽金议和被金国终止的时间是天庆十年（1120）三月，之后，阿骨打起兵进攻辽国上京。《金史》对此事的记载为："（天辅）四年（1120）……四月乙未，上自将伐辽……以辽使习泥烈、宋使赵良嗣等从行。五月赵良嗣等奉觞为寿，皆称万岁……"即便是《辽史》对自己祖居的上京被攻陷，也只有寥寥数字而已："五月，金主亲自进攻上京，攻克外城，留守挞不也率众出降。"至于如何鏖战才攻陷的上京，因文献资料太少所以不得谙详，只知道接替完颜斡鲁古的咸州都统完颜阇哥，还有完颜宗雄、完颜宗干等随金太祖去攻打上京。作战步骤是先对上京城内作了一番劝降，估计是这番说辞起了很大作用，所以金兵只用了半天时间就攻陷了上京外城。之后，金军又是一番劝降，然后上京留守挞不也就率众投降了。上京失陷后，辽太祖在祖州（今辽宁省沈阳市法库县县城西南45公里的叶茂台镇）的天膳堂，辽太宗在怀州（今辽宁省沈阳市法库县四家子村城址）的崇元殿以及在庆州的望仙、望圣、神仪等祖殿，被金兵焚烧殆尽。天祚帝向萧得里底询问祖殿情况时，萧得里底搪塞说："初虽侵犯元宫，劫掠诸物，尚惧列圣威灵，不敢毁坏灵寝，已指挥有司修葺防护。"天祚帝将信将疑，但也毫无办法。

金军这么容易就攻陷了辽上京，说明金军与辽军相比在作战能力上确实具有压倒性优势，金军有皇帝御驾亲征，士气正盛。阿骨打带着辽使和宋使，让他们亲眼看着自己指挥金军如何势如破竹斩将破城，可以想象那时阿骨打对自己的军队有多自信。相比之下，天祚帝在上京东面的长春州、泰州，上京南面的显州、龙化州等拱卫辽上京的城池被金军占领后，并未调集大军复夺各州城，而是与金国议和。议和也罢，但本应是边谈和边备战，可天祚帝也不知咋想的，一边派人议和，一边还去打猎，莫非他认定金国会接受议和？莫非他轻视女真成不了大事？或是破罐子破摔？但当时辽国的大片领土还在，多于金军十几倍的辽国军队也还在，面对强敌，一国之主不思保全江山社稷，还有心思狩猎，难怪历史评价其："荒于游畋，竟把国事全然置诸不顾。"这样的一国之君真是昏庸透顶了！

天祚帝轻视金军可能是他上述不作为的唯一合理解释，这可从《辽史·天祚帝本纪》的记载中看出："夏四月，出猎于胡土白山，得知金国再度发兵，耶律白斯不等挑选精兵三千人以济助辽军……秋，出猎于沙岭。"因为轻视金军，所以闻金兵来攻打上京，只派了3000人去增援；因为轻视金军，所以即便是丢了上京，还是要去打猎。

阿骨打攻下辽上京后，天气开始变热，金军还不习惯炎热的天气，群臣谏曰："地远时暑，军马罢乏，若深入敌境，粮馈乏绝，恐有后艰。"阿骨打认为众臣们说得在理，于是大军班师还朝。按照金兵攻下哪里便劫掠成性的恶行，辽上京经此劫难，想必被金兵糟蹋得够呛。

要说天祚帝玩得开心不理国事一点也不冤。只派了三千精兵去援助上京，过后也不问问上京的安危，枢密使萧得里底也不敢把上京失陷的消息及时向他报告。直到六月，金兵撤离上京，上京留守挞不也叛金又归附辽国，同平章事左企弓才向天祚帝奏报上京事宜，天祚帝方知实情。六月十六日，天祚帝诏命北府宰相萧乙薛为上京留守，知盐铁内省两司、东北统军司事。但萧乙薛还未到任，上京城中金国任命的上京留守事、夏州观察使（遥授）卢彦伦又造反了。他率所部将挞不也驱逐并尽杀城中契丹人。天祚帝得报后，派耶律马哥率军取上京，但卢彦伦坚守城池7个多月，直到金军再次来援，辽军方撤离。

天祚帝这边，既然上京回不去了，他也没有选择去离上京更近的中京，以践行"天子守国门"的战略，而是从狩猎之地沙岭（今河北省张家口市宣化区西北沙岭子）去了辽西京。躲到西京的天祚帝将年号由"天庆"改为"保大"，或许是想讨个吉利，祈祷上天保佑大辽吧。却不承想，年号刚改完的保大元年（1121）正月，辽廷内部又出大乱子了。

十五、辽国宫廷内乱

在《辽史·后妃传》中记载，天祚帝共有一后三妃。分别是：皇后萧夺里懒，无子；德妃萧师姑，生了第三子燕王耶律挞鲁（1104年卒）；文妃萧瑟瑟，生了第四子晋王耶律敖卢斡；元妃萧贵哥，生了3子，为：第二子梁王耶律雅里，第五子秦王耶律定，第六子许王耶律宁。长子耶律习泥烈为赵昭容所生。皇后萧夺里懒和德妃萧师姑死得早，此时仅文妃和元妃尚在。

在诸子中，文妃之子晋王耶律敖卢斡"素有人望"，文妃亦颇有才情，擅长咏唱诗篇，曾格外受宠。但此时兰陵郡王萧奉先又在天祚帝身边搞事情了。金国攻陷上京,天祚帝非常害怕金军长驱直入,但萧奉先宽慰天祚帝说,女真人不会远离自己老巢。后来阿骨打果然班师回了金国首都,天祚帝就对萧奉先更加信任了。

元妃是萧奉先的妹妹,萧奉先有私心,见晋王在天祚帝和大臣中人气旺盛,担心天祚帝立耶律敖卢斡为太子,所以暗地里图谋陷害晋王,但一直没找到机会。文妃姊妹共三人,大姐嫁于耶律挞葛里,文妃排行第二,三妹嫁给了耶律余睹。辽国皇帝与中原汉族皇帝不同的是,出去捺钵时是带着后妃们同行的。所以即便丢了上京,天祚帝的嫔妃们都还在身边。一般没有才情的嫔妃只管跟着皇帝享清福就是了,偏偏像文妃这样有才华的妃子忍不住要关心国家大事,这就要发生悲剧了。

文妃眼见女真人日益壮大,而自己的老公天祚帝仍到处田猎游幸,不恤国情民情,疏远罢斥忠臣,堂堂大辽国被金国肆意侵犯凌逼,不免忧心忡忡,遂作歌讽谏。《辽史·后妃传》记载其词为:"不要嗟叹北方的阴云啊弥漫了原本清亮的天空,不要枉自伤情于多灾多难啊,畏惧夷人之侵迫;不如堵塞奸佞升迁之路啊选取贤臣辅国。正该卧薪尝胆啊激励壮士们为国捐躯;如此我们便可早晨廓清漠北的妖雾,傍晚荡平燕、云而安枕于寝宫。""丞相来上朝啊,宝剑和垂佩叮当作响,群臣束手侧目啊噤口无声。养成外患坐大啊到今日嗟叹何及!忠臣尽被残害啊刑罚如此不明。他的亲戚啊都占据着那么多的要塞,私家门里啊暗地畜养着爪牙之兵。可怜我们的幻想如往古之秦皇那样一统山河的天子啊,还在面对宫门啊,想望着那遥遥无期的太平!"从这两段歌词中可以看出,天祚帝一是国难临头还远忠臣亲小人不思悔改;二是继续不作为,上京都丢了也不知耻后勇集结兵力反击金兵,而是妄想着求太平。天祚帝听了仍旧执迷不悟,还因此记恨文妃。天祚帝的这个反应被萧奉先捕捉到了,于是认为自己等待的机会终于来了!

一天,文妃三姐妹军前聚会,兰陵郡王萧奉先借此委婉地劝别人诬蔑驸马萧昱(注:应该是文妃所生的唯一的女儿蜀国公主耶律余里衍的丈夫)及耶律余睹(注:文妃萧瑟瑟的妹夫)等人阴谋扶立晋王为帝。看看萧奉先这手法是不是眼熟啊?对!就与当年耶律乙辛诬陷天祚帝他爹耶律浚谋朝篡位之事如出一辙,按说天祚帝应该一眼就识破了,至少也不会全信。但坏就坏在天祚帝自身糊涂透顶，身边又没什么贤明之人辅佐。他召北院枢密使萧得里底商量该事时说："反者必以此儿为名，若不除去，何以获安。"而萧得里底唯唯诺诺，没有为晋王辩护一词。结果文妃被赐死，萧昱、挞曷里等人被诛杀，唯有晋王因无法被证明参与了此事而暂时保住了性命。

耶律余睹当时官拜东路军都统，因在前线军中抵御辽兵，所以没被一并杀掉。当耶律余睹得知消息后，知道下一个被杀的就该是自己了。不过幸运的是，由于金国崛起，他这时是有的选择的。耶律余睹当机立断率千余骑逃往金国。天祚帝得报后，派遣北府宰相萧德恭、四军太师萧干等率所部兵马追赶，在兴中府闾山县（注：治所不详，但从名字看，应该在今辽宁省北镇市医巫闾山北侧或西侧）追赶上了耶律余睹。但萧干、萧德恭等人此时无意抓耶律余睹回去，因为诸将担心将来每个人的命运都可能会像耶律余睹一样被萧奉先所害。耶律余睹就这样得以遁入金国。而诸将回去后异口同声复命说："人跑了，没抓到。"萧奉先对事情的真相已心知肚明，因此担心诸将日后也反叛，于是劝天祚帝给去追赶的将领们加官晋爵以笼络人心。但天祚帝并没有意识到此次事件的危害性：首先辽朝君臣从此开始彻底离心离德，其次金国从耶律余睹那里了解到了辽国外强中干的真实实力。由此，金国开始准备对辽国的灭国战争，而那个曾经称霸北方草原的大辽帝国灭亡就只剩时间问题了。

十六、阿骨打策动灭辽战争

从天庆十年（1120）五月攻占辽国上京班师后，金国已经快有一年没对辽国用兵了。保大元年（1121）四月，国相完颜撒改长子完颜宗翰向阿骨打建议，趁辽国君臣不和、天祚帝人心尽失之际，发兵追捕辽帝，且机不容失。阿骨打非常重视完颜宗翰的建议，便让他编制更详细的作战计划后呈报。

保大元年（1121）五月五日，女真人举行射柳大赛（这和《燕云台》里契丹人搞的比赛一样）时，阿骨打对完颜宗翰说："你可以整治军队等候起兵的日期了。"这说明那时阿骨打已经确定了对辽国继续用兵、最终消灭辽国的战略目标。但时间已经到了夏季，女真人不宜用兵，所以便将发兵的日子暂时放下了。

天祚帝似乎并未意识到耶律余睹逃入金国会给辽国带来多么大的危害，或者他都不敢去想女真人还会继续入侵辽国腹地，所以他在处理完了文妃等人的案件后，未对防御金国或者反击金国做任何部署就又去游玩了。《辽史》记载：保大元年（1121）二月，临幸鸳鸯泺。七月，出猎于炭山。九月，（才）到南京。

金国人中止用兵除了天气的原因外，还有就是国论忽鲁勃极烈撒改薨了。撒改是完颜家族的长子长孙，地位高，所以金国隆重治丧。同时，逃往金国的耶律余睹到达了咸州。阿骨打传旨要耶律余睹到金国都城来见。六月，耶律余睹等奉旨觐见。阿骨打从耶律余睹那里得知辽国内部空虚，且知天祚帝已很难调动西北和西南路的辽军，这更加坚定了阿骨打伐辽的决心。七月，阿骨打诏咸州都统司，决议御驾亲征，命其整备军队随时准备随行。此后连日下雨，阿骨打只好暂时放弃亲征。

直到十一月，阿骨打终于下达了作战命令。诏命以国论忽鲁勃极烈完颜杲（读 gǎo。又名斜也，阿骨打的五弟）为内外诸军都统。以昊勃极烈完颜昱（阿骨打三叔劾孙之子、女真名为蒲家奴）、移赉勃极烈完颜宗翰、完颜宗干（阿骨打长子）、完颜宗望（阿骨打次子）、完颜宗磐（完颜吴乞买长子）为副都统，耶律余睹为向导先锋。大军临行，完颜阿骨打下诏："要慎重用兵，供足粮饷。不要搅扰降服之众，不要纵容部下抢掠。遇事有权定夺，无须烦琐禀奏。如果攻克中京，所缴获的礼乐图书文籍，一并陆续送进宫中。"将帅奉旨分路向辽国进攻。

这里要补充介绍一下金国从收国元年七月开始施行的勃极烈制度。它是一种辅佐皇帝的政治制度，这种制度使皇帝的权力受到诸勃极烈的牵制，以合议制形式决定国家的大政方针。同时金国也效仿辽国，在汉族地区实行汉官制。完颜杲的国论忽鲁勃极烈职位相当于国相，是仅次于阿骨打四弟完颜晟（完颜吴乞买）谙班勃极烈（法定继承人、皇储）职位的高官。昊勃极烈和移赉勃极烈为国相的第二、第三助手，是相当于副国相级别的职位。

关于金兵是如何攻占的中京，《辽史》《金史》乃至《资治通鉴》都无详细记载。《辽史》记载：二年（1122）春正月十五日，金军攻克中京，进而攻下泽州。皇上出居庸关，到鸳鸯泊。实际过程是辽军闻知金军杀来，即焚烧刍粮，准备徙民逃遁。辽人还未来得及逃遁，完颜杲率领的北路金军已打败楚里迪及萧霸哲率领的数万辽军，连克辽高州（今内蒙古自治区赤峰市东）、恩州（今内蒙古自治区赤峰市喀喇沁旗东）及回纥城（注：该城应在内蒙古自治区赤峰市喀喇沁旗南，具体地点不详）。之前金军从上京撤离后返回中京的天祚帝见中京以北的防御被金军扫平，自己不敢留守中京，遂率五千禁军骑兵西逃。金军以轻骑军迅速杀到中京大定府（今内蒙古自治区赤峰市宁城县西北）城下。中京城内此时仅剩三千余毫无斗志的辽兵，面对突然杀到的金军辽兵不战自溃，中京遂为完颜杲大军占领。金军收获颇丰，光是缴获的战马就超过千匹，此外还有牛和骆驼数百头、羊超过4万只以及车辆三百几十辆，辽国这下损失大了。

金军占领中京后，完颜杲驻扎辽中京进而攻占了泽州（今河北省平泉市南察罕城），分派兵士驻守要害地方。然后，派使者往金国都城禀奏捷报。二月，南路金军完颜宗翰、完颜希尹（女真文字的创制者）率所部与完颜娄室、徒单绰里的军队会合一起进攻北安州（今河北省承德市隆化县）。辽将越卢、孛古、雅里斯和奚王霞末等先后与金兵交战均失败，北安州被金军降服。金军前锋继续南进至松亭关（今河北省唐山市迁西县北喜峰口）、古北口（今北京市密云区东北）长城一带。

辽天祚帝见耶律余睹引金军大有直取南京（今北京市）之势，赶紧与众臣商议对策。萧奉先又为天祚帝出馊主意说："余睹这次前来不过是想立其外甥晋王为帝罢了。如果为社稷着想，皇上您不应吝惜晋王敖卢斡这个儿子，您明正其罪将他诛杀了，那就断了余睹的念想，可以不必与余睹交战他就自行撤回了。"萧奉先的主意当即遭到耶律撒八等人的反对。耶律撒八劝天祚帝说："耶律余睹此番为报仇而来，应先杀掉奸佞小人萧奉先，再传位于晋王，那样耶律余睹可能就会退兵，大辽就还有希望。"而萧奉先反诬耶律撒八趁机逼皇帝退位做太上皇，依律当诛。天祚帝脑子其实早就坏掉了，他又想起了之前拥立晋王的"谋逆"案子，所以决心杀了儿子。晋王本可以逃跑，但他拒绝了，甘愿恪守臣节——君让臣死臣不能不死。晋王被缢杀后，天祚帝又诛杀了耶律撒八等人。晋王天性宽厚一向得人心，诸军听说他被皇帝赐死，从此人心涣散，辽国此后任谁都已无力回天了。

十七、金军对耶律延禧的"斩首"行动

完颜宗翰率大军驻扎在北安州，派完颜希尹安抚周边，却不想抓到了辽国护卫耶律习泥烈，经审讯得知天祚帝在二月五日之后留耶律淳守卫南京，自己率众人出居庸关到鸳鸯泺躲藏起来了。完颜希尹不敢确信，但随后又从抓到的辽兵俘虏那里确认，天祚帝仍在鸳鸯泺。获得如此重要的情报，完颜希尹赶紧向自己的上司完颜宗翰报告。宗翰又派人向完颜杲禀报说："辽主不体察危亡，杀死自己的儿子晋王，君臣离心离德，当下正是攻打他的好时机。你若不同意大军进兵，那我就派非主力部队去追杀他们。"完颜杲听了有些为难，因为他刚刚接到阿骨打的诏书说："你们在外统兵，克守职责，攻下城邑，安抚百姓，朕很赞赏。分派将士招降山前各部族，已计划妥定。山后假若不能去，就垦田放牧，等秋天起兵，再深入计议，情况许可就行进。如果要增兵，把数目报上来。不要凭一次战斗的胜利，就松弛怠慢。妥善安抚投降归附者，向将士宣读谕旨，使他们明白朕的心意。"按照这样的旨意，他不敢批准完颜宗翰的请求。而宗翰这边在派人去向完颜杲禀报的同时，就开始整顿军马了。

完颜宗翰是金国将领中少有的内能谋国、外能谋敌的名将，即便派去的人回来报告说完颜杲不同意进兵，宗翰还是决定不错过时机起兵。他派人再次禀报完颜杲说："当初接受命令虽然作战计划没有让即刻攻打山西，却允许依据情况行事。现在一旦失去机会，以后就难办了。现在我已经进兵，应当与大军在什么地方会合，希望给予回复。"完颜阿骨打的庶长子完颜宗干劝完颜杲说："宗翰灼见事机，再使来请，彼必不轻举。且彼已发兵，不可中止，请从其策。"完颜杲考虑良久，遂派人去通报宗翰在奚王岭会面。

会面之后，合议决定两路大军分别前进，在羊城泺（今河北省张家口市

沽源县北）会合。此时天祚帝仍在鸳鸯泺，完颜杲命宗翰与宗干率精兵六千袭击天祚帝。从羊城泺到鸳鸯泺的距离大约300里，宗翰与宗干一夜疾驰就赶到了。天祚帝被突然杀到的金兵吓坏了，赶紧派五院司（北大王院）的兵将去抵挡，自己则率亲眷、众臣及五千骑护卫向西逃往云中府。因为逃得匆忙，祖宗两百年积攒的珍宝金银等贵重物品全部遗失，甚至连传国玉玺都遗失于桑干河中。

天祚帝一行并未进入西京（今山西省大同市），而是奔向西京南面的焦山行宫。经过西京城下时，召见了西京留守萧查剌等，通告他们金军正在追来，全体军民务必做好防御准备。因播迁云中府过程中，部分兵将逃离，萧查剌又给天祚帝的护卫补充了兵马随行。

三月初二，天祚帝得知完颜宗翰派出的完颜希尹和完颜挞懒带领的一千多轻骑兵击败了护驾的知北院大王事耶律马哥所部后，仍马不停蹄地在后面追赶。天祚帝在云中并未多停留，而是率一行人北上到了白水泊（今内蒙古自治区察右前旗黄旗海），但他觉得仍不够安全，就继续西行到了女古底仓（今内蒙古自治区武川县大青山以东，察哈尔右翼中旗、卓资县之间灰腾梁以西地带），最终在天德军治所丰州（今内蒙古自治区呼和浩特市东15公里的白塔村）得以落脚。在天德军这里又补充了二百余骑护卫后，一行人奔渔阳岭（今内蒙古自治区呼和浩特市西北蜈蚣坝）。过了渔阳岭就是夹山，在哪里都不安全的情况下，天祚帝决定一行人进入夹山（今内蒙古自治区包头市土默特右旗萨拉齐万家沟）。

进入夹山前，堂堂大辽皇帝耶律延禧似有醒悟何以被金军追得如此狼狈。他对兰陵郡王萧奉先说："你们父子俩误我到今天这一步，如今就是想杀你，于事何补！恐怕军士心中愤怒怨恨于你等避敌苟安，若造出祸事来必定会连累于我，你不要跟随我入山了。"萧奉先内心有愧不敢再替自己申辩，于是下马哭拜天祚帝而去。而这时辽国腹地已是金兵与辽兵纵横交错在一起，可怜萧奉先父子不跟着进山又能去哪里呢？恍惚中走了没几里路就遇上了追来的金兵，交战中萧奉先的长子萧昂战死，萧奉先与次子萧昱被擒。金军本打算把他们押送给金太祖阿骨打处置，也许是这父子俩该死的时辰还未到，押运途中遇到辽兵将他们救下，父子俩又回到天祚帝身边。之前天祚帝对他们还算仁慈，放过他们一马，想不到他俩的命就该由天祚帝解决。这次天祚帝也没再客气，将父子俩一并处死，也算是为儿子报了仇、为社稷雪了恨。

萧奉先被杀时，他的妹妹元妃还活着。见自己的哥哥和侄子被杀，她愤怒地对萧得里底说："你是北院枢密使，致君至此，何以生为！"说得萧得里底惭愧无语。第二天，天祚帝将萧得里底父子逐离。

萧得里底父子与萧奉先父子的命运差不多，被赶走后才走了20多里路，便被已经降金的辽军将领耶律高山奴擒获，送往金军追赶而来的完颜挞懒大营。

天祚帝把两个误国的奸臣、佞臣赶走后，三月初八发布了新的官员任命诏书："以北院枢密副使萧僧孝奴为知北院枢密使事，以同知北院枢密使事萧查剌为左夷离毕。"但此时他离开南京时带来的几千人马逃的逃、降的降。《辽史·天祚帝本纪》记载：三月初九，同知殿前点检事耶律高八率领卫士降金。初十，侦人萧和尚、牌印郎君耶律哂斯为金军所俘获。而西京那边被金军围攻，金军首次使用了鹅车、云梯等器械攻城。尽管有夏国皇帝李乾顺派来的五千兵马增援，但西京还是被金军攻占。

三月十四日，因跟随天祚帝播迁的诸局百工大多逃亡，凡是随从人员不限为吏为民，一律授予官职。可见这时的天祚帝该有多么悲惨！不过还有更悲催的！

十八、耶律淳南京称帝

二月天祚帝离开南京时，诏令两位汉人宰相张琳、李处温协助秦晋国王耶律淳守卫南京。到五月，留守南京城的李处温听说天祚帝逃入了夹山，且几天都联系不上，便有了异心。李处温是辽道宗和天祚帝两朝宠臣、已故漆水郡王耶律俨（因其父李仲喜被赐姓耶律而得名）的侄子。耶律俨死后，李处温被耶律俨旧友萧奉先推荐为相，因此李处温对萧奉先倾心阿附。李处温召集耶律俨的儿子李处能和自己的儿子李奭商议，在外借助"怨军"之力，在内结联四军太师、奚王、都统萧干，共同拥立耶律淳为帝。私下商定好后，李处温找到萧干和负责镇守南京道的辽兴军节度使耶律大石（耶律阿保机八世孙）商议。获得一致意见后，又联络了中书侍郎、平章事左企弓等蕃汉百官、诸军及父老数万人前往耶律淳府邸。同时，李处温还请来了南院宰相张琳并告知当日欲所为。张琳说："如果为摄政则可行。"李处温说："天意人心已定，请您站到朝班上去吧。"按说，天祚帝并未驾崩，只是不在朝而已，那么张琳的建议更为符合规制，但这时李处温等估计私心作怪，想着一旦拥有定策之功，荣华富贵将一生享用不尽。所以他也不管什么规制了，生拉硬拽让耶律淳接受登基大礼。一头雾水的耶律淳刚一出来，李奭就将赭黄袍披在他身上，然后就指挥百官山呼万岁。那耶律淳是啥反应呢？

《辽史》中说耶律淳喜好文学，那想必对君臣法理还是非常清楚的，所以群臣们的这个举动把他吓了一大跳，但他无论怎么推辞也是无济于事，就这样稀里糊涂地被推上了皇位。所以《辽史》评价他："不起兵勤王、不东拒金兵，在天祚帝仍在世时夺取皇位，是为篡位！"这话绝对准确，因为当时耶律淳所管辖的燕山一带实力还是蛮强的，若是他不僭越称帝，而是起兵勤王，辽国即便是被灭亡，也会坚持很久。

篡位登基后的耶律淳自称"天锡皇帝"，改元"建福"，史称"北辽"。同时对群臣一一加官。任命李处温为守太尉，萧干为北枢密使，左企弓为守司徒，张琳为守太师，李处能代理枢密院，改自己组建的"怨军"为常胜军。最无厘头的是将耶律延禧降封为"湘阴王"。天祚帝所能管控的只有沙漠以北，西南、西北路两都招讨府和诸蕃部族这些偏远之地，而耶律淳则据有燕（卢龙军节度）、云（云中大同军节度）、平（平州辽兴军节度）以及上京、辽西六路等人口稠密、相对富庶的区域。由此分裂的辽国使金国的实力进一步增强，在国家危急时刻产生的分裂，严重挫败了辽国上下的士气，从而加速了辽国的灭亡。

保大二年（1122）四月，对于天祚帝来说又是黑暗的日子。三日，西南面招讨使耶律佛顶降金，金军命其以兵护送诸降金兵、民前往今东北的浑河路。与此同时云内（今内蒙古自治区呼和浩特市土默特左旗西北）、宁边（今内蒙古自治区呼和浩特市清水河县城西南40公里处的下城湾村）、东胜（今内蒙古自治区呼和浩特市托克托县境内黄河东岸）等州均投降。之后，完颜阇母（阿骨打第十一弟）与完颜娄室再次进攻反叛的西京。辽将耿守忠领兵来救时，在西京城东被完颜宗翰、完颜宗雄和完颜宗干等陆续赶到的大军击败。西京随后再度失守。接着金军又扫平天德、云内、宁边、东胜等州，沙漠以南部族全都投降了。

在东胜州，金军抓获了金国一直向辽国索要的原星显水纥石烈酋长阿疏。这个阿疏还挺幽默，金国军士问他："尔为谁？"阿疏自我吐槽曰："我破辽鬼也。"哈哈，即便可能被抓到杀头，也还不忘自嘲，有种！更让人意想不到的是，完颜阿骨打见到阿疏时，对其只是打了一顿板子，然后就放了！一头雾水不？从天庆四年（1114）金国以"辽人荒肆，不归阿疏"为由起兵伐辽，到时隔多年才抓住仇人阿疏，按说不得凌迟或者腰斩处死才解恨？但从"杖而释之"来看阿骨打并不痛恨阿疏，甚至内心里还真要感谢这个"破辽鬼"才是！

这里需要说明一下，阿骨打对阿疏"杖而释之"并不是在金国都城上京会宁府，而是在大鱼泺（今河北省张家口市张北县西）附近。那么阿骨打为啥离开都城跑到灭辽前线来了呢？

十九、阿骨打亲赴灭辽前线

完颜杲率大军攻城夺地后，所过很多辽国州县望风而降，但因人心不稳，这些州县稍有风吹草动，便会再度反叛。完颜杲对此十分担心，便派完颜宗望（阿骨打次子）到都城去请太祖御驾亲临军中。阿骨打在六月初启程，先到辽上京解了辽军对上京的围困。然后又南下大鱼泺，在大鱼泺西南处一个地方，与完颜希尹的人马相遇。希尹奏请把西南招讨司下辖的各部族迁徙到内地，同时将阿疏带到阿骨打面前，这才有了对阿疏的"杖而释之"。

随着宁边、东胜，特别是云内州降金，使得金军距离躲在夹山的天祚帝就只有一百几十里的距离了。天祚帝感到危险逼近，就又逃到了讹莎烈（具体是现在哪里不清楚，应该就是大青山内的某地）。大青山内具有生存条件，但很艰苦。天祚帝等人在此能够苦熬过去，皆因阻卜（汪古部）谟葛失酋长

"雪中送炭"。他派人及时送来了马匹、骆驼和食羊，不然估计天祚帝等人得饿死一大片。

保大二年（1122）五月十七日，被阿骨打率领的增援辽上京的先锋部队打败的辽都统马哥收集溃散逃亡的队伍，会集到了沤里谨（具体是现在哪里不清楚，或许也在夹山）。十九日，天祚帝任命马哥为知北院枢密使事兼都统。这便是《辽史·天祚帝本纪》中记载的耶律延禧最后一次任命官员了。

金军威震辽天德军所辖之地，却不知有一支军队正秘而不宣地向他们杀来，这就是夏崇宗李乾顺派来的由李良辅率领的3万西夏援辽部队。首仗李良辅几近全歼金将突捻率领的二百骑候兵，次仗又几近歼灭阿土罕率领的二百骑兵。夏军此前未与金军交过手，连胜两阵后，不免鄙视起金军，他们哪里知道，他们的对手可是金军的战神完颜娄室啊！当时久雨，双方暂时罢兵。待雨停之后，完颜娄室力排众议，经主帅斡鲁批准后开始对夏军正式用兵。完颜娄室所部为先锋军，斡鲁大军殿后伺机驰援，围歼这股夏军。

完颜娄室率一千骑兵，留拔离速将军以兵二百在陵野岭（具体地点不详）扼险防御，自率八百骑兵出陵野岭。在山口完颜娄室见夏军扎营在距离河岸还有一段距离的位置，恃众而不整，娄室见后心中已有战法。于是一边派人向后军主帅斡鲁禀告，一边将所部分成两队，要求两部作战时迭出迭入，轮流作战且战且退，以便将夏军吸引过宜水河，再与斡鲁大军将夏军一起围歼。交代完毕后，完颜娄室便率军过宜川河冲击夏军，且战且走，夏军果然上当追过河。金军这边先是拔离速率二百骑兵斜刺杀出增援，但毕竟兵力太少，夏军因此错认为金军即便有伏兵，也没有多少人。结果越追越远，终于进入了斡鲁布置好的包围圈，金兵合击大败夏军。夏军各路军争相逃命。不幸的是因连天大雨初晴，以致山间河水突然暴涨，夏军仓皇过河，"漂没者不可胜计"。此战让夏军真正见识了金军的厉害。金军获胜后，暂时牧马休兵，大军屯于奉圣州（今河北省张家口市涿鹿县）之东。

不知读者有没有注意到，金军在追击天祚帝的过程中，已经攻占了辽国5座都城中的4座，唯独没有进攻辽南京，这是为什么呢？猜对了！就是因为金国与宋国的"海上之盟"。

二十、宋军按"海上之盟"出兵进攻辽南京

耶律淳建立北辽后,即向完颜杲请和,表示愿意作为金国的附属国。完颜杲则许其以燕京留守之职,劝其投降。耶律淳又乞求保全宗祀,完颜杲再次回复时不客气了,曰:"幕府奉诏,归者官之,逆者讨之,若执迷不从,期于殄灭而后已!"这意思再明白不过了,投降就有官做,不投降就拿命来。可耶律淳还不死心,得知阿骨打已到前线,又遣使向金太祖请和。阿骨打以诏书回复曰:"汝,辽之近属,位居将相,不能与国存亡,乃窃据孤城,僭称大号,若不降附,将有后悔!"金国竟对耶律淳如此强横。此时他面临的更为紧迫的局势是,宋国10万北上大军已经兵临瓦桥关及白沟一带的宋辽边界了。

宋金两国"海上之盟"确定后,宋徽宗命童贯在江南围剿方腊起义,直到保大二年(1122)三月才彻底剿灭义军。童贯因功迁为太师。四月,宋徽宗认为出兵的时机成熟,便不顾朝廷上下一片反对,诏命童贯以河北河东宣抚使勒兵10万巡边。

童贯到高阳关(今河北省保定市高阳县)后,按照宋徽宗旨意,先向辽国境内张榜示众。因为宋徽宗和童贯等均相信了赵良嗣所说的燕云汉民会箪食壶浆迎接宋军希望被解放,被救于水火之中。榜示内容大意是:燕云之地已被契丹人霸占了200年,现在天祚帝未死,耶律淳就篡位,我们不忍看你们重罹涂炭,所以才发兵至此。我们不愿意杀戮,惟在勉力,同心背虏,归汉永保安荣之乐,契丹诸蕃归顺亦与汉人一等。此外还对归降立功者承诺了各种奖励。且不断重申已命令将士不得杀戮一个人,如有违犯则军法严惩。

童贯将宋军分为东西两路军:以保静军节度使种师道统率东路之兵,驻扎白沟(今河北省保定市高碑店市);忠州防御使辛兴宗统率西路之兵,驻扎范村(今河北省石家庄市长安区中南部)。但此时宋军依然确信燕云各州一心归附大宋,必将喜迎解放大军,所以满以为可以不战而屈人之兵。正因为宋朝存在这种心理,所以也就未做好打硬仗的准备。

五月二十五日，宋东路前军统制杨可世率领轻骑数千进入辽国境内，至兰沟甸遭遇辽将耶律大实和萧干率领的辽军骑兵掩杀，大败而逃。五月二十九日，东路大军在白沟因被辽军涉水过河包抄了后路再败一阵。五月三十日，西路军在范村一带与辽军作战仍然无法取胜。于是宋军决定全线后撤，但在撤退途中再遭辽军突袭，加上突遭冰雹暴雨天气，死者不可胜数。

北辽军获胜后，遣使求好并称宋国可不用再纳岁币。种师道于是进谏说应该答应辽使，宋国退兵。但童贯不愿意放弃这个可能建立功勋的好机会，他依然坚信宋军可依据兵力优势战胜北辽军队。

辽军之所以获胜后还向宋国提出如此优厚的乞和条件，是因为北辽新立，正处于内外交困的局面。东面、北面都面临着金军的强大压力，以辽国举国之力尚难抵御金军，何况辽国一隅的"北辽"呢？耶律淳深知这一点，所以不断向金国示弱。而金国又不答应北辽作为附属国归附，所以，耶律淳整天提心吊胆，害怕金国大军南下进攻燕京，由此抑郁成病。这还不算，偏偏这个时候，天祚帝又得到了阻卜势力的支持，试图整备军队再与金兵决战。耶律淳还听说天祚帝给天德、云内、朔、武、应、蔚等州传旨，会合诸蕃精兵5万骑，约定在八月进入燕京；并派人慰问，索要皮毛衣物、茶药。这一消息比金军攻城还恐怖，他无论如何也想不到逃入夹山的天祚帝还能死灰复燃、重振旗鼓。耶律淳被这次的惊吓击垮了，毕竟已经60岁了，经不起如此折腾。他拖着日益病重的身体与群臣商议说："倘若天祚帝来到南京，我只有一死，没脸再见他。"耶律淳这番话再次暴露出他的懦弱品性，没办法，有些人天生就是帝王命，哪怕是生在布衣贫家，就如汉高祖刘邦；而有些人即便做了皇帝，也还是唯唯诺诺没有一点君王霸气，就像耶律淳。

耶律淳驾崩前吩咐，遥立天祚帝第五子、秦王耶律定（元妃萧贵哥所生，此时不在南京）继位，改元德兴。因耶律定随天祚帝西逃，正躲在青冢泺（今内蒙古自治区呼和浩特市南），所以待他回来后再继位登基。北辽知北院枢密使事兼驻军都统萧干力主尊德妃萧普贤女为太后，主持军国大事，群臣无人敢质疑。耶律淳死前，本有密诏授李处温番汉马步军都元帅。但萧干几次召李处温前来议事，他均不到场。后来，萧干以太后名义召他，他才不得不来，因此耶律淳给予他的密诏被萧干追索毁掉。但李处温并未获罪，因为天祚帝听说耶律淳死了，便下诏贬耶律淳夫妻为庶人。萧普贤女摄政后，唯独有李处温前去祝贺，赢得了萧普贤女的一丝好感，所以才躲过一劫。

时间进入保大二年（1122）夏秋之交。七月一日，敌烈部皮室反叛，发兵五千进攻在夹山的天祚帝。天祚帝又起用镇国上将军耶律棠古为乌古部节度使，耶律棠古率家奴击败叛军，方保全了天祚帝等人的安全。九日，阿骨打派兵增援辽上京解了上京之围，上京汉人毛八十便率领2000户向金军投降。同月，宋国得知耶律淳已死，遂再命童贯对北辽用兵。童贯以河阳三城节度使刘延庆为都统制，集结10万大军准备再伐北辽。

八月，天祚帝果然会合了诸蕃精兵35万人马出渔阳岭，先后收复了山西的朔、应等州，然后向辽南京进发。阿骨打听说后，决定迎击天祚帝，但无法判断其所选择的路线。阿骨打命完颜杲、完颜宗望率四千兵往辽西京方向，他本人亲自率军1万往大鱼泺方向，分两路迎击天祚帝所部。完颜杲、完颜宗望和耶律余睹率兵昼夜兼程，于八月十二日在石辇驿（今山西省大同市西北）与天祚帝所部相遇。辽兵当时正在修筑营垒，见金军突然杀到，便拿起兵器迎战。因金兵先到者仅千余人，辽兵仗着人多将金兵围困当中，双方短兵相接激烈厮杀。副都统萧特末高喊"护卫皇帝""保护大辽"的口号激励着辽军将士们。天祚帝见辽兵已占据优势，预料金兵必败无疑，便带着妃嫔女眷登高坡看热闹。高坡上一大片花花绿绿的色彩被耶律余睹所见，他指着山上的旗帜华盖说，那是天祚帝华盖，他定在其中。于是金军以骑兵直袭天祚帝。哈哈，叫你看热闹，不怕崩一身血啊！天祚帝正与妃嫔们说说笑笑，忽然发现金兵直杀过来，吓得大惊而逃。皇上一跑，辽军就乱了套了，恰好金兵后援部队也陆续赶来，辽兵溃败。八月十五日，逃散的辽军在名为欢挞新查剌的地方会聚，可还没等稳定下来，金兵又追至，辽军为逃命将所有辎重全部抛弃，萧特末及其侄儿撒古为掩护天祚帝逃跑而被俘。

萧普贤女太后摄政后，萧干一方面派耶律大石继续与宋国和谈，一边整顿军队。当时北辽军中包括汉军和番军，但萧干并不信任汉军且唯恐汉军尤其是常胜军兵变。于是秘密与东、西奚军2000余人及内外南北大王、乙室王、皮室猛拽剌司等番将谋划处置汉军。密谋之事被驻防涿州的常胜军诸卫上将军、涿州留守郭药师得知。他急忙召集所部商议，并率先提出投宋，得到众将士的一致响应。又听说九月十五日辽国易州知州高凤投降宋国后，很受优待。于是于九月二十三日，郭药师等先将监军萧余庆等囚禁，然后率所部精兵八千和铁骑五百向宋朝归降，同时献上涿州及四县。宋徽宗大喜，授予郭药师恩州观察使之职，并仍任知涿州诸军事。同降的常胜军将领们均得以升迁，隶属于刘延庆辖制。

金军这边正忙于攻占辽国山后各州时，听到宋国已发兵进攻辽南京，担心自己会因爽约拿不到岁币，于是遣使持国书乘船至宋国登州，进而到开封觐见宋徽宗。宋徽宗指示盛情款待，并派赵良嗣和马扩带着国书去回访金国。国书中向金国解释因担心海路不安全，所以未事先通知金国一方就先出兵接应了。事到如今，请金国也如约夹攻辽南京，拿下后，双方如约履行。

萧普贤女太后这边听说常胜军降了宋朝，便知与宋国的仗不好打了，一是己方的实力大损，二是常胜军对辽南京的防御部署了如指掌。所以赶紧派使臣到童贯这里，陈述唇亡齿寒的道理，求两国和好如初。童贯不但拒绝接受，还不向朝廷禀报此事。

十月八日，刘延庆率10万大军从雄州出发，以郭药师为向导渡过白沟河杀向辽南京。由于宋军行进队伍过长、军纪松弛，走到良乡（今北京市房山区）即中了萧干的埋伏，宋军只好关闭营垒不敢出战。

与此同时，阿骨打大军也南进到了奉圣州（今河北省张家口市涿鹿县），金军在此驻扎，发出安民告示，招抚当地逃入山林中的百姓回归家园。随后，金兵进攻蔚州（今河北省张家口市蔚县），蔚州宋军无法抵挡金军攻势，举城投降后反叛，不久又再降。

刘延庆大军躲在营垒不出，萧干所部因兵少也不敢贸然进攻。郭药师遂向刘延庆建议说："萧干的兵力不过万八千人，现在全力防御我大军，那么南京必定空虚，请您给我五千骑兵，我快速突袭南京一定能够成功。另外，为保证万无一失，还要请刘延庆次子承宣使刘光世'简师为后继'。"刘延庆觉得计策可行，便派大将高世宣、杨可世随郭药师率兵六千，趁夜偷渡卢沟河急速向南京前进。

天刚亮，郭药师的手下打扮成进出城的百姓混入城内，夺取了东面的迎春门，随后郭药师大军蜂拥至辽南京城内列阵，同时遣人谕萧普贤女太后速降。萧普贤女祖父是萧阿剌，也是将门之后。在其兄萧敌里及其甥萧延留参与耶律章奴叛乱被杀后，她本人也受到牵连先后被囚禁在上京和中京，直到耶律淳当了北辽皇帝才被迎回，所以她也是个意志坚定之女子，若是嫁给皇帝，未必不会像萧燕燕那样的文武全能。辽南京城的皇城在西南角，所以，萧太后得知宋军杀入城内后，一边组织人员做好皇城防御，一边派人密报萧干。萧干大吃一惊，马上率三千精甲火速返回京城。宋辽两军在城内展开了巷战。因刘光世所部未能及时赶来，郭药师等在城内被辽兵及城中自发参战的契丹人和奚人围殴，最终难以支撑，仅郭药师、杨可世及数百士兵侥幸逃出，高世宣等大部将士战死。在被俘人员中，有人还供出了李处温通过旧友赵良嗣暗通宋国，欲挟萧太后纳土归宋的秘密，以致李处温父子被处死并籍没其家。

刘延庆的大军没有趁郭药师在城中与萧干所部拼死厮杀时大举进攻，错过了最好的取胜良机，而后又中了萧干使用的与"蒋干盗书"类似的套路，被辽兵一路追杀。宋军为了逃命，自己烧毁营寨尽失熙宁、元丰年以来积攒的军储，狼狈不堪地逃回雄州，真是脸都不要了！

再说赵良嗣等宋使到达金国后，要求金国继续遵守"海上之盟"的约定，在灭亡辽国后，向宋朝交付燕云十四州（其中瀛洲、莫州已在周世宗柴荣时收回）。此外，还索要唐末时卢龙节度使刘仁恭为向契丹求援时所割让的平州（治今河北省秦皇岛市卢龙县）、营州（治今河北省秦皇岛市昌黎县）和滦州（为辽初从平州分置出来的州，治所在今河北省唐山市滦州市）。但金国以宋国没有按时出兵为由，只答应给宋国六州二十四县汉人居住的地方和民户。赵良嗣虽然依据盟约力争，但金国此时已知刘延庆所部又被北辽军所败，因此始终不予让步。之后，金国又派使节随赵良嗣出使宋国，金使仍坚持只给六州二十四县汉人居住的地方和民户，其他契丹、女真、渤海和奚人等不在给予的范围。至于宋国的其他要求，待拿下辽南京后再说。

谈判从来都是靠实力说话的，宋军无能，战场上一败再败，所以在谈判桌上没有话语权。十一月初，金使启程回国，宋使赵良嗣随行。临行前一天，郭药师指挥所部击败萧干，宋军终于算赢了北辽一次，宋国的底气似乎也增加了一点点。宋徽宗指示赵良嗣等宋使，力争要回平、营、滦三州以及西京辖地，哪怕再增加5万匹绢和5万两白银。

赵良嗣随金使去金国后，宋徽宗为给赵良嗣增加谈判底气，就命童贯再次进攻北辽，但宋军仍不能取胜。童贯怕宋徽宗降罪，就派人秘密前往奉圣州金军大营，请求按原约定同时夹攻辽南京。

宋金两路大军兵临城下，萧普贤女太后深知以辽南京的兵力难以同时抵挡宋金的夹击，于是5次遣使向金国请求称臣，表示只要册立秦王为北辽皇帝，其他条件均可以答应，但均被阿骨打拒绝。既然金国不答应，那萧普贤女太后只好派兵把守居庸关准备应战了。

金国按照与宋国的约定起兵夹攻辽南京。阿骨打御驾亲征，指挥金军从妫（今河北省张家口市怀来县）、儒（今北京市延庆区）二州逼近辽南京，金军的作战部署为：三路大军齐头并进。完颜宗翰率领西路大军进攻南暗口（今北京市门头沟区斋堂镇）；东路以宗望率七千兵为先锋，迪古乃率大军殿后攻德胜口（今北京市昌平区卫星城西北）；阿骨打率领的中路大军以银术哥为先锋，娄室为左翼、婆卢火为右翼进攻居庸关（今北京市昌平区）。

西路完颜宗翰率兵翻越黄草梁，从南暗口经西山大道出奇兵插到辽南京城下。同时，迪古乃这一路也是翻山越岭避开了北辽兵的重兵防守攻到南京城。阿骨打率领的中路军本来可能会有恶战，但天助金军。居庸关上的岩石毫无征兆地自行崩塌，砸死了很多北辽戍边的兵将，金军乘势攻击，北辽兵大溃。萧普贤女太后得知该消息后，知南京无法再守，遂与耶律大石、萧干等众臣率兵以迎敌为借口连夜从古北口逃出。脱离险境后，众人商议该往何处去。耶律大石建议去投奔天祚帝，驸马都尉萧勃迭亦赞同，萧干则建议前往奚王府立国。萧普贤女太后考虑到北辽后来立的皇帝是天祚帝第五子秦王耶律定，即便见到天祚帝，天祚帝也不会太过于责怪她，所以也选择去投奔天祚帝。奚族故地为古北口至中京以北大片区域，包括河北省青龙县、卢龙县、宽城县、平泉市和内蒙古自治区赤峰市宁城县一带。按说萧干的建议更为稳妥。因为去投奔天祚帝，首先得经过天德军辖区，路途十分遥远，是否会遇到金兵都不好说。而奚族区域从古北口往北走不远即是。双方争执不下，只好就此各奔东西。萧干率领奚、渤海联军向东回到奚王府故地箭笴山

(今河北省秦皇岛市抚宁区东北箭杆岭村),萧普贤女太后与耶律大石等向西经天德军辖区投奔天祚帝。

北辽国相左企弓等送别萧普贤女太后正准备部署南京城防御,兵士来报,南城门统军萧乙信已打开城门,金军已登城。十二月六日,阿骨打率金军从南门进入辽南京城,时银术哥、娄室等领兵列阵于城上,展现金军战则必胜八面威风的气势。放弃抵抗的北辽知枢密院左企弓、虞仲文,枢密使曹勇义,副使张彦忠等前来奉上降表、叩头请罪。阿骨打下诏对他们全部予以赦免。之后,命左企弓等抚定燕京诸州县,又下诏给西京官吏,告诉他们萧普贤女等已逃离南京,或将经过西京辖地,注意搜捕。至此,辽国五京已全部被金军占领,但因为天祚帝尚在,金军人数不多,难以有效控制占领地,因此各地复叛此起彼伏,甚至连早期占领的黄龙府也反叛了,阿骨打不得不对各地叛军用兵,这也从一定程度上延缓了金国灭辽的进程。

二十一、辽南京失陷后的情势

十二月,金军又占领了南京,天祚帝听说后本来稍微安定下来的神经又被刺激到了。他出扫里关驻扎在四部族,准备汇集军队与金军再战。

保大三年(1123)正月初三,回到奚族地区的萧干僭号称"神圣皇帝",国号"大奚",改元"天复"。与萧干相比,萧普贤女太后就没那么幸运了。保大三年(1123)二月,她与耶律大石率领众人躲过金兵的前堵后追,好不容易在四部族这里与天祚帝相聚了,但天祚帝怨恨他们自立北辽,还把自己降封为湘阴王,且又想起先前她的哥哥和外甥参与耶律章奴反叛之事,所以不容萧普贤女争辩,天祚帝就命人将她推出斩杀。而耶律大石只是耶律淳的拥立者,所以天祚帝怒斥他说:"我还没死,你怎么敢立耶律淳?"耶律大石申辩说:"陛下拥有全国之力,却不能御敌,致使国土沦陷。即使立10个耶律淳,都是太祖阿保机的子孙,那不是比乞求女真人宽宥性命还强吗?"说得天祚帝惭愧无语,最后不仅赦免了他,还赦免了所有的参与者。

辽南京被金军占领后,原隶属于北辽朝廷管辖的平、滦、营三州何去何从成了大问题。继续坚守的话，怕是还没等到辽国驰援军队到来，三州就可能被金军攻陷了。那样的话，三州的官民就要遭殃了。如果要归附宋国，三州的地界与宋国又不接壤，依然是孤悬在金国势力的包围之中。不仅如此，因萧干僭越称帝，其势力范围与三州之地接壤，不得不说这也是对三州的一种威胁。时北辽任命的辽兴军节度使（全称为"南京道平州辽兴军节度使司"，辖平州、滦州、营州，驻地平州，今河北省卢龙县、乐亭县辖区）兼辽兴府尹、汉军都统的时立爱正称病在家，辽兴军节度副使张觉代时立爱处理平州事。完颜阿骨打进占辽南京后，就派遣平州人韩询持诏去招降平州。时立爱与张觉达成一致意见后，于保大三年（1123）正月十日，向金国投降。张觉被金国封为临海军节度使、平州知州。完颜宗翰恐张觉有异心，北辽降臣康公弼主动请缨去平州一探究竟。

张觉见到康公弼后不但很客气，还给予厚赠。同时向康公弼解释平州不放下武器，是要为金国防范萧干来攻平州。康公弼回来后对完颜宗翰说："此人不足为虑。"完颜宗翰因此放心。张觉这边无虑后，金国又派使者去招降萧干，但萧干不予理睬。保大三年（1123）二月，金国改平州为金国南京，任命张觉为留守。

张觉以三州之地未经一战就降金，可是给燕京、中京地区的州县带了个坏头，正月二十六日至二月一日，宜（今辽宁省锦州市义县，崇义军节度）、锦（今辽宁省锦州市，临海军节度）、乾（今辽宁省北镇市，广德军节度）、显（今辽宁省北镇市西南，奉先军节度）、成（今辽宁省阜新市红帽子镇，兴府军节度）、川（今辽宁省北票市南八家子乡，长宁军节度）、豪（今辽宁省阜新市阜新蒙古族自治县境内，宁昌军节度）、懿（今辽宁省阜新蒙古族自治县东北满汉营子附近，宁昌军节度）、兴中府（今辽宁省朝阳市，彰武军节度）、来（今辽宁省兴城市绥中县西南前卫镇，归德军节度）、隰（今辽宁省兴城市西南）、迁（今河北省秦皇岛市东北山海关）、润（今河北省秦皇岛市海阳镇）等州相继降于金国并将所管户口登记造册献给金国。

从上一年十二月六日金军夺取辽南京后，直到保大三年（1123）四月十九日金国向宋国完成燕地的交割，赵良嗣等宋国使者不知往返跑了多少趟。在对金国增加的各种无理要求均一一满足后，方才拿回包括已被宋国占领的易州、涿州在内的六州，其他四州为檀州（今北京市密云区）、顺州（今北京市顺义区）、景州（今河北省唐山市遵化市）、蓟州（今天津市蓟城区）。不过当童贯进入燕山府时却发现此地已是一座空城，城中的财物官民全被金人席卷东迁。

二十二、金军"斩首"行动抓到"大鱼"

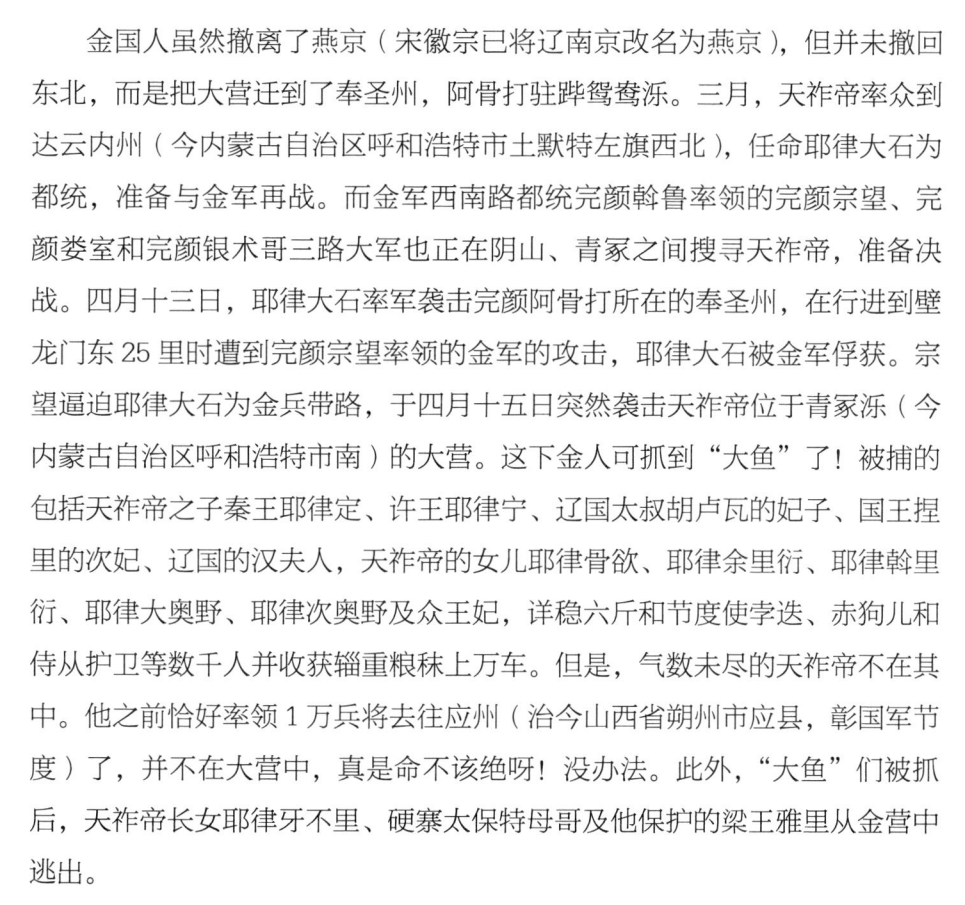

金国人虽然撤离了燕京（宋徽宗已将辽南京改名为燕京），但并未撤回东北，而是把大营迁到了奉圣州，阿骨打驻跸鸳鸯泺。三月，天祚帝率众到达云内州（今内蒙古自治区呼和浩特市土默特左旗西北），任命耶律大石为都统，准备与金军再战。而金军西南路都统完颜斡鲁率领的完颜宗望、完颜娄室和完颜银术哥三路大军也正在阴山、青冢之间搜寻天祚帝，准备决战。四月十三日，耶律大石率军袭击完颜阿骨打所在的奉圣州，在行进到壁龙门东 25 里时遭到完颜宗望率领的金军的攻击，耶律大石被金军俘获。宗望逼迫耶律大石为金兵带路，于四月十五日突然袭击天祚帝位于青冢泺（今内蒙古自治区呼和浩特市南）的大营。这下金人可抓到"大鱼"了！被捕的包括天祚帝之子秦王耶律定、许王耶律宁、辽国太叔胡卢瓦的妃子、国王捏里的次妃、辽国的汉夫人，天祚帝的女儿耶律骨欲、耶律余里衍、耶律斡里衍、耶律大奥野、耶律次奥野及众王妃，详稳六斤和节度使孛迭、赤狗儿和侍从护卫等数千人并收获辎重粮秣上万车。但是，气数未尽的天祚帝不在其中。他之前恰好率领 1 万兵将去往应州（治今山西省朔州市应县，彰国军节度）了，并不在大营中，真是命不该绝呀！没办法。此外，"大鱼"们被抓后，天祚帝长女耶律牙不里、硬寨太保特母哥及他保护的梁王雅里从金营中逃出。

金人从被俘人员口中得知天祚帝的去向，于是集结大军由宗望、娄室、银术哥等领军向应州方向追击。金军在石辇铎（今山西省大同市西北）追上了天祚帝大军。辽国驸马都尉、兰陵郡王萧特末率辽军与金军死战掩护天祚帝逃跑，萧特末和夫人耶律特里长公主（辽道宗三女）及天祚帝长子赵王习泥烈被擒，特里长公主两天后死里逃生追上了天祚帝所部，这里面也有她的儿子萧仲恭。

突然抓到了这么多"大鱼"，都统完颜斡鲁不知如何对待，便派人去向阿骨打奏捷并请求指示。阿骨打降诏要求善待辽国的皇亲国戚，不得去他们的大帐骚扰。可尝试招降耶律延禧，如果他肯降，要按照王室宗族规格善抚。即便是战争，对出身高贵或者声名显赫者的待遇也是不一样的，尤其像完颜部、阿骨打家族能有今天，那也是辽国皇帝格外器重和提携的结果，所以对待天祚帝及其眷属阿骨打多少还是有感恩之心的，这也体现出阿骨打人性中善良的一面。

面对金人的围追堵截和招降，天祚帝派牌印郎君谋卢瓦送兔纽金印到金营给完颜宗望，表示愿降。宗望开心得不得了，因此放松了对天祚帝等人的围堵。后来宗望找熟悉契丹文字的人仔细察看上面的文字，才发现是都元帅燕国王的印。等到宗望再要围堵时，天祚帝一行人已经逃往云内州（今内蒙古自治区呼和浩特市托克托县南，开远军节度）。同在四月，舍命救出二皇子雅里的特母哥与雅里也到云内投奔天祚帝。因亲眷被俘获而心烦意乱的天祚帝不但不感激特母哥救出皇子，还因他带出来的兵将比天祚帝手下的人还多，恐其生变，以他没能将诸子全部救出为由，欲斩杀他。多亏雅里为他辩护才得以活命，但他也受到了重重的诘责，不免令人唏嘘。

与辽国一向以甥舅关系相处的夏国王李乾顺仍初衷未变，这一点比"乘人之危"的宋国皇帝徽宗不知要强多少倍。五月三日，李乾顺遣使到夏国边境迎驾，请天祚帝入夏境。五月九日，天祚帝渡河，歇宿于金肃州（治今内蒙古自治区鄂尔多斯市准格尔旗纳林乡，金肃军节度）北，等待夏人接驾。而在前一日，特母哥因不愿从天祚帝奔夏国，便与军将萧迪里、耶律敌烈乘夜劫持耶律雅里，奔西北诸部。三日后，在沙岭拥雅里为帝，建元"神历"。萧迪里任枢密使、特母哥任副枢密使，建立"北辽"国。二皇子雅里也是元妃萧贵哥所生，此时29岁。萧奉先当年设计害死文妃，导致耶律余睹叛逃金国，以致金军长驱直入。如今，梁王雅里终于当上辽国皇帝了，只是此时天祚帝尚在，尽管身不由己，也属于僭越谋位。而且，如今的大辽国已是"山河破碎风飘絮，家国浮沉雨打萍"。

宋国得了燕地后，宋徽宗派王安中为庆远军节度使、河北河东燕山府路宣抚使、知燕山府，同时派得宠的检校少保郭药师任同知府事。当时郭药师是宋徽宗的宠臣，手下有5万人的常胜军，而且还有号称30万的乡兵。因为郭药师及其所部原为耶律淳在今辽西地区召集的"怨军"，按照宋金"海上之盟"的约定，他们本应归属金国，但宋国为了得到这支常胜军，就以燕地民户交换。所以，金国在撤离辽南京城时，将燕地的民户及原北辽国的官员一并东迁至榆关以东。正是由于这次迁徙，燕地一带的局势再度发生了大变故。

二十三、张觉叛金降宋

保大三年（1123）五月，大批燕民与一帮降金的北辽大臣左企弓、康公弼等，按照"海上之盟"的约定迁往广宁（治今辽宁省北镇市广宁街道）。经过平州时，张觉受被迁移的燕民及属下幕僚鼓动，决定联宋抗金以待将来天祚帝复兴大业。张觉次日派人在平州城外栗林中，历数左企弓等十大罪状，将他们绞杀。宋朝得知张觉所为，马上张榜，表示燕人均可返乡复业，田产房产会悉数奉还，于是燕民们高高兴兴地返乡。宋朝为笼络民心，还免去了当地3年的租赋。张觉以为得计，便率平、滦、营三州降宋。完颜阿骨打得知张觉反了，忙派遣完颜阇母前去问罪，完颜阇母带了三千人马杀向张觉部。张觉当时手下有兵5万，战马千匹。阇母虽连获两次小胜，但见张觉兵势强大，知难以取胜，便在城门上留言说："天气太热，等冬天再来与你一战。"金军撤退后，张觉外派使者向宋国及萧干建立的奚国通好，在内则奉安天祚帝画像、沿用辽国官秩，遣人往天德奉迎天祚帝，以图复兴大辽。

在张觉放归的燕人官吏中，原辽国翰林学士李石化名李安弼跟着燕民秘密进入燕京，然后又偷偷拜见了宋国河北河东燕山府路宣抚使、知燕山府王安中，建议宋国私下接纳张觉。赵良嗣坚持认为不可，他担心由此引发宋金两国战端。虽然王安中愿意接纳张觉，但他自己不敢做主，便派手下去开封向宋徽宗报告。宋徽宗认为金国大军正向东移动，暂时秘密地向张觉表示拉拢就可以了，"海上之盟"不可由宋国率先违约。

阿骨打得知张觉降宋，便对平州发布檄文，陈述金朝对平州已施的恩典，告知百姓辽国已举国为金所有，金国今对平州用兵，只为惩治首恶分子。九月，金军由完颜阇母率领再次杀奔平州。张觉率军迎击金军，先败后胜。十月十九日，张觉在兔耳山（今河北省秦皇岛市抚宁区西部碣石山北部主要山峰）大败阇母，之后乘胜再攻金军，阇母所部诸将都不敢出战。宋国得到张觉获胜的捷报，立刻以数万银绢对其嘉奖，并在平州组建泰宁军，任命张觉为泰宁军节度使。

燕京与平州这一带存在着宋、金、张觉、萧干这几股势力，这里注定不会平静。六月，萧干所部因缺粮而从卢龙岭（自今河北省围场满族蒙古族自治县东南七老图山岭起，蜿蜒于长城内外，直至山海关北）兵出，进攻景州（今河北省遵化市）。宋国张令徽率领常胜军前去迎战，战败。萧干军进占蓟州。哈哈，这有点意思了，萧干这帮饿急眼了的奚兵和渤海兵居然能这么轻易地打败常胜军，宋国实在是太丢脸了！郭药师再不亲征，都不好意思享受宋国皇帝对他的恩宠了。郭药师整军备战，于七月出击。有了郭药师的指挥，常胜军果然不负盛名，一战击溃了萧干所部，并一路追杀萧干所部过卢龙岭。萧干部此战损失过半，引发内讧，萧干被部下所杀，首级被献于宋国。八月，郭药师又于峰山打败萧干的前部下夔离不并生擒太师阿鲁，奚国随之灭亡。至此，辽国全部六处大蕃府，包括南大王府、北大王府、乙室王府、黄龙府、兴中府、奚王府均不复存在。

六月，天祚帝派使者册立李乾顺为夏国皇帝，同时诏命夏国发兵助辽。完颜宗望得知天祚帝逃往天德地界，率军一路追来，虽然未能追上，但辽国北院枢密副使耶律慎思前来投降，告知宗望西夏国派军队迎接天祚帝，这会儿可能已经渡过河去了。宗望写信给李乾顺，晓以利害，劝西夏不可出兵助辽，并允诺灭辽后，金国会将辽国西北一带的土地给夏国。李乾顺判断辽国确实难以再兴，于是不再派兵助辽。

二十四、北辽彻底覆灭及阿骨打驾崩

萧干死了，北辽的势力还在。由于天祚帝飘忽不定，辽国属部难以联络到他，所以乌古部节度使糺哲、迭烈部统军挞不也、都监突里不等率领部众前来归附北辽，一时间北辽蒸蒸日上。但到了保大三年（1123）九月，北辽内部又出了问题。枢密使耶律敌烈弹劾西北路招讨使萧糺里有不臣之心，耶律雅里于是将萧糺里及其子萧麻涅一同处死。任命遥设为招讨使，征讨那些反叛辽国的诸部，但屡战屡败。气得一向为人宽厚的耶律雅里杖击遥设并罢免其官职。北辽军事上的一系列失败，彻底消磨了耶律雅里复兴的宏愿。随后他开始懒政并狩猎无度，犯了与天祚帝同样的毛病。十月耶律雅里在查剌山游猎时一天之内就猎取40只黄羊、21匹狼。因为狩猎玩得太欢，才30岁的年纪竟然被累倒，没过几天就一命呜呼了！之后，耶律敌烈拥立辽兴宗曾孙耶律术烈为帝。十一月，在位仅仅20余天的耶律术烈以及他的重臣耶律敌烈即被乱兵杀死，北辽也随之彻底消亡。

在耶律雅里累死之前，金国太祖完颜阿骨打就已驾崩了。赵良嗣作为宋国使者去金国谒见谈判时，阿骨打的身体状况已经变差，《资治通鉴》有如下记载："时金主形神已病，中觞，促令便辞，略不及交燕事。"退出燕京之后，阿骨打居于鸳鸯泺。不久又感到身体不适，于是决定还金国上京（今黑龙江省哈尔滨市阿城区）。临行前对前线的官员进行了调整。命完颜宗翰为都统、完颜昱和完颜斡鲁为副都统，驻于云中（今山西省大同市）并戍边，原都统完颜杲随阿骨打返回京师。还都途中经过独山驿时阿骨打召见了完颜吴乞买。八月，阿骨打一行到达浑河北（今辽宁省沈阳市以北），预感命不久矣的阿骨打召百官觐见，谕其身后由完颜吴乞买继承大统。保大三年（1123）八月二十八日，在返回金国上京（今黑龙江省哈尔滨市阿城区）途中的于部堵泺西行宫归天，终年56岁。

九月，阿骨打梓宫回到上京。金上京及前线金军各部沉浸在悲痛之中。耶律大石趁金军因完颜阿骨打驾崩军营看守不备之机，逃出金军营地直奔夹山。途中耶律大石边打探天祚帝在何处集合旧部，等他辗转回到夹山天祚帝藏身处时，竟然还同时带回一支人数众多、由北辽散兵聚集起来的队伍。

夹山位于沙漠之北，传说有泥潦 60 里，通往夹山的道路始终是契丹人严守的一个秘密，除契丹人之外任何族人都不能到达夹山，所以只要天祚帝躲入夹山，金军就难觅其踪影。天祚帝见耶律大石率旧部归来开心自不必说，此时天祚帝又得到了阴山室韦达怛部（即汪古部）酋长谟葛失出兵的承诺，复国的信心大增。

二十五、金太宗诏命再伐平州

九月，完颜吴乞买即帝位，是为金太宗。随后吴乞买颁布诏命，以五弟完颜杲为谙班勃极烈，完颜宗干知国政，以完颜宗翰、完颜宗望总理军事。处理完国内紧急事务后，十一月，吴乞买调整对平州作战统帅的任命，以完颜宗望接管完颜阇母的军队，再度起兵讨伐张觉。

宗望和阇母大军途中经过的濒海各郡县皆望风投降。这一时期各郡县无力自保，所以谁的军队来了就向谁投降，至少保证不遭受屠戮或劫掠吧。金军攻下营州时，抓获了张觉的母亲和妻子。张觉的弟弟为救母亲，向金人献出了宋国给张觉的任命书，金人由此拿到了宋国违背"海上之盟"的有力证据。

十一月二十日，宗望和阇母领兵进抵平州城东，张觉军出城交战。张觉不是宗望的对手，战败后未入城直接逃往燕京城。宗望派使者进城劝平州城内的官兵投降，城中守将张敦固先降再叛，杀死宗望派来的使者。城内官兵拥立张敦固为都统据城坚守不出。

宗望围困平州日久，军队缺粮，吴乞买诏令咸州给宗望的军队送粮。平州城内同样缺粮，张敦固便率城内八千军兵分四队出战，结果大败。宗望再度招降平州，

不久，金太宗召宗望回朝，阇母立功心切，趁宗望不在营中，率兵连续攻城数月，不但未能破城，其间还有数千军民突围逃走。

保大四年（1124）正月，天祚帝前往都统耶律马哥所在处，其所部也是辽国仅存的正规军。不想，刚到耶律马哥大营，金军便来袭。耶律马哥死战保护天祚帝北逃，自己却被金军俘获。北逃的天祚帝幸亏有谟葛失前来迎驾，并奉献上马匹、骆驼和羊，不然天祚帝这些人就得被饿死或冻死。在谟葛失及其率领的部人的护卫之下，天祚帝到了汪古部，这才算安定下来。天祚帝为表示对谟葛失忠诚的回报，封其为神于越王，同时任命都点检萧乙薛为知北院枢密使事。二月，天祚帝身边的耶律遥设等十人阴谋反叛，好在被及时发现，天祚帝将他们诛杀。

三月，金国派使臣到太原向河东北宣抚使赵稹索要当初议和时赵良嗣答应的20万石粮食。谭稹说，20万石可不是个小数目，况且赵良嗣所许的也不算数。金使无奈返回军营，金人听了都倍感愤怒，感觉上了宋国的当，由此开始对宋国更加不信任，此事成为后来金军南下伐宋的理由之一。

宋徽宗在开封享受平、滦、营三州归降的喜悦时，突然有了得陇望蜀的奇想，竟然想招降天祚帝。他先是秘密派了一名外族僧人把他的御笔绢书带给天祚帝。天祚帝看了后未表态。宋徽宗认为此事可成，便又把绢书换成了正式的诏书，向天祚帝表示，宋辽两国本就是兄弟之国，若天祚帝来到宋国，自己将视其为亲兄弟，其他礼遇自不必说。这次天祚帝虽然心动了，但依然不太放心。宋徽宗重新起用因当初进攻燕京无功被逼致仕（退休）的童贯，以替代与金人不睦的谭稹同金国交割山后土地为由出使太原，想暗中迎接天祚帝投降。宋国虽然是秘密行动，但还是被金人知道了。金人抓不到天祚帝，跑到宋军营帐向童贯要人。此事在《资治通鉴》中有如下记载："辽主之在夹山也，帝数遣使诱之……金人以未得天祚，遣使谓童贯曰：'海上元约不得存天祚，彼此得即杀之。而中国违约招徕，今又藏匿不出，我必欲得天祚也。'"

平州这边，金太宗下诏赦免了平州城官民，但城内官民依然坚持抗击金兵。直至保大四年（1124）五月二十九日，完颜阇母所部才攻克平州，平州都统张敦固被金军捕杀，平州城陷落。不久，宋军从海上登陆作战，杀死金国在马城县（今河北省唐山市滦南县东北部的马城村）的守将节度使度卢斡，夺取了金太宗发的银牌、兵器以及战马后撤离。

完颜宗望回平州，对平、营二州进行了彻底平定。之后，派人向北宋宣抚司索要张觉。宣抚使王安中先是把张觉藏起来，对宗望使者说没有见过张觉。宗望知张觉就在燕京，所以一再催促王安中交人。王安中乃一介书生，来燕京做宣抚使之前为中书省左丞，没见过打仗的阵势，被完颜宗望逼得紧了，就出了昏招。啥昏招呢？杀了一个相貌类似张觉的人，割了头颅送给宗望说这就是张觉。如果王安中坚持说没见过张觉还好，这么以假代真，反倒露了馅儿。宗望所在的平州认识张觉的人太多了，都说这不是张觉。宗望再逼王安中交人。这下王安中没办法了，只好杀了张觉，砍下头颅送给宗望。宗望收了张觉的人头，王安中以为这事总算结束了，却不知更大的麻烦来了。常胜军统帅郭药师得知王安中如此对待张觉，心有寒意地说："如果金人来索要的是我药师又当怎么样呢？"除了郭药师，燕京降将降兵及常胜军将士也都因此与宋国离心离德。这件事就是历史上有名的"张觉事件"，这件事后来竟成了金军南下灭宋的理由之二，其害之大、其祸之烈真是难以想象啊！

七月，天祚帝又得到了阴山室韦谟葛失和鞑靼的5万兵力，自认为可以与金军再战，进而收复云、燕之地。此时的天祚帝还是蛮令人佩服的，虽然被金兵屡败，但依然顽强、自信。耶律大石力谏说，之前我军一败再败，就是不谋战备、仓促用兵所致，如今已举国汉地全失，国事微弱，这时再求决战，不是良策。但天祚帝复国心切，认为阿骨打已死，且完颜宗翰抓了耶律马哥要奉诏回金国都城，所以不必过虑。耶律大石好言相劝，天祚帝不但不听，还痛斥了耶律大石。被骂得狗血喷头的耶律大石不敢与天祚帝争辩，但他心中已认定天祚帝不可能再复兴辽国，便下定了"另起炉灶"的决心。天祚帝率队出征时，耶律大石装病不与其同行。这引起了天祚帝的怀疑，于是他出发前将萧乙薛及坡里括留在大营。一方面万一失败能给自己留个老窝，另一方面也是为了监视耶律大石，因为他不知道耶律大石会不会再向金国出卖辽国一次。

八月，天祚帝率诸军出夹山，下渔阳岭，攻下原天德军治所丰州城（今内蒙古自治区呼和浩特市白塔村）、东胜（治今内蒙古自治区托克托县西城关镇）、宁边（今内蒙古自治区清水河县西南窑沟乡下城湾古城）、云内（今内蒙古自治区土默特左旗西南）等地。南下武州（今山西省忻州市神池县），与金将完颜希尹遭遇，双方战于奄葛下水（今内蒙古自治区凉城县东北岱海）。完颜希尹诱敌深入，伏兵于山间，待谟葛失军进入伏击圈后突然杀出，谟葛失军惊慌失措，溃败。天祚帝再度逃回夹山，所剩跟从者不过4000余户，步骑兵总共1万余人。

在天祚帝离开期间，耶律大石趁机杀死监视他的萧乙薛及坡里括，率领所部向北播迁。耶律大石之所以先选择向北，是因为金国的势力尚未到达那边的大片区域，即使在辽金战争中辽国在如此困难的阶段，天祚帝也未调动那里的军队增援前线（可能是天祚帝认为阻卜人叛附不定，一直不放心他们吧）。但耶律大石则不同，他宁愿相信阻卜人，向北、向西播迁才是辽国暂避锋芒进而再次复兴的最佳策略。后来的事实证明，耶律大石比天祚帝更有战略眼光，所以他才能在辽国被灭亡后于南宋绍兴二年（1132）建立称雄中亚的西辽帝国。

在夹山所在的大青山里，生活着突吕不部、大小黄室韦和阴山室韦等部落，这些部落始终支持天祚帝。夹山西面靠近西夏国边界，天祚帝一直以为西夏国是可以依靠和万不得已可供逃遁的国土，所以他在夹山一向觉得很安心。不过他安心并不等于臣属也安心，因为他们看不到复国的希望。八月，国舅详稳萧挞不也、笔砚祇候察剌投降金国。九月，护送燕京豪族工匠们前往广宁的完颜昌及手下完颜习古乃、完颜婆卢火等率军到达松亭关。在这里，金军打跑了不肯降服的建州（今辽宁省朝阳市龙城区大平房镇黄花滩村）守将、辽国外戚遥辇昭古牙，建州投降于金。不断传来的坏消息已经使天祚帝有些麻木了，日子总归要熬下去。冬十月，天祚帝纳娶突吕不部人讹哥之妻谙葛，为了让讹哥感到内心平衡，他任命讹哥为本部节度使。

天祚帝纳娶美女的时候，忠于辽国的臣僚们仍然在与如狼似虎的金军战斗。兴中府的遥辇二部也被金军所败，于是兴中府（今辽宁省朝阳市）原守将耶律九斤与昭古牙会合麾下的辽军，共计数万兵马，攻打金军的胡里特寨。完颜昌率大军增援，双方大战。昭古牙最终战败投降，耶律九斤选择拒降自杀，建州与兴中府遂被金军平定。昭古牙投降后被金朝任命为亲管猛安，自此开始，金国在契丹与奚人所居之地同以猛安谋克作为社会基层组织直到金国灭亡。

新婚燕尔的天祚帝的日子并未舒坦多久，《辽史·天祚帝本纪》记载："保大四年（1124）十一月，随行之人举兵叛乱，北护卫太保术者、舍利详稳牙不里等击败之。"这里面所说的北护卫太保就是兰陵郡王萧特末的长子萧仲恭，他的契丹名为术里者（《辽史》写作术者）。石辇驿之战后，萧仲恭就一直担任天祚帝的护卫，当然也护卫着随天祚帝到处流亡的母亲特里公主等人。天祚帝随行人员因何发生叛乱，史料中没有记载。总之，近卫军的叛乱对天祚帝的打击一定很大，这似乎在告诫他，在当下金军攻城略地的情况下，想要偏安一隅是不可能的。如果不去与金国争夺天下复兴大辽，让追随他的人看到希望，那么即便是最亲近的卫队也会反叛作乱，因此他才有了再出夹山抗金的想法。

二十六、天祚帝最后的时光

对于天祚帝来说，时间艰难地进入了保大五年（1125）。正月初九，党项首领小斛禄（应该是位于内蒙古自治区中南部或山西北部的党项部落）派人迎接他前往其辖地，这正合了天祚帝的心愿。于是他决定再出夹山，而这一次他走上了一条不归路。

正月十六日，天祚帝在前往小斛禄部经过天德辖区时，为了避开金兵特意选择走沙漠的线路，却不料被金兵发现。金兵虽然无法进入夹山，但始终没有放弃对天祚帝的追捕和围堵。完颜希尹听说发现了契丹人，料定是天祚帝所部。于是派完颜娄室立即率军快马加鞭前去追赶。天祚帝一行人不敢停留片刻拼命逃跑，特里公主实在跑不动了，就对两个儿子说："你们好好为国家尽忠吧，不要管我了。"天祚帝虽然不忍心丢下三姑妈，却也没办法，只得留下特里公主的小儿子萧仲宣陪护她。大儿子萧仲恭告别母亲保护着天祚帝继续南逃。特里公主母子随后被追赶而来的金军俘虏。

北方草原的正月，正是天寒地冻、滴水成冰的时节，狼狈逃亡的天祚帝一行人受冻挨饿。天祚帝估计是驭马跑得太快了，马都累得实在跑不动了，瘫倒不起，他只好徒步跋涉，后来护卫们追上他，献给他马匹他才得以驭马再逃，总算逃到了天德军辖区。但这也只是暂时摆脱了金兵的追赶，饥寒交迫的窘境还在。《辽史·天祚帝本纪》对于这段的记载为："十七日，遇到下雪，没有御寒之物，术者进献貂裘帽；途中绝粮，术者进献麦和枣子；皇上想休息，术者便跪坐下来，让皇上靠在身上和衣打盹。术者等人则只好啃食冰雪以缓解饥饿。经过天德，到夜里，准备歇宿于百姓家中，诈称是侦骑，那一家人知道是皇上，便在马前叩头，跪在地上失声痛哭，让一行人偷偷地住在他家中。住了几天，天祚帝嘉许其忠心，遥授其为节度使，然后赶往党项。"从这段描述里可以看出，堂堂大辽皇帝真的已经到了穷途末路的地步。这个时候，金军已在今山西及内蒙古中部地区布下了天罗地网，而辽军在这一带已无抵抗力量，天祚帝被抓到只是迟早的事了。天祚帝任命小斛禄为西南面招讨使，总知军事，又赐予其子及众将校爵位赏赐各有等差。面对身后穷追不舍的金军，天祚帝知道党项这里也是待不住的。而西夏已经放弃了对辽国的支持并在上一年的三月向金国奉上了誓表，那里也是去不了了，回夹山的路也已被金军阻断，于是他想到了与宋国交界的应州一带。据说那里有数条路可直通宋国，实在坚持不住时可逃奔宋国投降宋徽宗。落难之时，在山地且为各种势力交错的边界一带最为安全，应州那一带正好符合这个特点。如果金军来袭击，打得赢就坚持，打不赢就辗转或者偷偷潜入宋国境内，这不失为一种好办法。只要坚持，或许日后可东山再起。于是天祚帝率部南下云中。但小斛禄见天祚帝兵微将寡，已无复国的希望，于是派人以探路为名秘密跑到金军那里报告天祚帝欲南逃的计划。完颜宗翰得知后，立即派兵追堵。

保大五年（1125）二月二十一日，天祚帝和萧仲恭等人逃到了辽国河阴县（今山西省朔州市山阴县）南60里处的余睹谷，在这里，他们被完颜娄室所部抓获。完颜娄室跪于天祚帝面前说："奴婢不佞，乃以介胄犯皇帝天威，死有余罪。"意思是说奴婢不敬，披甲戴盔触犯皇帝天威，请皇帝恕罪。然后完颜娄室又向天祚帝敬酒压惊，表现出一个臣子对原帝国皇帝应该有的尊重和感恩，毕竟完颜家族能有今日，立于天地之间并君临天下，最应该感谢的就是耶律皇族给予的恩典。

保大五年（1125）八月，天祚帝被押解到金国都城，八月七日，金太宗将在位24年的天祚帝降封为海滨王。南宋建炎二年（1128），郁郁寡欢的耶律延禧归天，享年54岁。

凡宇宙间万物，有生则有死，有存亦有亡。灵性决定时运，运在则生，运竭必亡。契丹兴起于唐末动乱群雄逐鹿中原的年代，是为天赐时运之一；草原苦寒，偏远族群散落且当时无强敌环伺，是为天赐时运之二；豪门大族中阿保机横空出世，是为天赐时运之三。如此天时地利人和，契丹人不兴盛都难。然宇宙规律无法抗拒，曾经的金戈铁马、曾经的所向披靡、曾经的坚如磐石、曾经的指点江山，均化作"无可奈何花落去""古来万事东流水"。那么，后续的历史将谁主沉浮，历史的舞台又轮到谁闪亮登场，是大宋？是大金？是西夏？还是地处北方草原的阻卜？且问苍茫大地吧！